Michael Volkmer, Karin Werner (Hg.)
Die Corona-Gesellschaft

X-Texte zu Kultur und Gesellschaft

Michael Volkmer und **Karin Werner** leiten das Programm im transcript Verlag.

Michael Volkmer, Karin Werner (Hg.)

Die Corona-Gesellschaft

Analysen zur Lage und Perspektiven für die Zukunft

[transcript]

Bibliografische Information der Deutschen Nationalbibliothek
Die Deutsche Nationalbibliothek verzeichnet diese Publikation in der Deutschen Nationalbibliografie; detaillierte bibliografische Daten sind im Internet über http://dnb.d-nb.de abrufbar.

Umschlaggestaltung: Maria Arndt, Bielefeld
Lektorat: Ruxandra Chişe, Bielefeld
Satz: Michael Rauscher, Bielefeld
Druck: Friedrich Pustet GmbH & Co. KG, Regensburg
Print-ISBN 978-3-8376-5432-5
PDF-ISBN 978-3-8394-5432-9
EPUB-ISBN 978-3-7328-5432-5
https://doi.org/10.14361/9783839454329

Gedruckt auf alterungsbeständigem Papier mit chlorfrei gebleichtem Zellstoff.
Besuchen Sie uns im Internet: *https://www.transcript-verlag.de*
Unsere aktuelle Vorschau finden Sie unter *www.transcript-verlag.de/vorschau-download*

Inhalt

Solidaritäten

Gesellschaftsordnung

Staat und Demokratie

Protest, Widerstand und Gewalt

Internationale Politik

Ökonomien

Krisenbewältigung

Konkrete Utopien

Vorwort
Über Corona schreiben? – Das »Making-of« dieses Buches

Ende März entschieden wir uns dafür, eine Publikation zu Corona aus sozial- und kulturwissenschaftlicher Perspektive verlegen und herausgeben zu wollen. Es war am Beginn des Lockdowns in Deutschland und die Medien waren voll von virologischen und epidemiologischen Beiträgen und Expertisen, doch wo waren die Sozial- und Kulturwissenschaftler*innen in dieser das gesamte gesellschaftliche Leben fundamental betreffenden Situation? Erst einige Schrecksekunden (so hatte man den Eindruck) später meldeten sich dann die Vertreter*innen der Sozial- und Kulturwissenschaften ebenfalls zu Wort. Erste Aufsätze analysierten Corona aus ihren jeweiligen Perspektiven. Wie uns die Kolleg*innen aus verschiedenen Zeitungsredaktionen berichteten, wurden sie nach anfänglicher Zurückhaltung regelrecht geflutet mit Einsendungen von Aufsätzen zu Corona. Auch unsere gezielt platzierten Anfragen und unser alarmistisch formuliertes Dossier (siehe Petra Gehrings Beitrag im Anschluss: Ja, wir waren alarmiert!) stießen mehrheitlich auf große positive Resonanz, ja man empfahl uns sogar noch weitere Beiträger*innen, wodurch dieses Buchprojekt einen kollaborativen Charakter bekam. Es wurde uns klar, dass Corona längst DAS hinterbühnige Thema im sozialwissenschaftlichen Milieu war. An die Stelle des ›Flurfunks‹ an den Instituten waren andere Medien der Kommunikation getreten. Da uns viele der eingereichten Vorschläge auf Anhieb überzeugten, wurde aus einem Projekt mit ca. 25–30 geplanten Beiträgen auf einmal eines mit mehr als 40 Zusagen. Dann geschah das Typische bei Sammelbänden: Nicht alle schafften die (verlängerte) Deadline, andere überstanden die inhaltliche Prüfung dann doch nicht, sodass nun 39 Beiträge in dem Band versammelt vorliegen. Dennoch, im Vergleich zu den meisten Sammelband-Projekten war der Schwund sehr gering und das trotz des extrem engen Timings von nur wenigen Wochen für die Einreichung der Texte. Mit anderen Worten: Mehr Motivation zum Schreiben gab es selten!

Was war der Grund dafür, dass viel beschäftigte Wissenschaftler*innen sich die Zeit für ihren Beitrag abknapsten? In den vielen Korrespondenzen zwischen März und Juni erreichte uns seitens der Beiträger*innen ein Bedürfnis, der unfreiwilligen Zeugenschaft, der eigenen gebrochenen Erfahrung durch die wissenschaftliche Befassung, deutend, verstehend, analysierend, einordnend, eine reflexive Dimension hinzuzufügen – im (besten) Sinne einer professionellen Übung. Ein Pflichtmotiv ist dabei klar erkennbar: im Sinne des Herstellens einer kognitiv-analytischen Satisfaktionsfähigkeit angesichts des solchen Angängen sich immer wieder entziehenden Großkalibers Corona, als Ausdruck und Teil wissenschaftlichen Habitus. Und tatsächlich haben eine Reihe von Autor*innen bei Einreichung ihrer Texte unter dem engen Zeitregime dieses Buchprojekts Erleichterung zum Ausdruck gebracht, es (noch) geschafft zu haben, dabei zu sein. Es galt offenbar – jedenfalls manchen – etwas, »es« zu schaffen. Für uns als Herausgeber*innen wenigstens, ja für uns als transcript Verlag und womöglich auch für einen Teil unserer Autor*innen ist dieses Buchprojekt über Corona ein Teil der – wenn auch notwendigerweise nur versuchsweisen – kollektiven Bewältigung von Corona. Auf allen Ebenen: emotional und intellektuell bzw. professionell, sei es wissenschaftlich, fachpolitisch oder verlegerisch. Auch wir als Herausgeber*innen und als Verlag sind froh, »es« bis dahin geschafft zu haben. Jenseits des Bedürfnisses nach Entlastung aber geht es bei dem Buch grundsätzlich um die Frage, was Wissenschaft, hier präziser: die Sozial- und Kulturwissenschaften, in der Aktualität dieser Pandemie-Krise, quasi in Echtzeit, leisten kann. Für die Antwort auf diese Frage sehen wir keine belastbaren Präzedenzfälle. Dieses Buch ist damit auch ein Experiment, diese Frage zu klären.

Die aus diesem Buchprojekt entstandenen Texte sind nicht nur analytisch gehaltvoll und oftmals ideenreich und unvermutet lebendig-engagiert, sondern – gerade aus diesem Grund – auch leseästhetisch in vielen Fällen eine Freude und ein Gewinn. Einige Texte entfalteten während der Lektüre tatsächlich einen belebenden performativen Effekt, ja einen Affekt, in uns als Leser*innen, der das bisweilen gedämpfte Lebensgefühl im Corona-Lockdown sehr wohltuend konterkarierte. Man merkt einer Reihe von Texten zwar durchaus an, in welcher Phase der Corona-Zeitlandschaft sie abgefasst worden sind. Dennoch meinen wir, dass auch in diesen Fällen damit kein nur kurzfristiges zeitliches Haltbarkeitsdatum des sachlichen Gehalts verbunden ist. Unser Ziel war es, das Feuilleton-Niveau deutlich zu überschreiten und die aktuelle Lage mit wissenschaftlicher Elle zu messen. Wir sind der Meinung, dass diese wissenschaftliche Elle auch getrost an das vorliegende Buch angelegt werden kann und die Texte dem kritischen Blick standhalten. Eine Reihe von Texten des Bandes werden in erweiterten Fassungen in wissenschaftlichen Zeitschriften oder als Monographien in den Programmen von Wissenschaftsverlagen erscheinen.

Eine Herausforderung war die Gliederung, die bei diesem Buch besonders schwer fiel: Viele Texte hätten mehrfach zugeordnet werden können und wären unter anderen Rubriken ebenso gut platziert gewesen. Was die Reihenfolge der Anordnung betrifft, so gibt es keine Stringenz in der Abfolge, sondern eine Pluriperspektivität. Darin spiegelt sich die Unordnung in der Ordnung der »Corona-Gesellschaft« wider, die Gleichzeitigkeit sehr unterschiedlicher De-Normalisierungen der Gesellschaftsordnung vor Corona, die noch unabsehbare Langzeitfolgen haben könnten. Dass Corona bestimmte Soziologien aufruft (etwa Goffmans »Territorien des Selbst«), verwundert nicht. Allerdings ist der Raum der zitierten Literatur sehr weit und die diskursiven Bühnen werden aus den verschiedenen Disziplinen heraus breit bespielt. Aus der Korrespondenz mit den Autor*innen erfuhren wir, dass das Abfassen der Beiträge oftmals nicht routiniert ablief, sondern dass unter dem sowohl persönlichen, psychischen und sozialen Ausnahmezustand der Weg in die Analyse neu angebahnt werden musste, dass durchaus vertraute Theorien durch ihre Applikation auf einen neuen unvertrauten Gegenstand sich auch neu bewähren und mitunter kreativ und neu gehändelt wurden. Der Treibsand, auf dem wir in diesen Wochen standen, scheint sich wissenschaftlich doch als recht guter Humus zu eignen. Die skeptischen Reflexionen und Abwägungen von Petra Gehring dazu, die sicherlich viele der Autor*innen in dieser Zeit umtrieben, haben wir statt eines Kurzüberblicks über die einzelnen Beiträge und Paraphrasierungen an den Beginn dieses Buchs gestellt.

Die Arbeit an diesem Buch und die Tatsache, dass wir als Programm-Crew und Lektor*innen es in Eigenregie herausgeben, ist für uns Ausdruck und Teil unseres Verlagshabitus, der durch die große Nähe zur wissenschaftlichen Community und Geübtheit in der engen partnerschaftlichen Kooperation mit vielen Mitgliedern dieser Sphäre geprägt ist. Der Weg dahin war also nicht weit. Die Zeit der Entstehung dieses Buches reicht von

den Wochen geschlossener Buchhandlungen und Bibliotheken, in denen zugleich viele Autor*innen quasi über Nacht in der digitalen Lehre und teilweise im Homeschooling »verschwanden«, über die Phase der Lockerungen bis
hin zur aktuellen Bedrohung von einem erneuten – regionalen – Lockdown
Ende Juni (der Verlagsstandort Bielefeld liegt keine 25 km von Gütersloh und
der Firma Tönnies in Rheda-Wiedenbrück entfernt). Es ist uns bewusst, dass
dies weder das erste noch das letzte Wort ist, das zu Corona geschrieben
wird. Weitere teils sehr hochkarätige Publikationen kündigen sich bereits
an, so der ebenfalls bei transcript erscheinende, von Bernd Kortmann und
Günther Schulze herausgegebene Band *Jenseits von Corona. Unsere Welt nach
der Pandemie – Perspektiven aus der Wissenschaft*, der sich der Situation nach
Corona widmet und diese Sammlung hervorragend ergänzt.

Unser Dank gilt all denjenigen, die zu diesem Projekt beigetragen haben:
dem engagierten Projektmanagement, dem geübten Setzer sowie Ruxandra
Chişe für das Lektorat der Texte, vor allem aber den Beiträger*innen, die
uns ihr Vertrauen geschenkt haben. Herzlichen Dank und auch weiterhin
viel »gute Abstraktion«![1]

Michael Volkmer und Karin Werner,
Bielefeld, im Juni 2020

---

1   Eine kurze editorische Notiz noch vorab: Die Zitate aus den einzelnen Texten,
die zu Beginn der jeweiligen Kapitel aufgeführt werden, sind teilweise redak-
tionell leicht bearbeitet worden.

Kritik der öffentlichen (Un-)Vernunft

Ich stoße auf das, was mit Corona-Reflexion einhergeht: ein Krisensyndrom des öffentlichen Intellekts, der sich in der Pflicht zur Stellungnahme sieht oder vielleicht auch nur zu sehen glaubt. — *Petra Gehring*

Wir leben seit Corona in der Schule des Vergleichens. Wir sind Augenzeug*innen, wie mithilfe von Vergleichen Orientierung gesucht, gefunden und begründet wird. — *Angelika Epple*

Von sozialer Abstraktion und hilflosem Intellekt

Petra Gehring

Herr Volkmer vom transcript Verlag fragt an, ob ich mich beteiligen würde an einem – mit Blogformat plus Kurztext von 12.000 bis 20.000 Zeichen
verbundenen – »Corona-Buchprojekt«, so die Betreffzeile der E-Mail vom
24. März. Das der Anfrage beigegebene Exposé hat einen steilen Arbeitstitel: *Sozialer Shutdown. ODER: Die Hygienegesellschaft.* Aus Gründen, die
hier nichts zur Sache tun, mag ich großdiagnostische Bücher mit Titeln
nach dem Muster *Die xy-Gesellschaft* oder *Die Gesellschaft des xy* nun wirklich
nicht mehr lesen. Auch klingt mir das Exposé zu »...ODER: Die Hygienegesellschaft« zu alarmistisch. Gleichwohl habe ich eine Idee und sende also einige skeptische Bemerkungen zum Exposé sowie meinen Themenvorschlag
zurück. Shutdown (damals noch ein neues Wort, ebenso Lockdown) gibt es
ja wirklich. Und ich habe nicht nur vielleicht Zeit, alle Vortragstermine werden storniert, sondern selbstverständlich sollte man zur Lage auch etwas zu
sagen haben. Oder? Sollte man? Jedenfalls reagiert Volkmer konziliant auf
die Kritik am Alarmton der verlagsseitigen Skizze, und er ist großzügig mit
Fristen. Ich habe somit unversehens mehr oder weniger zugesagt.

    »Soziale Abstraktion« heißt meine Idee, so lautet jedenfalls der Arbeits-
titel, den ich Ende März dem Verlag zumaile. Was ich mir vorstelle, ist eine
Miniatur, die an Hegels Feuilleton *Wer denkt abstrakt?* aus dem Jahr 1807 anknüpft. Dort greift Hegel zunächst landläufige Bedenken gegen das akade-
misch Abstrakte auf (auch die Philosophie geht auf die Sache zu und damit
aufs Konkrete), um dann zu zeigen, dass Abstraktion nicht per se ein Intel-
lektuellenproblem ist, sondern ganz generell mit der Aufgabe einhergeht,
sich ein komplexes Weltverhältnis zuzumuten: Man neigt dazu, den Weg zur
Wirklichkeit zu verkürzen. Oder sich ihn mittels mitgebrachter Allgemein-
plätze zu ersparen. Falsches Abstrahieren – das steckt etwa in der populis-
tischen Verächtlichkeit der Rechtschaffenen gegenüber Verbrechern, in der

Oberflächlichkeit eines Lesers, der Goethes *Werther* als bloße Anleitung zum Suizid abqualifiziert, oder im Preußentum eines Militärs, der seine Untergebenen schindet, denn der gemeine Soldat gilt ihm »für dies Abstraktum eines prügelbaren Subjekts« (Hegel 1970: 581). Umgekehrt beherrschen nicht nur feinsinnige Denker, sondern auch einfache Menschen – sogar begriffslos – die Kunst der Konkretion. Sie lassen nicht ab davon, genau hinzusehen, das an Unbekanntem Reiche und Besondere zu sehen. Sie bilden sich kein schnelles Urteil. Sie lassen sich erst einmal bewegen. Sie bringen ihre Beurteilungen nicht schon fertig mit. Zugleich denken sie vergleichsweise schwer oder schwerfällig oder jedenfalls nicht in Echtzeit.

1.

»Gerade nur, weil die schöne Welt schon weiß, was das Abstrakte ist, flieht sie davor« (ebd.: 575), witzelt Hegel zu Beginn seines Textes. Das ist einerseits gegen die Wissenschaft gerichtet: Abstrakt ist die schnelle Hülse, etwa das Überstülpen fertiger Theorien. Vor allem aber sind Vorurteile abstrakt. Die Welt entweicht andererseits also dem Bewertetwerden, Reflexen wie: »das lernen wir daraus« oder: »das warnt/beweist/tröstet«. Auch Moral muss suspendiert werden können – dort jedenfalls, wo ein Werturteil bereits fest verdrahtet scheint. Erläutert wird das nicht zuletzt mittels der Beobachtung, dass man nach abscheulicher Tat und dem Schrecken einer öffentlichen Hinrichtung dennoch, und eben nicht *einen*, sondern: *diesen einen* Mörderkopf als in »Wahrheit« würdig und schön (an)erkennen kann. Abstraktion macht zwar greifbar, bietet Unmittelbares und sichert Zustimmung auf direktem Wege (je abstrakter, desto mehr sind dafür). Aber Abstraktion verengt. Wie man weiß, hat Hegel die Bewegung des Denkens – entgegen der herkömmlichen Intuition, das Spezielle und Besondere sei ›unten‹ – als Aufstieg zum Konkreten charakterisiert.

Und Corona? Hier hat mir im März ein Doppelbezug vor Augen gestanden. Zum einen gehen mir jene seltsamen Szenen nach, in welchen Leute, nachdem jedes TV, jedes Handy und jeder Smalltalk »zwei Meter Abstand halten« oder »Social Distancing« herausbrüllt, geradezu demonstrativ großspurig beweisen möchten, dass sie von all dem nichts halten: der Kampfradler, der sich schnaufend und schwitzend zwischen die Wartenden an der Ampel stellt, die Greisin, die nicht einsieht, warum alles heute anders gehen soll als gestern, der breitschultrige Inhaber des Männerfriseursalons, der vor der Tür seines geschlossenen Ladens steht und seine Kumpels trotz Abstandsgebot schulterklopfend umarmt. Soziale Abstraktion – das hieße womöglich, nicht begreifen zu können, dass im Miteinander das Vertraute von gestern heute nicht mehr gilt. Dass es nicht megastark, sondern eher arrogant und bequem ist, sich damit zu brüsten, den Mut zu haben, unvermutete Warnungen einfach zu ignorieren. Als der Fallout von Tschernobyl über das Dorf zog, in dem meine Eltern leben, hielt die Nachbarin, die vor jenem Phänomen des radioaktiven Regens warnte, frisch geschnittene Kräuter in der Hand. Ach das? Das habe sie eben doch nur aus ihrem eigenen Garten geholt. Sie gebe uns gern davon ab. Nicht ganz so demonstrativ wie der Kampfradler an der Ampel. Aber nach Hegel nicht ›zu konkret‹ gedacht, sondern eben eher: ›(zu) abstrakt‹. Wer schlechte Abstraktheit vermeiden will, muss auch Vertrautes fremd finden können. Wo das Vermögen hierzu fehlt, regiert die soziale Abstraktion.

Freilich gibt es zum anderen auch jenes Umgekehrte, und da komme ich dann mit meinen Zuschreibungen durcheinander: die Bereitschaft, das Vertraute aufgrund bloßer (abstrakter?) Informationen fahrenzulassen: Wird damit nicht doch das Konkrete gerade verraten? Kopfgesteuerte Abwendung gilt ja zu Recht als ›kalt‹. Sich zu sagen: ›Corona!‹ und, auch wenn eine ganze Lebensgeschichte dagegensteht, seine Eltern nicht mehr zu umarmen: Verschattet da nicht ein schlechtes Abstraktum die gelebte Welt? Die Bereitschaft zur Verfremdung des Vertrauten führt ja womöglich nicht zum genauen Gegenteil der Würdigung des Besonderen, nämlich in den Abgrund generalisierter Vorurteile und Ressentiments hinein. Das Menetekel: Menschen, die bis gestern Nachbarn fraglos zugetan sind und dann alles infrage stellen, wenn ›Krisengründe‹ kursieren. Wenn jemand sie davor warnt, es handele sich um Betrüger, um Tutsi (oder Hutu?), um Kommunisten, um Homosexuelle, um Juden. Auch das fehlende Vermögen, am Vertrauten festzuhalten, kann also vom Konkreten entfremden und ist dann im schlechten Sinne sozial abstrakt.

War Eichmann ein Abstrahierer? Oder hing er nicht doch am allzu Konkreten seines Schreibtisches, seines Aktenwesens, seiner Stempel und seines Selbstmitleides fest? Hegels Antwort wäre klar gewesen: Das ist (soziale?) Abstraktion. Hannah Arendt hat demgegenüber die verbleibenden Ambivalenzen analysiert – es sind auch Abstraktionen unserer Konzepte, und wir sind auf der Suche nach Begriffen wie auch nach Urteilen zu paradoxen

Überlegungen gezwungen. Tatsächlich tun wir in Ausnahmezuständen womöglich beides: denken *zu* abstrakt und *zu* konkret zugleich. Wenn ich in der allseits mehr oder weniger panisch kommunizierten ›Krise‹ um mich blicke, bin ich mir entsprechend unsicher. Krise meint möglicherweise: Man verwechselt – alle verwechseln, und möglicherweise auch ich verwechsele abstrakt mit konkret. Beides verschwimmt ineinander.

2.

In den Wochen nach der Zusage für Blog und Beitrag hat die Pandemie begonnen, sich zu neuen Normalformaten auszudehnen. Seife, Maske, leeres Büro. Eine Art Schere tut sich auf: Einerseits Gewöhnung, andererseits zieht die öffentliche Krisensemantik nun nach, die Feuilletons adaptieren sich ans Thema, und mit steigenden Amplituden wird jetzt nicht nur über das Virus debattiert (Sterberaten, R-Faktoren, Regierungshandeln), sondern auch über Formen der Berichterstattung und Versuche, sich reflexiv zum Ausnahmediskurs zu verhalten. Angehörige meiner Zunft, die Philosophen, fallen hier unangenehm auf, wie Katharina Teutsch in einer *FAZ*-Glosse *Die Stunde der Maulhelden* trefflich aufspießt: Öffentliche Intellektuelle salbadern als allzeit sprechbereites »Krisenbegleitpersonal« (Teutsch 2020) von existenzieller Verunsicherung wie auch Lebenskunst und Seelenruhe – oder wiederholen das szientistische Mantra von den stets gebotenen »ethischen Prinzipien«. Ich schneide Teutschs Intervention mit der Schere aus und stelle mir vor, man solle sie als Pflichtlektüre für kommende Generationen von Studierenden, aber auch Philosophieprofessor*innen und Emeritierte archivieren. Freilich befriedigen auch die ersten Versuche einer soliden, wissenschaftlich hochgerüsteten Bewertung nicht. So wartet Rudolf Stichweh in einem *FAZ*-Ganzseiter mit der für mein Gefühl eher trivialen Prognose auf, die Corona-Pandemie sei eine zeitweilige »Simplifikation des Sozialen« und werde in verschiedenen sozialen Subsystemen nicht die gleichen, sondern wohl verschiedene Folgen haben (Stichweh 2020). Simplifikation des Sozialen: So definiert Luhmann auch Technik und allerlei andere Mechanismen. Besäße die Krisenlage also eine Art Technizität? Spätestens hier stoppe ich mich selbst. Stichweh scheint allein das Verhältnis der Teilsysteme zum Ganzen der Gesellschaft zu interessieren. Wo und wie genau der Lockdown wirklich ›simplifiziert‹, wäre ansonsten sicher erst noch durch genauere Beobachtungen zu klären.

Ich bin entschlossen, die Beteiligung am Corona-Projekt von transcript abzusagen. Die Deadline rückt näher, ohne dass ich schon Zeit zum Schreiben gefunden hätte. Vor allem aber wird mein Lagebild immer komplexer. Mir ist zunehmend nach Schweigen zumute. Und: Videokonferenzen beginnen, den Arbeitstag zu besetzen. Das Phänomen des Umplanens und der virtuellen Sichtkontakte prägt den beginnenden Mai.

3.

Am 20. Mai fragt mich eine Kollegin, ob ich meinen »Corona-Text« für transcript schon geschrieben hätte. Sie habe gelesen, ich sei ja auch dabei. Ich erschrecke ein wenig, finde zum Glück aber nichts Diesbezügliches mit meinem Namen im Netz. Das transcript-Projekt heißt jetzt *Die Corona-Gesellschaft: Analysen zur Lage und Perspektiven für die Zukunft*. Wahrheitsgemäß antworte ich der Kollegin, dass ich erwäge abzusagen. Zuviel unausgegorene Diagnostik überall, da möchte ich nicht dabei sein. Zudem scheint mir mein Thema vom März – das mit der sozialen Abstraktion – irgendwie an Anhaltspunkten verloren zu haben: Gibt es da überhaupt eine gemeinsame Evidenz, die meine Eindrücke mit dem Erleben der Leser zusammenstimmen lässt? Wie äußert man sich, wenn nicht nur der Krisendiskurs sich reflexiv zunehmend um sich selbst dreht, sondern auch die Krise als solche zu lauter verschiedenen Krisen zerfällt? Und vor allem: Was machen fachgerecht schreibende Intellektuelle hier geltend? Die Zeitzeugen-Rolle? ›Eigene‹ Weltdeutung? Wissenschaft?

Inzwischen sind Verschwörungstheorien das medienbeherrschende Thema. Empörte begehren gegen Diskurszwänge und Szientismus auf. Ebenso schimmert hier auf, was Corona sicher zumindest für diejenigen ohne Arbeitsalltag bedeutet, nämlich hypertrophen Medienkonsum und (bei unterschwelliger Angst) viel Langeweile. Um was auch immer es sich bei diesen Stimmungslagen handeln mag – ich mag zu »Fake« oder »Verschwörung« nichts schreiben. Auch wenn »soziale Abstraktion« nun omnipräsent scheint – in Gestalt mitgebrachter Freund-Feind-Schemata bei Impfgegnern, Chemtrailopfern und Lügenpressehassern: Zu vordringlich ist doch

der Voyeurismus derjenigen, die sich in der Rolle des Berichterstatters über
Verwirrte gefallen.

Abstraktes antwortet aufeinander. Das Konstrukt »Verschwörungstheorie« unterstützt seinerseits den schnellen Reflex. Es ist für selbstgewisse
Zuschauer gemacht, die über Spinniges lachen, dabei Angstlust kultivie-
ren und Skurriles dämonisieren. Viel daran folgt dem Geschäftsmodell von
HAHA-Sendungen wie *Verstehen sie Spaß*. Demgegenüber wissen wir aber
doch ja sehr wohl, wie sehr das Denken gegenüber platten Realismen Resilienz benötigt. Und was wäre auch die Wissenschaft ohne die Bereitschaft,
den schnellen Reflex der Selbstgewissheit und des »Haha« zurückzuweisen,
ohne die Mikrogewissheiten vermeintlich »bloßer« Phänomenologien oder
auch von Formen der Wissenschafts- und Medizinkritik, die man leicht als
rein subjektivistisch oder abwegig denunzieren kann?

In der Krise spinnen nicht nur die einen, während die anderen, die ihnen dabei zusehen, sich gegenseitig bestätigen, dass sie nicht träumen. Vielmehr schnurren überhaupt die Rationalitätskonzepte zusammen. Vielleicht
liegt es daran, dass Wissenschaftshistoriker*innen und die Kolleg*innen
aus der Abteilung »STS« – von wenigen Ausnahmen abgesehen – eher keine
Corona-Interviews geben. Je länger die Krise, desto objektiv alternativloser
die schlechte Abstraktion.

4.

Dass auch Schweigen nicht befriedigt, wird mir paradoxerweise bei einem
erneuten Besuch der transcript-Webseite klar. *Die Corona-Gesellschaft* ist
inzwischen als Buch angekündigt, genauer als *Das Buch zum Blog*, denn
plangemäß hat die wöchentliche Publikation von Kurzfassungen der Buch-
beiträge begonnen. »Die Beiträge vermessen die Situation inmitten der ›Corona-Gesellschaft‹ und zeigen Perspektiven für die Zeit nach der Krise auf.
Damit bieten sie der Öffentlichkeit Orientierung und ermöglichen den Wissenschaften einen ersten Austausch«,[1] heißt es im verlagsseitigen Begleit-
text. Während das Bloggen sowieso als »schnelles« Format irgendwie krisen-
gerecht zu seien scheint – schnell verstehen, was passiert –, wächst ihm bzw.
dem Preprint jetzt die therapeutische Funktion zu, öffentlich Orientierung
zu bieten. Auch die Sozial- und Kulturwissenschaften scheinen zudem dringend »erste« Diskussionen zu benötigen, als gelte es in Nachtschichten, in-

tellektuellen Impfstoff zu suchen, wie im Labor. Die Blogbeiträge enthalten allerdings Einschätzungen, die sich von vielen guten journalistischen Artikeln der letzten Wochen kaum unterscheiden. Die akademisch-säuberlichen Vor-Corona-Portraitfotos, die den Artikeln voranstehen, bilden zur Aufgabe einer Neuvermessung der Gesellschaft einen seltsamen Kontrast.

Was wissen Expertenworte jenseits des Mitgebrachten, Gesicherten derzeit über »die« Gesellschaft zu sagen? Rette sich wer kann, denn vielleicht stehen wir da gerade mit den Kräutern aus dem radioaktiven Garten. Einschneidend veränderte Zukunft: Möglich durchaus, dass wir vorerst wenig Eigenes zu bieten haben – außer einer Krisensemantik, die ebenfalls vielfach nicht an der aktuellen Situation geschult ist, sondern von Krisenvergleichen lebt. Dabei sind Krisen derart jetzthaft, dass gerade das Vergleichen schwerfällt. Weder liegen die erlebten Kleinigkeiten hinreichend gut in der Hand, um schon an Erinnertem abgetragen werden zu können, noch möchten die Worte so recht passen. Präsent sind nicht Beschreibungen, sondern Maximen. Diese prallen auf Lebensverhältnisse auf, über die man vorerst noch staunt. Wer eine solche Lage konkretisieren will oder auch generalisierbar machen möchte, kann gleichermaßen nur erzählen. Und die Hilflosigkeit wäre wohl die Hauptperson.

Genau an diesem Punkt wird mir doch dann die Nicht-Absage des angefragten Beitrags unausweichlich. Herrn Volkmer zu erklären, warum ich erst zu schreiben erwäge und was dann zunehmend dagegenspricht – das mag doch mehr dokumentieren als das Geraune einer skrupulösen Autorin. Vom Schreibtisch aus erzählen kann ich über die eigenartig unangemessenen Anforderungen des Schemas »Krise« an unseren Umgang mit dem, worauf aktuell Verlass sein sollte, vom Scheitern meines Konzepts und vom Unbehagen an der Expertenrolle zumal. Also warum nicht als Aufsatz-Ersatz eine Art offener, seine eigene Rechtfertigung mehr schlecht als recht enthaltender Brief? Dieser hätte nur zu Anfang das Problem schlechter Abstraktheit zum Gegenstand. Denn sprechend von »sozialer Abstraktion« als Kriseneffekt und Krisenzeichen sowie als Tendenz von Krisenkommunikation stoße ich auf das, was lesend wie schreibend mit Corona-Reflexion einhergeht: ein Krisensyndrom des öffentlichen Intellekts, der sich in der Pflicht zur Stellungnahme sieht oder vielleicht auch nur zu sehen glaubt.

Anmerkungen

1   https://blog.transcript-verlag.de/die-corona-gesellschaft/, letzter Zugriff am
23.05.2020.

Literatur

Hegel, Georg Wilhelm Friedrich (1970): »Wer denkt abstrakt?« In: Ders., Je-
naer Schriften 1801–1807. Werke 2. Frankfurt a. M.: Suhrkamp, S. 575–581.
Stichweh, Rudolf (2020): »Simplifikation des Sozialen.« In: FAZ vom
07.04.2020.
Teutsch, Katharina (2020): »Die Stunde der Maulhelden.« In: FAZ vom
06.04.2020.

Online-Quellen

https://blog.transcript-verlag.de/die-corona-gesellschaft/, letzter Zugriff am
23.05.2020.

Die Schule des Vergleichens und die Suche nach der Wahrheit wissenschaftlicher Fakten[1]

Angelika Epple

Die Bestimmung von Neuinfektionen, die Berechnung der Todeszahlen pro 100.000 Einwohner, national unterschiedliche Arten und Weisen der Bekämpfung – im Umgang mit dem neuartigen Virus SARS-CoV-2 greifen Politiker*innen wie Journalist*innen, Wissenschaftler*innen wie Verschwörungstheoretiker*innen auf eines zurück: auf Vergleiche. Häufig fällt uns gar nicht auf, wenn eine Argumentation auf Vergleichen beruht. Nicht nur der Komparativ (schneller, weiter, höher), sondern auch kleine Wörtchen wie bspw. »wie« oder »mehr als« markieren Vergleiche lexikalisch: »Wenn wir eine Situation *wie* in Norditalien verhindern wollen, dann müssen wir ...« oder »wenn wir den Lockdown fortsetzen, dann sterben *mehr* Menschen *als* an Corona«.

Frei nach Friedrich Nietzsche können wir sagen: Wir leben seit Corona in der Schule des Vergleichens.[2] Nicht, dass zuvor nicht verglichen worden wäre – ganz im Gegenteil. Vergleichen hat eine lange Geschichte.[3] Aber kaum je haben sich Gesunde und Kranke, Alte und Junge mit der ubiquitären Alltagspraxis und ihren Wirkungen so intensiv beschäftigt. Wir bekommen das Verfahren *in actu* vorgeführt. Wir sind Augenzeug*innen, wie mithilfe von Vergleichen Orientierung gesucht, gefunden und begründet wird. Methodische Finessen des statistischen Vergleichens werden diskutiert, die Aussagekraft der Zahlen angezweifelt, um anschließend weiter zu vergleichen. Bisher lassen sich in der öffentlichen Diskussion um den Coronavirus mindestens drei verschiedene Typen des Vergleichens unterscheiden: der *medizinische Typus*, der *politisch-antiscientistische Typus* und der *Typus der Verschwörungstheorien*. Alle drei Typen belegen mit Hilfe von Vergleichen die Plausibilität ihrer Aussagen. Dabei unterscheiden sie sich jedoch sowohl bezüglich der Vergleichsgegenstände *(comparata)* und der Hinsichten *(tertia* *comparationis*) als auch hinsichtlich der Auffassung, wie das Verhältnis von Konstruktion und Objektivität bei Vergleichen zu bewerten ist.

Die Schule des Vergleichens

Vergleichen ist eine komplexe Tätigkeit, die zudem mit zahlreichen anderen Tätigkeiten (wie z. B. dem Testen von Reaktionen, dem Messen, dem Beobachten usw.) verschränkt ist. Das Vergleichen als wissenschaftliche Methode hat die Funktion, Hypothesen zu ermöglichen und sie zu bekräftigen oder zu widerlegen. Das Vergleichen ist seit dem ausgehenden 18. Jahrhundert in den meisten Wissenschaften eine wichtige, häufig die wichtigste Methode.

Das Interessante an der vergleichenden Methode ist, dass sie einerseits eine große Konstruktionsleistung beinhaltet, diese andererseits verdeckt. Die Konstruktionsleistung besteht darin, dass die Person, die vergleicht, zwischen mindestens zwei *comparata* eine Beziehung hinsichtlich eines *tertium* herstellt, die es zuvor nicht gegeben hat. Es kommt also durch das Vergleichen etwas Neues in die Welt. Das Vergleichen beruht also auf einer Aktivität der vergleichenden Person und liegt nicht in den Gegenständen selbst begründet.

Sich den Konstruktionscharakter des Vergleichens zu vergegenwärtigen, ist insofern notwendig, als das Vergleichen – vor allem in außerwissenschaftlichen Kontexten – den Anschein erweckt, als handelten Vergleiche ausschließlich von den Eigenschaften der verglichenen Objekte. Das Vergleichen »naturalisiert« die Konstruktionsleistung der vergleichenden Personen und transformiert sie in vermeintlich objektiv vorhandene Eigenschaften der Vergleichsgegenstände. Das Sprichwort »Äpfel und Birnen kann man nicht vergleichen« ist entlarvend. Es besagt: Äpfel und Birnen haben so wenig Gemeinsamkeiten, dass sie nicht miteinander verglichen werden können. Die landläufige Erwiderung bewegt sich meist ebenfalls auf der Ebene der Eigenschaften der Objekte. Es wird dann entgegnet: Äpfel und Birnen gehören in die Kategorie des Obstes und können daher sehr wohl verglichen werden, d. h. ihre Gemeinsamkeit (»die Obsthaftigkeit«) kann auf Unterschiede hin befragt werden (z. B. ovale versus runde Form). Beide, Sprichwort und Widerlegung, bleiben innerhalb desselben Paradigmas, demzufolge es die Eigenschaften der Objekte sind, die Vergleiche ermöglichen oder verhindern.

Tatsächlich sind es aber die vergleichenden Wissenschaftler*innen, Politiker*innen, Journalist*innen, die Elemente so in eine vergleichende Beziehung setzen, dass sie Unterschiede und Gemeinsamkeiten ausloten.

Der medizinische Typus des Vergleichens

Vor allem in den ersten Monaten der Krise von Januar bis April 2020 hatten in der deutschen Diskussion Epidemiolog*innen und Virolog*innen das Wort. Von jetzt auf nachher wurde der Gesellschaft Einblick in naturwissenschaftliche Hypothesenbildung erlaubt. Mediziner verglichen das Virus mit anderen Viren. Die Namensgebung ist Ausdruck dieser Vergleiche. Die *coronavirus disease* wird von einem Virus verursacht, das Familienähnlichkeit zu anderen Viren hat, aber doch neu genug ist, um einen eigenen Namen zu erhalten. Der Grad an Neuigkeit, der Ende 2019 entdeckt wurde, führte dazu, dass das neue Coronavirus als SARS-CoV-2 bezeichnet wurde. Familienähnlichkeit heißt: Die Mitglieder sind gleich genug, um als eine Familie bezeichnet zu werden, es gibt aber zwischen ihnen spezifische Unterschiede, so dass sich die Mitglieder der Familie voneinander unterscheiden. Wer Gleichheit und Unterschiede zwischen zwei Objekten bezüglich einer Vergleichshinsicht analysiert und beschreibt, der tut nichts anderes als zu vergleichen. Häufig werden dabei unterschiedliche Grade der Differenz und der Ähnlichkeit festgehalten: In dieser Hinsicht ist z. B. SARS-CoV-1 SARS-CoV-2 ähnlicher als MERS-CoV.

Eine besondere Rolle kommt dem Vergleichen zu, wenn es um die Plausibilisierung von wissenschaftlichen Aussagen in der Medizin geht. Wissenschaftliche Aussagen erheben den Anspruch, wahr zu sein. Dass sie häufig widerlegt werden, ist kein Einwand gegen diesen Anspruch, sondern dessen Bestätigung. Es ist so zutreffend wie trivial, dass nur eine Aussage, die Wahrheit beansprucht, widerlegt werden kann. So erklären sich die vorsichtigen Formulierungen und die Zurückhaltung, mit denen sich (seriöse) Epidemiolog*innen, Infektolog*innen und Virolog*innen in der Öffentlichkeit präsentieren. Gerade zu Beginn der Pandemie ließen sie uns medizinische Laien an ihrer Hypothesenbildung teilhaben. Und diese war häufig vergleichsbasiert. Die Annahmen über Infektiosität, die Flugweite von Aerosolen (mit und ohne Mundschutz, beim Joggen, beim Singen, beim Sprechen), die Wirkung von Schutzmaßnahmen usw.: Keiner, der die Seite der Johns-

Hopkins-Universität nicht mehrmals täglich besuchte. Statistiken boomten und korrelierten Todeszahlen mit nationalen Vorgehensweisen oder auch mit sozialen, klimatischen und anderen Einflussfaktoren. Beeindruckend war dabei, mit welcher Klarheit einerseits der Konstruktionscharakter dieser Daten betont und wie andererseits ihr Wahrheitsanspruch nicht angezweifelt wurde. Wahrheitsanspruch und die Konstruktion der Daten sind in wissenschaftlichen Aussagen gerade kein Gegensatz. Denn – und dies ist der entscheidende Punkt – Konstruktion heißt im wissenschaftlichen Kontext nicht, dass Daten erfunden oder gar beliebig seien. Es heißt nur, dass diese sich nicht selbst hervorbringen. Die Daten werden von Wissenschaftler*innen erzeugt, die vergleichen, so wird Wissen produziert. Die Konstruktionen werden durch wissenschaftliche Verfahren überprüft. Die intersubjektive Nachvollziehbarkeit, die Widerspruchsfreiheit und – in den Naturwissenschaften – die Reproduzierbarkeit sind dabei Kriterien, die darüber entscheiden, wie plausibel Aussagen sind und ob sie dem wissenschaftlichen Wahrheitsanspruch gerecht werden. Wenn Aussagen in unterschiedlichen Verfahren bestätigt werden, gelten sie als wissenschaftliche Fakten. Die Halbwertszeit solcher Fakten ist unterschiedlich.

In Parenthese sei hinzugefügt, dass der Konstruktionscharakter vergleichsbasierter Tatsachen nicht die Frage berührt, ob es objektive Wahrheit überhaupt gibt oder ob einem epistemischen Relativismus der Vorrang zu geben ist. Diejenigen, die von der Existenz objektiver Wahrheit ausgehen, betonen, dass die Konstruktionen wahr oder falsch sein können, *weil* sie die Wahrheit erfassen oder nicht erfassen. Wird zu einem späteren Zeitpunkt erkannt, dass sie die Wahrheit nicht erfasst haben, dann waren sie eben falsch. Die epistemologischen Relativisten behaupten, objektive Wahrheit gäbe es nicht, daher könnten wissenschaftliche Fakten nur innerhalb eines bestimmten Referenzsystems wahr sein. Mit beiden Überzeugungen lässt sich begründen, warum der Konstruktionscharakter von vergleichsbasierten Aussagen und ihr Wahrheitsanspruch keinen Widerspruch bilden.

Der wissenschaftliche Typus beeinflusste auch die Argumentation der Bundesregierung und einen Großteil der Meinungen der Öffentlichkeit. Der Virologe Christian Drosten wurde zum öffentlichen Gesicht dieser wissenschaftlichen vergleichsbasierten Wahrheitsfindung. Mit seiner erfolgreichen Wissenschaftskommunikation vermittelte er nicht nur neues Wissen, sondern erlaubte Einblicke in die *Produktion* dieses Wissens. Darauf basierte seine hohe Glaubwürdigkeit.

Der politisch-antiscientistische Typus

Der zweite Typus von Vergleichspraktiken in der Corona-Krise drängte sich in den Vordergrund, als der kurze Flirt des gesellschaftlichen Subsystems der Politik mit dem gesellschaftlichen Subsystem Wissenschaft zu Ende ging. Kalliope, die Muse der epischen Dichtung und der Wissenschaft, die eben noch als Heilsbringerin gefeiert worden war, sah sich nun mit gravierenden Vorwürfen konfrontiert. Da immer neue Erkenntnisse bisherige ablösten, beendeten prominente Politiker die Liaison: medizinische Expert*innen wüssten selbst nicht, was sie wollten, und man müsse auch andere, gesamtgesellschaftliche Wirkungen der Krankheitsbekämpfung berücksichtigen.

Eine solche Argumentation wendet sich gegen eine Auffassung, die man bestenfalls als »Scientismus« bezeichnen kann und die seit den 1970er Jahren als überholt gilt. Scientismus basiert auf einem positivistischen Verständnis der Naturwissenschaften, demzufolge durch induktive Methoden – also aus der Empirie abgeleitet – die Welt als Ganzes erklärt werden könne. Scientismus ist das Gegenteil des oben skizzierten wissenschaftlichen Selbstverständnisses. Statt die eigene Perspektive auf den zu erklärenden Gegenstand zu betonen und damit die Beschränktheit der eigenen Erkenntnis zu unterstreichen, statt Einblicke in die Produktion von Wissen und dessen Konstruktionscharakter zu ermöglichen, beansprucht der Scientismus, mechanische Gesetzmäßigkeiten zur Welterklärung zur Verfügung zu stellen. Nur in einem solchen Wissenschaftsverständnis kommt es einer Bankrotterklärung gleich, wenn eine Aussage widerlegt wird. Gründet sich das Verständnis wissenschaftlichen Wissens jedoch auf die oben genannten Kriterien – Widerspruchsfreiheit, intersubjektive Nachprüfbarkeit, Reproduzierbarkeit –, dann rückt die Falsifizierbarkeit ins Zentrum der Wissenschaftlichkeit.

Ein weiterer Vorwurf wird vom politisch-antiscientistischen Typus in Stellung gebracht: Es sollten nicht nur naturwissenschaftliche Überlegungen in eine Gesamtbetrachtung einbezogen werden. Wohlgemerkt: Im medizinischen Typus spielt die Betonung der Begrenztheit des eigenen Wissens eine zentrale Rolle. Der Vorwurf wendet sich also nicht gegen ihn, sondern gegen den aufgebauten Pappkameraden des Scientismus und die mit ihm verbundene, naive Wissenschaftsgläubigkeit. Zudem spielt dieser Vorwurf direkt auf das Vergleichen an und stellt in Frage, was die Grundlage von Handlungsentscheidungen sein soll: die Sterblichkeitsrate gefährdeter Personen, die wirtschaftliche Vernichtung existenzieller Grundlagen, das psychische Wohlbefinden, die Freiheitsansprüche oder das Selbstbestimmungsrecht Einzelner? Da es dabei immer um ein Mehr oder Weniger an Einschränkung oder Zugewinn von Freiheit, um eine Erhöhung oder ein Senken von Risiken geht, ist diese Frage direkt auf das Vergleichen bezogen. Es geht darum, welche Vergleichsgegenstände einbezogen werden sollen, wenn die Politik Entscheidungen zu fällen hat.

Diese Frage ist grundlegend, und es ist für eine Demokratie unerlässlich, dass Politiker*innen ihre Entscheidungsgrundlage transparent machen. Gerade weil Vergleiche Konstruktionen sind, müssen die Vergleichsparameter – comparata und tertia comparationis – benannt werden. Nur dann lassen sich Zweifel formulieren, Einwände erheben oder bessere Entscheidungsgrundlagen schaffen. Dieses Argument ist insofern zutreffend und benötigt gar keinen Pappkameraden, gegen den es anzukämpfen gilt. Ein solches Vorgehen hat viel mehr mit dem wissenschaftlichen Typus gemein als mit einem scientistischen. Der Scientismus lässt den Konstruktionscharakter des Vergleichens im Besonderen und wissenschaftliche Aussagen im Allgemeinen hinter einem naiven Positivismus unsichtbar werden. Politische Vergleiche müssen per se nicht antiscientistisch sein. Sie waren es jedoch in dem hier skizzierten Kontext.

Der verschwörungstheoretische Typus

Der verschwörungstheoretische Typus dagegen lässt das Pendel in Richtung eines beliebigen Konstruktivismus ausschlagen. Hier finden sich die gewagtesten Vergleiche vor allem, wenn sie die Kritik am Umgang mit dem Coronavirus mit der Angst vor der Einführung einer »neuen Weltordnung« verbinden. Wie schnell sich die Spirale verschwörungstheoretischer Argumente drehen kann, zeigt sich, wenn die Abwehr von Verschwörungstheorien in der rechten Presse als Finesse von Politikern ausgemacht wird. So argumentiert das Online-Journal »gegenfrage.com«: Der Begriff »Verschwörungstheorie« sei ein Kampfbegriff, um Kritiker an der herrschenden Meinung zu diffamieren.[4] Der Begriff »conspiracy theory« sei ausschließlich aus diesem Grund von der CIA nach der Ermordung Kennedys in die politische Sprache eingebracht worden. Aufgezählt werden in Folge zahlreiche historische Verschwörungen wie die Dreyfus-Affäre, die im Hintergrund der Watergate-Affäre oder der Ermordung Kennedys stehenden Verschwörungen. Eine bunte Reihe also von historisch verifizierten Verschwörungen und Verschwörungstheorien. Naiv, so die Folgerung des Autors, sei also nicht derjenige, der Verschwörungstheorien Glauben schenke, sondern derjenige, der glaube, Verschwörungen seien keine gängige Praxis. Die Argumente *gegen* Verschwörungstheorien werden als rein strategische ausgewiesen, die gar nicht erst auf ihre Wahrheit hin geprüft werden können. Sie werden als *fake news* bezeichnet. Die Argumente *für* Verschwörungstheorien werden daher nicht mit Fakten, sondern mit einer klassischen Methode plausibilisiert: mit Vergleichen. Verschwörungen *wie* z. B. die Dreyfus-Affäre oder *wie* die Watergate-Affäre habe es in der Geschichte tatsächlich gegeben. Mithilfe einer Analogie, also eines gleichsetzenden Vergleichs zweier Verhältnisse, wird geschlossen und generalisiert: Der Dreyfus-Affäre sei eine Verschwörung zugrunde gelegen, die Zeitgenossen nicht erkannt hätten. *Genauso* sei es bei der (verschleierten) Ermordung Kennedys oder der heutigen Verschwörung der neuen Weltordnung, zu der sich ein Dutzend multinationaler Unternehmen zusammengeschlossen hätten, um die Weltherrschaft an sich zu reißen.

Der Wahrheitsbeweis wird in die (falsche) Analogie und die (falsche) Generalisierung verschoben. Der Konstruktionscharakter von Vergleichen wird einerseits überdehnt, die Beliebigkeit wird weder durch widerspruchsfreie Verfahren noch durch einen wahren Objektbezug eingegrenzt, andererseits wird der Konstruktionscharakter versteckt. Schließlich kann alles mit allem verglichen werden.

Etwas komplizierter ist es bei Impfgegnern, die sich seit der Corona-Krise mit klassischen Verschwörungstheoretikern verbündet haben. Hier muss man genau hinschauen: Manche Impfgegner argumentieren durchaus im Rahmen wissenschaftlicher Vergleichspraktiken, wenn sie beispielsweise deshalb Impfungen kritisieren, weil die erhobenen Vergleichsdaten angezweifelt werden, und damit die Grundlage über die Tödlichkeit von Infektionskrankheiten in Frage stellen oder wenn sie die Effektivität von Impfungen im Vergleich zu anderen Krankheitsbewältigungen bestreiten. Verschwörungstheorien beginnen dort, wo die Widerlegung von Aussagen unmöglich gemacht oder gar zum Beweis der Wahrheit wird. Der Konstruktionscharakter von Vergleichen führt dann dazu, dass ihre Wahrheitsfähigkeit in Frage gestellt wird.

Was lehrt die Schule des Vergleichens?

Vergleichspraktiken sind besonders hilfreich, um Unbekanntes, Neues, Unvorhergesehenes einzuordnen, zu verstehen und zugleich aus Bekanntem Neues abzuleiten. Vergleichen ist ein riskantes Verfahren, denn es konstruiert die vergleichende Beziehung zwischen zwei Elementen, von der es im Anschluss wahrheitsfähige Aussagen ermöglicht. Es ist eine große Herausforderung zu verdeutlichen, dass es klare Kriterien gibt, ob ein Vergleich wahr oder falsch ist – trotz des Konstruktionscharakters von Vergleichen.

Wenn Vergleiche in Argumentationen eingesetzt werden, dann sollten ihre Entstehensbedingungen und ihr Konstruktionscharakter stets mitgedacht und im besten Falle auch mitkommuniziert werden. Weder sollte die Objektivität der Vergleiche überbetont werden, eine Gefahr, die der Scientismus befördert. Noch sollte der Konstruktionscharakter mit Beliebigkeit verwechselt werden und zur Aufgabe des Wahrheitskriteriums oder der Widerspruchsfreiheit einer Argumentation führen. Die Überbetonung des Objektivismus birgt die Gefahr einer naiven Wissenschaftsgläubigkeit. Die Überbetonung des Konstruktivisimus birgt die Gefahr der Verschwörungstheorien oder von *fake news*. Objektivismus und überdehnter Konstruktivismus dulden keine Widerlegungen. Sie unterbinden die sachbezogene Kontroverse.

»Streiten können«, sagte Peter Strohschneider 2017 in einer preisgekrönten Rede zum Jahresempfang der DFG,[5] »ist die unhintergehbare und ermutigende Zumutung moderner Wissenschaften, freier Gesellschaften und legitimer Politik.«

Anmerkungen

1   Dieser Beitrag entstand im Rahmen des von der Deutschen Forschungsgemeinschaft (DFG) geförderten Bielefelder Sonderforschungsbereichs (SFB) 1288 »Praktiken des Vergleichens. Die Welt ordnen und verändern«.

2   So charakterisierte Friedrich Nietzsche (1999: 44) das 19. Jahrhundert: »Es ist das Zeitalter der Vergleichung«.

3   Für einen aktuellen Einblick in die Geschichte des Vergleichens als Forschungsgegenstand vgl. Epple et al. (2020).

4   https://www.gegenfrage.com/verschwoerungstheorie/, veröffentlicht am
     02.04.2020, letzter Zugriff am 22.06.2020.
5   https://www.youtube.com/watch?v=HS-hwbX-SWQ&list=PLq8YHwrfUwK
     coD5XoZQVK8bzlwevZIhqE.

Literatur

Epple, Angelika/Erhart, Walter/Grave, Johannes (eds.) (2020): Practices of
     Comparing. Towards a New Understanding of a Fundamental Human
     Practice. Bielefeld: transcript.
Nietzsche, Friedrich (1999): Kritische Studienausgabe, Bd. 2: Menschliches,
     Allzumenschliches I und II. Berlin/New York: De Gruyter.

Online-Quellen

https://www.gegenfrage.com/verschwoerungstheorie/, veröffentlicht am
     02.04.2020, letzter Zugriff am 22.06.2020.
https://www.youtube.com/watch?v=HS-hwbX-SWQ&list=PLq8YHwrfUw
     KcoD5XoZQVK8bzlwevZIhqE.

Historische Einordnungen

Um die ungehemmte Verbreitung des Virus zu verhindern, haben wir nur
die alten Mittel, die sich in der europäischen Geschichte schon mehr als einmal
bewährt haben. Die Mittel der Staatsgewalt. — *Franz Mauelshagen*

In der sozialen und geographischen Verwundbarkeit, und politisch in den
miteinander verflochtenen Aspekten der *racial* und *environmental justice*, treffen
sich die Corona-Krise und die Klimakrise in ihrer jeweiligen gesellschaftlichen
Auswirkung. — *Eleonora Rohland*

Das Antlitz des Leviathan

Franz Mauelshagen

Viele Menschen denken, die Pest habe nur im Mittelalter in Europa gewütet. Sie habe vor allem 1348 Schaden angerichtet und einen großen Teil der europäischen Bevölkerung in den Tod gerissen. Das stimmt zwar. Aber damit war das Sterben in Europa noch nicht beendet. Die Pest blieb ein regelmäßiger und höchst unwillkommener Gast. In Westeuropa bis ins 18. Jahrhundert, in Osteuropa noch bis ins 19. Jahrhundert. Und es gab bis dahin immer wieder schwere Ausbrüche mit enormen Opferzahlen. London zum Beispiel, das im 17. Jahrhundert rasant wuchs, wurde 1665 von der Pest erschüttert. Etwa ein Fünftel der 300.000 Einwohner starben, ungefähr 60.000 Menschen, mehr als die Hälfte davon in einem einzigen Monat, im August 1665.

Obwohl der Ausbruch einer schweren Epidemie zwischen dem 14. und 18. Jahrhundert recht häufig vorkam, gehörte er doch nicht zu den Alltagserfahrungen. Am 7. Juni 1665, ganz am Anfang der ›Großen Pest‹ in London, notierte Samuel Pepys (1633–1703), der für die britische Regierung arbeitete, in sein Tagebuch: »Heute habe ich, mit großem Widerwillen, in Drury Lane zwei oder drei Häuser mit einem roten Kreuz an der Tür gesehen. Und ›Gott erbarme sich unser‹ stand dazu geschrieben. Ein trauriger Anblick. Das erste Mal, dass ich so etwas gesehen habe.« Pepys wusste, was ein rotes Kreuz an der Tür eines Wohnhauses bedeutete. Es war eine sichtbare Warnung an die Stadtöffentlichkeit. Auch wenn Pepys selbst dies erstmals erlebte, verstand er die Botschaft und konnte sich die Folgen ausmalen, die der Stadt nun drohten.

Springen wir in die Gegenwart, das Jahr 2020. Das Coronavirus hat in Europa eine unvorbereitete Bevölkerung getroffen. Als man die ersten beunruhigenden Nachrichten aus Wuhan hörte, fühlten wir uns alle noch sicher. Und das Gefühl hielt noch wochenlang an. Die Erinnerung an große Epidemien, die Europa trafen, zum Beispiel die Spanische Grippe 1918–1920, ist längst verblasst. Und gerade die Spanische Grippe war in den Erzählungen unserer (Ur-)Großmütter und (Ur-)Großväter immer schon überlagert von den Erfahrungen des Ersten Weltkriegs. Und was war seitdem? Aids und ein wenig Ebola. Die Verbreitung beider Epidemien konnte rasch beschränkt werden.

Als das Leugnen der Anzeichen, das zu jedem Anfangsstadium einer Epidemie zu gehören scheint, keinen Sinn mehr machte, schaltete die chinesische Regierung um. Wuhan erklärte den Notstand und wurde abgeriegelt. Ich habe zu diesem Zeitpunkt mehr als einmal die Meinung gehört, solche Maßnahmen seien in den europäischen Demokratien nicht denkbar. Ein Irrtum – gestützt auf Vergessen. Vergessen ist, dass nichts von dem, was die Regierungen Italiens, Spaniens, Frankreichs oder Deutschlands an Maßnahmen ergriffen haben, seitdem COVID-19 sich in die europäische Realität eingenistet hat, historisch neu oder gar einzigartig ist. Noch weniger sind diese Maßnahmen dem autoritären China abgeschaut. Ausgangsverbote, Quarantäne, das Herunterfahren wirtschaftlicher Aktivitäten, Versammlungsverbote, selbst das Abschotten ganzer Städte und Regionen, wie in Norditalien, sind Erbe der europäischen Tradition im Umgang mit Epidemien. Es sind äußerst bewährte Instrumente! Experten haben sie über Jahrhunderte immer wieder empfohlen. Regierungen haben sie regelmäßig angewendet. Und die historische Erfahrung gibt ihnen Recht. Es lohnt sich, daran zu erinnern.

Das eindrücklichste Beispiel für die Effektivität dieser Maßnahmen bietet wiederum die Pest. Noch vor der Mitte des 18. Jahrhunderts gelang es überall in Mittel- und Westeuropa, größere Epidemien dauerhaft zu unterbinden. Letzte Ausbrüche der Krankheit ereigneten sich in Schottland 1647, im Gebiet der Beneluxstaaten 1670, in westlichen Teilgebieten Deutschlands und in der Schweiz 1679, in England 1688, in Spanien 1711, in Skandinavien 1712, in Nord- und Zentralitalien 1714, in Österreich 1716 und in Frankreich 1720. Diese Jahreszahlen verdienen aufgezählt zu werden, weil sie indirekt auf bestimmte Umstände hindeuten, die in Mittel- und Westeuropa wirksam waren. Sie liegen allesamt nach dem Ende des Dreißigjährigen Krieges, in dem sich die Pest gleichsam an den Krieg anhängte, besonders am Hauptschauplatz des Krieges: Deutschland. Das Chaos, der Hunger, der Kontrollverlust schufen ein günstiges Milieu für die Pest als Trittbrettfahrerin. Ein weiterer Umstand besteht darin, dass der Dreißigjährige Krieg Katalysator für die Staatsgewalt in Europa war. Ich komme darauf zurück.

Bemerkenswert ist zunächst, dass sich die Pest aus West- und Zentraleuropa mehr als anderthalb Jahrhunderte vor Entdeckung des Krankheitserregers und seiner Übertragungswege zurückzog. Das gelang erst Ende des 19. Jahrhunderts mit den Mitteln der modernen Mikrobiologie. Damals brach die asiatische Pandemie aus, und verschiedene europäische Nationalstaaten schickten ihre Expertenkommissionen nach China. Die Schüler Robert Kochs und Louis Pasteurs fanden heraus, was wir heute über die Pest wissen. Nur die Lungenpest war durch die Luft von Person zu Person übertragbar. Die viel häufigere Form der Beulenpest war nicht direkt ansteckend, sondern wurde durch Pestflöhe übertragen. Sie wechselten den Wirt, wenn dieser starb. Das dezimierte zunächst die Rattenpopulationen. Wenn diese knapp wurden, suchten sich die Pestflöhe neue Wirte – Menschen. Dieser Vorgang muss sich seit dem Mittelalter millionenfach wiederholt haben.

Erstaunlich ist, dass obwohl der Krankheitserreger unbekannt, obwohl Flöhe jahrhundertelang als Überträger unerkannt blieben, das Verständnis der Übertragungswege lange vor den wissenschaftlichen Entdeckungen der Pestkommissionen in China für wirksame Maßnahmen ausreichte. Es gab also ein gehöriges Maß an Nichtwissen über die Krankheit Pest, das die Handlungsmöglichkeiten zwar begrenzte, aber wirksames Handeln dennoch nicht völlig verunmöglichte. Die Bedeutung des Handels für die Verbreitung der Krankheit ging den Ärzten des Spätmittelalters und der Frühen Neuzeit auf, auch ohne dass sie die Übertragungswege genau kannten. Auch ohne das Wissen und die Möglichkeiten der Mikrobiologie begriffen sie, dass die Pest vor allem über die großen Handelszentren nach Europa verschleppt und von dort weiterverbreitet wurde. Also musste man dort den Hebel ansetzen. Schon bald nach dem Schwarzen Tod von 1348 wurde die Quarantäne in den Häfen Italiens, in Genua und Venedig eingeführt. Mehrten sich die Pestkranken an einem Ort, bildeten sich medizinische Expertenkommissionen, die politische Entscheidungsträger berieten. Der Wissensaustausch von Stadt zu Stadt, von Land zu Land, erwies sich als Schlüssel für eine erfolgreiche Prävention. Mangels wirksamer Arzneien richtete sich diese Prävention gegen die Ausbreitung der Krankheit, nicht gegen ihren Erreger.

War eine Epidemie ausgebrochen, wurden Ortschaften isoliert, meist unter Einsatz des Militärs. Während der letzten großen Epidemie in Frankreich, die 1720 Marseille und große Teile der Provence erfasste und mindestens Hunderttausend Menschenleben forderte, wurden Schutzmauern

errichtet, *murailles de la peste*. Ihre Überreste sind noch heute in der süd-
französischen Landschaft verstreut wie Mahnmale. Solche Mauern halfen
dabei, sogenannte *cordons sanitaires* um Risikoregionen zu errichten. Vom
Karpatenbogen bis zur Küste des Adriatischen Meeres, auf einer Länge von
1900 Kilometern, errichtete die Habsburgermonarchie den längsten permanenten Schutzgürtel dieser Art. An den Grenzposten gab es Quarantänesta-
tionen, in denen möglicherweise ansteckende Menschen und Waren in Ver-
wahrung genommen werden konnten. Durch eine Vielzahl präventiver und
akuter Maßnahmen gelang es schließlich, die Übertragungswege der Pest in
Europa dauerhaft zu unterbrechen.

Das ist eine erstaunliche Leistung und eine bemerkenswerte historische
Tatsache. Sie wäre nicht möglich gewesen ohne die Stärkung der Staatsgewalt, die sich an den Dreißigjährigen Krieg anschloss. Das 17. Jahrhundert
war neben dem 20. das kriegsreichste der europäischen Geschichte. Die Permanenz des Krieges führte auch zur ständigen Unterhaltung von Armeen,
selbst in Friedenszeiten. Stehende Heere zu unterhalten ist aber natürlich
auch dann kostspielig, wenn gerade kein Krieg geführt wird. Die notwendigen Steuermittel stärkten die zentrale Staatsgewalt, förderten den Aufbau
von Verwaltungen, die den organisatorischen Herausforderungen gewachsen waren. Und die Armee konnte jetzt auch für die Schließung von Grenzen
und die Abriegelungen der *cordons sanitaires* im Kampf gegen die Pest eingesetzt werden. Es ist kein Zufall, dass sich in Darstellungen der Pestbekämpfung im 17. und 18. Jahrhundert die Metaphern der Kriegsführung häuften.

»Staatsgewalt« – das ist ein interessantes Wort. Es drückt aus, dass der
Staat auf Gewalt gebaut ist. Das schließt ihre Androhung und notfalls ihre
Ausübung mit ein. Die Staatsdenker des 17. Jahrhunderts, Hobbes vor allem
und Thomasius, erkannten das klar aus der Erfahrung ihres kriegerischen
Jahrhunderts. Der Staat ist ein Leviathan – ein Monstrum an vereinigter Ge-
walt, von den einzelnen Individuen an eine zentrale Macht abgetreten. Der
Schrecken war immer Teil dieser Gewalt. Was sie vermochte, demonstrierte
sie nicht nur in Kriegen zwischen Völkern, sondern auch, wenn sie sich der
Herrschaft der Pest entgegenstellte. Es gibt nichts daran zu beschönigen.
Die meisten Maßnahmen, die im Ausnahmezustand einer Epidemie ergrif-
fen wurden, hebelten die zivilisatorischen Standards der Normalität aus.
Sie verletzten Rechte, die im Normalzustand beansprucht werden konnten.
Zum Beispiel das Recht der Versammlung aus Anlass des Todes eines An-
gehörigen. Die Toten wurden in Massengräbern begraben, ihr Andenken

damit der Würde der individuellen Grabstätte entzogen. Das ähnelt dem, was der Philosoph Emanuel Levinas einmal mit Bezug auf Krieg und Vernichtungslager als »Tod ohne Zukunft« bezeichnete (Levinas 1989: 61). Er ist eine fundamentale Verletzung der Menschenwürde. Wo sie nicht aufrechterhalten wird, finden wir eine beschädigte Gesellschaft.

Was das Regime der Pest betrifft, so ist der Notzustand, mit dem die werdenden Staaten Europas auf sie reagierten, eine Art Versuch, der Epidemie die Herrschaft über das Leben aus der Hand zu reißen. Zu rechtfertigen war das schon immer nur dadurch, dass der Notzustand als Rückkehr in die Normalität betrachtet wurde. Aber mit den Rechtfertigungen ist es niemals einfach. Auch im 17. und 18. Jahrhundert können wir beobachten, wie sich Trauer, Wut und Zorn über die Pest gegen den Ausnahmezustand, die Staatsgewalt und ihre Vertreter richteten. Es gab immer wieder und überall auch Widerstand gegen die oft drastischen Maßnahmen der Pestbekämpfung. Es gab Verschwörungstheorien, deren wichtigste Funktion darin zu bestehen scheint, dass sie das Bedürfnis nach Schuldigen befriedigen, die man bestrafen kann. Nur, was ist der Ursprung dieses Bedürfnisses? Vielleicht eine Reaktion auf die Machtlosigkeit des Ausgesetztseins gegenüber einer unsichtbaren Macht – einer Art Naturgewalt. Die Unfähigkeit auszuhalten, dass es etwas gibt, was sich menschlicher Kontrolle entzieht?

Und es gab wissenschaftliche Meinungen, die eine unsichtbare Übertragung der Pest bestritten. Sie zweifelten auch an der Wirksamkeit von Maßnahmen wie Quarantäne, Isolation von Kranken, Zwangshospitalisierung, Verbrennung infizierter Waren und Häuser, Stilllegung des öffentlichen Lebens, Unterbrechung des Handels und Abriegelung infizierter Orte. Noch während der letzten großen westeuropäischen Epidemie in Marseille und der Provence 1720–1722 standen sich mehrere Expertengruppen feindlich gegenüber. Eine Gruppe von Medizinern aus der berühmten Schule von Montpellier, die sich um François Chicoyneau (1672–1752) und seinen Schwiegervater Pierre Chirac (1650–1732) formiert hatte, glaubte nicht an Ansteckung durch Übertragung der Krankheit von einer Person auf die andere. Chicoyneau prangerte die ›Gewalt‹ an, die ›der öffentlichen Freiheit‹ durch die üblichen Schutzmaßnahmen sinnlos angetan werde, und erklärte diese für ›Verstöße gegen das Menschenrecht‹. Chicoyneau selbst gehörte einer Expertenkommission an, die in Marseille den Ausbruch der Epidemie untersuchen sollte. Es gibt ein Bild, das damals in Europa kursierte und auch heute gerne gezeigt wird, wenn es um die Geschichte der Pest geht. Es zeigt einen von Kopf bis Fuß vermummten Arzt mit bizarrer Schutzmaske. Darunter der Name: François Chicoyneau. Den Lesern der Traktate, denen diese Bilder beigefügt waren, wird der satirische Charakter dieser Darstellung kaum entgangen sein. So wandelte der Arzt, der an keine Ansteckung glauben wollte, durch die Straßen von Marseille.

Heute zweifelt kein Experte an der Ansteckungsgefahr, die vom Coronavirus ausgeht. Aber es gibt auch noch keinen Impfstoff. Um die ungehemmte Verbreitung des Virus zu verhindern, haben wir nur die alten Mittel, die sich in der europäischen Geschichte schon mehr als einmal bewährt haben. Die Mittel der Staatsgewalt. Wir erleben, dass auch Demokratien über ihre Instrumente verfügen, die eine Einschränkung des öffentlichen Lebens und individueller Freiheiten bedeuten. Die Rechte und auch das Wohl aller Einzelnen werden hinter den Schutz der öffentlichen Gesundheit gestellt. Das sind tiefe Einschnitte ins soziale und wirtschaftliche Leben.

Epidemien sind Bedrohungen, in denen der Staat eines seiner vielen Gesichter zeigt. Es ist das furchteinflößende Antlitz des Leviathan. Seine Maßnahmen gegen die Epidemie sind weitaus älter als die europäischen Erfahrungen von Diktatur, die sich vor allem auf das 20. Jahrhundert konzentrierten. Praktisch alle demokratischen Verfassungen erlauben Regelungen für den Ausnahmezustand. Sie sind nicht per se schon diktatorisch oder autoritär, nur weil sie davon Gebrauch machen. Aber es kommt darauf an, dass sie die Ausnahme bleiben. Dazu müssen die auf Gewaltenteilung und Rechtsstaatlichkeit gestützten Kontrollen bei der Ausübung staatlicher Exekutive weiterhin funktionieren. Aber es braucht auch ein Stück Vertrauen in die Stabilität unserer politischen Systeme. Wo es wankt, droht Instabilität. Und wo der Ausnahmezustand in Permanenz überführt werden soll, da ist die Demokratie in Gefahr. Dieses Spiel betreiben vor allem rechte Autokraten und Populisten in Ungarn oder Polen, wo sie bereits die Regierungsgewalt in ihren Händen halten. Hier, wo der Zustand der Demokratie ohnehin prekär geworden ist, könnte der epidemiologische Ausnahmezustand dauerhaften politischen Schaden anrichten.

In der Epidemie sieht das Antlitz des Leviathan so aus wie die Gesellschaft, die sich seiner Gewalt beugt. Sein Zustand scheint ihr Zustand zu sein – eine schonungslose Diagnose. Beispiel USA. Dort lässt das Handeln eines rechtspopulistischen und rassistischen Präsidenten, der weder von Staatsgewalt noch vom Regieren etwas versteht und, was schlimmer ist, auch gar nichts davon wissen will, gerade die Symptome eines scheiternden

Staates in plastischer Klarheit hervortreten. Viele Amerikaner sind nicht einmal krankenversichert. Das gilt besonders für diejenigen, deren Einkommen sich an der Grenze zum Existenzminimum bewegt. Die amerikanische Gesellschaft ist von Regimen der Ungleichheit durchzogen. Sie hat ganz unterschiedliche historische Wurzeln: die Sklaverei, den Rassismus, einen Kapitalismus, der nach dem Ende des Kalten Krieges nicht mehr durch die Konkurrenz des Sozialismus gezähmt wird, einen Neoliberalismus im Dienst der Reichsten. Es fehlt der amerikanischen Gesellschaft an einer Verankerung der Solidarität im Staat. Die Versuche, die in dieser Hinsicht vor allem von Präsident Lyndon B. Johnson Mitte der 1960er Jahre unternommen wurden, scheiterten im Strudel des Vietnamkrieges, der Johnson aus dem Weißen Haus spülte.

Die Historikerin Julia Adeney Thomas hat einen wunderbaren Artikel geschrieben, in dem sie die Ursachen für das Scheitern des amerikanischen Zentralstaates und seiner Institutionen in der COVID-19-Krise schonungslos analysiert (Thomas 2020). Einerseits liegen sie in der Schere der Ungleichheit, die seit den 1980er Jahren immer weiter aufgegangen ist und die Gesellschaft heute spaltet. Von Reagan bis Donald Trump hätten die Präsidenten die subversive Kunst ausgeübt, die Regierung zum Feind zu erklären, während sie gleichzeitig die Vorteile des Staates an die Wohlhabenden übergeben haben. Andererseits fehlt es an Vertrauen in diesen Staat. Im Unterschied zu den Demokratien Asiens, Südkoreas vor allem und Japans, fehlt es den Amerikanern am Vertrauen, dass der Staat weitgehend dem Wohl aller dient. In den USA, so Thomas, sei dieses Vertrauen jahrzehntelang von der eigenen politischen Führungselite untergraben worden. Aber nicht nur von ihr. Sie wird auch von einer Polizei untergraben, die den Rassismus bei der Ausübung der Staatsgewalt in ihren eigenen Reihen nicht unter Kontrolle hat.

Ohne Vertrauen ist der demokratisch gebändigte Leviathan ein zahnloses Wesen, das seine Bürger nicht gegen die Bedrohung, die von COVID-19 ausgeht, schützen kann. So sterben Hunderttausende in einem Land, deren Politiker in keinem Wahlkampf je müde werden auszurufen, dass sie der größten Nation, die jemals auf Erden war, dienen wollen. Und es sterben vor allem die Ungleichen unter den Gleichen, die Nicht-Weißen. Bei der Trauerfeier für George Floyd hat es Brooke Williams auf den Punkt gebracht: »Einige sagen, ›Make America Great Again‹, aber wann war Amerika jemals groß?« Diese Frage muss sich heute vor allem die weiße, männliche politische Elite Amerikas gefallen lassen. Ihr Märchen von der größten Nation der Erde beschädigt die Geschichte und Würde der anderen.

Der Weg zurück zum Vertrauen ist beschwerlich. Die materielle Gleichheit ließe sich leichter wiederherstellen als die Ehrlichkeit, die das Staatsversagen abfordert. Mit einem Präsidenten, der hemmungslos lügt, stehen die Chancen dafür schlecht. Es gibt zu viele, die diese Lügen gerne glauben.

Literatur

Levinas, Emmanuel (1989): Humanismus des anderen Menschen. Hamburg: Felix Meiner.

Thomas, Julia Adeney (2020): »The Blame Game: Asia, Democracy and COVID-19«. In: Asia Global Online vom 25.03.2020. https://www.asia globalonline.hku.hk/blame-game-asia-democracy-and-covid-19, letzter Zugriff am 11.06.2020.

Corona, Klima und weiße Suprematie
Multiple Krisen oder eine?

Eleonora Rohland

Im Laufe des vergangenen Jahres hat sich im Zusammenhang mit den globalen Klimaextremen von 2019 und nicht zuletzt durch den Aktivismus von Greta Thunberg und der *Fridays for Future*-Bewegung, der Begriff der Klimakrise im deutschen wie auch im englischen Sprachgebrauch etabliert. Dieser Wechsel vom Klimawandel zur ›Krise‹ wurde von einigen Medien (darunter die *Süddeutsche Zeitung* und der *Guardian*) explizit und mit dem Ziel der Wahrnehmungsveränderung durch den geänderten Sprachgebrauch vollzogen. Widerstand gegen diese durchaus politische Begrifflichkeit formierte sich insbesondere im rechten politischen Spektrum und aus Kreisen der Leugner des Klimawandels, die die im Begriff enthaltene und wissenschaftlich seit Jahrzehnten belegte Dringlichkeit als »Hysterie« und »Katastrophismus« abtaten (Müller-Jung 2019). Der Begriff schien jedoch trotz dieses Widerstandes in der breiteren Öffentlichkeit angekommen zu sein, wenn auch weiterhin eine Lücke zwischen dem durch ihn vermittelten Handlungsdruck und den realen politischen Entscheidungen des letzten Dreivierteljahres klafften.

Dann kam die Corona-Krise und verdrängte die vordergründig nicht mit ihr verbundene Klimakrise vorerst aus dem politischen Diskurs, der medialen Berichterstattung und wohl auch aus dem Gefahrenbewusstsein der Bevölkerung. Die COVID-19-Pandemie schien und scheint auf den ersten Blick eine viel unmittelbarere Gefahr zu sein, bei der die Kausalitätskette zwischen Ursache (Ansteckung mit dem Virus) und Wirkung (im Extremfall Tod) zeitlich sehr kurz ist und die Betroffenheit und das Risiko deutlich hervortreten.

Dagegen ist die Komplexität der Zusammenhänge zwischen menschlichem Handeln, seinen Auswirkungen auf das Klimasystem und wiederum dessen globalen, aber regional unterschiedlichen und zeitlich versetzten Rückkopplungseffekten auf Gesellschaften nicht leicht zu vermitteln. Noch schwieriger war und ist es bisher, aufgrund dieser komplexen Gemengelage konsensfähige und effektive politische Lösungen zu finden. Studien der historischen Katastrophenforschung zeigen, dass der entscheidende Faktor für die Risiko- und Gefahrenwahrnehmung die Zeitskala ist, auf der sich eine Krise oder Katastrophe abspielt. Und hier liegt einer der Hauptunterschiede für den Handlungsdruck zwischen der Pandemie und der Klimakrise und vielleicht auch in Teilen für ihre Betrachtung als zwei voneinander getrennte krisenhafte Prozesse. Ob sich die Befürchtung bestätigt, die Corona-Krise werde die Klimakrise im politischen Diskurs überlagern oder gar längerfristig aus ihm verdrängen, wird sich in den kommenden Monaten zeigen. Einiges wird davon abhängen, ob Deutschland wieder einen Dürresommer erlebt, wie sich weltweit die Klimaextreme häufen und ob sich eine zweite Welle der Corona-Pandemie einstellt. Immerhin wurde die Forderung nach einem mit dem Pariser Klimaabkommen kompatiblen Wiederaufbau der Wirtschaft sowohl in Europa als auch in Deutschland relativ früh gestellt und wird weiterhin diskutiert. Allerdings scheinen die beiden Krisen – nicht zuletzt aufgrund der oben beschriebenen Zeitskalen-Problematik – weiterhin als getrennte, aber synchron auftretende Prozesse wahrgenommen und behandelt zu werden.

Als dritter Krisenkomplex trat in den vergangenen Wochen in Europa die soziale Ungleichheit, in Lateinamerika und den USA stärker noch die *racial injustice*, die Rassendiskriminierung, in den Vordergrund. Es passierte also das, was der Anthropologe Tony Oliver-Smith mit dem Begriff *crise revelatrice* bezeichnet hat, nämlich dass Katastrophen oder Krisenprozesse schon bestehende gesellschaftliche Missstände in scharfen Konturen sichtbar machen (Oliver-Smith 1996: 304). Schon Mitte April 2020 erschienen in angloamerikanischen Medien Berichte darüber, dass in England, den USA und in lateinamerikanischen Ländern überproportional viele *People of Color* und Angehörige der *First Nations* oder *Indigenas* von dem SARS-CoV-2-Virus betroffen sind. Diese Schieflage der Betroffenenzahlen hat nichts mit biologischen Unterschieden zwischen *People of Color*, indigenen Bevölkerungsgruppen und Weißen zu tun, sondern ist zum einen eine Folge der Tatsache, dass *People of Color* sowohl in den USA wie auch in Großbritannien überproportional in Pflegeberufen tätig und somit der Ansteckungsgefahr mit dem Virus in besonderem Maße ausgesetzt sind. Zum anderen liegen die verborgeneren Gründe in der historischen, bis in die Kolonialzeit zurückreichenden, systematischen Benachteiligung nicht-weißer Bevölkerungsschichten hinsichtlich ihres Zugangs zum Gesundheitssystem, zu qualifizierten Arbeitsstellen und zu adäquatem Wohnraum. Diese insbesondere in den USA über den Faktor des finanziellen Vermögens miteinander verbundenen Aspekte machen politisch benachteiligte Gruppen für ansteckende Krankheiten besonders verwundbar.

Diese Aspekte des systemischen Rassismus, der durch die Corona-Krise schmerzhaft sichtbar gemacht wurde, können sowohl in den USA als auch in lateinamerikanischen Ländern historisch in ihrer Genealogie nachverfolgt werden. Sie treten auch im Kontext von Naturkatastrophen und Umweltkrisen immer wieder zutage, da durch sie dieselben gesellschaftlichen Prozesse und Institutionen wie in einer Pandemie angesprochen sind. Allerdings fügt sich bei Naturkatastrophen zur sozialen Verwundbarkeit noch eine räumliche Komponente, die geographische Verwundbarkeit hinzu. Denn die durch weiße Eliten eingeschränkten Bürgerrechte führten und führen auch zu einer räumlichen Marginalisierung von *People of Color*, von Indigenen und anderen sozial benachteiligten Gruppen in urbanen Risikogebieten. Der Nexus von unerwünschten (da die Umwelt verschmutzenden und die menschliche Gesundheit belastenden) Gewerbe- oder geologischen Risikozonen und niedrigen Bodenpreisen ist für diesen Umstand besonders relevant. Das heißt, historisch und mit Pfadabhängigkeit bis in die Gegenwart, überlappen die Wohngebiete benachteiligter Bevölkerungsgruppen oft mit Zonen erhöhter natürlicher oder menschgemachter Umweltrisiken. Im anglo-amerikanischen Raum wird hierfür der Begriff *environmental racism* benutzt. In diesem Punkt der sozialen und geographischen Verwundbarkeit, und politisch in den miteinander verflochtenen Aspekten der *racial* und *environmental justice*, treffen sich die Corona-Krise und die Klimakrise in ihrer jeweiligen gesellschaftlichen *Auswirkung*. Aber hängen diese beiden Krisen auch *kausal* zusammen?

Sowohl die Corona-Krise als auch die Klimakrise weisen eine starke Mensch-Umwelt-Verflechtung auf. Auch wenn wir bei der Corona-Pandemie (noch?) keine direkte kausale Verbindung zum Klima oder zur Klimakrise herstellen können, so weisen dennoch Beispiele aus der Geschichte auf die Verbindung zwischen klimatischen Anomalien und Epidemien oder Pandemien hin. Der Klimageschichte ist es in den letzten Jahrzehnten gelungen, klimatische Schwankungen – z. B. mehrere aufeinanderfolgende extrem kalte und nasse Sommer – aus historischen Daten zu rekonstruieren und die daraus folgenden, in historischen Quellen beschriebenen Hungersnöte und Tierseuchen noch besser zu erklären. Auf Hunger und Tierseuchen folgten in der Vormoderne häufig Epidemien unter den Menschen, wie zum Beispiel die sogenannte »Dantesche Anomalie«, die zu Lebzeiten Dante Alighieris zwischen 1309 und 1321 den gesamten europäischen Kontinent betraf (Bauch 2018).

Der für die Corona-Krise nach gegenwärtigem Kenntnisstand wohl noch relevantere Faktor ist jener der zunehmenden Umweltzerstörung und Wildtierjagd, die auch bisher noch weitgehend ungestörte Lebensräume von Tieren betrifft. Aus solch veränderten Mustern des Aufeinandertreffens von Mensch und Tier kann ein eigentlich tierischer Erreger, eine Zoonose, auf den Menschen überspringen – mit katastrophalen Folgen für den Menschen, wie die rezenten Beispiele HIV, Ebola und jetzt eben SARS-CoV-2 zeigen. Und es ist zu erwarten, dass COVID-19 kein vereinzeltes Ereignis bleiben wird, sondern die Erderwärmung unter anderem die Bedingungen für das Auftreten tropischer Krankheiten in Regionen verschiebt, in denen sie bisher noch nicht vorkamen. Mit anderen Worten, die Wahrscheinlichkeit, dass wir in Zukunft häufiger mit unbekannten Epidemien und Pandemien konfrontiert sein werden, ist relativ hoch.

Aus dem bisher Gesagten zeichnen sich somit erste Verbindungslinien zwischen diesen an der Oberfläche zunächst scheinbar unverbundenen Krisenphänomenen ab. Am 25. Mai trat nun der gewaltsame Tod des Afro-Amerikaners George Floyd durch weiße Polizisten zu der durch die Corona-Krise schon offengelegten *racial injustice* hinzu. Diese brutale Tat führte zu den USA- und weltweiten Protesten gegen unverhältnismäßige Polizeigewalt und Rassismus der vergangenen Tage und Wochen. Es scheint offensichtlich, dass diese jüngste Vertiefung der bestehenden Krisen weder mit COVID-19 noch mit dem Klima verbunden ist, sondern dass es sich um ein historisch gewachsenes Element des systemischen Rassismus handelt. Also doch multiple Krisen?

Ich möchte das bisher Gesagte in den Kontext eines umfassenderen Phänomens, ja, wenn man möchte, in den Kontext einer noch größeren Krise, stellen und es als Elemente der selbigen begreifen. Ich spreche vom sogenannten Anthropozän. Das Konzept wird seit Kurzem häufiger in den öffentlichen Printmedien und auch im öffentlichen Fernsehen diskutiert. Die Natur- und Geisteswissenschaften beschäftigt es schon seit zwanzig Jahren.

Es wurde vom belgischen Atmosphärenchemiker und Nobelpreisträger Paul Crutzen und vom US-amerikanischen Biologen Eugene Stoermer im Jahr 2000 (Crutzen/Stoermer 2000: 17) vorgeschlagen und bezeichnet ein neues geologisches Zeitalter, in dem der Mensch durch seine schiere Zahl und durch seine kollektiven Emissionen zur den Planeten verändernden Kraft wird. Da die Internationale Kommission für Stratigraphie noch keine abschließende Entscheidung über die offizielle Einführung des Anthropozän getroffen hat, befinden wir uns noch im Holozän, der geologischen Epoche seit der letzten Eiszeit vor 11700 Jahren. In ihr herrschten vergleichsweise ›milde‹ klimatische Verhältnisse, die das Entstehen komplexer Zivilisationen, wie unserer heutigen, begünstigten. Aus dieser Phase katapultiert sich die Menschheit mittels der Nutzung fossiler Energieträger und ihren steigenden CO_2-Emissionen seit Beginn der Industriellen Revolution ab etwa 1750, und verstärkt seit den 1950er Jahren, derzeit unwiederbringlich heraus. Die menschgemachte Erwärmung des Klimas, die Ausbeutung seltener und nicht erneuerbarer Rohstoffe, landwirtschaftliche Monokulturen, der Einsatz von Pestiziden und die Verschmutzung von Ozeanen mit Mikroplastik sind auch massive Eingriffe in die Habitate anderer Spezies, die zu deren massenhaftem Aussterben beitragen. Dies wiederum bedroht, zusammen mit der Erderwärmung, die Grundlagen der menschlichen Nahrungsmittelproduktion. Dies sind nur einige der sich mit dem Wachstum der Erdbevölkerung verstärkenden Prozesse, die dem Anthropozän, dem Zeitalter des Menschen, seinen Namen geben.

Sowohl die Klimakrise wie auch die weiter oben beschriebene Verflechtung zwischen Umweltzerstörung, d.h. der Zerstörung von Tierhabitaten, und der dadurch erleichterten Entwicklung von Pandemien sind in diesen Punkten angesprochen. Auch die durch diese Prozesse ausgelöste und mit ihnen verbundene soziale Ungleichheit und *racial injustice* können in diesem Kontext unschwer verstanden und unter ihn subsumiert werden. Wie soll nun jedoch Rassismus und die ihn bedingende weiße Suprematie (*white supremacy*) grundsätzlich, vielleicht sogar als ein konstituierendes Element, mit dem Anthropozän zusammenhängen? Um der Antwort auf diese Frage näher zu kommen, müssen wir sowohl tiefer in die Geschichte als auch in die geisteswissenschaftliche Seite der Anthropozändebatte eintauchen.

Die Diskussion des Anthropozäns als neuer geologischer Epoche fokussierte sich neben weiteren Aspekten rasch auf die Frage nach dem Zeitpunkt des *Beginns* dieses neuen Zeitalters. Geologen haben für die Bestimmung solcher Epochen spezifische Kriterien etabliert, die die Sedimente betreffen und sich nicht unbedingt mit jenen von Historiker*innen decken. Dennoch wird der Beginn des Anthropozäns mittlerweile in breiter Übereinstimmung ab 1950 unter dem Begriff der »großen Beschleunigung« vorgeschlagen. Die Tatsache dieser »großen Beschleunigung« bedeutet jedoch auch, dass eine Vorgeschichte zu diesem Zeitpunkt existiert, eine Phase der langsameren Aggregierung dieser ›anthropozänischen‹ Prozesse. Wenn wir aus der Gegenwart auf das Anthropozän schauen, ist klar, dass es sich um ein globales Phänomen handelt. Um also die Vorgeschichte dieser »großen Beschleunigung« zu erkunden, macht es Sinn, die Geschichte der frühen Globalisierung und damit der europäischen Expansion in die Amerikas um 1492 näher zu betrachten. Das mag auf den ersten Blick als extrem tiefer Rückgriff in die Geschichte erscheinen. Um jedoch die Frage nach weißem Überlegenheits- oder Herrschaftsdenken zu beantworten, ist er essentiell. Denn hier, ab dem frühen 16. Jahrhundert, finden wir die ersten Beispiele für die massive Ausbeutung natürlicher Ressourcen und für die Veränderung und Zerstörung von Ökosystemen durch Europäer, basierend auf der Versklavung indigener und afrikanischer Bevölkerungen. Ohne die Gewalt und Grausamkeit dieser Versklavung aus dem Blick zu verlieren, ist es für die Verbindung zum Anthropozän hilfreich, sie für einen Moment in der scheinbar neutralen Perspektive der Energiegeschichte zu betrachten. Denn die Versklavung indigener Bevölkerungen verhalf den spanischen Konquistadoren zu einem verlässlichen Strom an ›billiger‹ Energie (Muskelkraft), um – unter anderem – die Silberminen Potosís in Peru auszubeuten und so den lukrativen Silberhandel mit China zu etablieren und aufrechtzuerhalten. Auf der Basis dieser blutigen ›Energie‹ und dieses Handels gelangte das spanische Empire zur Blüte.

Nach dem massenhaften Wegsterben der indigenen amerikanischen Bevölkerung durch die Gewalt und die eingeschleppten Krankheiten der Europäer mussten die entstandenen Lücken – so die spanische Logik – durch andere ›versklavbare‹ Bevölkerungsgruppen geschlossen werden. Dem Modell der Portugiesen folgend begannen erst die Spanier und dann die weiteren europäischen Kolonialmächte, versklavte Afrikaner auf den amerikanischen Kontinent zu deportieren. Die europäische Legitimation dafür, indigene und afrikanische Bevölkerungen als minderwertig und ausbeutbar zu behandeln, ergab sich zu Beginn des 16. Jahrhunderts nicht primär aus deren Hautfarbe; die Biologisierung von ›Rasse‹ und Hautfarbe, wie wir sie heute kennen, entwickelte sich erst ab dem Ende des 18. und im Laufe des 19. Jahrhunderts. Sie beruhte auf antiken Wissensbeständen über die Charakteristik von sogenannten ›Barbaren‹ und aus dem Römischen Recht. Der auf dieser Überlieferung basierende umwelt- und klimadeterministische Diskurs über die Ausbeutbarkeit ›tropischer‹ Bevölkerungen entwickelte sich Hand in Hand mit der Praxis der Sklaverei.

Neben dem Silberabbau in den Minen Potosís sind die Zuckerplantagen der Karibik ein weiteres Beispiel (neben vielen anderen) der Ressourcenextraktion auf der Basis von brutaler Zwangsarbeit. Hier wurde menschliche Arbeitskraft – Energie – buchstäblich ›verbraucht‹. Ihre Konstanz konnte nur durch die Aufrechterhaltung des Handels mit dieser Energie – also dem Handel mit Menschen – gewährleistet werden. Gleichzeitig führte das auf dieser Ausbeutung basierende Plantagensystem zur unwiederbringlichen Veränderung und Zerstörung der karibischen Insel-Ökosysteme.

Diese allgemein bekannte Geschichte der Versklavung indigener amerikanischer und afrikanischer Bevölkerungsgruppen durch Europäer unter dem Gesichtspunkt der Energiegeschichte zu betrachten, mag auf den ersten Blick befremden und schockieren, da durch sie das in die Zwangsarbeit involvierte menschliche Leid scheinbar unsichtbar gemacht und Menschen verdinglicht werden. Die Perspektive hilft jedoch zu verstehen, wie tief Ressourcenausbeutung, damit einhergehende Umweltzerstörung und die Ausbeutung bestimmter Menschengruppen unter dem Gesichtspunkt ihrer Arbeitskraft als Energie miteinander verflochten sind. Sie hilft, die lange Zeitdauer, über die hinweg diese Verflechtung ›eingeübt‹ und naturalisiert wurde, in den Blick zu bekommen und das Verständnis für die ursprüngliche Zusammensetzung des westlichen Energiekultur-Modells zu schärfen.

Bedeutende Teile dessen, was unter dem Begriff der europäischen oder westlichen Moderne gefasst wird, basierten energietechnisch, wirtschaftlich, kulturell und wissenschaftlich auf diesem Ausbeutungsverhältnis. Hier liegen die tiefen historischen Schichten des systemischen Rassismus. Die – aus weißer Sicht – Notwendigkeit der Ausbeutung versklavter Afrikaner zur Erhaltung der kolonialen Ökonomien löste sich erst mit dem Wechsel vom solaren (Wind, Wasser, Muskelkraft) auf ein fossiles Energieregime (Kohle, Öl) mit der Industrialisierung im Laufe des 19. Jahrhunderts. Die Nutzung fossiler Energieträger befreite die westlichen Gesellschaften von den Erneuerungs- und Schwankungszyklen des vormodernen Energieregimes, das der gesellschaftlichen Entwicklung vor allem über die Nahrungsmittelproduktion klare Grenzen vorschrieb. Allerdings führte die Aufhebung der Sklaverei, die mit diesem Wechsel der Energieregime und der Industrialisierung einherging, nicht zum Ende der Benachteiligung ehemals versklavter Afro-Amerikaner*innen.

In der Folge der Industrialisierung co-evolvierten westliche National-staaten und Demokratien mit diesem fossilen Energieregime und bauten ihre politischen und gesellschaftlichen Selbstverständnisse auf dem, was der Klimahistoriker Franz Mauelshagen »fossile Freiheiten« genannt hat, auf (Mauelshagen 2020). Diese »fossilen Freiheiten« waren im Laufe der eben im Abriss nachgezeichneten Geschichte der ungleichen, kolonialen und rassistischen Ausbeutungsverhältnisse in den Amerikas (und anderen durch Europäer kolonisierten Weltregionen) entstanden. Bis heute sind diese »fossilen Freiheiten« und die mit ihnen gewachsenen gesellschaftlichen Strukturen und Vorteile vor allem ›weiße Freiheiten‹.

In der Gegenwartsdiagnose des Anthropozäns kommen diese »fossilen Freiheiten«, die auf der Geschichte weißer Überlegenheitsdiskurse und vor allem -praktiken basieren, nun an ihre Grenze. Der menschgemachte Klimawandel, der durch die Nutzung der fossilen Energien ausgelöst wurde, kann nur durch einen radikalen Wandel des gegenwärtigen Energiesystems und der Energienutzung eingedämmt werden. Wie sehr eine solch grundsätzliche Transformation in gesellschaftliche Gewohnheiten und mittlerweile global gewachsene wirtschaftliche Strukturen eingreifen würde und eingreift, wurde zum einen an den schwergängigen politischen Debatten zur CO_2-Reduktion und zum anderen nun während der Corona-Krise ersichtlich.

Hand in Hand mit der Infragestellung des Energieregimes und seiner Freiheiten geht auch die Infragestellung der mit ihm verbundenen kulturellen und politischen Selbstverständnisse und Selbstverständlichkeiten. Am besten lässt sich dieser Prozess anhand der Energie- und Umweltpolitik Donald Trumps veranschaulichen. Seine militante Rückkehr zu und Stärkung von Kohle und Öl-Industrien in den USA, seine Rücknahme von Umweltstandards und Freigabe der Nutzung von Nationalparks zur Ressourcenausbeutung sind sein Bekenntnis zu einer als »great« imaginierten Vergangenheit, die auf eben jener Nutzung fossiler Energien und einem bestimmten, weißen, Macht- und Männlichkeitsverständnis basiert. Der Präsident Brasiliens, Jair Bolsonaro, und seine Amazonas-Politik ist ein weiteres, extremes Beispiel.

Systemischer Rassismus ist also – und nicht nur in den Amerikas – historisch tief in der (Energie-)Geschichte des Anthropozäns verankert. Aus dem weiter oben Gesagten wird ersichtlich, wie sowohl die Klimakrise als auch die Corona-Krise mit dem Anthropozän verbunden sind. Selbstverständlich ist es sinnvoll, sie als gesonderte Prozesse zu betrachten. Dennoch hilft vielleicht die Einbettung in den energie- und kolonialgeschichtlichen Kontext der Krise des Anthropozäns, das fast synchrone Auftreten dieser multiplen und sowohl die Umwelt als auch die Gesellschaft betreffenden gegenwärtigen Krisen besser einzuordnen.

Literatur

Bauch, Martin (2018): »The Dantean Anomaly (1309–1321): Rapid Climate Change in Late Medieval Europe with a Global Perspective«. In: Mittelalter. Interdisziplinäre Forschung und Rezeptionsgeschichte 1, S. 92–103.

Crutzen, Paul J./Stoermer, Eugene F. (2000): »The ›Anthropocene‹«. In: International Geosphere-Biosphere Program (IGBP) Newsletter 41 vom Mai 2000, S. 17.

Mauelshagen, Franz (2020): »The Dirty Metaphysics of Fossil Freedom«. In: Gabriele Dürbeck/Philip Hüpkes (eds.): The Anthropocenic Turn: Interplay Between Disciplinary and Interdisciplinary Responses to a New Age. New York: Routledge, S. 59–76.

Müller-Jung, Joachim (2019): »Klima-Kollaps«. In: FAZ vom 08.08.2019. https://www.faz.net/aktuell/wissen/klima-kollaps-die-rettung-der-erde-ist-ein-kampf-gegen-die-zeit-16323924.html, letzter Zugriff am 11.06.2020.

Oliver-Smith, Anthony (1996): »Anthropological Research on Hazards and Disasters«. In: Annual Review of Anthropology 25, S. 303–328.

Körper

Der hohe Aktivitätsgrad und die Bandbreite und Vielfalt der kulturellen Produktion von Wissen über die Körper lassen erahnen, wie dringend dieser als unwirklich wahrgenommene Zustand der Sinngebung und Deutung bedarf. — *Gabriele Klein/Katharina Liebsch*

Die Krise könnte einen Gewinn für Kompetenzen interkorporaler Kommunikation erbringen: Wir lernen im veränderten Alltag aus anderen Teilen des Gesichts zu lesen, bspw. aus den Augen und dem Blickverhalten. — *Thomas Alkemeyer/Bernd Bröskamp*

Die Krise zeigt, wie sehr unsere Sozialität eine mediale und technisierte Sozialität ist, in der die Interaktion anwesender Körper zum Sonderfall der Kommunikation geworden ist. — *Sascha Dickel*

Herden unter Kontrolle
Körper in Corona-Zeiten

Gabriele Klein/Katharina Liebsch

Das Social Distancing ist genau betrachtet ein *Physical Distancing*. Diese Beobachtung haben wir in der Zeit der sog. Kontaktsperre formuliert, die im Frühjahr 2020 in Deutschland für sieben Wochen vom 16. März bis zum 4. Mai flächendeckend verordnet worden war. Der vorliegende Beitrag bezieht sich auf diesen Zeitraum des sog. Lockdown und beleuchtet die Folgen und Bedeutungen der politischen Maßnahmen zur Eindämmung des SARS-CoV-2 für die Körper.

Die Politik des Social Distancing zielt vor allem auf Körper: ›Sicherheitsabstand‹, Mundschutz, Homeoffice, digitales Lernen in Schule und Hochschule, das Zusperren aller Orte körperlicher Begegnung in der Freizeit – Kneipe und Club, Bistro und Biergarten, Spielplatz und Schwimmbad, Fußballstadion und Golfplatz, Kirche und Moschee, Theater und Kino. Alle diese Maßnahmen sind auf den Körper gerichtet, und dies in einem paradoxen Sinn: Sie sind gegen den Körper und zugleich zu seinem Schutz etabliert worden. In dieser durch Viren ausgelösten gesellschaftlichen Krise wurde sehr sichtbar, dass und wie sich das Soziale physisch-materiell vollzieht. Der Text nimmt deshalb eine körpersoziologische Perspektive auf das Gebot des Social Distancing ein.

Derzeit[1] können wir uns nur auf nur wenige empirische, geschweige denn belastbare Daten zu den Fragen beziehen, wie sich körperliche Erfahrungen verändern, wenn (1) alltägliche und als selbstverständlich verstandene Körperpraktiken ›gefährlich‹ werden, wenn (2) sich Sozialität in Praktiken körperlicher Distanzierung realisiert und wenn (3) körperliche Anwesenheit vor allem über digitale Medien hergestellt wird. In Zeiten der akuten Krisenbekämpfung lässt sich nur vermuten, dass dies auch Folgen für die Wahrnehmung und den Umgang mit dem eigenen Körper, mit dem des Gegenübers und dem Körper der vielen Anderen haben wird. Denn die pandemiebedingte Krise zeigt, dass gängige Erwartungen nicht mehr als gesichert angenommen werden können. Erwartungssicherheiten, die sowohl für die Alltagsorientierung des Einzelnen wie auch für die soziale Ordnung bedeutsam sind, geraten ins Wanken: Die Vorgabe des Social Distancing fordert hochindividualisierte Gesellschaften dazu auf, einen Kollektivkörper zu bilden, dessen Leistung in einem Rückzug aller individuellen Körper aus dem öffentlichen Raum besteht. Verlangt wird der Bruch mit alltäglichen Routinen und Gesten des Körpers und der körperlichen Bewegung.

Unser Text thematisiert, welche neuen Klassifikationen der Körper im Zuge der Corona-Krise entstehen, wie die neuen Gebote und Verbote körperlicher Begegnung den Alltag strukturieren und wie die neuen Direktiven legitimiert werden. Wir kommen auf vier Aspekte zu sprechen, die an der Strukturierung und Organisation von Körpern in Corona-Zeiten maßgeblich beteiligt sind.

1. Biopolitische und biosoziale Neu-Klassifikationen

»Biosozialität« nennt der Anthropologe Paul Rabinow (2004: 129–152) die Entstehung einer neuen gesellschaftlichen Ordnung, die die strikte Trennung von Natur und Kultur überwindet und auf der Grundlage biologischen Wissens neue Formen von Sozialität und Identität hervorbringt. Biosozial ist demnach der Vorgang, der ausgehend von epidemiologischen und virologischen Untersuchungen und Berechnungen menschliche Körper zu »Herden«, »Kohorten« und »Populationen« macht. Es werden »Risikogruppen« ausgewiesen und soziale Einteilungen gefährlicher und gefährdeter Körper entlang von Szenarien, Testungen und Antikörper-Nachweisen vorgenommen. »Immunisierung« ist hierbei nicht nur ein Fachbegriff des epidemiologischen und virologischen Denkens, das sich mit Begriffen wie »Herdenimmunität« oder »Durchseuchung« in gesellschaftspolitische Diskurse und Regularien übersetzt. Mit Sozialtheoretikern wie Niklas Luhmann (2003) und Roberto Esposito (2004) kann man von »gesellschaftlicher Immunisierung« sprechen, wenn staatlicherseits umfassende Maßnahmen ergriffen werden, die von nationalen Pandemieplänen über neue Strategien der »Daseinsfürsorge« in Form von Infrastrukturmaßnahmen im Gesundheitsbereich und Finanz-Spritzen zur Aufrechterhaltung der Wirtschaft bis hin zu Kontaktsperren reichen. Diese Maßnahmen machen nicht nur den Staat und dessen Krisen- und Risikomanagement sichtbarer, sie haben auch gewichtige körperpolitische Auswirkungen und Bedeutungen. Denn mit ihnen und durch sie wird das Verhältnis von Sichtbarkeit – Unsichtbarkeit, Präsenz – Absenz sowie Privatheit – Öffentlichkeit von Körpern, zumindest vorübergehend, neu reguliert. So erlebten die überwiegend weiblichen und unterbezahlten »Helden des Alltags« und die von ihnen erbrachte Dienst-leistungs- und Care-Arbeit in dieser Krise eine unerwartete öffentliche Auf-wertung. Unsichtbar hingegen werden diejenigen, die durch den Lockdown ihre Systemrelevanz nicht mehr demonstrieren können, zum Beispiel die Kulturschaffenden und Künstler*innen, die nunmehr, wenn ihre Kunst auf Körper-Präsenz, Aufführung und Anwesenheit von Publikum beruht, nicht nur ihre ökonomische Existenzgrundlage, sondern die Grundlagen ihrer Identität verloren haben.

Mit den Strategien der gesellschaftlichen Immunisierung geraten die herkömmlichen Hierarchien von Körperklassifikationen in Bewegung, so z. B. die von Handarbeitern und Kopfarbeitern oder die von Land- und Stadt-bevölkerung. Andere Klassifikationen verschieben im öffentlichen Diskurs ihren Bedeutungshorizont: Aus Vorerkrankten werden »Gefährdete«, aus Kindern »Gefährder«. Neue Klassifikationen von Körpern kommen hinzu, so z. B. »Corona-Infizierte«, »Getestete« und »Geheilte«. Schließlich radika-lisieren sich bestehende Marginalisierungen von sogenannten gefährlichen und immer schon gefährdeten Körpern: Obdachlose sind komplett schutz-los, Flüchtlinge werden mit der Schließung nationaler Grenzen vollständig isoliert. Diese Körper werden vergessen oder auch vollständig ein- bzw. aus-geschlossen.

Der Blick auf die erste Welle der Corona-Pandemie ist verbunden mit der Frage nach der nächsten, nachfolgenden Pandemie und damit nach den zukünftigen Körper-Klassifikationen, den spezifischen Risiken, Gefahren und Bedrohungen von Körpern und den Techniken von Prävention und Überwachung zu ihrem Schutz und ihrer Kontrolle. Es ist deshalb davon auszugehen, dass die biopolitischen und biosozialen Neuverortungen der Pandemie und des Social Distancing das Verhältnis von Staatskörper, Kol-lektivkörper und Individualkörper neu ausrichten.

2. Körper im Privaten: Stabilisierung und Reproduktion herkömmlicher Körper-Klassifikationen

Die sieben Wochen der Kontaktsperre haben deutlich gemacht, wie Ausgangsbeschränkungen und Abstandsregelungen Nähe- und Distanzverhältnisse verändern. »Herden«-Körper in Corona-Zeiten sind aus dem öffentlichen Raum verdrängt; die Einzelnen sind in den privaten Raum verwiesen. Im Privaten wiederum werden herkömmliche Körper-Klassifikationen und die darin eingeschriebene soziale Ungleichheit, beispielsweise als Geschlechterverhältnis oder Generationenbeziehung, stabilisiert und reproduziert: So legt eine WZB-Online-Befragung[2] nahe, dass die Vereinbarkeit von Familie und Beruf im coronabedingten Homeoffice vermehrt von Frauen geleistet wird und sich für diese womöglich als Karrierekiller erweisen wird. Die *FAZ* berichtete, dass immer mehr Arbeitnehmer*innen zurück zu ihren Eltern ziehen, weil ihnen zu Hause im Homeoffice »die Decke auf den Kopf fällt« (Scheele 2020).

Wie genau sich die Nähe im privaten Raum gestaltet, ob sie produktiv, einschränkend, belastend oder bedrängend ist, differiert nicht nur klassenspezifisch, sondern hängt auch von der konkreten sozialen Situiertheit des privaten Raumes ab – wie groß, wie laut er ist, wie viele Menschen er beherbergt. Diese Daten bestimmen mit darüber, wie körperliche Nähe, die nunmehr verordnet nur noch hier stattfindet, gelebt wird. Und wenn diese erzwungene Nähe in Gewalt umschlägt, ist die »häusliche Gewalt« noch weniger sichtbar, als sie es selbst bei geöffneten Beratungsstellen und in Frauenhäusern ist. Widersprechen muss man deshalb auch aus körpersoziologischer Sicht der Einschätzung, dass wir angesichts des Virus alle gleich seien und das Virus auf Klassendifferenzen keine Rücksicht nehme. Vielmehr zeigt sich, dass auch der »gefährdete Körper« in Soziallagen eingeteilt werden muss und dass sich die Infizierung an einem Körper vollzieht, bei dem kulturelle und sozialökonomische Lebensbedingungen bereits im materialen Körpergewebe – an der Haut, in den Zähnen, dem Immunsystem, den Organen und den Körperhaltungen – Spuren hinterlassen haben. Dementsprechend ist auch der »infizierte Körper« sozial determiniert. Wie er durchkommt, darüber entscheiden im Wesentlichen kulturelle, ökonomische und soziale Ressourcen und die Zugänge zu ihnen.

3. Neue Körper-Praktiken im öffentlichen Raum: Distanzieren, Verhüllen, Verschwinden

In der Corona-Krise steht der verletzbare, (vor)erkrankte und sterbende Körper im Mittelpunkt. Um ihn zu schützen, wird Körperkontakt im öffentlichen Raum qua Verordnung auf Aktivitäten reduziert, die nicht nur Distanz schaffen, sondern auch die Sichtbarkeit des Körpers einschränken: Der Mundschutz lässt das halbe Gesicht und damit die Mimik verschwinden; bei den im Homeoffice zur Standardkommunikation für Viele gewordenen Videokonferenzen ist nur den obere Teil des Oberkörpers und das Gesicht sichtbar und in Telefonkonferenzen erfolgt die performative Beglaubigung der Aussagen alleinig über die Stimme und nicht anhand des Körperausdrucks. In diesen Praktiken des körperlichen Distanzierens, Verhüllens und Verschwindens werden Körpersprache und kulturelle Körpercodes und -techniken, über die kopräsente Kommunikation hergestellt, versichert und beglaubigt wird, neu ausgerichtet. Ebenso ließ sich in Zeiten der Kontaktsperre beobachten, dass und wie körperliche Aktivitäten im öffentlichen Raum zweckrational ausgerichtet und individualisiert wurden: So sollte das Spazierengehen zu zweit, das individuelle Joggen und Radfahren zumindest dem Erhalt der physischen und psychischen Gesundheit dienen. Hierbei galt von allen Bewegungs- und Sportpraktiken nur das Joggen als systemrelevant, um das Bonmot von Rudolf Stichweh (2020) zu bemühen. Die soziale Gesundheit hingegen, die die Weltgesundheitsorganisation (WHO) bereits 1946 in der Präambel ihrer Verfassung als einen zentralen Bestandteil von Gesundheit definiert hat, gilt hierbei als Bedrohungsszenario. Die Kontaktsperre ist ein Angriff auf die soziale Gesundheit, zumal dieser Angriff über die Einschränkung von Grund- und Freiheitsrechten erfolgt.

Mit der zweckrationalen Ausrichtung der öffentlichen Körper gerät die andere Seite des Körperlichen in Vergessenheit: der Körper des Genießens, der Lust, des Verlangens, der Freude, der Muße, der Freiheit, der Nähe zu Anderen. Mit diesem Körper, der die unauflösliche andere Seite des zweckrationalen Körpers darstellt und der auch der Akteur der Erlebnis-, Spaß- und Inszenierungsgesellschaft war, verschwinden entsprechende Praktiken aus dem öffentlichen Raum: Verweilen und Chillen, Vergnügen und Selbstinszenierung. Dies konnte auch erfolgen, weil die entsprechenden öffentlichen Orte, die Gastronomiebetriebe, Opern-, Theater- und Kulturhäuser, Spielplätze und Freizeitanlagen geschlossen waren. Der genießende Körper im ›Freien‹ – ein einst sehr beliebtes Motiv und öffentliches Bild vor allem in einem sonnigen und warmen Frühling – war in der Kontaktsperre tabuisiert und wurde entsprechend auch nicht in den Medien gezeigt. Bilder von Körpern im ›Freien‹ zeigen diese in Corona-Zeiten nicht als Genießende sondern als Gefährdende .

In der Fokussierung des öffentlichen Körpers auf zweckrationales Verhalten spielt das Narrativ von Selbstsorge und Sorge für Andere eine herausgehobene Rolle. Michel Foucault (1993) zufolge ist dieses Narrativ eine zentrale Regierungstechnik der Moderne. In der zweckrationalen Form von »Sorge« werden die Körper separiert und vereinzelt, zugleich aber wird ein imaginierter Kollektivkörper im Rückgriff auf das Vokabular der Solidarität neu hervorgebracht. Der Rückzug der jungen, gesunden und weniger gefährdeten Körper zum Schutz der alten, (vor)erkrankten, risikobehafteten Körper sowie die unterstützende Versorgung in der Quarantäne beispielsweise gehören zu dem Ensemble der Praktiken, in denen ein neues Gefühl der Zusammengehörigkeit performativ beglaubigt wird. Zentral ist dabei, dass bis auf die wenigen Held*innen des Alltags die neue Form des Sorge-Tragens und Umsorgens nicht länger der körperlichen Begegnung und Anerkennung bedarf. Der Slogan #Wir bleiben zu Hause der privaten TV-Sender und das digitale Popkonzert One World: Together At Home bringen auf den Punkt, dass Vergemeinschaftung über eine Kopräsenz von Körpern in Corona-Zeiten sich nur noch auf der Ebene des privaten Haushalts vollzieht. Andere Körperschaften, wie zum Beispiel Betriebe, Vereine oder Schulen, treten hingegen nur medial vermittelt in Erscheinung. Ganz verschwunden ist der Massenkörper, der ausschließlich auf der physischen Präsenz und Nähe einer großen Menge von Einzelkörpern basiert. Fußballspiele, Festivals, Demonstrationen und Volksfeste – diese Veranstaltungen der öffentlich präsenten Körper sind Auslaufmodelle in Zeiten der epidemischen Dauergefährdung. Während also der Massenkörper als Prototyp des Kollektivkörpers der klassischen Moderne in Zeiten epidemischer Bedrohung vollständig verschwunden ist und Gemeinschaftskörper überwiegend medial und virtuell hergestellt werden, entsteht der imaginäre Kollektivkörper einer »Weltgefahrengemeinschaft« (Beck 2007: 27). Dieser wird sozial wirksam, indem sich die politischen Entscheidungsträger zunehmend an Szenarien möglicher zukünftiger Pandemien orientieren, die manche[3] als die zentrale globale Bedrohung des 21. Jahrhunderts ansehen.

4. Die Erzeugung neuen kulturellen Körper-Wissens

Die Integration des *Physical Distancing* in den Alltag schafft neue Routinen, die darauf angewiesen sind, dass ihre Sinnhaftigkeit bezeugt und beglaubigt wird. Ein zentraler evidenzerzeugender Diskurs ist hierbei die medizinische und vor allem die epidemiologische und virologische Forschung. Auf ihren Erkenntnissen beruhen die Neu-Klassifikationen der Körper in Corona-Zeiten und die mit ihnen verbundenen Wahrnehmungen, Irritationen und Ängste. Aber die Beglaubigung im Alltag braucht auch kulturelles Wissen, damit der Ausnahmezustand von den Individuen als real und angemessen angesehen werden kann. Insofern gehören zur Erzeugung dieses kulturellen Wissens auch die Alltagsethnografie, die Dokumentation, Reflexion und Deutung der neuen Situation. Entsprechend werden diskursive Formate entwickelt und Instrumente eingesetzt, die Erfahrungen sammeln, Narrationen initiieren, Notstände sichtbar machen und Trost spenden. Surveys mit den Titeln *Leben mit Corona*[4], *Soziale Kontakte & Corona*[5] oder *Menschen in Deutschland während der Corona-Pandemie mit Fokus auf lesbische, schwule, bisexuelle und trans* Personen*[6] erzeugen Daten zum Erleben des Individual- und Kollektivkörpers in Corona-Zeiten. Corona-Tagebücher, Corona-Protokolle, Journals »politisch-persönlicher Notizen«[7] machen subjektive Bekundungen sichtbar, die in öffentlichen Veranstaltungen derzeit nicht vorgestellt und diskutiert werden können. Diese werden begleitet von einer widerspenstig anmutenden Körper-Praxis: Diese wird neu ritualisiert und in Szene gesetzt, wie beim gemeinsamen Musizieren aus den geöffneten Fenstern oder beim kollektiven Balkon-Yoga. Entgegen der virtuellen Erzeugung und Bezeugung von Sinn, Evidenz und Wissen in den Posts und Tweets der Social Media, auf die sich die Sichtbarmachung von Subjektivität seit den 1990er Jahren bereits vornehmlich verschoben hat, bringen diese Praktiken in Zeiten des Social Distancing die Bedeutung, Erfahrungs- und Erlebnisdimension des Körperlichen in Erinnerung.

Der hohe Aktivitätsgrad und die Bandbreite und Vielfalt der kulturellen Produktion von Wissen über die Körper lassen erahnen, wie dringend dieser als unwirklich wahrgenommene Zustand der Sinngebung und Deutung bedarf. Über die numerische Evidenz der Infektionskurven und Sterbestatistiken hinaus ist er auf authentifizierende Narrative angewiesen, um als ›real‹ geglaubt zu werden.

Fazit

Körper sind die zentrale Angriffsfläche nicht nur der Viren, sondern auch der gesellschaftlichen Virenbekämpfung. Die dazu initiierten politischen Strategien zeigen auf drei Ebenen ihre Wirkung: auf den Ebenen der Körperordnungen (Neu-Klassifikationen), der Praktiken von öffentlichen und privaten Körpern sowie der evidenzerzeugenden Diskurse. In diesem Zusammenspiel von Ordnung, Praxis und Diskurs wird eine neue Sozialität hergestellt. Um diese soziologisch zu fassen und zu verstehen, ist ein Rückbezug auf die Körperlichkeit des Sozialen, der sozialen Praktiken, Figurationen und Ordnungen unabdingbar.

Anmerkungen

1   Der Text wurde im Mai 2020 verfasst.
2   https://wzb.eu/de/forschung/dynamiken-sozialer-ungleichheiten/arbeit-und-fuersorge/corona-alltag; https://www.zeit.de/gesellschaft/zeitgeschehen/2020-05/familie-corona-krise-frauen-rollenverteilung-rueckentwicklung.
3   Siehe dazu z. B.: https://www.businessinsider.de/wissenschaft/gesundheit/coronavirus-forscher-warnen-vor-drohenden-pandemien/; https://www.tagesschau.de/ausland/gates-corona-101.html; https://www.sueddeutsche.de/kultur/ted-conference-digital-1.4888668.
4   https://lebenmitcorona.org/ (durchgeführt von: https://isdc.org/).
5   https://www.soscisurvey.de/kontakte/.
6   Umfrage der FH Münster bis zum 10.04.2020. https://www.soscisurvey.de/coronaleben.
7   https://projekte.sueddeutsche.de/artikel/politik/corona-krise-journal-in-zeiten-der-pandemie-e290080/.

Literatur

Beck, Ulrich (2007): Weltrisikogesellschaft. Auf der Suche nach der verlorenen Sicherheit. Frankfurt a. M.: Suhrkamp.
Esposito, Roberto (2004): Immunitas. Schutz und Negation des Lebens. Zürich: diaphanes.

Foucault, Michel (1993): Technologien des Selbst. Frankfurt a. M.: Suhrkamp.

Luhmann, Niklas (2003): Soziologie des Risikos. Berlin/New York: De Gruyter.

Rabinow, Paul (2004): »Artifizialität und Aufklärung. Von der Soziobiologie zur Biosozialität«. In: Ders. (Hg): Anthropologie der Vernunft. Studien zu Wissenschaft und Lebensführung. Frankfurt a. M.: Suhrkamp, S. 129–152.

Scheele, Martin (2020): »Mit Mutter im Homeoffice«. In: FAZ vom 25.4.2020, S. C1.

Stichweh, Rudolf (2020): »Simplifikation des Sozialen«. In: FAZ vom 07.04.2020. https://zeitung.faz.net/faz/feuilleton/2020-04-07/7c93e02d ab68a4bfdb4fcc61c2094002/?GEPC=s5.

Online-Quellen

https://www.businessinsider.de/wissenschaft/gesundheit/coronavirus-forscher-warnen-vor-drohenden-pandemien/.

https://isdc.org/.

https://lebenmitcorona.org/.

https://projekte.sueddeutsche.de/artikel/politik/corona-krise-journal-in-zeiten-der-pandemie-e290080/.

https://www.soscisurvey.de/coronaleben.

https://www.soscisurvey.de/kontakte/.

https://www.sueddeutsche.de/kultur/ted-conference-digital-1.4888668.

https://www.tagesschau.de/ausland/gates-corona-101.html.

https://wzb.eu/de/forschung/dynamiken-sozialer-ungleichheiten/arbeit-und-fuersorge/corona-alltag.

https://www.zeit.de/gesellschaft/zeitgeschehen/2020-05/familie-corona-krise-frauen-rollenverteilung-rueckentwicklung.

Körper – Corona – Konstellationen
Die Welt als (körper-)soziologisches Reallabor

Thomas Alkemeyer/Bernd Bröskamp

Der Shutdown ist uns buchstäblich in die Glieder gefahren; er steckt uns immer noch in den Knochen. Denn mit ›dem Virus‹ ist eine neue, rätselhafte Kraft in das vergleichsweise stabile Gewebe der Realität eingebrochen. Für dessen Aufrechterhaltung sind die Institutionen des Staates zuständig (Boltanski 2010). Doch das Virus repräsentiert eine radikale Ungewissheit. Sie entzieht sich der modernen Risikologik der Vorsorge. Diese Ungewissheit ist aber keine *reine* Kontingenz, sondern das Produkt einer aleatorischen Begegnung (Althusser 2010) der neuen Kraft des Virus mit gegebenen Strukturen der Realität, eine bedingte Zufälligkeit. Sie erzeugt massive Veränderungen des auf körperlichen Gewohnheiten beruhenden gesellschaftlichen Lebens und wirkt wie ein Katalysator unerwarteter Dynamiken, indem sie ins Vorgefundene eingefaltete Möglichkeiten zur Entfaltung bringt. Bislang in den Kulissen Verborgenes tritt auf die offene Bühne. Unser Interesse gilt deshalb dem Zusammenspiel von Körpern, Konstellationen, Zufällen und Strukturen des Realen in Zeiten der Corona-Pandemie. Weil der Lauf der Dinge aktuell offen und vorläufig ist, gleicht seine Beschreibung allerdings dem Bemühen um ›klare Sicht im Blindflug‹. Das ist der Vorbehalt, unter dem die folgenden Ausführungen stehen.

Narrativierte Affektivierungen

Nichts liegt uns ferner als zu behaupten, dass vom Virus ›in Wirklichkeit‹ keine reale Gefahr ausginge. Die Berichte intensivmedizinischer Abteilungen über Krankheitsverläufe mit multiplem Organversagen sind verstörend genug. Unser Anliegen ist indes ein anderes. Verstehen möchten wir, wie es möglich ist, dass einschneidende politische Maßnahmen als alternativlos ausgeflaggt und tiefgreifende Änderungen körperlichen Routinehandelns als alternativlos akzeptiert und umgesetzt werden. Wie ist es möglich, dass eine als Bedrohung antizipierte Zukunft in den Tiefenstrukturen des Körpers so widerhallt, dass sie als »gefühlte Präsenz« (Opitz 2014: 277) erfahren wird?

Beigetragen dazu hat zweifellos eine mediale Krisenkommunikation, die dieser Bedrohung den Status eines zentralen Narrativs verliehen hat. Wenn Fakten, statistische Daten und Entwicklungslinien vermittels machtvoller Narrative »in das Selbstverständnis einer Gesellschaft« (Münkler/Münkler 2019: 93) hinein erzählt werden, werden sie zu Dingen von Gewicht. Erst dann mobilisieren sie kollektive Affekte, denen man sich kaum entziehen kann. Dass die ›Corona-Krise‹ nicht lediglich zu einem, sondern zu *dem* gesellschaftlichen Bezugsproblem der Gegenwart geworden ist, hat auch darin seinen Grund.

Das Aleatorische, das Virus und das Ringen mit muskulären Erinnerungen

Affektive Wucht fällt nicht vom Himmel. Sie entfaltet sich. Sequenz für Sequenz, Etappe für Etappe, sich aufschaukelnd in multimedialen Resonanzräumen, bis hin zu einem Kipppunkt. Die Pandemie ist ein Paradebeispiel dafür. In der Bundesrepublik dominierten anfangs – im Anschluss an den ersten Corona-Fall bei dem Autozulieferer Webasto Ende Januar 2020 – noch bagatellisierende Appelle an die Verhältnismäßigkeit ggf. zu ergreifender Maßnahmen, verbunden mit der Warnung vor ›Panikmache‹ und ›Hysterie‹. Das neue Virus erlebte zunächst eine Gleichsetzung mit vertrauten Infektionen (Grippe) und folglich eher harmlosen Symptomen (Husten, Schnupfen, Heiserkeit). So what? Nach Heinsberg allerdings drehte sich das Blatt, zunächst um 180 Grad, und dann immer schneller. Der »freundliche Hinweis« des Gesundheitsministeriums, »Ruhe zu bewahren«, verwandelte sich im Handumdrehen in einen »flehentlichen Appell«, jetzt bloß nicht in Panik zu verfallen.[1] Er bildete zugleich den unbeabsichtigten Startschuss für erste Hamsterkäufe. Mit dem Ergebnis, dass die atmosphärische Gestimmtheit in Supermärkten sich zunehmend *strange* anfühlte (vgl. Gebauer 2020). Wenig später gab es erste Berichte von Auseinandersetzungen um Klosettpapier – bis hin zu Schlägereien.

Simultan dazu zeigte das Alltagsleben aber auch erste schöpferische Kräfte. Sie machten körperliches Verhalten im öffentlichen Raum in prononcierter Weise zum Thema. »Lächeln ist das neue Händeschütteln!« lautete eine optimistische Empfehlung, die in der Schweiz, in Österreich und in Deutschland bereits Ende Februar, Anfang März zirkulierte und es bis auf weithin sichtbare Plakate von Behörden, Volks- und Raiffeisenbanken schaffte; in seiner kleinformatigeren Variante prangte sie auch auf T-Shirts. Sie implizierte die Annahme, bereits kleinste Verhaltensänderungen könnten Wesentliches zur Eindämmung des Virus beitragen. Eine neue »Corona-Etikette« suspendierte Begrüßungsrituale mit Umarmungen und intensiven Berührungen der Handinnenflächen. Im Gegenzug erfand die kollektive Kreativität von Social-Media-Gruppen alternative Grußformen wie den Fußcheck, den *Elbow Bump*, den *Wuhan-Shake*, *Namaste* oder *Fist Bumps*.

Wie schwierig es allerdings ist, die Beharrungskraft eingeschliffener Routinen zu überwinden, zeigen die zahlreichen Schnitzer des Alltags, die zum Teil mit ›volkspädagogischer‹ Botschaft ins Scheinwerferlicht einer globalen Medienöffentlichkeit gerückt wurden. Mit einem gewissen Vergnügen feierte die Presse jene unversehens zu Fauxpas gewordenen Elemente der royalen Etikette eines Prinz Charles (der seine zur Begrüßung ausgestreckte Hand mehrfach gerade noch zurückziehen konnte) oder auch jene denkwürdige Ansprache des niederländischen Ministerpräsidenten Mark Rutte, der, nachdem er soeben dem staunenden Fernsehpublikum gegenüber den Handschlag für obsolet erklärt hatte, geradewegs dem neben ihm stehenden Direktor des Reichsinstituts für Öffentlichen Gesundheit, Jaap van Dissel, per Handschlag gratulierte. Van Dissel wirkte verdutzt, wich aber der Geste nicht aus. Zu stark wirkten die eingefleischten Impulse. Die »muskuläre Erinnerung« (Tarde 2017: 97), die noch vor Kurzem eine praktische Klugheit des Alltags trug, schlug dem Verstand situativ ein Schnippchen; sie wurde augenblicklich unklug. Sofern sich die Interaktionspartner dieser Unklugheit gewahr wurden, folgten oft Reparaturgesten wie ein gemeinsames Lachen oder ein Erheben der Hände: »Alles nicht so gemeint!«

Menschenströme, Konstellationen und Praktiken der Re-Regulierung von Bewegung

Das narrativierte Virus hat die Wahrnehmung des eigenen wie des Körpers der Anderen verändert. Körper erscheinen in Zeiten der Pandemie als ein gefährdetes *und* als ein gefährdendes Gut. Gewohnte Verhaltensweisen haben ihre Selbstverständlichkeit verloren. Ein den veränderten Bedingungen angepasstes Körperverhalten muss erprobt und neu gefunden werden. *Ante coronam* lautet die Grundregel für Körper, die sich als gehende, flanierende, Rad oder Auto fahrende Fortbewegungseinheiten durch den öffentlichen Raum navigierten: Vermeidet Zusammenstöße! *Während* Corona lautet sie: Vermeidet *nicht nur* Zusammenstöße! Vermeidet auch Berührungen! Vermeidet vor allem den Austausch von Aerosolen! Fürchtet den Atem der anderen! Haltet Abstand! Mindestens anderthalb Meter! Wo möglich, mehr!

Veränderte Konstellationen

Diese Regel hat dort, wo räumliche Strukturen und die Dynamik von Bewegungen ineinandergreifen, wo Räume voller oder enger werden (in Supermärkten, in Parks, auf Radwegen etc.), zu mitunter bizarren Verrenkungen und Ausweichmanövern geführt. Gelingen konnte diese Neukonstellierung des Sozialen zunächst nur unter Mitwirkung einer vermittelnden Instanz – der des ›Nach‹- und des ›Voraus‹-Denkens. Ein zeitraubender Umweg über das reflektierende Bewusstsein musste beschritten werden. Merklich schaltete sich ein Zögern in ablaufende Bewegungsmuster ein. Alles Mögliche war zu bedenken: das Tempo, der verfügbare Ausweichraum, die Bewegungsrichtungen der einander begegnenden Körper, ihre Sozialbeziehungen (lebt man zusammen, darf man sich ruhig näher kommen usw.). Umso erstaunlicher, wie rasch dann letztlich doch Anpassungsleistungen körperlicher Art an die ›neue Normalität‹ erfolgten, und zwar nicht nur dort, wo Distanzgebote – etwa aufgrund von Bodenmarkierungen – leicht einzuhalten sind.

Innerhalb weniger Wochen verwandelten sich die Manöver des Ausweichens und Abstandhaltens zu neuen Körperroutinen. Große Bögen beim Passieren anderer Menschen wurden frühzeitig eingeleitet. Das Abstoppen und Zurückzucken an engen Durchgängen ließ Zeit zu klären, ob ›die Luft rein‹ sei; wie automatisch wendete man das Gesicht ab, wenn räumliche Nähe unvermeidlich schien. Dies häufig begleitet von einer rasant sich ausbildenden Fertigkeit zur Kommunikation von Freundlichkeit und Zugewandtheit, signalisiert vermittels rücksichtsvollen Abwartens, eines Kopfnickens, eines Augenzwinkerns. Die Ausdehnung der »Territorien des Selbst« (Goffman 1974) auf einen gesetzlich vorgegebenen Radius, in den einzudringen als eine gewalttätige Verletzung nicht nur der persönlichen Integrität, sondern potentiell auch der Gesundheit wahrgenommen wird, hat(te) Auswirkungen auf die gesamte Proxemik und mündete in neue und doch erstaunlich stimmige Alltagschoreographien körperdistanzierter und körperdistanzierender Interaktion.

Fragen

Die Beharrungskraft der körperlichen Hexis – ist sie tatsächlich so ausgeprägt, wie von Pierre Bourdieu (1979) behauptet? Dafür spricht der vielfach verspürte Drang, mit aller Macht zu den vertrauten Gewohnheiten zurückzuwollen. Welchen Sog diese ausüben, haben die Mai- und Juni-Feiertage bezeugt. Dagegen spricht das Tempo, mit dem sich die neuen Verhaltensroutinen etablieren konnten. *Ein* Antrieb, der dies ermöglicht hat, war die wissenschaftlich wie medial befeuerte Wahrnehmung, dass die Verhaltensänderungen buchstäblich überlebensnotwendig seien. Das Umlernen eingefleischter Routinen ist hier wohl weniger mühsamer »Gegendressur« (Bourdieu 2001: 220) geschuldet, als vielmehr einer Mischung aus verschüchtertem Innehalten, aktivem Sich-Fügen und der Einsicht ins Notwendige. Forciert worden ist dieser Prozess zudem durch seine flächendeckende Kollektivität. Sie zog die Einzelnen mit sich, gestützt auch durch die Androhung negativer Sanktionierung oder Ächtung abweichenden (›alten‹) Verhaltens. Körpersoziologisch interessant ist insofern weniger, ob die coronagenerierten Transformationen auf Dauer angelegt sind oder ob sie wieder verschwinden, sondern die Frage, ob alte und neue Verhaltensmuster parallel zueinander Bestand haben werden: ob sie in Gestalt körpersprachlicher Code-Switchings verfügbar bleiben, sodass sie kontext- und situationsabhängig abrufbar sind.

Masken: Was das Verborgene offenbart

Die Motive der neu zu beobachtenden Distanzpraktiken sind vielschichtig: In ihnen mischen sich Rücksicht, Vorsicht und Nachsicht. Ein sinnfälliger Ausweis dieser Mischung ist die allmählich gesellschaftsfähig gewordene Maske. Ihre verpflichtende Einführung macht den zu Beginn der Corona-Krise postulierten Gebrauch des Lächelns als performativen Ersatz für das Händeschütteln obsolet. Sie markiert nun den Körper sicht- und spürbar als einen potentiellen Infektionsherd, dessen Gesichtsöffnungen, Mund und Nase, daran gehindert werden sollen, das Virus unkontrolliert in die Welt hinaus zu schleudern. Zugleich suggeriert sie Schutz vor fremden Viren. Besser eine Maske als keine Maske. Aber der Reihe nach.

Mangelprodukt Maske

Zu Beginn der Krise waren Masken gesuchte und global umkämpfte Mangelprodukte; ihr vereinzelter Gebrauch wirkte exotisch. Vom Tragen einer Maske wurde anfangs sogar ausdrücklich abgeraten. Sie würde nichts bringen. Wer eine Maske hatte und von ihrer Funktion überzeugt war, zog sie eher verschämt aus der Tasche; man kam sich damit ein wenig deplatziert vor. Das änderte sich im Zuge der medialen Kommunikation immer neuer virologischer und epidemiologischer Erkenntnisse. Wie in einem Zeitraffer bestätigte dieser Fortgang der Wissenschaft den Satz Gaston Bachelards (1987), die Geschichte der Wissenschaften sei eine Geschichte von Irrtümern und jeder Stand der Dinge immer nur vorläufig. Vor diesem Hintergrund vollzog das Gesundheitsministerium nach längerem Hin und Her Mitte April 2020 eine erneute Wende und plädierte nun für die Einführung der ›Maskenpflicht‹ in den Ländern: Die Viruslast spiele eine entscheidende Rolle, und die Maske könne sie eindämmen.

Feinheiten der facialen Gesellschaft

Parallel dazu wandelte sich der Sprachgebrauch: Behördlicherseits hieß die Maske nun Mund-Nasen-Bedeckung. Das nahm dem neuen Bekleidungsstück sprachlich ein Stück weit das Befremdliche. Maskierungen brechen immerhin mit dem Verhüllungs- und Vermummungstabu der westlichen Gesellschaft. Sie entziehen den Blicken die hierzulande wichtigste Kontaktfläche: das Gesicht des Gegenübers (vgl. Weickmann 2020). Das menschliche Gesicht ist in der modernen »facialen Gesellschaft«[2] das Hauptinstrument für den Austausch sozialer Signale, wichtiger noch als Ganzkörperbewegungen. Nach Norbert Elias (1990) ist es dafür evolutionär disponiert: Es ist nicht nur weniger behaart als das Gesicht der meisten anderen Säuger, sondern aufgrund seiner enormen muskulären Differenzierung auch beweglicher und gestattet deshalb vielfältige Gefühlsausdrücke. Seine Nacktheit und seine Beweglichkeit haben es zu einer »Signaltafel« und einem »Kontakthof« (ebd.: 378) werden lassen, der eine entscheidende Funktion für die soziale Verschränkung in der »Gesellschaft der Individuen« (Elias 1987) hat.

Zwar drücken Gesichter nicht nur individuelle Stimmungen aus, sondern sind insofern auch selbst bereits Masken (»Persona«), als ihre Ausdrucksweisen kulturell kodiert, erlernt und absichtlich modifiziert werden können (wovon in sozialen Medien gepostete Selfies beredtes Zeugnis ablegen). Aber sie suggerieren doch überwiegend noch eine gewisse Authentizität. Wenn Affekte und Authentizitätssuggestionen gerade in der gegenwärtigen »Gesellschaft der Singularitäten« (Reckwitz 2017) an Relevanz gewonnen haben, dann bedeutet der Mund-Nasen-Schutz einen massiven Einschnitt in das soziale Miteinander. Denn er reduziert die Möglichkeiten facialer Gefühls- und Authentizitätsausdrücke gewaltig. Vermutlich trägt auch dies zur Erklärung jener Vehemenz bei, mit der Befürworter*innen und Gegner*innen der Maske sich gegenüberstehen.

Mängel »körpersprachlicher Alphabetisierung«

Wenn die Mundpartie verhüllt ist, lässt sich schwerlich ausmachen, wie das Gegenüber gestimmt ist. Dies wirft »ein Schlaglicht auf die Mängel unserer körpersprachlichen Alphabetisierung« (vgl. Weickmann 2020). Offenbar fehlt ›uns‹, außerhalb von Expertenkulturen etwa des Tanzes oder des Sports, die Befähigung dazu, den Anderen verlässlich aus seinen Körperstellungen und -bewegungen zu erschließen. Insofern könnte die ›Krise‹ durchaus einen Gewinn für Kompetenzen interkorporaler Kommunikation erbringen: Wir lernen im veränderten Alltag nicht nur aus der Haltung sowie aus unscheinbaren ideomotorischen Gesten (wie einem knappen Kopfnicken), sondern auch aus anderen Teilen des Gesichts zu lesen, bspw. aus den Augen und dem Blickverhalten, und ziehen daraus Rückschlüsse auf Absichten, Gestimmtheiten und Ähnliches. Die Maske erlaubt und legitimiert aktuell gar situative Intensivierungen von Blickkontakten auch unter Fremden. Sie macht sich jene Grundregel des sozialen Austauschs zunutze, wonach »einander nicht Bekannte eines Grundes bedürfen« (Goffman 1971: 121), um in Blickkontakt miteinander einzutreten.

Feine Unterschiede: »gewöhnliche« und »außergewöhnliche« Masken

Zum Zeitpunkt des Shutdowns war die Gesellschaft noch ziemlich radikal geschieden in die Menschen mit Maske und in die ohne Maske. Zur Gemeinschaft der Maskenträger*innen zählte das medizinische Personal, mit der Zweiteilung

in die ›legitime‹, vor Viren schützende FFP2-Maske (›Partikelschutzmaske‹)
und die einfache ›medizinische Maske‹ (›Chirurgenmaske‹), eine Art Wegwerf-
produkt, die zwar Bakterien abhalte, aber als Virenschutz untauglich sei. Vor
Corona war sie dazu da, Patient*innen vor dem sie tragenden medizinischen
Personal zu schützen. Es ist dieser Maskentyp, der sodann zur sogenannten
Volks- oder Community-Maske avancierte. Noch vor der Einführung der Maskenpflicht, dann parallel dazu und in der Folge erst recht weitete sich die Gemeinschaft der Maskenträger*innen allmählich aus, bis sie sich schließlich auf
nahezu die gesamte Bevölkerung erstreckte. Im Zuge dessen gewannen die fei-
nen Unterschiede in der Gemeinschaft aller Maskenträger*innen an Bedeutung.

Empirisch ließe sich längst ein differenzierter und sich ständig weiter
differenzierender sozialer Raum von Corona-Masken erschließen, über
deren Gestaltung, Benennung und Gebrauch sich ihre Träger*innen zueinander positionieren. Professionelle Atemschutzmasken stehen der Vielfalt
an selbst gebastelten Alltagsmasken gegenüber. Diese wiederum heben sich
von als Mund-Nasen-Schutz zweckentfremdeten Schals und lässig hochge-
schlagenen Kragen ab. Die einen verleihen ihren geschmacklichen Vorlieben
für alle Welt sichtbar Ausdruck, in dem sie sich als Darth Vader zum Mas-
kenmann schlechthin stilisieren, die anderen zum Phantom der Oper, die
dritten wiederum präsentieren sich stilvoll mit sorgfältigst auf ihre Gesamt-
erscheinung abgestimmten Designermasken. Ganz Originelle wiederum
zweckentfremden Büstenhalter oder staffieren ihr Gesicht mit Atemschutz-
vorrichtungen aus, die aus Slips oder Boxer-Shorts gefertigt sind. Es gibt
anlassbezogene Masken (Hochzeitsmasken, Fitnessmasken) und Masken
als Träger politischer Botschaften. Stoff, Farbe, Form, Design und Aufdruck
stellen nicht nur Individualität, sondern auch soziale und regionale Zugehörigkeit (wie Markus Söders in Landesfarben gehaltene Bayern-Maske) zur
Schau. Mund-Nasen-Schutze werden, so ließe sich Anselm Strauss (1974: 7)
paraphrasieren, nach den Antizipationen der Urteile der Anderen geformt.
Sie erzählen ebenso viel wie alle anderen Modeartikel und Accessoires, wie
Menschen wahrgenommen werden wollen. Selbst genähte Masken sugge-
rieren dabei mehr Authentizität als gekaufte, professionelle. Ein Boom von
Näh- und Bastelanleitungen deutet – ähnlich wie die Hochkonjunktur der
Gartencenter und Baumärkte – auf den Wunsch hin, im Selber-Machen die
Kontrolle über das eigene Leben zu bewahren.

Die Vielfalt von Gebrauchs- und Trageweisen trägt zu weiterer Differenzierung bei. Man kann den Mund-Nasen-Schutz vorschriftsmäßig englie-

gend über Mund und Nase tragen oder (nach-)lässig über den Mund ziehen. Bei einigen sitzt ein zerknüllter, womöglich bereits leicht angedreckter Stofffetzen schief über dem Kinn, anderen baumelt er auf eine Weise vom Ohr, dass man glauben könnte, sie wollten ostentativ zeigen, dass sie zwar von der Maskenpflicht wissen, diese innerlich jedoch zutiefst ablehnen. Bei den dritten wiederum wirkt die Maske beflissen, geschniegelt und gestriegelt wie das täglich frisch gewaschen angezogene weiße Oberhemd. Und bei manchen scheint sie bereits zu einem festen Bestandteil des eigenen Körpers geworden zu sein. Gedankenverloren versuchen sie, eine Banane oder auch Zigarette in den maskenbewehrten Mund einzuführen. Der Mund-Nasen-Schutz ist dann schon wie ein häufig getragenes Kleidungsstück zu einem tief in den coronasozialisierten»Muskelgefühlsraum«[3] integrierten Artefakt geworden.

Die Maske – ein soziales Band?

Tatsächlich steckt in der Corona-Maske(rade) aber auch das sehr ernst zu nehmende Bemühen um den Erhalt des eigenen ebenso wie des Lebens der Anderen. Die Maske grenzt so gesehen nicht nur ab, sondern stellt auch eine Beziehung zu den Anderen her; sie verweist auf andere Leben, ohne die das eigene Leben nicht sein kann (Butler 2009). Es ist unter diesem Blickwinkel eine Frage der Lebensklugheit und der Selbsterhaltung, auch die Anderen zu schützen: Wenn ich verwundbar bin, dann sind es auch die Anderen – und umgekehrt. Gerade in den Modi der Distanzierung und der Maskierung kann sich somit *auch* die »Solidarität einander verbundener Leben« (ebd.: 51) zeigen; sie bilden ein existentielles soziales Band (vgl. Caillois 1982: 97). Dafür spricht auch, dass Masken – gekauft oder in der häuslichen Nähstube selbst gemacht – in Zeiten ihres Mangels an nahestehende, bedürftige, gefährdete oder ›systemrelevante‹ Personen wie Nachbarn, Freunde, Pfleger, Lehrerinnen oder Erzieher verschenkt wurden. Die Maske transportiert dann den Geist der Gabe und treibt die Zyklen des sozialen Austauschs voran: Geben, Nehmen, Erwidern.

Allerdings trägt das Social Distancing auch Keime der Feindseligkeit in sich. Manchmal schlagen sie in offenen Rassismus um. Bestimmte Körper werden dann als Exemplare wahrgenommen, als Verkörperungen der Eigenschaften einer ganzen Gruppe anderer, einander ähnlicher Körper. In Deutschland erfuhren dies massiv vor allem asiatisch aussehende Menschen. Weil das Virus nach heutigem Wissensstand zuerst in der chinesischen Millionenmetropole Wuhan auftrat, wurden diese Menschen als potentielle

Überträger und ansteckende Gefahr ausgemacht, beschimpft, physisch an-gegriffen und, ja, bespuckt (Schneider 2020). Anderswo galten und gelten Muslime, Schwarze oder Sinti und Roma als gefährliche Krankheitsherde.

Zum Schluss: Black Lives Matter (BLM)

Fast drei Monate dauern die unsere Körper herausfordernden Pflichten und Gebote der Verordnungen zur Eindämmung des Virus jetzt bald an. Eine ge-fühlte Ewigkeit. Die Zeit vor Corona scheint Lichtjahre entfernt. Während wir an diesem Text schreiben, fragen wir uns, unter welchen Bedingungen und wie lange die Pandemie *das* weltweit beherrschende gesellschaftliche Bezugsproblem der Gegenwart bleiben wird. Wie geht es weiter mit dem Zusammenspiel von Körpern, Konstellationen, Zufällen und Strukturen des Realen? Und im gleichen Augenblick ist beides mit einem Schlag wie-der präsent. Es hakt sich auf eine überaus verstörende, traurige, machtvolle Weise in die Corona-Krise ein – mit offenem Ausgang: George Floyd hätte am Abend des 25. Mai 2020 um 19.57 Uhr nicht auf dem Fahrersitz seines Wagens gegenüber dem Minisupermarkt ›Cup Foods‹ sitzen müssen, aber *zufällig* saß er dort. Derek Chauvins Knie hatte nichts in Floyds Nacken zu suchen, aber es war dort. Zufällig?

Wer wie die Teilnehmer*innen der Trauerfeier in Minneapolis 8 Minuten, 46 Sekunden schweigt und seine Augen schließt, kann vor seinem inneren Auge eine imaginäre Zeitreise ablaufen lassen, die sich von der Sklaverei über diverse historisch-gesellschaftliche Gelenkstellen (die *color line*, die spanische Grippe, die schwarze Bürgerrechtsbewegung usw.) bis zum heutigen Tag er-streckt. In den Fokus kommen dann die vielfältigen Formen der menschliche Leben sortierenden »Humandifferenzierung« (Hirschauer 2017), die sich auch im Corona-Alltag zeigt. Denn keineswegs sind vor dem Virus alle Menschen gleich. Vielmehr spült die ›Corona-Krise‹ drastisch auch die Folgen globaler sozialer Ungleichheiten an die Oberfläche. Die Pandemie gefährdet weltweit mehr Ärmere als Wohlhabende. Einige Leben werden dabei mehr betrauert als andere. Denn auch vermeintlich unmittelbare affektive Reaktionen sind, so Judith Butler (2009), gesellschaftlich durch Interpretationsrahmen vermit-telt. Sie messen den einen Körpern mehr, den anderen weniger Bedeutung bei.

Wird die in diesen Tagen auf Hochtouren laufende Berichterstattung über die weltweit durch den Tod George Floyds ausgelösten »Black-Lives-Matter«-

Proteste die Corona-Krise aus den Top-Positionen der Nachrichten verdrängen? Löst das neue das ältere ›Thema‹ ab? Verschränken sich beide ›Themen‹ miteinander, so dass Echo- und Verstärkereffekte zwischen ihnen entstehen – etwa, weil Afroamerikaner nicht nur überproportional vom Virus, sondern auch von Polizeigewalt betroffen sind? Mit der Losung: »Pandemie des Rassismus« hat der Anwalt von George Floyd die Bedrohung der Gesellschaft durch das Virus und ihre Bedrohung durch Rassismus verdichtet und allen anti-rassistischen Bewegungen der Welt ein gemeinsames Gegenüber gegeben. Stellt sich also eine gesellschaftlich-geschichtliche Konstellation ein, in der Kräfte disparater Herkunft aleatorisch so in Resonanz miteinander treten, dass eine soziale, politische und affektive Dynamik entsteht, die einen neuen Abschnitt in der Geschichte anti-rassistischer Kämpfe um Anerkennung und Teilhabe einleitet? Es wäre zu hoffen, aber unsere Skepsis ist groß.

Anmerkungen

1   https://www.tagesspiegel.de/politik/gesundheitsminister-im-krisenmodus-coronavirus-wird-fuer-jens-spahn-zur-bewaehrungsprobe/25590886.html.
2   Siehe dazu die gleichnamige Ausgabe von »Ästhetik & Kommunikation« (1996).
3   Ludwig Wittgenstein in *Philosophische Bemerkungen* §73, zit. n. Gebauer 2009, S. 64.

Literatur

Ästhetik & Kommunikation (1996): Bde 94/95. Berlin.
Althusser, Louis (2010): Materialismus der Begegnung: Späte Schriften. Zürich: diaphanes.
Bachelard, Gaston (1987): Die Bildung des wissenschaftlichen Geistes. Beitrag zu einer Psychoanalyse der objektiven Erkenntnis. Frankfurt a. M.: Suhrkamp.
Boltanski, Luc (2010): Soziologie und Sozialkritik. Frankfurter Adorno-Vorlesungen 2008. Frankfurt a. M.: Suhrkamp.
Bourdieu, Pierre (1979): Entwurf einer Theorie der Praxis auf der ethnologischen Grundlage der kabylischen Gesellschaft. Frankfurt a. M.: Suhrkamp.
Bourdieu, Pierre (2001): Meditationen. Zur Kritik der scholastischen Vernunft. Frankfurt a. M.: Suhrkamp.

Butler, Judith (2009): Krieg und Affekt. Zürich: diaphanes.

Caillois, Roger (1982): Die Spiele und die Menschen. Maske und Rausch. Frankfurt a. M.: Ullstein.

Elias, Norbert (1987): Die Gesellschaft der Individuen. Frankfurt a. M.: Suhrkamp.

Elias, Norbert (1990): »Über Menschen und Emotionen: Ein Beitrag zur Evolution der Gesellschaft«. In: Zeitschrift für Semiotik 12/4, S. 337–357.

Gebauer, Gunter (2009): Wittgensteins anthropologisches Denken. München: C. H. Beck.

Gebauer, Gunter (2020): »Die neue Fremdheit«. In: FAZ vom 09.05.2020.

Goffman, Erving (1971): Verhalten in sozialen Situationen. Strukturen und Regeln der Interaktion im öffentlichen Raum. Gütersloh: Bertelsmann.

Goffman, Erving (1974): Das Individuum im öffentlichen Austausch. Mikrostudien zur öffentlichen Ordnung. Frankfurt a. M.: Suhrkamp.

Hirschauer, Stefan (Hg.) (2017): Un/doing Differences. Praktiken der Humandifferenzierung. Weilerswist: Velbrück.

Münkler, Herfried/Münkler, Marina (2019): Abschied vom Abstieg. Eine Agenda für Deutschland. Berlin: Rowohlt.

Opitz, Sven (2014): »Zur Soziologie der Affekte: Resonanzen epidemischer Angst«. In: Joachim Fischer/Stefan Moebius (Hg.): Kultursoziologie im 21. Jahrhundert. Wiesbaden: Springer VS, S. 269–280.

Reckwitz, Andreas (2017): Die Gesellschaft der Singularitäten. Berlin: Suhrkamp.

Schneider, Lea (2020): »Die Balkone von Wuhan«. In: SZ vom 26.05.2020.

Strauss, Anselm (1974): Spiegel und Masken. Die Suche nach Identität. Frankfurt a. M.: Suhrkamp.

Tarde, Gabriel (2017): Die Gesetze der Nachahmung. Frankfurt a. M.: Suhrkamp.

Weickmann, Dorion (2020): »Tanz den Abstand«. In: SZ vom 22.05.2020.

Online-Quellen

https://www.tagesspiegel.de/politik/gesundheitsminister-im-krisenmodus-coronavirus-wird-fuer-jens-spahn-zur-bewaehrungsprobe/25590886.html.

Gesellschaft funktioniert auch ohne anwesende Körper
Die Krise der Interaktion und die Routinen mediatisierter Sozialität

Sascha Dickel

Krisen haben eine im doppelten Sinne aufklärende Wirkung. Zum einen konfrontieren sie Individuen und Gesellschaften damit, dass es vielleicht nicht so weitergehen kann, wie man es bislang gewohnt war. Sie stellen bestehende Routinen infrage und machen die Entwicklung neuer Routinen erforderlich (Endreß 2015). Zum anderen führen Krisen Individuen und Gesellschaften aber auch vor Augen, über welche Routinen sie eigentlich bereits verfügen. Rissen in der Wolkendecke gleich, ermöglichen sie einen klaren Blick auf das, was zuvor verborgen war – verborgen nicht aufgrund einer intendierten Verschleierung, sondern aufgrund von eingespielten Selbstverständlichkeiten, die durch die Krise erst verständlich werden. Als Einbruch des Außeralltäglichen offenbaren Krisen, wie die selbstverständlichen Routinen des Alltags eigentlich aussehen und was sie leisten. Krisen zeigen, was wir (implizit) wissen, ohne es bereits (explizit) zu wissen (Garfinkel 1964).

Die Corona-Krise ist für die Soziologie, die sich traditionell auch und gerade als Krisenwissenschaft versteht, ein unwiderstehlicher Gegenstand. Haben wir es hier doch mit einer Krise zu tun, welche tatsächlich die gesamte Gesellschaft betrifft und nicht nur ausgewählte Teilbereiche. Sie trifft Privat- und Berufsleben, Wirtschaft und Politik, Krankenhäuser, Schulen und Vereine. Sie trifft Selbstständige und Angestellte, Frauen und Männer, Alte und Junge. Sie berührt uns dabei nicht nur als individuelle Körper, sondern auch als soziale Wesen. Freilich: Ebenso wie nicht jeder Körper in gleicher Weise durch das neue Virus betroffen ist, betreffen uns die sozialen Aspekte der Krise nicht alle auf die gleiche Weise. Es gibt zahllose Unterschiede,

Ungleichzeitigkeiten und Ungleichheiten, welche die empirische Forschung noch lange beschäftigen werden. Was aber uns alle – in welcher Weise auch immer – betrifft, ist die Notwendigkeit, Interaktion nun auf Distanz stattfinden zu lassen, etwa als Videochat, Telefonat oder Austausch durch soziale Medien. Die Aufforderung zur körperlichen Distanzierung ist eine Krise zweiter Ordnung, die sich als Folge der beobachteten und antizipierten viralen Krise der Körper einstellt.

Folgt man dem Soziologen Niklas Luhmann (1984), sind soziale Beziehungen und Verhältnisse stets durch Kommunikation konstituiert, kurz: Sozialität ist Kommunikation. Was wir Gesellschaft nennen, ist aus jenem Stoff aller Ereignisse und Strukturen geknüpft, welche kommunikativ hervorgebracht wurden. Wenn also die kommunikativen Muster einer Gesellschaft großflächig irritiert werden, kann man mit Fug und Recht von einer Krise des Sozialen selbst sprechen. Nicht das Virus ist der unmittelbare Auslöser dieser Krise, sondern eben jener Imperativ zum sogenannten Social Distancing, der durch die Interpretation des Virus provoziert wurde und unser Normalverständnis von Sozialität herausfordert.

Doch dieser Begriff des Social Distancing ist irreführend. Er ist das Produkt einer Gesellschaft, die sich immer noch weitgehend als Anwesenheitsgesellschaft selbstmissversteht – und dabei Anwesenheit als Kopräsenz von Körpern an einem physischen Ort interpretiert. Wenn man Sozialität jedoch von diesem engen Verständnis physisch anwesender und interagierender Körper löst, wird deutlich, dass wir nun keineswegs Social Distancing betreiben, sondern vielmehr ein *Physical Distancing* einerseits und ein *Distant Socializing* andererseits (Mau 2020; Witte und Zaki 2020). Und das nicht erst seit gestern. Die Krise offenbart, wie sehr unser gesellschaftliches Miteinander bereits durch Medien geprägt ist. Ich möchte dazu im Folgenden drei Thesen zur Diskussion stellen.

1 Gesellschaft findet auch ohne physische Interaktion statt

Die Gesellschaft kommt ohne menschliche Körper nicht aus. Patient*innen müssen in Krankenhäusern versorgt werden, der Müll muss abgeholt, die Waren verschickt werden. Manchmal ist es sogar unabdingbar, dass Menschen miteinander reden. Doch das ändert wenig daran, dass unsere Gesellschaft Varianten des Kommunizierens gefunden hat, die es nicht erfordern, dass Leute zur selben Zeit und am selben Ort miteinander sprechen. Die Grundlage dafür sind mediale Infrastrukturen, die das soziale Netz über Zeit und Raum ausgedehnt und dabei grundlegend transformiert haben. Mediatisierung, also die Ausbreitung medienvermittelter Sozialität, ist ein Makrotrend gesellschaftlicher Entwicklung (Krotz 2012). In einer extrem gerafften Geschichte der Medien folgte auf die Sprache die Schrift, auf die Schrift der Buchdruck, auf den Buchdruck schließlich jene Myriade elektronischer Kommunikationsmedien, die wir heute kennen: das Telefon, der Rundfunk, die E-Mail, der Chat, der Podcast, die sozialen Medien und unzählige mehr. Jedes einzelne Medienformat hat seine eigenen Formen des Miteinanders hervorgebracht, seine eigenen Routinen und Regeln, ja, seine ganz eigenen Spielarten des Sozialen (Fuhse 2010). Jedes neue Medium verändert die Rolle der anderen Medien und es verändert die Rolle, welche die gute alte Interaktion anwesender Körper in einer derart mediatisierten Gesellschaft spielt. Denn das kommunikative Geschehen entkoppelt sich immer mehr von der körperlichen Anwesenheit. Nicht nur die räumliche Nähe, auch die zeitliche Flüchtigkeit der Interaktion werden medial transzendiert. Gesellschaft findet heute vor allen Dingen auch dann statt, wenn Menschen es nicht mehr synchron, sondern asynchron miteinander zu tun haben. Leute schreiben Briefe, die erst Tage oder Wochen später beantwortet werden, Organisationen legen Akten an, von denen nicht klar ist, wer sie wann lesen wird (wenn überhaupt), Autor*innen schreiben Texte für ein ihnen unbekanntes Publikum und Computer verarbeiten Daten für Zwecke, die man weder jetzt noch später komplett nachvollziehen muss. All jene Kommunikationstechniken, die sich im Anschluss an die Schrift entwickelt haben, erlauben erst den Aufbau und den Erhalt komplexer Organisationen und die Pflege weit gespannter Netzwerke. Sie haben längst die Federführung in der Herstellung sozialer Ordnung übernommen.

Was wir jetzt mit einigem Staunen beobachten können, ist, dass Kommunikation – und damit Gesellschaft – weiterläuft, ohne dass dafür eine Interaktion körperlich Anwesender stets nötig ist. Akten werden weiterhin (und zunehmend elektronisch) angelegt, Briefe abgestempelt und versendet, Filme werden gestreamt, Wirtschaftsdaten verarbeitet. Die Corona-Krise kann freilich auch medial vermittelte Formen asynchroner Sozialität beeinträchtigen, etwa wenn die Postfiliale geschlossen hat oder sich niemand findet, um den Computer zu reparieren. Extrem erschwert oder gar verunmöglicht wird aber eben nur eine sehr spezifische Form des Sozialen: eben die

Interaktion unter körperlich Anwesenden – und zwar dann, wenn sie nicht im selben Haushalt leben, aber es aus privaten oder beruflichen Anlässe synchron miteinander zu tun haben wollen, sollen oder müssen. *Dafür* wird nun auf alternative und gut etablierte mediale Praktiken (etwa: das Telefon) zurückgegriffen, oder es werden Praktiken gefunden, die – zumindest für einige soziale Teilnehmer*innen – relativ neu sind (etwa: die Videokonferenz).

2   Interaktion funktioniert auch ohne körperliche Anwesenheit

Die vertraute Medientechnik des Telefons zeigt bereits, dass Menschen zur gleichen Zeit miteinander sprechen können, selbst wenn ihre Körper sich weit voneinander entfernt befinden. Auch um synchron miteinander zu interagieren, betreiben wir also schon eine ganze Weile *Distant Socializing*. Wir haben uns technisch gestützte Routinen angeeignet, die es uns erlauben, trotz räumlicher Entfernung in Verbindung zu bleiben. Gleichwohl sind wir jetzt gezwungen, über technische Lösungen auch für diejenigen Anlässe nachzudenken, in denen wir uns gewöhnlich physisch begegnet wären. Die aktuelle Krise wird von meinen Fachkolleg*innen Hubert Knoblauch und Martina Löw daher als »eine Krise der zwischenmenschlichen Sozialität [gedeutet], die nun eine neue körperliche Distanz findet« und dabei »neue Interaktionsrituale schafft« (Knoblauch/Löw 2020). Viele müssen lernen, das Zuhause als Homeoffice zu begreifen und einzurichten. Und man beginnt zu verstehen, dass gesellige Abende mit Freunden auch über Videotelefonie möglich sind und sich Vorlesungen an der Universität ebenfalls digital gestalten lassen. Doch der Gebrauch dieser Medien verändert die interaktive Sozialität. Ein Gespräch über Skype ist eben etwas anderes als ein Gespräch, das körperlich Anwesende im selben Raum führen. Knoblauch und Löw verstehen diese neuen, medial rekonfigurierten Routinen als Behelfsmaßnahmen und sprechen vom digitalen Raum als gesellschaftlicher »Not-Ordnung«. Sie weisen auf die Holprigkeit der Skype-Sitzung, die fehlende Wärme des Tweets und die Trostlosigkeit von Telefonaten in existenziellen Krisensituationen hin (ebd.).

Diese Defizite sind kaum zu bestreiten. Mediatisierte Sozialität leistet eben nicht dasselbe wie eine Interaktion unter körperlich Anwesenden. Wenn letztere aber als impliziter Maßstab gelingender Sozialität fungiert, drohen die Vorzüge ersterer unsichtbar zu werden. Mediatisierte Sozialität erscheint dann als ein Modus, auf dem man notgedrungen umschaltet, wenn körperliche Kopräsenz blockiert ist. Doch kann es Situationen geben, in denen mediatisierte Formen der Interaktion ohnehin präferiert werden: Es mag Gründe geben, Essen lieber online zu bestellen, als im Lokal zu essen, oder im Homeoffice zu arbeiten, statt ins Büro zu gehen – auch ohne Corona-Krise oder andere Zwänge. Denn selbst das holprige Skype-Gespräch hat Vorzüge gegenüber dem vermeintlichen Normalfall des interaktiven Miteinanders. Es lässt sich etwa mitschneiden und speichern – und kompensiert so die Flüchtigkeit jedweder Interaktion. Es erlaubt die Pflege von Zonen der Informalität (hinsichtlich der Kleidung oder der Einrichtung), die außerhalb der Bereiche liegen, die für das Gegenüber sichtbar sind. Es gestattet parallele Kommunikation über verschiedene Kanäle gleichzeitig: Man kann zum mündlichen Austausch auch chatten und so das geschriebene Wort mühelos in die Konversation einflechten. Vor allem aber ermöglicht es eine Form des Sozialen, die darauf verzichten kann, dass sich Körper (mitunter über weite Strecken) durch den Raum bewegen.

Das Telefon war erst der Anfang einer Geschichte der synchronen Interaktion unter Abwesenden. *Distant Socializing* ist ein Problem, das in der Gesellschaft bereits prinzipiell gelöst ist und nun für spezifische Anlässe und soziale Lagen respezifiziert werden muss. Das Soziale lässt sich längst nicht mehr von einem Paradigma physisch anwesender Körper denken, die sich an ein und demselben Ort aufhalten und sich dabei mit ihren Augen (ohne weitere technische Hilfsmittel) wahrnehmen und ggf. mit ihren Händen berühren können. Medien sind keine Prothesen, die eine amputierte Sozialität reparieren. Die Geschichte der Mediatisierung ist keine Verlustgeschichte, sondern die Transformationsgeschichte einer Erweiterung und Verdichtung des Sozialen (Knoblauch 2017: 388). Und sie ist auch die Geschichte eines Distanzverlustes.

3   Medien lassen Distanz kollabieren

In der Corona-Krise bleibt sich die Gesellschaft medial nah. Diese Nähe, und nicht nur die räumliche Distanz, ist nicht unproblematisch. Abgesehen von den Situationen, in denen es erforderlich oder noch erlaubt ist, den Körper durch den öffentlichen Raum zu bewegen, finden unsere Interaktionen mit Nicht-Haushaltsmitgliedern nun vornehmlich mediatisiert statt. Wenn wir den Verordnungen und Empfehlungen folgen und »Kontakte meiden« (welch eine medienvergessene Deutung des »Kontakts«!), wenn das öffentliche Leben räumlich zusammenschrumpft und das private Heim zur Schaltzentrale des privaten und beruflichen Lebens wird, dann fehlen all die mehr oder weniger zufälligen Begegnungen mit anderen, die uns auf der Straße oder »auf Arbeit« begegnen. Neben dieses Problem der physischen Distanzierung tritt das Problem des Kollabierens von sozialer Distanz. Nicht nur ist man den körperlich kopräsenten Haushaltsmitgliedern nun auf Gedeih und Verderb ausgeliefert, auch die Grenze von Beruf und Privatheit erodiert, wenn Kolleg*innen und Geschäftspartner*innen nun im Wohnzimmer, Küche oder Schlafzimmer telekommunikativ anwesend sind und um Aufmerksamkeit mit den im Haushalt weiterhin körperlich anwesenden Personen (und ggf. deren telekommunikativ anwesenden Gegenübern) konkurrieren.

Und auch dieses Problem ist bekannt. Seit es Briefe gibt, kann das Privatleben weit entfernter Personen uns behelligen. Seit es Massenmedien wie Zeitung, Radio und Fernsehen gibt, ist die Öffentlichkeit regelmäßig zu Gast im Privaten. Mit dem Internet und seinen zunehmend mobilen Interfaces ist aus diesem Gast ein dauerhafter Mitbewohner geworden. Eine soziale Distanz zu der medial dauerpräsenten Gesellschaft herzustellen, wird mehr und mehr zu einer Entscheidung, nämlich der Entscheidung, Benachrichtigungen diverser Apps zu deaktivieren, den Rechner abzuschalten, das Smartphone wegzulegen, das Fitnessband abzustreifen. In der »Gesellschaft der Wearables« (Nosthoff/Maschewski 2019) heften sich die medialen Interfaces zunehmend an unsere Körper. Gerade in Zeiten einer Krise, die nicht momenthaft aufflackert und vergeht, sondern sich über Wochen und Monate hinzieht und dabei ständig Updates produziert (neue Zahlen, neue Regeln, neue Pleiten), mag die Versuchung groß sein, permanent vernetzt und des-/informiert zu bleiben. Und so zeigt uns »Corona« auch, dass unser privates Heim, ja unser Körper, längst zur Kontaktstelle für ein schier endloses kommunikatives Geflecht geworden ist, das jede Unterbrechung als Lücke definiert, die es zu füllen gilt.

4 Die Corona-Krise demonstriert den Grad sozialer Mediatisierung

Wir blicken (wie üblich) einer unbekannten Zukunft entgegen. Die Corona-Krise wird zu gesellschaftlichen Veränderungen führen. Zu diesen Veränderungen gehören auch neue Routinen des Kommunizierens, die sich, soweit man bislang absehen kann, vor allem auf den Bereich der zwischenmenschlichen Interaktion beziehen. Wie tiefgreifend und nachhaltig diese Veränderungen sein werden, kann gegenwärtig niemand sagen. Die Krise provoziert aber nicht nur Fragen zur gesellschaftlichen Zukunft, sie klärt die Gesellschaft zugleich über ihre mediatisierte Gegenwart auf. Die Gesellschaft kann so lernen, dass sie längst keine Gesellschaft der körperlich Anwesenden mehr ist, sondern sich in weiten Teilen durch mediatisierte Formen des sozialen Austauschs realisiert. Sie kann verstehen, dass sie eine Gesellschaft ist, in der unser Wohl und Wehe von Abwesenden bedingt ist, die für uns Texte geschrieben, uns mit Bildern versorgt, für uns Entscheidungen getroffen haben. Sie ist zugleich eine Gesellschaft, in der sich Abwesende medial anwesend machen können. Wie das geschieht, hängt von medialen Infrastrukturen ab. Unsere soziale Welt ist daher stärker als jemals zuvor eine technisch designte Welt – und wir sind von dieser Welt abhängig.

Ähnlich wie die aktuellen COVID-19-Infektionszahlen keinen aktuellen Zustand wiedergeben, sondern auf eine Entwicklung verweisen, die bereits stattgefunden hat – und deren Ist-Zustand uns noch verborgen ist (von der Zukunft ganz zu schweigen) –, zeigt die Krise (als soziale Krise, als Krise zweiter Ordnung) auf, wie sehr unsere Sozialität eine mediale und damit hochgradig technisierte Sozialität ist, in der die Interaktion anwesender Körper zum Sonderfall der Kommunikation geworden ist, reserviert für sehr spezifische Anlässe. Der Wert, den wir eben dieser Form des Sozialen beimessen, wenn er – wie jetzt – nicht mehr unproblematisch verfügbar ist, zeigt, welche Ausnahmestellung diese Form des Miteinanders längst innehat.

Literatur

Endreß, Martin (2015): »Routinen der Krise – Krise der Routinen«. In: Stephan Lessenich (Hg.): Routinen der Krise – Krise der Routinen. Verhandlungen des 37. Kongresses der Deutschen Gesellschaft für Soziologie in Trier 2014, S. 15–19.

Fuhse, Jan A. (2010): »Welche kulturellen Formationen entstehen in mediatisierten Kommunikationsnetzwerken?« In: Jan Fuhse/Christian Stegbauer (Hg.): Kultur und mediale Kommunikation in sozialen Netzwerken. Wiesbaden: VS, S. 31–54.

Garfinkel, Harold (1964): »Studies of the Routine Grounds of Everyday Activities«. In: Social Problems 11 (3), S. 225–250.

Knoblauch, Hubert (2017): Die kommunikative Konstruktion der Wirklichkeit. Wiesbaden: Springer VS.

Knoblauch, Hubert/Löw, Martina (2020): Dichotopie. Refiguration von Räumen in Zeiten der Pandemie. https://sfb1265.de/blog/dichotopie-refiguration-von-raeumen-in-zeiten-der-pandemie/.

Krotz, Friedrich (2012): »Von der Entdeckung der Zentralperspektive zur Augmented Reality: Wie Mediatisierung funktioniert«. In: Friedrich Krotz/Andreas Hepp (Hg.): Mediatisierte Welten, Bd. 6. Wiesbaden: VS, S. 27–55.

Luhmann, Niklas (1984): Soziale Systeme. Grundriß einer allgemeinen Theorie. Frankfurt a. M.: Suhrkamp.

Mau, Steffen (2020): »Social Distancing ist irreführend, es gibt einen passenderen Begriff«. In: Tagesspiegel vom 01.04.2020. https://www.tagesspiegel.de/politik/unterschied-zwischen-physischer-und-sozialer-naehe-social-distancing-ist-irrefuehrend-es-gibt-einen-passenderen-begriff/25699794.html.

Nosthoff, Anna-Verena/Maschewski, Felix (2019): Die Gesellschaft der Wearables. Digitale Verführung und soziale Kontrolle. Berlin: Nicolai.

Witte, Melissa de/Zaki, Jamil (2020): »Instead of Social Distancing, Practice ›Distant Socializing‹ Instead, Urges Stanford Psychologist«. In: Stanford News vom 19.03.2020. https://news.stanford.edu/2020/03/19/try-distant-socializing-instead/.

Räume

Es ist keineswegs selbstverständlich, dass auf die weltweite Ausbreitung des Coronavirus politisch in der klassisch modernen Logik des Containers reagiert wird. — Wie immer eine soziologische Pandemieforschung ausgestaltet wird — raumblind sollte sie nicht sein. — *Hubert Knoblauch/Martina Löw*

Die Pandemie ist ungleichheitsstrukturiert und -strukturierend entlang der Mobilitätsachsen. Die Eliten ziehen sich in ihre abgeschirmten Wohngebiete zurück. Fast ungeschützt sind die Bewohner*innen von Armutsvierteln, Slums und Flüchtlingslagern. — *Katharina Manderscheid*

In der Stadtplanung wäre ein Paradigmenwechsel erforderlich, in dem die Segregation zwischen Arm und Reich als Grundübel für die Verbreitung von Krankheiten und die Persistenz sozialer Ungleichheiten als sich gegenseitig verstärkende gesellschaftliche Probleme verstanden werden. — *Frank Eckardt*

Corona hat die Isolierung des Wohnens in Pflegeheimen verschärft und verdeutlicht, dass die Transformation des Wohnens im Alter hin zu Wohnformen, die eine Normalität von Selbstbestimmung, Selbständigkeit und Teilhabe gestattet, nicht gelungen ist. — *Frank Schulz-Nieswandt*

Hier nimmt die Überlagerung des sozialen und des physischen Raums im Abstandsgebot ihren Ausgang: Die Frage, wie soziale Ordnung angesichts der Bedrohung durch schwebende Viruspartikel gesichert möglich ist, läuft über die Einrichtung von Luftsicherheitszonen. — *Sven Opitz*

Tückisch ist das Homeoffice vor allem auch deshalb, weil das Zuhause der Ort der anderen Arbeit ist, die tagtäglich geleistet werden muss. Der Großteil der anfallenden Arbeit wird von Frauen bewältigt. — *Sarah Speck*

Dichotopie
Die Refiguration von Räumen in Zeiten der Pandemie

Hubert Knoblauch/Martina Löw

Nach der Ausbreitung des Coronavirus SARS-CoV-2 bzw. der Corona-Pandemie überschlugen sich die Ereignisse, eine Hiobsbotschaft und Regierungsmaßnahme folgte der nächsten. Die Gesellschaft veränderte sich ebenso rasch, sodass vorübergehend eine neue gesellschaftliche Not-Ordnung entstand, die womöglich langfristig zur Neu-Ordnung der Gesellschaft führt. Die Maßnahmen der Regierung(en) waren vielfach einsichtig. Menschen folgten ihnen als gute Staatsbürger*innen und übten sich in der neuen Solidarität etwa mit einer Blutspende.

Schon in den ersten drei Wochen der Krise, während wir dies schreiben, stellt sich uns deswegen die Frage: Was machen wir aus den Ereignissen aus der Perspektive der Soziologie? Können wir mehr tun, als die positiven Seiten der Corona-Krise als eine Entschleunigung hervorzuheben, sie als bloßes Zeichen der De-Globalisierung zu lesen oder die Notwendigkeit zur Solidarität zu betonen? Wir wollen mit diesem Beitrag eine raumtheoretisch fundierte Interpretation der Entwicklungen präsentieren. Das schließt eine soziologische Diagnose ein, die die derzeitigen gesellschaftlichen Veränderungen und deren möglichen Folgen einzuordnen versucht. Wir beobachten eine globale Epidemie, die sich auf den Spuren der Menschen von China aus über den gesamten Erdball zieht und dabei tragische lokalspezifische Verdichtungen produziert. Zugleich bemerken wir eine ebenso dramatische und ungewöhnliche, seit langem ungewohnte Reaktion der (meisten) Staaten, nämlich eine Schließung der Grenzen und die ›Heimholung‹ der ›eigenen‹ Bevölkerung.

Refiguration von Räumen

In einem mehr als offenkundigen Sinne zeigt das Virus nicht nur die grundlegende Relationalität des Sozialen auf, sondern verdeutlicht auch die (wie
unsichtbar auch immer) Materialität des sozialen Handelns, die selbst das
Atmen nun zur Kommunikation machen kann (Knoblauch 2017). Aber die
Corona-Krise ist nicht nur eine Krise der zwischenmenschlichen Sozialität, die nun eine neue körperliche Distanz findet, neue Interaktionsrituale schafft und zunächst das Kollektive, Gruppen und Events meiden lässt.
Auf der Mikroebene macht die Präsenz des Virus deutlich, dass Sozialität
eine grundlegende relationale, materielle und räumliche Dimension hat. Sie
kann in jede einzelne verkörperte Interaktion als unsichtbares, aber folgen-
schweres Objekt eingehen. So ›kontaminieren‹ soziale Interaktionen nicht
nur den Raum zwischen den Akteuren, sie sollen auch in Form von Social
Distancing neu konventionalisiert und ritualisiert werden. Weil das offenbar schwer zu gewährleisten ist, verlangen neue Gesetze verkörperte Interaktionen auf die Privatsphäre im räumlich konkretesten Sinne zu reduzieren: auf die kleinsten Interaktionseinheiten von Individuen, Paaren oder
Familien in einzelnen Haushalten und privaten Räumen.

Foto: Aris Harkat

So kleingliedrig das Soziale nun räumlich begrenzt ist, so wird zugleich deutlich, dass alle diese zwischenmenschlichen Begegnungen eine globale Dimension annehmen. Die soziale Dimension der Pandemie ist damit nicht nur von Grund auf räumlich. In dem Konflikt zwischen globaler Verbreitung und nationaler Schließung macht sie überdies wie unter einem Brennglas eine für die spätmoderne Gesellschaft typische Spannung deutlich und verstärkt jenen Prozess, den wir im Rahmen des SFB 1265 als die »Re-Figuration von Räumen« beschreiben (Knoblauch/Löw 2020).

Der Begriff der Refiguration lenkt den Blick auf die Frage nach dem durch Spannungen bewirkten Umbau gesellschaftlicher Ordnung und damit auch der Ordnungsprinzipien. Dominant ist hierbei die Spannung zwischen zwei unterschiedlichen Raumlogiken, ein dichotoper Widerstreit. Im Fall der Corona-Pandemie erfolgt zum einen eine territoriale Schließung. Körper, Wohnräume und Länder werden zu Containern, die das Virus enthalten oder sich dagegen abschließen. Zum anderen beobachten wir die globale Verbreitung der mit dem Virus infizierten Körper, die grenzenlos zu sein scheint, sowie die sich durch die Schließungen physikalischer Räume immer intensiver verdichtende digitale Mediatisierung und Öffnung der Kommunikationsnetzwerke. Auf der einen Seite stehen die globale Erfassung der Pandemie-Daten, die übergreifende wissenschaftliche Forschung und die breite mediale Berichterstattung, die globalen Märkte und die vermutlich globale Rezession und auf der anderen Seite die Verstaatlichung medizinisch ›systemrelevanter‹ Produktion, die Einhegung von Risikozonen, die Quarantäne. Es ist diese Spannung zwischen den zwei grundlegenden Raumlogiken, die sich etwa in der Figuration des zentralistischen Territorialstaates einerseits und einer entgrenzten Globalisierung andererseits, in der scharfen Top-down-Hierarchie und der logisch-begrifflichen Analyse hier und der flachen Netzwerkbildung oder dem Rhizom sowie den ontologischen Metaphern dort ausdrückt. Territorialräume folgen einer Logik des Platzierens und Arrangierens, der zufolge klare Grenzen nach außen gezogen werden und eine Beschränkung der Diversität nach innen akzeptiert wird. Sie werden in der Regel als statisch wahrgenommen. Dagegen folgen Netzwerkräume einer Logik der Relationierung des Heterogenen. In Netzwerkräumen können distante Elemente in Beziehung gesetzt werden und die Differenz der Elemente ist ein wesentliches Kennzeichen eben dieser Räume.

Die dichotope Spannung zwischen Territorial- und Netzwerklogik, zwischen Hierarchie und Heterarchie, zwischen Begrenzung und Entgrenzung, sogar zwischen Homogenität und Heterogenität stellt sich durch die Virus-Pandemie in besonderer Schärfe ein. Wir haben es auf der einen Seite mit einer sich weltweit erstreckenden und damit alle Grenzen überschreitenden Seuche zu tun. Auf der anderen Seite ist sie eine tödliche Gefahr oder zumindest ein lebensgefährliches Risiko für viele, da eine Infizierung und Erkrankung zu einem elendigen Tod durch Ersticken führen kann. Es ist dieser elende Tod, der das Gesundheitssystem überfordern kann, der vielen Angst macht und die Regierung zu energischem Handeln aufruft. Das Virus ist ein globales Risiko. Mit den Siebenmeilenstiefeln der Reisenden und anderen Zirkulationen mobiler Menschen zog es seinen Weg über die Erdenkruste und verdichtete sich u. a. dort, wo die Menschen große Freude hatten: am Essen aus der Tiefsee in Wuhan, beim Skifahren in Ischgl oder beim Feiern in der Berliner »Trompete«. Es scheint zunächst merkwürdig, dass gerade diese globale Ausdehnung nicht mit einer globalen Reaktion beantwortet wird, sondern mit einer Form der Grenzschließung, die nirgendwo mehr auffallen muss als in Europa (und, nebenbei, im föderalen Deutschland). Nicht nur wurden die schon lange nicht mehr befestigten Grenzen wieder geschlossen, und zwar, wie zwischen Frankreich und Deutschland, zuweilen ohne jede Absprache; mehr noch, das Territorium wird so geschlossen, dass nun auch in einmaligen Rückholaktionen die Staatsbürger*innen in das je eigene Land ›heim‹geholt werden.

Bevölkerung

Im Duktus der neuen Konservativen wird dabei nicht das Volk adressiert: Weder ethnische Herkunft noch andere Diskriminierungen scheinen (zumindest in den meisten Ländern Europas) besonders relevant, außer dass es sich irgendwie um die *Bevölkerung* des Landes handelt. Wie Michel Foucault (2004) gezeigt hat, ist Bevölkerung keineswegs ein unschuldiger Begriff. Er bildet die Bezugsgröße für die mit dem modernen Staat entstehende neue Art der Macht, die er als »Regierung« bezeichnet. Im Unterschied zur schieren Macht des Königs geht es der Regierung (im Sinne des Apparats, aber auch der Praktiken) um das Regulieren der Bevölkerung mittels Wissen, welche zugleich auf eine bei ihrer Entstehung revolutionär neue Weise beob-

Foto: Aris Harkat

achtet wird: Mittels Zahlen und Statistiken kümmert sich die Regierung um die Sicherheit der Bevölkerung. Diese Sicherheit führt durch Sicherheits- technologien und Kontrollstrategien, wie sie im weiteren Sinne die Polizei regelt, die Foucault zu den Sicherheitsdispositiven zählt, zu einer »Sicher- heitsgesellschaft« (ebd.: 26). Die Bevölkerung zeichnet sich durch innere Zir- kulationen von Menschen und Dingen aus, wird aber genau dadurch erzeugt, dass ein Raum von anderen und dessen Zirkulationen abgegrenzt wird, das Land, die Provinz, der Kreis.[1] Diese Vorstellung der Bevölkerung, die im Re- gelbetrieb hinter der Gesellschaft, ihren (Teilöffentlichkeiten und) Teilfunk- tionen wenig dominant wird, rückt während der Corona-Pandemie wieder in den Vordergrund. Das wird besonders deutlich durch die »Schließung« der Öffentlichkeit, genauer, der körperlichen Präsenz-Öffentlichkeit. Weil diese körperliche Öffentlichkeit zum Sicherheitsproblem wird, sehen wir, wie das gesellschaftliche Leben zum ersten Mal auf eine fast weltumspan- nende Weise auf die »systemrelevanten« Funktionen der Versorgung und der medizinischen Betreuung reduziert wird. Die Vielfalt der verschiedenen Funktionen moderner Gesellschaften wird auf eine Not-Ordnung reduziert, bei der nur die »systemkritischen« Funktionen der Versorgung mit Lebens- mitteln, mit medizinischen Gütern und Dienstleistungen sowie selbstver- ständlich die Ordnungsleistungen des Polizierens herausragen (und mit ihnen die Menschen, die sie vermitteln). Die Präsenz-Öffentlichkeit wird auf die sozialen Kleinsteinheiten heruntergebrochen, die sich nur noch als Einzelne oder Paare körperlich aufhalten, zeigen und bewegen dürfen, während ein wachsender Teil der Öffentlichkeit durch die Medien und dabei nun besonders auch die digitale Mediatisierung kompensiert wird. Parallel dazu steigen beim Staat wieder jene grundlegenden Aspekte hoch, die in seiner frühen Entwicklung als Regierungsstaat institutionell angelegt sind, welcher sich auf das Regieren der Bevölkerung zu richten hat – nicht als Masse, sondern in der Multiplizität ihrer Kleinsteinheiten. Das Thema ist nicht das »Volk«, das die Wiederherstellung seiner Rechte so sehr herbeisehnt, aber auch nicht die demokratische Zivilgesellschaft oder gar die offene Gesellschaft, sondern jene Bevölkerung, die behandelt, belehrt und beschützt und auch »poliziert«, werden soll.[2]

Risikogesellschaft

Dieses Polizieren nimmt in der aktuellen Corona-Krise besondere Formen an.[3] Um diese Besonderheit der Krise zu fassen, liegt ein Blick auf Ulrich Becks *Risikogesellschaft* (1986) nahe. In der Tat haben wir es bei der Corona-Seuche mit einem Risiko zu tun, das auf eine ganz offensichtliche Weise die Wissenschaft voraussetzt, und zwar nicht erst zu ihrer Heilung; auch die schiere Unterscheidung von einer »gewöhnlichen« Grippe macht, wie wir leidvoll erfahren, großen technischen und wissenschaftlichen Aufwand nötig. Zudem ist die Gefahr selbst eine weitgehend »wissenschaftlich« bestimmte. Die Ausbreitung des Coronavirus wird mit einer empirischen Erhebung gemessen und an einer Gesetzmäßigkeit der exponentiellen Ausbreitung bestimmt, die wenigstens hypothetisch und grob als Modell dient. Ob die Netzwerke der Ketten, in denen das Virus weitergegeben wird, nicht Nester, Blasen und andere Enden aufweisen, bliebe eine für die Zukunft durchaus zu erforschende Frage. Sie bedarf aber eines Umdenkens, um sich nicht nur an den Beziehungen oder Befragungen zu orientieren, sondern an den faktischen wechselseitigen kommunikativen Handlungen, bei denen Berührungen ebenso wie Atmen und Hauchen den Ausgangspunkt sozialer Beziehungen bilden.

Corona, diese gefährliche Grippe, kann als eine Risikoproduktion im Sinne von Ulrich Beck verstanden werden. In der Tat gibt es einige Parallelen der Corona-Krise zu der Tschernobyl-Katastrophe, die sich in der Zeit der

Veröffentlichung von Becks Buch ereignet hatte. Wie die Radioaktivität ist auch Corona auf eine gefährliche Weise unsichtbar, sodass im Umgang mit beidem immer ein wissenschaftlich und technisch gesichertes Wissen nötig scheint. Die Veröffentlichung von Zahlen, Karten, Kurven, Statistiken dient nicht mehr nur der Regierung der Bevölkerung, die lediglich diszipliniert Befehle ausführt; in einer Wissensgesellschaft zielt das Zählen, Kartieren und Messen auf das Wissen der Bevölkerung – welche nicht nur erfasst wird und (wenigstens in demokratischen Gesellschaften) Befehlen folgt –, das als Wissen von den Subjekten angeeignet werden muss (deren soziale Ungleichheit auch in der Ungleichheit des Wissens und dessen Umsetzung zum Ausdruck kommt). Während aber die Radioaktivität sehr viel mehr in der Umwelt angesiedelt ist, wird Corona als ein menschlicheres Problem im Raum der sozialen Interaktion verhandelt. Beiden Risiken gemeinsam ist nicht nur die Unsicherheit darüber, welche Folgen gegenwärtiges Handeln für unmittelbare oder auch weitreichende Zukünfte hat, sondern auch, dass das Sicherheitsdispositiv zum angeeigneten Wissen der Handelnden wird.

Raumlogiken

In der Krise treffen die physikalisch begrenzten »Territorien des Selbst« (Goffman 1963) von Menschen, die sich mehr und mehr auf den Nahraum zurückziehen und zurückziehen müssen, nun auf die entgrenzte und körperfreie Vernetzung der Kommunikation (sowie auf eine ebenso entgrenzte Zirkulation des Virus) in einer Weise, in der eine geradezu radikalisierte Spannung dieser sich widersprechenden Logiken durchgreifend prägend wirkt. Um die soziale Raum-Logik dieser Maßnahmen verstehen zu können, die gegen die Zirkulation von Viren die Containerlogik der Körper setzen (und die Mobilität der Menschen in den Fluss der Daten verwandeln), muss man sich vergegenwärtigen, dass hier unreflektiert und reflexhaft das institutionalisierte und verrechtlichte Raumkonzept des 19. und frühen 20. Jahrhunderts das gesundheitspolitische Handeln anleitet: der Containerraum, der im Staat eingeschrieben zu sein scheint.

Der Containerraum ist eine zunächst positive Fantasie von Sicherheit und Schutz. Nationalstaaten werden als Container für Gesellschaften durchgesetzt und damit heterogene Machteinflüsse (Kirchen, Kaiser, Herzöge,

Städte etc.) zugunsten der Staatsgewalt zurückgedrängt. Die Grenzen werden bewacht. Im Inneren des nationalstaatlichen Containers wird Homogenität angestrebt (z. B. durch Nationalsprachen). Diese Logik findet in ethnischen Säuberungen und – auch der Containerlogik folgend – im (Konzentrations-)Lager ihren vorläufigen Höhepunkt.

In der zweiten Hälfte des 20. Jahrhunderts ändert sich das grundlegend. Mühsam gewöhnen sich spätmoderne Gesellschaften an weltweite Vernetzung, steigende Mobilität, digitale Überlagerung von Räumen. Die letzten Jahrzehnte waren von einer dauerhaften Spannung zwischen zwei Raumlogiken geprägt: staatliche Entgrenzung (z. B. Europa) und die Rückbesinnung auf politische Nationalstaaten oder die beschleunigte Zirkulation von Waren, Menschen, Technologien, die der seit langem schon sich entfaltenden Globalisierung die neue Qualität einer global synchronen Raumzeit vermittelte.

Digitalisierung

Es ist keineswegs selbstverständlich (wenn auch typisch für die Refiguration), dass auf die weltweite Ausbreitung des Coronavirus politisch fast ausschließlich in der klassisch modernen Logik des Containers reagiert wird und die digitale Mediatisierung der räumlichen Einschließung entgegengestellt wird. Wer sich nicht von Angesicht zu Angesicht treffen kann, organisiert sich per Videotelefonie. Wer nicht mehr im Büro arbeiten kann, geht ins Homeoffice, und wer nicht ins Restaurant gehen kann, bestellt sich etwas bei den digitalen Bringdiensten und hofft, dass die Pakete so sauber sind wie das Internet. In der Not-Ordnung wird der digitale Raum zur Kompensation der Präsenz-Öffentlichkeit. Hier spielt die Musik, treffen sich die Gruppen, wird der Kinofilm übertragen. Er übernimmt ersatzweise aber auch die anderen Funktionen der Gesellschaft: Universitäten und Schulen sollen ebenso weitgehend auf die digitale Kommunikation umgebaut werden wie die öffentliche Verwaltung. Das Homeoffice erlaubt einem großen Teil von Betrieben, Vereinen oder anderen Organisationen, ihren Aufgaben mit Hilfe von digitalen Kommunikationstechnologien gerecht zu werden. Internet, E-Mails und Videokonferenzen halten uns in den internationalen Kreisen, erlauben das Aufpoppen von Initiativen, alten Blasen und neuen Ritualen. Soweit es sich bisher einschätzen lässt, macht aber die digitale Mediatisierung auch ihre Grenzen deutlich: Wie schal, holprig und formal fühlen sich selbst die freundschaftlichen Skype-Sitzungen an, wie wenig erwärmend der letzte Tweet und wie trostlos das Telefongespräch mit der Verwandten, die an Krebs stirbt, aber nicht besucht werden darf.

Schon jetzt deutet sich an, dass die Einschließungs-Strategie das Risiko einer Virusinfektion für viele Menschen eindämmen kann. Sie lässt aber auch die Grenzen einer geradezu banalen Raumpolitik offensichtlich werden. Wie schwer war es zu ertragen, dass in Nachbarländern Menschen starben, obwohl im eigenen Land noch Intensivpflege-Krankenbetten freistanden? Wie unbarmherzig ist der Pflegenotstand, war doch die häusliche Pflege auf die Migration von Pflegekräften angewiesen? Auch die sich schon jetzt abzeichnende deutliche Verstärkung einer digitalisierten Mediatisierung bleibt ambivalent. Wir müssen abwarten, wie effektiv die Informationspolitik der Regierung war und welche Rolle die sich allmählich ausbreitenden Verschwörungstheorien spielen. Und natürlich wissen wir auch schon lange, dass die digitalen Vernetzungen insgesamt keineswegs flach bleiben, sondern Folgen haben werden: Abgesehen davon, dass wir selbst bei der Telearbeit von bestehenden universitären Infrastrukturen profitieren, sind globale Unternehmen wie DHL, Amazon & Co. die Nutznießer dieser Entwicklung, was schon einen Schatten vorauswirft auf das, was sich da – alles im Raum – noch zusätzlich refiguriert. Das Wissen um das Virus könnte nämlich das soziale Verständnis von körperlicher Nähe längerfristig verändern, die seit Jahrzehnten anhaltende Informalisierung des körperlichen Umgangs beenden und das Soziale über alle Skalen hinweg von der bloßen Wahrnehmung des Atmens bzw. Hustens anderer über die städtischen Geschäfte und die öffentlichen Ereignisse bis hin zur Existenz der Europäischen Union, des Euro und der internationalen ›Weltordnung‹ wandeln.

Verwundbarkeit und Todesangst, Isolation und Quarantäne sind Krisenerfahrungen – Krankheit und Sterben sind schweres individuelles und kollektives Unglück. Doch auch der drohende Umbau des Sozialen gehört zur Krisenerfahrung. Wir hoffen alle, dass die Not-Ordnung nicht sehr lange und schon gar nicht dauerhaft bleiben wird. Aber, auch wenn wir wieder Präsenzöffentlichkeiten bilden werden, so macht doch die Zuspitzung der Corona-Krise die spannungsvolle Dynamik der Refiguration überaus deutlich. Sie wird uns gerade deshalb weiter beschäftigen, weil sie durch Corona zwar sichtbarer wird, aber mit Corona nicht verschwinden muss.

Am Ende: Fragen

Dass Krisen Chancen beinhalten, ist eine alte psychotherapeutische Weisheit. Auch die Refiguration ist keineswegs nur ein schicksalhafter Prozess, sondern basiert auch und immer auf Handlungen und schafft damit auch Chancen. Vielleicht werden in Europa und rund um den Globus einige dieser Chancen genutzt? Vielleicht verlieren rechtsradikale Parteien nicht nur kurzfristig, sondern langfristig Wählergruppen? Vielleicht werden Geflüchtete in der Krise vertrauter? Vielleicht handeln wir langfristig ökologischer? Doch sind die Herausforderungen ebenso offensichtlich. Einen Impfstoff gegen das Virus werden wir voraussichtlich in absehbarer Zeit bekommen. Wie impfen wir uns jedoch dagegen, dass öffentliche Räume auf Dauer kontaminiert erscheinen? Wie stellen wir uns auf, damit Staatsbürgerrechte nicht langfristig eingeschränkt werden? Und wie gelingt es uns, einander entgegenstehende räumliche Logiken nicht nur als Widersacher und als unterkomplexe Platzhalter für Sicherheit (Territorium) versus Freiheit (Netzwerk) oder für Isolation (Territorium) versus ungebremste, globale Zirkulation (Netzwerk) zu begreifen? Um solche Fragen zu beantworten bedarf es einer Pandemieforschung, die nicht nur von den Lebenswissenschaften betrieben wird, sondern auch die Kontexte und weitreichenden Folgen ihrer vorgeschlagenen Maßnahmen bedenkt. Wie immer eine soziologische Pandemieforschung ausgestaltet wird – raumblind sollte sie nicht sein.

Anmerkungen

1   Das Territorium ist bei Foucault nicht mehr einfach die Fläche des Staates, sondern wird zu dem, worin sich die Bevölkerung ausbreitet und damit zum Bestandteil der Bevölkerung (Foucault 2004: 164).

2   Polizieren in dieser historischen Bedeutung meint bei Foucault aber nur eine (nicht mehr pastorale) Leitung, Regelung und, in einem breiteren Sinne, Steuerung der Bevölkerung. Die Polizei »soll alles als Mittel bereitstellen, was hinreichend und notwendig dafür ist, dass diese Aktivität des Menschen auf wirksame Weise in den Staat, in seine Kräfte, in die Entwicklung seiner Kräfte integriert wird, und sie soll so handeln, dass der Staat umgekehrt diese Tätigkeit anregen, bestimmen und ausrichten kann, und zwar auf eine Weise, die für den Staat nützlich ist« (Foucault 2004: 464).

3   Vgl. zu den Differenzen zwischen der geschlossenen chinesischen und der of-
    fenen südkoreanischen oder auch zwischen der sich schließenden deutschen
    und der anfänglich auf »Herdenimmunität« setzenden britischen Reaktion die
    Beiträge im Blog des SFB 1265: https://sfb1265.de/blog/.

Literatur

Beck, Ulrich (1986): Risikogesellschaft. Auf dem Weg in eine andere Moderne.
    Frankfurt a. M.: Suhrkamp.
Foucault, Michel (2004): Geschichte der Gouvernementalität I. Sicherheit,
    Territorium, Bevölkerung. Frankfurt a. M.: Suhrkamp.
Goffman, Erving (1963): Behavior in Public Places: Notes on the Social Orga-
    nization of Gatherings. New York: The Free Press.
Knoblauch, Hubert (2017): Die kommunikative Konstruktion der Wirklich-
    keit. Wiesbaden: Springer VS.
Knoblauch, Hubert/Löw, Martina (2020): »The Re-Figuration of Spaces and
    Refigured Modernity – Concept and Diagnosis«. In: Historical Social Re-
    search 45 (2020), 2; S. 263–292. doi: 10.12759/hsr.45.2020.2.263–292.

Online-Quellen

https://sfb1265.de/blog/.

Über die unerwünschte Mobilität von Viren und unterbrochene Mobilitäten von Gütern und Menschen

Katharina Manderscheid

Am Anfang dessen, was jetzt als Corona-Krise bezeichnet wird, stand Mobilität: Die Mutation des Virus, die es von Mensch zu Mensch übertragbar und damit entlang menschlicher Interaktionsketten mobil machte, erscheint wie der Flügelschlag des Schmetterlings in der Chaostheorie, der den Tornado am anderen Ende der Welt auslöst. Ursachen und Effekte sind in dieser Situation nicht symmetrisch oder linear, sondern dynamisch und vor allem unberechenbar.

Aus dem Blickwinkel der soziologischen Mobilitätsforschung möchte ich im Folgenden die unerwartet hereingebrochenen Veränderungen des Alltags betrachten und soziologisch ordnen sowie mögliche offene Situationen herausarbeiten, in denen über die weitere Entwicklung des gesellschaftlichen Verhältnisses zu Raum und Mobilität entschieden werden wird. Das heißt, Ausgangspunkt dieser Überlegungen ist die Prämisse, dass das Soziale durch Mobilitäten konstituiert wird:

> »[A]ll social relationships should be seen as involving diverse ›connections‹, that are more or less ›at distance‹, more or less fast, more or less intense and more or less involving physical movement. Social relations are never only fixed or located in place but are to very varying degrees constituted through ›circulating entities‹.« (Urry 2007: 46)

Mobilität meint hier mehr als Verkehr oder die Überwindung von geographischer Distanz. Mobilität beinhaltet in dieser Perspektive auch die Potenzialität von Bewegung sowie das machtstrukturierte, sich gegenseitig bedingende Verhältnis von Mobilitäten und Immobilitäten, erzwungener und autonomer Ortsveränderungen und Sesshaftigkeiten (Cass/Manderscheid 2019; Hannam et al. 2006).

Wirtschaftliche Interdependenzketten

Mit der Ausbreitung von SARS-CoV-2 wurde sehr schnell sichtbar, wie eingebunden der individuelle Alltag und die gesellschaftliche Normalität in ein Netzwerk von physisch-sozialen Beziehungen und Interdependenzen sind: Kommunikation und Interaktionen mit anderen Menschen, Waren- und Geldströme und die zugehörigen Verkehrs- und Logistikinfrastrukturen sowie Informations- und Kommunikationssysteme. Sichtbar wurden diese der Normalität zugrunde liegenden, sich global in unterschiedlicher Intensität ausdehnenden Interdependenzketten dadurch, dass sie – temporär oder dauerhaft – unterbrochen oder gestört sind.

Bereits als das Virus noch auf China bzw. die chinesische Provinz Hubei beschränkt schien, stockten hiesige Produktionen, beispielsweise in der Auto- und der Elektronikindustrie, weil Teile aus Asien fehlten. Der schnelle Sprung des Virus aus Hubei in die übrige Welt erfolgte offenbar entlang der ökonomisch bedingten Mobilitäten: Zumindest in Deutschland war die erste bekannte Infektion die eines Mitarbeiters eines Automobilzulieferers, der sich während einer internen Schulung bei einer vom Unternehmensstandort Shanghai angereisten chinesischen Kollegin angesteckt hatte (Wikipedia 2020). Die dann in Europa folgenden Grenzschließungen, ein erster Versuch, die Ausbreitung des Virus durch die Unterbrechung von grenzüberschreitender Mobilität zu verhindern, produzierten kilometerlange LKW-Staus und erste Engpässe im Supermarktangebot als eindrückliche Bilder der stockenden Mobilität von Waren. Als nächstes rückte die Abhängigkeit der Landwirtschaft von transnational mobilen Arbeitskräften ins öffentliche Bewusstsein, da die Einreise osteuropäischer Erntehelfer*innen für die Erdbeer- und Spargelernte in Frage gestellt war. Auch an vielen anderen Stellen zeigen Lieferengpässe die ausgedehnte logistische Verflechtung ökonomischer Prozesse über regionale und nationale Räume hinaus. Die temporäre Drosselung und Stillstellung von Produktionen schlägt sich im Rückgang von Gütertransporten nieder, was nicht nur ruhigere Straßen ermöglicht und geringere CO_2-Emissionen bewirkt, sondern viele Logistikfirmen, Schifffahrtsbetriebe und Fluggesellschaften in ökonomische Schwierigkeiten gebracht hat.

Diese sichtbar gewordenen ökonomischen Interdependenzen und Verletz-
lichkeiten haben in der aktuellen Krise ein Diskussionsfenster für eine Neuordnung geöffnet. Auf der einen Seite wird die Abhängigkeit Europas von den
Güterproduktionen gerade in Asien diskutiert und eine Rückverlagerung von
beispielsweise der Produktion von Schutzmasken und Medikamenten in den
Globalen Norden gefordert. Diese mögliche Rücknahme globaler Wirtschafts-
spezialisierung und eine daraus resultierende stärkere Regionalisierung von
Produktions- und Verwertungszusammenhängen hätte eine klimafreund-
liche Reduktion von Transportwegen und bessere Kontrollmöglichkeiten von
Arbeitsschutzstandards als positive Nebeneffekte zur Folge. Gleichzeitig werden aber an anderer Stelle globale Verflechtungen intensiviert und ausgebaut,
beispielsweise in der Forschung mit dem Ziel, einen Impfstoff bzw. Medikamente gegen die Krankheit zu finden. An dieser Stelle treffen derzeit Forderungen nach Zusammenarbeit und Wissensaustausch auf ökonomische und
nationale Interessen eines exklusiven Zugriffs auf einen möglichen Impfstoff.

Alltägliche Mobilitäten, Nähen und Distanzen

Auch im individuellen Alltag macht das Coronavirus deutlich, wie undenkbar ein Individuum als Einzelnes, von anderen Isoliertes, Trennbares oder
Unbeeinflusstes ist. Die sozialen und körperlichen Einbindungen der Individuen in gesellschaftliche Zusammenhänge werden gerade in der Allgegen-
wärtigkeit des Ansteckungsrisikos deutlich. Die politischen Maßnahmen
zur Eindämmung des Virus tangieren zentrale Grundlagen unseres gesellschaftlichen Zusammenlebens. Physische Nähe und direkter körperlicher
Kontakt mit wechselnden Anderen bedeuten plötzlich eine potenzielle Bedrohung der eigenen Gesundheit und der von Kontaktpersonen. Die aktuelle
gesellschaftliche Herausforderung besteht darin, zumindest für die nächste
Zeit die Rahmenbedingungen für ein Social Distancing, einen Mindestab-
stand von 1,5 bis 2 m, zwischen Personen im öffentlichen oder halböffent-
lichen Raum zu ermöglichen. Das bedeutet in Schulen, Geschäften, öffentlichen Verkehrsmitteln, der Gastronomie, Museen und bei Dienstleistungen
eine Ausdehnung von Flächen bzw. eine Reduktion der Nutzungsintensität.
Als eine Konsequenz dieser Regeln gehören inzwischen Warteschlangen vor
Geschäften, was bislang mit existentiellen Notsituationen oder sozialisti-
scher Planwirtschaft assoziiert wurde, zum alltäglichen Bild in den städti-

schen Einkaufszonen. Als zu eng für den wachsenden Platzbedarf sich bewegender Menschen werden auch urbane Grünräume erlebt, in denen man sich nun ausweichen soll. Da überrascht es wenig, dass in den medialen Diskussionen die Weite des Landlebens als Lebensqualität gegen die städtische Dichte ausgespielt wird, die während des Lockdowns vor allem als Einschränkung des Bewegungsspielraumes wirkt (u. a. Mertins 2020; Trebing 2020). Aufgrund der kollektiven Erfahrung des Eingesperrtseins und durch den Digitalisierungsschub der Gegenwart befeuert verlieren möglicherweise Städte langfristig an Attraktivität als Wohn- und Arbeitsort bei den Kreativ- und Wissensarbeitenden.

Das Kontaktverbot und der Lockdown haben in messbarer Weise die Alltagsmobilität reduziert und verlagert. Die Corona-Forschungen von infas und Motiontag (2020) lassen erkennen, dass sich die Tagesstrecken im April deutlich reduziert haben von durchschnittlich 40 auf 15 km. Es blieb jedoch eine Art Mobilitätssockel bestehen, der nicht weiter unterschritten wurde. Die Rest-Mobilität besteht primär aus Einkaufs-, Besorgungs- und Arbeitswegen (Möhring et al. 2020). Weggefallen sind vor allem die sog. Freizeitwege, die sonst den größten Anteil der Wege ausmachen. Zu den normalen Freizeitwegen gehören Wege durch das Aufsuchen von kulturellen Angeboten, Freizeitaktivitäten und insbesondere soziale Aktivitäten: das Treffen oder Besuchen von Bekannten, Freund*innen und Angehörigen. Während des Corona-Lockdowns wurden physische soziale Kontakte und Treffen in Teilen durch Videokommunikation ersetzt und hier ganz neue Formen der Geselligkeit ausprobiert. Für diejenigen, die keinen Zugang zu diesen Technologien und virtuellen Räumen haben, und verschärft noch für diejenigen, die alleine leben, bedeutet das Kontaktverbot weitgehende soziale Isolation. Wenig überraschend wird immer wieder die Frage nach der Qualität eines derart vereinzelten immobilen Alltags für manche Alten- und Pflegeheimbewohner*innen gestellt.

Verändert hat sich in städtischen Räumen auch die Art und Weise der Distanzüberwindung: Der öffentliche Verkehr, Hoffnungsträger einer urbanen Verkehrswende, wird gemieden, schließlich sind hier Kontakte mit anderen und damit das Risiko der Infektion die Regel. Anteilig wichtiger geworden sind hingegen Rad- und Fußwege sowie Fahrten mit dem eigenen Auto, das in einzigartiger Weise einen Schutzraum bietet (infas/Motiontag 2020: 4 ff.). Damit stellt die Corona-Pandemie den politisch eingeschlagenen Weg einer Verkehrswende zur Disposition: Der öffentliche Verkehr hat das Vertrauen der Bevölkerung in großem Maß verloren und alternative Angebote wie Carsharing kämpfen um ihr wirtschaftliches Überleben. Gleichzeitig diskutiert man in der Politik Kaufprämien auch für Autos mit Verbrennungsmotoren und im individuellen Alltag werden die Schutzqualitäten des privaten Autos wiederentdeckt. Solange der motorisierte Verkehr insgesamt reduziert ist, sehen Aktivist*innen einer nachhaltigen Verkehrswende im Lockdown auch eine Chance, die Flächen für den Fahrradverkehr in den Städten auszuweiten (z. B. ARD Audiothek 2020). Die temporären Flächengewinne könnten, wie in Brüssel, von der Politik durch eine entsprechende Straßengestaltung auf Dauer gestellt werden (Energiezukunft 2020).

Der Beginn der Corona-Pandemie führte auch im Bereich von Fernreisen und Urlaubsverkehr zu einer bis dato unvorstellbaren Stillstellung der Mobilität: Reisewarnungen, Grenzschließungen und das Einstellen von Verkehrsverbindungen vor allem im Flugbetrieb ließen im März 2020 rund eine Viertelmillion Menschen aus Deutschland im Ausland buchstäblich stranden. Diese ungeplante Verlängerung des Aufenthalts in der Ferne wurde von der Mehrzahl der Urlauber*innen keineswegs als Verlängerung der Ferien erlebt, die Rückholaktion der Bundesregierung hingegen als Rettung aus einer misslichen Lage begrüßt. Die Attraktivität ferner Orte fußt also gerade auf der zeitlichen Begrenztheit des Aufenthalts und damit auf einer gesicherten Rückreisemöglichkeit. Am Reisen entzünden sich interessanterweise in der Phase der Rücknahme des Lockdowns emotionale Debatten über die Grenzen von Zumutbarkeiten. Gleichzeitig birgt die Situation auch die Chance auf neue nachhaltige Formen des Urlaubens innerhalb der Landesgrenzen. Wie in einer postcoronaren Zukunft gereist werden wird, wird durch aktuelle politische Weichenstellungen beeinflusst, beispielsweise durch Mitsprache bei teilverstaatlichten Airlines oder der Öffnung europäischer Urlaubsziele. Möglicherweise werden Reisen ins Ausland aber auch zu einem Testfeld für neue Formen getrackter und überwachter Mobilitäten, die als Bedingung der Bewegungsfreiheit vermutlich leichter akzeptiert werden.

Erwerbsarbeit und Mobilität – neue und alte Ungleichheiten

Mit dem Lockdown wurde auch spürbar, wie sehr der mobile Alltag der Erwerbstätigen eine gesellschaftliche Arbeitsteilung und immobile ortsgebundene Tätigkeiten voraussetzt. Für Erwerbstätige mit Kindern kollabierten mit der Schließung von Kitas, Schulen und weiteren Betreuungsangeboten die raum-zeitlichen Arrangements. Sofern die Erwerbsarbeit homeoffice-fähig ist, finden nun innerhalb der privaten Wohnungen gleichzeitig und in räumlicher Überlagerung Schule, Spielen, Care-, Erwerbs- und Reproduktionstätigkeiten statt. Tätigkeiten außerhalb der Wohnung können nur noch von einem Elternteil gleichzeitig wahrgenommen werden, viele Elternteile mussten sich freistellen lassen. Damit werden im Bereich der Erwerbsarbeit deutlich Bruchlinien der Ungleichheit sichtbar zwischen denjenigen, deren Tätigkeiten durch eine Verlagerung auf virtuelle Mobilität weiterführbar ist, denjenigen, deren systemrelevanten Tätigkeiten weiterhin physische Mobilität zu ihren Arbeitsorten erfordert und denjenigen, deren Tätigkeiten ausgesetzt wurden, die kurzarbeiten oder arbeitslos werden.

Diejenigen, deren immateriellen Tätigkeiten sich gut ins Homeoffice verlagern lassen, arbeiten jetzt fast unverändert oder, wenn sie zusätzlich Kinder betreuen und beschulen müssen, unter räumlich und zeitlich beengten Bedingungen weiter. Der Anteil der Erwerbstätigen, die im Homeoffice arbeiten, beträgt derzeit ca. 26%. Diese Gruppe ist durch hohe Bildungsabschlüsse und hohe Einkommen gekennzeichnet (Möhring et al. 2020). Auch unabhängig von Kindern findet hier eher eine Verdichtung der Tätigkeiten statt. Die Verlagerung in den virtuellen Raum erforderte im ersten Schritt die Aneignung der entsprechenden Kompetenzen und Anpassungen der Abläufe. Je nach Tätigkeit werden physische Besprechungen mit Kolleg*innen jetzt durch Video-Meetings, also Treffen im virtuellen Raum ersetzt, was zwar funktional äquivalent, jedoch vergleichsweise konzentrationsintensiver ist. Wege zwischen Meetings, die immer auch eine Pause bedeuten, fallen weg. Diese Tätigkeitsverdichtung und Beschleunigung wird postcoronar sicher nicht vollständig zurückgenommen werden. Bereits jetzt diskutieren Gewerkschaften und das Arbeitsministerium über Standards guter Arbeit bei einem einzuführenden Recht auf Homeoffice.

Eine zweite Gruppe von Erwerbstätigen geht ebenfalls nach wie vor den Berufstätigkeiten nach, jedoch an außerhalb der Wohnung liegenden Arbeitsorten. Der Anteil dieser Gruppe an den Erwerbstätigen beträgt ca. 54% (ebd.). In den Blick der Öffentlichkeit sind hier insbesondere die systemrelevanten Tätigkeiten gerückt, also alles, was das physische Überleben sicherstellt. Dazu gehören die Kassierer*innen in Lebensmittelläden, Pflegekräfte und Ärzt*innen, diejenigen, die die Ver- und Entsorgungsstrukturen – z.B. Energie und Wasser, Müll-, Tierkadaverentsorgung und Bestattungsdienste – oder das Verkehrssystem aufrechterhalten – Tankstellen- und Werkstattpersonal, Busfahrer*innen und Zugführer*innen – sowie diejenigen, die die Warenlogistik am Laufen halten: Post- und Zulieferdienste, Lagermitarbeiter*innen etc. Weniger wahrgenommen werden diejenigen, die im produzierenden Gewerbe weiterarbeiten und diejenigen, deren Tätigkeiten alle Bereiche quasi selbstverständlich und aktuell besonders dringend in Anspruch nehmen: Reinigungskräfte und Hausmeister-, Wach- und Pförtnerdienste. Alle diese Tätigkeiten erfordern das Verlassen der Wohnung sowie potentiell gefährliche Mobilitäten zu Fuß, mit dem Rad und mit öffentlichen Verkehrsmitteln. Auch in den Betrieben besteht ein höheres Infektionsrisiko durch Kolleg*innen und Kontakt mit Kund*innen oder Patient*innen. In Schweden wird beobachtet, dass sich das Virus überproportional in Stadtvierteln mit hohem Anteil migrantischer Wohnbevölkerung ausgebreitet hat. Hier wohnen diejenigen, die häufig mit öffentlichen Verkehrsmitteln zur Arbeit in prekären Beschäftigungsverhältnissen pendeln und in überbelegten Wohnungen leben (Wolff 2020). Dass sich dieses Infektionsrisiko für Erwerbstätige und Klient*innen bzw. Patient*innen nur bedingt kontrollieren lässt, macht die Skandalisierung der fehlenden Schutzausrüstung in Krankenhäusern und die Ausbreitung von COVID-19 in Pflegeheimen und Krankenhäusern deutlich. Zunehmend dringen jetzt Berichte über mangelhaften Schutz beispielsweise der Arbeiter*innen in den Lagern der Online-Konzerne (Malet 2020) an die Öffentlichkeit. Aber auch die Nahrungsmittelversorgung setzt ortsgebundene Tätigkeiten voraus. Mit der Häufung von Corona-Infektionen in Schlachthöfen richtet sich die mediale Aufmerksamkeit auf die hier tätigen Menschen und ihre problematischen Arbeits- und Lebensbedingungen. Das heißt, es wird sichtbar, dass der Rückzug ins sichere Homeoffice und den virtuellen Raum sehr materielle, ortsgebundene und körperliche Voraussetzungen hat. Die gesellschaftliche Arbeitsteilung, die für die einen Erwerbstätigkeiten im Betrieb, für die anderen die Möglichkeit, zu Hause zu arbeiten, bedeutet, führt in der gegenwärtigen Situation zu ungleich verteilten Risiken der Infektion. Mit der Lockerung der Regelungen wird sich diese Polarisierung zwischen gewählter physischer Immobilität und Rückzug in virtuelle Räume der einen und der Notwendigkeit der Mobilität und physischen Kopräsenz an vorgegebenen Orten der anderen noch verstärken.

Eine dritte Gruppe der Erwerbstätigen wurde durch den Lockdown und die vermutlich nachhaltigen Einbrüche der Wirtschaftsaktivitäten zu einer Reduktion oder Verlust ihres Einkommens und ihrer Tätigkeiten verdammt. Der Anteil dieser Gruppe liegt laut Mannheimer Corona-Studie derzeit bei ca. 20 % und betrifft überdurchschnittlich Personen mit geringen Einkommen und geringer Bildung (Möhring et al. 2020). Vermutlich steigt dieser Anteil mit der Dauer der Einschränkungen noch. Viele Selbständige und kleine Unternehmen werden die erzwungene Immobilität und Inaktivität ökonomisch nicht langfristig aufrechterhalten können. Im Gegensatz zur Verdichtung der Tätigkeiten im Homeoffice sind diejenigen, die im Lockdown nicht mehr arbeiten können, einer unstrukturierten Zeit und potenziell der Erfahrung von Langeweile ausgesetzt – zumal viele Freizeit- und Zerstreuungsangebote derzeit geschlossen sind.

Zusammengefasst lassen sich die coronabedingten Ungleichheitseffekte in der Erwerbsarbeit als eine Gleichzeitigkeit einer Verlagerung der Arbeitsaktivitäten in den virtuellen Raum bei physischer Immobilität – dem Arbeiten im Homeoffice –, einer erzwungenen physischen Mobilität zur Aufrechterhaltung der materiellen und immateriellen Versorgungsströme und einer erzwungenen Stillstellung von Aktivitäten und Mobilitäten beschreiben. Erst im Laufe der nächsten Monate und Jahre werden die tatsächlichen Folgen von Betriebsinsolvenzen auf dem Arbeitsmarkt sichtbar werden. Die Bedeutung dieser Bereiche wird vermutlich erst ins Bewusstsein der Öffentlichkeit dringen, wenn in einer postcoronaren Zeit die Vielseitigkeit und Kleinteiligkeit von Gastronomie-, Kultur- und Dienstleistungsangeboten fehlt. Werden dann zusätzlich Sozialausgaben zur Staatsfinanzkonsolidierung gesenkt, ist ein weiteres Auseinanderdriften der sozialökonomischen Lagen mit drastischen Folgen für das gesellschaftliche und politische Leben die Folge.

Exit-Optionen und No-Exit-Fate

Doch auch jenseits der Erwerbssphäre ist die Pandemie ungleichheitsstrukturiert und -strukturierend entlang der Mobilitätsachsen: Berichte aus Ländern des Globalen Südens, aus Südamerika oder Afrika verdeutlichen, dass das Virus dort primär von den ökonomischen Eliten beispielsweise aus ihrem Skiurlaub in Österreich oder Italien mitgebracht wurde. Die Eliten können sich jetzt in ihre abgeschirmten Wohngebiete zurückziehen und dort das Infektionsrisiko individuell minimieren. Auch in Europa hat die Flucht der Wohlhabenden in ihre Zweitwohnungen am Meer oder auf dem Land die Ausbreitung des Virus in alle Regionen befördert. Und obwohl SARS-CoV-2 inzwischen global verbreitet ist, existieren für die superreichen Eliten auch im Falle einer Infektion luxuriöse Exit-Optionen: In der Schweiz bietet eine Hotelkette für Gutbetuchte Luxusappartments als Quarantäneunterkunft an. Services wie Essenslieferdienste, medizinische Versorgung und Entertainmentsysteme gegen Langeweile können dazu gebucht werden (Zumach 2020). Fast ungeschützt sind jedoch die Bewohner*innen von Armutsvierteln, Favelas, Slums und Flüchtlingslagern dem Virus ausgesetzt. Diese Ghettos bedeuten für ihre Bewohner*innen gegenüber einer Corona-Infektion ein »no-exit fate« (Bauman 2001), sie werden zudem weitgehend sich selbst überlassen und sind in der Öffentlichkeit unsichtbar, weil sich viele Hilfsorganisationen, NGOs und Reporter*innen von dort zurückgezogen haben – aus Angst vor einer Infektion.

Literatur

ARD Audiothek (2020): Der schöne Morgen: Pop-Up-Bikelanes, RBB. https://www.ardaudiothek.de/der-schoene-morgen/pop-up-bikelanes/7465 6520, letzter Zugriff am 21.04.2020.

Bauman, Zygmunt (2001): Community: Seeking Safety in an Insecure World. Cambridge: Polity Press.

Cass, Noel/Manderscheid, Katharina (2019): »The Autonomobility System: Mobility Justice and Freedom Under Sustainability«. In: Nancy Cook/ David Butz (eds.): Mobilities, Mobility Justice and Social Justice. London/ New York: Routledge, S. 101–115.

Energiezukunft (2020): Urbane Mobilität: In der Coronakrise nimmt die Verkehrswende Fahrt auf. https://www.energiezukunft.eu/mobilitaet/in-der-coronakrise-nimmt-die-verkehrswende-fahrt-auf/, letzter Zugriff am 21.05.2020.

Hannam, Kevin/Sheller, Mimi/Urry, John (2006): »Editorial: Mobilities, Immobilities and Moorings«. In: Mobilities, 1(1), S. 1–22.

infas & Motiontag (2020): Alles anders oder nicht? Unsere Alltagsmobilität in der Zeit von Ausgangsbeschränkung oder Quarantäne (No. 2). https://www.infas.de/fileadmin/user_upload/infas_mobility_CoronaTracking_Nr.02_20200421.pdf.

Malet, Jean-Baptiste (2020): »Hinter den Mauern von Amazon. In der Krise boomt der Online-Handel. Logistikzentren entpuppen sich als Infektionsherde und Gewerkschaften kämpfen für Schutzmaßnahmen«. In:

Le Monde diplomatique vom 29.04.2020. https://taz.de/Aus-Le-Monde-diplomatique/!5682191&s=amazon/.

Mertins, Silke (2020):»Folgen der Coronakrise: Lob der Provinz«. In: taz vom 15.04.2020. https://taz.de/Folgen-der-Coronakrise/!5675287&s=Stadt+ und+Provinz+cool/.

Möhring, Katja/Naumann, Elias/Reifenscheid, Maximiliane et al. (2020): Die Mannheimer Corona-Studie: Schwerpunktbericht zu Erwerbstätigkeit und Kinderbetreuung. https://www.uni-mannheim.de/media/Einrichtun gen/gip/Corona_Studie/2020-04-05_Schwerpunktbericht_Erwerbstae tigkeit_und_Kinderbetreuung.pdf.

Trebing, Saskia (2020):»›Sich auf dem Land sicher zu fühlen, ist eine Ideo-logie‹ – Soziologe zu Corona-Flucht aus den Städten«. In: Monopol Ma-gazin vom 17.04.2020. https://www.monopol-magazin.de/corona-stadt-land-interview-samuel-salzborn?slide=1.

Urry, John (2007): Mobilities. Cambridge: Polity.

Wikipedia (2020):»COVID-19-Pandemie«. https://de.wikipedia.org/wiki/CO VID-19-Pandemie#Deutschland, letzter Zugriff am 01.05.2020.

Wolff, Reinhard (2020):»Corona-Eindämmung in Schweden: Holz- oder Kö-nigsweg?«. In: taz vom 03.05.2020.

Zumach, Andreas (2020):»Coronatest als Roomservice. Luxusquarantäne in Schweiz«. In: taz vom 31.03.2020. https://taz.de/Luxusquarantaene-in-Schweiz/!5675581&s=Luzern+Hotel+Corona/.

Corona und die Seuche der Segregation der Städte

Frank Eckardt

Seuchen wie die Corona-Pandemie treffen nicht alle Menschen in gleicher Weise. Wer sich nicht schützen und Abstand zu möglicherweise infizierten Mitmenschen halten kann, ist einem höheren Ansteckungsrisiko ausgesetzt. Sich physischen Abstand leisten zu können, erscheint insbesondere in den Slums, Favelas und Ghettos der Metropolen im Globalen Süden als ein Privileg. Das Coronavirus legt die bereits bestehende Segregation der Städte schonungslos offen und offenbart, wie wenig aus vorherigen Epidemien gelernt worden ist. Es zeigt auch, dass sich die Segregation der Städte durch die wirtschaftlichen und sozialen Folgen, die aus dem Lockdown resultieren, noch weiter verschärfen wird. Um den Effekten der Ungleichverteilungen von Wohnraum, dem Zugang zu sicheren Arbeitsplätzen und Lebensräumen und somit der Vertiefung der gesellschaftlichen Spaltung entgegenzuwirken, wäre eine aggressive Anti-Segregationspolitik nötig. Den Teufelskreislauf von Benachteiligung durch das Wohnen in benachteiligten Stadtteilen, wodurch wiederum weitere Benachteiligungen entstehen, zu durchbrechen, müsste das Ziel einer neuen Stadtpolitik sein. Statt einer Rückkehr zu einem Status quo ante, bei dem die alten Segregationsmechanismen der Stadt ungestört bleiben, wäre in der Stadtplanung ein Paradigmenwechsel erforderlich, in dem die Segregation zwischen Arm und Reich als Grundübel für die Verbreitung von Krankheiten und die Persistenz sozialer Ungleichheiten als sich gegenseitig verstärkende gesellschaftliche Probleme verstanden werden.

Schon während der Spanischen Grippe starben in vielen Städten überdurchschnittlich viele Menschen, die in ärmeren Stadtteilen wohnten, wie in einer Studie aus der norwegischen Hauptstadt Kristiania nachgewiesen werden konnte (Mamelund 2006). Damit bestätigte sich erneut, dass der Wohnort für die Überlebenschancen während einer Seuche entscheidend ist. Die Erfahrungen mit den Cholera- und Typhus-Epidemien des 19. Jahrhunderts hatten bereits aufgezeigt, dass enges Zusammenleben, mangelnde Hygiene und Armut kausal miteinander verknüpft sind. Die reformorientierte Hygiene-Bewegung jener Zeit begründete deshalb die moderne Stadtplanung, wie wir sie bis heute kennen, um durch bessere Wohnverhältnisse die Verbreitung der Krankheitserreger zu verhindern. Gebaut werden solle, wie dies im damals für Stadtplaner*innen maßgeblichen *Wasmuth Lexikon der Baukunst* nachzulesen war, so, dass

> »insbesondere für die jungen Menschen [...] ausreichend [...] Auslauf besteht: Wie es der Züchter beim Tiere sieht, so sehen auch wir kümmerliche Entwicklung (u. U. schwere Rachitis) bei jungen Menschen, wenn sie unzureichende Gelegenheit zur ›Ausarbeitung‹ in frischer Luft und im Licht haben. Eine gewisse Berührung mit der Natur, ihre Beobachtung ist endlich ein Teil dessen, was man heute als Geisteshygiene (Mental-Hygiene) bezeichnet.« (Wasmuth 1932: 721)

Dass arme Stadtteile aus medizinischen Gründen aufgebessert werden müssten, diese Einsicht wurde in Deutschland nach dem Zweiten Weltkrieg grundlegend durch sozialpolitische Vorstellungen abgelöst, die das Wohnen in beengten und zu kleinen Wohnungen aus Gründen sozialer Gerechtigkeit problematisierten. Erst in den 1990er Jahren kann davon gesprochen werden, dass durch das Bund-Länder-Programm »Soziale Stadt« zudem eine nachbarschaftsbezogene Perspektive in der Stadtplanung eingenommen wurde, die besonderen Förderungsbedarf für Quartiere nach überdurchschnittlicher Betroffenheit von Arbeitslosigkeit und Ausländeranteil identifizierte. Nach wie vor als Aufgabenbereich dem Städtebau zugeordnet wurde damit aber keineswegs eine Anti-Segregationspolitik eingeleitet, die die sozial auseinanderdriftende Stadt überwinden sollte. Assistiert von einer umfangreichen stadtsoziologischen Forschung wurde stattdessen nur darauf abgezielt, dass die sogenannten »Nachbarschaftseffekte« – die Nachtteile des Lebens in einem benachteiligten Stadtteil – reduziert und lokale Konflikte durch ein Quartiersmanagement befriedet werden sollten.

Mit der Verschiebung von medizinisch-virologischen zu städtebaulichen und sozialen Motiven in der Stadtplanung ging allerdings verloren, dass die Verbesserung der Wohn- und Lebensumstände in benachteiligten Stadtteilen die uneingeschränkte Unterstützung der gesamten Gesellschaft erhält. Aus diesem Grund wurde das Programm »Soziale Stadt« immer wieder politisch in Frage gestellt. Insgesamt betrachtet hat die Entwicklung der Segregation deutscher Städte keinen positiven Effekt erzielt. Im Gegenteil haben umfangreiche Studien des Wissenschaftszentrums Berlin und des Deutschen Instituts für Wirtschaftsforschung nachgewiesen, dass die soziale Segregation in Deutschland kontinuierlich zugenommen hat. Die soziale Mischung der Nachbarschaften, die durch räumliche Nähe unterschiedlicher Lebenslagen zumindest ein gewisses Maß an wechselseitiger Kenntnis anderer sozialer Gruppen und ein Aushandeln von verschiedenen Normativitätsansprüchen ermöglichte, nimmt radikal ab. Das betrifft insbesondere Kinder und Jugendliche, die zum überwiegenden Teil heute nur noch ›unter ihres Gleichen‹ und vor allem unterschichtet aufwachsen. Damit ist strukturell angelegt, dass in Zukunft milieuübergreifende gemeinsame Lebenserfahrungen und Narrative fehlen werden, mit denen sich die späteren Erwachsenen verschiedener sozialer Herkunft verständigen können. Segregation verhindert somit die für eine lokale und nationale Krisenreaktion notwendige Entwicklung sozialer Empathie.

Im Ergebnis bewirkt das Fehlen einer Anti-Segregationspolitik, dass Menschen mit wenig Einkommen nun auch durch Corona noch zusätzlich benachteiligt werden. Eindringlich und drastisch sind die Folgen der Segregationsprozesse in den USA zu beobachten. Kilometerlange Autoschlangen bildeten sich vor den Verteilstellen von Lebensmittelspenden. Wer ein Auto hat, konnte jedoch zumindest auf diese Weise noch versuchen, sich über Wasser zu halten. Große Teile der Bevölkerung sind selbst von dieser Möglichkeit abgeschnitten. In San Francisco – der ersten Stadt in den USA, die am 16. März eine »Shelter in Place«-Anordnung erließ und die Wirtschaft und Schulen schloss – zeigt sich, wie in Corona-Zeiten die Ungleichheitsdynamik weiter raumgreift: Während die Polizei in den Parks der Stadt, in denen Mittel- und Oberschichtsmitglieder an Sonntagen picknicken, Streife fährt und die Besucher*innen freundlich auf das Social Distancing hinweist, bleiben solche Maßnahmen im Tenderloin District komplett aus. In dem seit langem vor allem von Obdachlosigkeit, Prostitution und Drogenhandel gekennzeichneten Stadtteil, in dem die Armutsquote schon vor Corona bei 30 Prozent lag, wird das enge Zusammenleben von Tausenden Menschen behördlicherseits weitgehend ignoriert. Die Anzahl der Zelte auf den Bürgersteigen hat sich von März bis Anfang Juni 2020 verdreifacht und täglich werden es mehr. Schätzungsweise hunderttausend Menschen haben in San Francisco ihre Arbeit verloren und können demnächst auch nicht mehr ihre

Wohnungen bezahlen. Corona, so die *New York Times* in einem Kommentar zur Lage in der kalifornischen Großstadt (Bensinger 2020), verschärft die Klassenunterschiede und die lokale Politik scheint dagegen machtlos zu sein.

Die amerikanischen Verhältnisse verdeutlichen in ihrer Extremform und schieren Ausweglosigkeit, was es bedeuten kann, wenn räumliche Segregation nicht den gesellschaftspolitischen Stellenwert bekommt, den es in einer Gesellschaft mit Gleichheits- und Solidaritätsvorstellungen haben müsste. Der europäische Wohlfahrtsstaat hat die individuelle Benachteiligung ansatzweise kompensiert, doch doktert er quasi an den Symptomen der segregierten Städte nur herum. Einer Erhebung von *European Statistics on Income and Living Conditions (EU-SILC)* zufolge lebt nach wie vor jeder achte EU-Bürger in zu kleinen Wohnungen. Die Unterschiede in der Europäischen Union sind dabei erheblich (Statistisches Bundesamt 2020). In Bulgarien und Rumänien wohnen über 40 % der Bevölkerung auf zu engem Raum. In Deutschland sind es sechs Millionen Menschen, die kein eigenes Zimmer für sich beanspruchen können. Besonders betroffen sind jene Gruppen in der Gesellschaft, die durch Armut betroffen sind, d. h. Alleinerziehende und ihre Kinder und Erwachsene mit ausländischem Pass. Das Aufwachsen in beengten Wohnverhältnissen führt schon unter normalen Bedingungen zu Benachteiligungen beim Lernen und Spielen. Während des Lockdowns der Schulen, Kindergärten und Spielplätze jedoch hat sich dieser Nachteil noch mehr verstärkt. Das hat nicht nur damit zu tun, dass in ärmeren Haushalten die technischen Möglichkeiten wie z. B. ein Internet-Anschluss fehlen. Gerade Kinder aus Haushalten mit wenigen finanziellen, zeitlichen und sozialen Ressourcen benötigen den Kontakt zum Lehrpersonal und zusätzliche Unterstützungsangebote. Achtzig Prozent der Lehrer*innen, die am *Deutschen Schulbarometer Spezial* (Hurrelmann/Dohmen 2020) zur Corona-Krise teilgenommen haben, gehen davon aus, dass sich die Lernrückstände in ihrer Klasse vergrößern werden. Nach ihrer Einschätzung verfügt jedes vierte Kind nicht über einen hinreichenden Zugang zu einem Computer.

Für Kinder, die in zu kleinen Wohnungen aufwachsen, hat die nähere Umgebung eine wichtige Ausgleichsfunktion. Das war den Autoren des *Wasmuth Lexikon der Baukunst* schon bekannt und hat sich bis heute in medizinischen Studien immer wieder bestätigt. Laut Studien des Robert Koch-Instituts sind Kinder aus ärmeren Haushalten wesentlich häufiger von psychischen Auffälligkeiten betroffen als ihre Altersgenossen der Mittel- oder Oberschicht. Der Aufenthalt in der Natur, in Gärten, Parks und auf Spielplätzen kann hingegen die Gefahr psychischer Probleme im erheblichen Maße reduzieren. Das ›Draußen‹-Spielen reduziert durch freie Bewegung, Kontakt zu anderen Kindern und die Möglichkeit der Selbst-Erfahrung das Stress-Erleben, das insbesondere bei Familien, die von Kurzarbeit und Arbeitslosigkeit betroffen sind und wo das Kind die Sorgen der Eltern ungewollt teilt, während des Kontakt- und Ausgangsverbots besonders groß ist. Wenn diese Kinder stark gemacht werden sollen, um mit dem häuslichen Stress umgehen zu können, dann bedarf es mehr als der 150 Euro, die nun von der Bundesregierung für die Anschaffung von Computern bereitgestellt werden. Auch hinsichtlich möglicher städtebaulicher Antworten auf die Wohnsegregation reicht es nicht, lediglich die Wohnanlagen besser auszustatten. Kinder müssen in einer Umgebung aufwachsen, in denen sie Unabhängigkeit, Emotionsregulation und soziale Fähigkeiten erlernen und Selbstbewusstsein entwickeln können. Hierzu ist eine Nachbarschaft notwendig, die Freiräume für Spiel, Experiment, Auseinandersetzung und Gemeinschaftlichkeit bereithält.

Doch der alleinige Fokus auf die Nachbarschaft ist problematisch. Schon während der Spanischen Grippe stellten sich Prozesse der Segregation, verstanden als Zusammenhang zwischen sozialer Ungleichheit und Stadt, als wesentlich komplexer dar. In Paris wurde die Frage gestellt, warum ausgerechnet die reichsten häufiger als die ärmeren Stadtteile von der tödlichen Grippe betroffen waren. War die Mär von der ›demokratischen Seuche‹ doch wahr, wonach angeblich alle gleich betroffen sind? Forscher*innen wie Theresa McBride konnten Jahrzehnte später aufzeigen, dass die Gleichverteilung der Grippe-Toten über die ganze Stadt lediglich auf einem statistischen Effekt beruhte, der die besondere Sozialgeographie der wohlhabenden Arrondissements nicht berücksichtigt. In den Reichenvierteln lebten auf kleinsten Raum in den Souterrains und auf Dachböden der Pariser Stadtvillen eine große Anzahl von Bediensteten. Ein Viertel aller Toten der Spanischen Grippe betraf deshalb die Dienstmädchen der französischen Hauptstadt.

Das historische Beispiel zeigt, dass der Zusammenhang zwischen Segregation, Pandemie und Armut nicht auf die Frage reduziert werden darf, wie benachteiligte Stadtteile resilient gemacht werden können. Die Schlussfolgerungen, die sich für die Stadtplanung und die Stadtpolitik aus der Corona-Krise ergeben, sind von daher auch andere als nur eine Fortsetzung der hygieneorientierten Reformen seit dem 19. Jahrhundert. Die bauliche Umsetzung von Social Distancing, etwa indem auf Nachverdichtung in Innenstädten zugunsten von mehr Grün verzichtet wird, verkennt die Komplexität gesellschaftlicher Segregationsmechanismen und verpasst dadurch die Chance, die Prozesse der sozialen Segregation in der Stadt grundlegend zu beeinflussen. Räumliche Segregation führt in der Tat zu weiterer Benachteiligungen, aber diese sind zunächst als Ausdruck sozialer Ungleichheiten anzusehen, die sich durch einen benachteiligenden Wohnort lediglich verfestigen. Eine nur einzelne Orte in den Blick nehmende Post-Corona-Stadtpolitik, wird am Grundübel der Segregation nicht viel ändern, sondern sie noch verschlimmern. Einer solchen lokalistischen Perspektive wäre eine holistisch-progressive Stadtplanung gegenüberzustellen, die prioritär die Vielfältigkeit der Segregation in der Stadtgesellschaft als Ausgangspunkt für eine solidarische Stadtpolitik nehmen müsste. Hierzu gehört zwingend eine andere Sicht auf die Stadt, die nicht mehr nur als städtebaulich und infrastrukturell zu entwickelndes Territorium und zu vermarktender Wohnraum verstanden wird, sondern als Ort der Versorgung, der Arbeit, der Kooperation und der Lebensgestaltung. Die Stadt ist nicht nur ein funktionaler Raum gesellschaftlicher Organisation, sondern ein Mosaik unterschiedlicher Sphären der Stadtgesellschaft. Sie ist tief durchdrungen von Spaltungen, die eine nach Logiken der sozialen Differenzierung und Hierarchisierung erzeugte Sozialgeographie produzieren, die multiple Räume der Exklusion und Inklusion hervorbringen. Räumlicher Ausschluss bedeutet in Zeiten der Pandemie: erhöhtes Ansteckungsrisiko und weitere sozioökonomische Benachteiligung.

Die enge Verknüpfung sozialer und räumlicher Ausschlüsse wird insbesondere dort sichtbar, wo die notwendige Versorgung mit medizinischer Hilfe oder alltäglichen Lebensmitteln stattfindet. Das sind typischerweise Orte des temporären Aufenthalts für die Kundschaft, die ›Nutzer*innen‹ oder Patient*innen einerseits und eines längeren Verbleibs von dort Tätigen andererseits. Mit anderen Worten, die Segregation der Stadt reproduziert sich nach der Ressource der Mobilität und schafft duale Räume, in denen die einen eingeschlossen sind, um für ihren Unterhalt Geld zu verdienen, und in denen die anderen ein- und ausgehen können, weil ihnen das Privileg des Homeoffice und der Selbst-Isolation zugestanden wird.

Je länger allerdings auch durch das Homeoffice eine Mobilitätsbeschränkung eintritt, desto eher reproduziert dieses wiederum Nachteile wie den totalen Kollaps der Privatsphäre und Burnout-Gefahren. Krankenhäuser, Supermärkte, Tankstellen und viele andere sogenannte systemrelevante Orte werden von dieser doppelten Segregationsdynamik von Mobilität und

Raum-Fixierung geprägt. Je mehr und je rigoroser Menschen an einem Ort fixiert werden, desto dramatischer sind die sozialen Konsequenzen, die sich daraus ergeben. Abgeschlossene Behinderten- und Senior*innenheime, Gefängnisse, Sammelunterkünfte für rumänische Vertragsarbeiter*innen, Aufnahmezentren für Geflohene und Familien, die durch Kinder- und Krankenbetreuung selbst-isoliert in der eigenen Wohnung eingeschlossen sind, dokumentieren das Extrem dieser Segregationslogik.

Wohnorte werden dann zu einem Problem, wenn sie von den Kommunikations- und Versorgungsnetzwerken abgeschnitten sind. Wer privilegiert wohnt, hat nicht nur Ressourcen für die Lebensgestaltung, die die Vereinbarkeit mit Familie und Arbeit ermöglicht, sondern kann die Logistik und die globalen Lieferketten nutzen, die erheblich eingeschränkter für diejenigen zur Verfügung stehen, die diese durch erhöhtes Gesundheitsrisiko aufrechterhalten. Lieferservices ermöglichen, dass das privilegierte Wohnen trotz Lockdown nicht zum gesellschaftlichen Ausschluss führt. Segregation in Zeiten von Corona bedeutet, dass die Wohnsegregation nicht ohne die Mobilitätssegregation verstanden werden kann. Städte sind nach allgemeinem Verständnis vor allem feststehende, gebaute Umwelten. Nicht zuletzt die toten Innenstädte der letzten Monate haben jedoch gezeigt, dass Städte nicht ohne Mobilität funktionieren und dass diese einen entscheidenden Faktor für die gesellschaftliche Ordnung der Stadt darstellt.

Die mit der Hygiene-Bewegung betriebene Verengung der Stadtplanung auf die Wohnorte der Armen wird der heutigen Herausforderung durch die Segregation der Städte nicht mehr gerecht. Zu problematisieren sind heute mindestens gleichviel die städtischen Wohn- und Mobilitätsgeographien der privilegierten sozialen Gruppen. Unbequeme Fragen sind danach zu stellen, wie viel Wohnraum dem Einzelnen oder welche Mobilität den Stadtbewohner*innen zur Verfügung gestellt werden kann. Können sich Städte den Flächenfraß mit dem damit intrinsisch einhergehenden, von den Städten bereitzustellenden Infrastruktur weiterhin so leisten? Nachweislich hat die Ausweitung von Wohnraum nicht die Wohnungsnot vermindert; sie hat die Segregation aufrechterhalten, weil die Bessergestellten in Quartiere ziehen konnten, in denen sie unter sich bleiben können.

Die gesellschaftlichen Kosten für die Aufrechterhaltung nicht-nachhaltiger, gesundheitsgefährdender und hyper-individualisierter Lebensstile, die sich durch das Paradigma des grenzenlosen Wachstums legitimieren, wird mit Bezug auf die ökologischen Krisen der Stadt seit Jahrzehnten kritisiert.

Mit der Corona-Pandemie wird nun bloßgelegt, dass die Prioritäten der bestehenden Stadtplanung und das ihr zugrundeliegende ›Geschäftsmodell‹ auch gesellschaftlich desaströse Folgen haben. Wer daran rütteln will, wird nicht umhinkommen, die Art und Weise der städtischen Wohlstandsgenerierung in Zweifel zu ziehen. Die Stichworte für eine alternative Stadtpolitik sind seit langem Teil akademischer und öffentlicher Debatten: regionale Kreislaufwirtschaft mit einer Kultivierung von Wiederverwertungen, Aufwertungen der Sorge- und Dienstleistungstätigkeiten, Entschleunigungen von Verkehr durch Förderung der nicht-motorisierten Mobilität, Suffizienz-Strategien im Wohnungsbau, die Entkommerzialisierung der Bodenpolitik, Schaffung lokaler Allgemeingüter (Commons), gleiche Teilhabe an der Stadtgesellschaft und eine kulturelle Wende, in der altruistisches Verhalten die höchste Anerkennung erhält. Vieles davon wurde auch während der Corona-Krise zum Thema und so ansatzweise als eine Perspektive für die Zeit nach Corona diskutiert. Wer die soziale Spaltung unserer Städte überwinden will, wird in dieser Richtung weiterdenken und -arbeiten müssen.

Literatur

Bensinger, Greg (2020): »The Coronavirus Worsens San Francisco Class Divide«. In: New York Times vom 16.05.2020, S. 13.

Hurrelmann, Klaus/Dohmen, Dieter (2020): Das Deutsche Schulbarometer: Corona-Krise verstärkt Bildungsungleichheit. https://deutsches-schul portal.de/stimmen/das-deutsche-schulbarometer-hurrelmann-doh men-corona-krise-verstaerkt-bildungsungleichheit/, letzter Zugriff am 10.05.2020.

Mamelund, Svenn-Erik (2006): »A Socially Neutral Disease? Individual Social Class, Household Wealth and Mortality From Spanish Influenza in Two Contrasting Parishes in Kristiania 1918–19«. In: Social Science & Medicine, 62 (4), S. 923–940.

Statistisches Bundesamt (2020): 6 Millionen Menschen in Deutschland lebten 2018 in einer überbelegten Wohnung. https://www.destatis.de/DE/ Presse/Pressemitteilungen/Zahl-der-Woche/2020/PD20_15_p002.html, letzter Zugriff am 10.06.2020.

Wasmuth, Günther (Hg.) (1932): Wasmuth Lexikon der Baukunst, Vierter Band. Berlin: Ernst Wasmuth.

Corona und die Verdichtung der Kasernierung alter Menschen

Frank Schulz-Nieswandt

Die Corona-Krise hat vor allem auch das Leben und Wohnen hochaltriger Menschen in den Pflegeheimen verändert und mit massiven Einschränkungen versehen (vgl. Schulz-Nieswandt 2020a und 2020c). Ca. 30 Prozent der pflegebedürftigen Menschen leben in Heimen. Aber die Lebenswelt der Pflegeheimbewohner*innen hat im Allgemeinen nur eine sehr eingeschränkte Öffentlichkeit. Es gilt der Gemeinspruch sozialer Praktiken: aus den Augen, aus dem Sinn.

Pflegeheime sollen eigentlich Orte des alltäglichen Lebens und normalen Wohnens sein. De facto aber bestimmen mehr denn je Schutz und Sicherheit statt sozialer Kontakte die Wirklichkeit der Bewohner*innen. In den Pflegeheimen wird der alte Mensch zur Verschlusssache. Dieses aktuell sichtbar gewordene Phänomen muss jedoch als Eskalation eines schon lange bestehenden Strukturproblems des Pflegesektors unter den Bedingungen der Corona-Pandemie verstanden werden.

Corona hat die Dichteform der Isolierung des Wohnens in stationären Settings weiter auf die Spitze getrieben. Die aktuelle Krise verdeutlicht aufs Schärfste, dass die Transformation des Wohnens im Alter hin zu Wohnformen, die eine Normalität von Selbstbestimmung, Selbständigkeit und Teilhabe gestattet, nicht gelungen ist.

Verdrängte Grundrechtsverletzungen im Pflegeheimsektor und ihre Eskalation unter Corona-Bedingungen

Normalität meint hier ein Verständnis von Wohnen als Ort des alltäglichen Lebens, das die moderne Gesellschaft in einem normativen Sinne für sich selbst reklamiert. Diese Normalitätsvorstellung ist geprägt von der Haltung, dass Autonomie und Partizipation als Merkmale des Lebens wichtig sind, mit guten Gründen geradezu heilig. Die Würde der Person soll praktisch über die Dimensionen von Selbstbestimmung, Selbständigkeit und Teilhabe erlebbar sein. Die neuere Diskussion spricht in diesem Sinne mitunter von der »Sakralität der Person«. Diese Auffassung ist grundrechtstheoretisch fundiert und mehrschichtig verankert und verschachtelt im Völkerrecht der UN, in der Grundsrechtscharta der Unionsbürgerschaft in der EU, im bundesdeutschen Verfassungsrecht in Art. 1 und 2 GG, in den Sozialgesetzbüchern (vgl. §1 SGB I) und in den Bundeslandesgesetzgebungen, dort in den Wohn- und Teilhabegesetzen.

Die COVID-19-Pandemie bringt die Gesellschaft nun in einen fundamentalen Zielkonflikt. Einerseits gilt die Sorge explizit dem Schutz vulnerabler Gruppen, insbesondere der Gruppe der Hochaltrigen. Die Relevanz dieser Dimension des sozialen Geschehens steht außer Frage. Andererseits werden Menschen im hohen Alter, zugespitzt, aber deshalb nicht falsch formuliert, in den Pflegeheimen verstärkt dem »sozialen Tod« infolge von sozialen Ausgrenzungen ausgesetzt. Besuchsmöglichkeiten werden massiv eingeschränkt und zeitweilig ganz untersagt. Die Heimbewohner werden regelrecht eingeschlossen. Die Vermeidung des biologischen Todes wird also teuer erkauft mit dem sozialen Tod.

Die soziale Wirklichkeit, trotz der seit längerer Zeit beobachtbaren Differenzierung und der sich langsam und eben auch widerspruchsvoll herausbildenden Vielfalt der Lebenswelt »Heim«, sieht oftmals anders aus, als es die Normvorstellungen unserer Rechtswelt vorsehen. Auf die Erfahrung dieser schmerzhaften und das Gerechtigkeitsempfinden verletzenden Differenz bezieht sich die lange Geschichte des Rückbaus »totaler Institutionen« der anstaltsförmigen Orte der sozialen Ausgrenzung als kritische Reflexion der Institutionalisierung und Hospitalisierung bis heute.

Anders formuliert: Die in der Corona-Situation nochmals in gesteigerter Form praktizierte pauschale Stigmatisierung der Schutzbedürftigkeit der vulnerablen Gruppe der »Alten« kappt die gerade erst im langsamen und widerspruchsvollen Wachstum befindliche Sozialraumöffnung der Heime, die an das normale Wohnen und Leben im Quartier und somit im Kontext von Nachbarschaft als lokalen sorgenden Gemeinschaften anknüpft.

Was bedeutet die Praktik des Wegschließens des alten Menschen in Zeiten von Corona? Das Grundrecht des alten Menschen auf Selbstgefährdung als Ausdruck der Selbstbestimmung mit Blick auf das ebenso grundrechtlich kodifizierte Teilhaberecht und somit das Recht auf Normalität sozialer Kontaktkulturen und sozialraumorientierter Kommunikation werden massiv verletzt. Die Mehrheitsbevölkerung erlebt noch einen öffentlichen Außenraum ihres privat-häuslichen Innenraums; die Lebenswelt der Pflegeheime ist eine extreme Form der Ausgrenzung.

Die Corona-Pandemie verweist uns also auf eine paradoxe Struktur sozialer Praktiken zwischen Solidarität einerseits und Ausgrenzung andererseits. Ambivalenz kennzeichnet die Situation.

Das wird im Lichte von Corona sehr deutlich. Aber: Auch ohne Coronavirus ist die Atmosphäre in Heimen schon lange am Vorbild von klinischen Hygieneverordnungen in Akutkrankenhäusern orientiert (Schulz-Nieswandt 2020b). Diese hospitalisierenden Hygieneregime schreiben eine akutklinische Atmosphäre in die Altenpflegeheime ein und etablieren ein Muster der sozialen Ausgrenzung, die Altenheime zu einem panoptischen Quarantäneort machen. Dies unterläuft die Normalisierung des Lebens im Heim als Wohnort. Unter Corona werden diese klinischen Hygieneregime »lediglich« nochmals gesteigert.

Abgründige Hintergründe?

Was treibt diese Verfehlung der Normalität im Heimleben an (Schulz-Nieswandt 2020b)? Ist es eine von den Affektordnungen der Angst und des Ekels geprägte Kultur des Umgangs mit dem hohen Alter? Wird das hohe Alter wahrgenommen als dem Tod geweihter Verfall von Geist und Körper? Geht es um Andersheit und Fremdheit? Um das Monströse? Geht es um Geruch? Um Hässlichkeit? Befremdet uns die an die übliche Sprache gebundene Unverstehbarkeit des Menschen mit Alzheimer-Demenz? Wird der alte Mensch vielleicht selbst als gefährlicher Keimträger stigmatisiert?

Das Risikomanagement von Corona läuft nicht wie im Fall des normalen Alltags der informell (familial, nachbarschaftlich, bürgerschaftlich) und formell/professionell (infrastrukturell) vernetzten privaten Häuslichkeiten und gemeinschaftlichen Formen privaten Wohnens ab. Als Frage rückt daher in das Zentrum der kritischen Diagnostik des Heimlebens: In welcher Lebensqualität würden die Menschen das Coronavirus bewältigen oder auch am Virus sterben, wenn dies in lokalen Caring Communities statt in der Dichte des Heimlebens geschehen würde? Und: Hat die Gesellschaft den expliziten oder mutmaßlichen Willen der Bewohner*innen überhaupt befragt? Es liegt in der Logik rhetorischer Fragen, die Antwort gleich mit zu transportieren.

Versäumnisse, Schuld, Verantwortung

Die »Schuld« der Gesellschaftspolitik – und damit aller Bürger*innen, nicht nur »der« Politik und »der« Pflege-Unternehmen – liegt in der über lange Zeit nicht mit voller Konsequenz betriebenen Transformation der Wohnformen im Alter zu normalen Formen des sozialen Daseins.

In leichter Form wird das Hygieneregime des Pflegeheims nunmehr in der Gesellschaft abgebildet: Die Menschen ziehen sich für Wochen in ihre private Häuslichkeit zurück. Das Pflegeheim wird in dieser Hinsicht zum Vorbild, die Gesellschaft zum Abbild. Doch im Vergleich zum Heimleben handelt es sich nur in Spezialfällen bei der Mehrheitsbevölkerung in der Corona-Krise um eine totale Quarantäne. Spazierengehen, Joggen, Einkaufen, in Grenzen auch Berufstätigkeit ist möglich. Digitale Räume sind – anders als in vielen Heimen – nutzbar. Im Fall von Corona fühlt sich die gesellschaftliche Mehrheit selbst gesundheitlich nicht gravierend bedroht, ökonomisch mag dies anders liegen. Die Angst vor den Keimträgern hält sich bei der Mehrheit der Bürger*innen anscheinend in Grenzen. Vor diesem Hintergrund fällt der politisch abgeforderte solidarische Altruismus, die Risikogruppen zu schützen, relativ leicht. Offensichtlich funktioniert das auf Empathie basierende Sittengesetz von Kant recht gut. Dies würde jedoch sicherlich ganz anders aussehen, wenn es sich um Ebola oder um die Pest handeln würde.

Der fundamentale Zielkonflikt zwischen dem Schutz und der Würde der vulnerablen Gruppe der Hochaltrigen ist also kein tragisches Dilemma, aus dem es keinen Ausweg ohne massive Schuld gibt. Auf die Zukunft gerichtet kristallisiert sich unter dem Brennglas der Corona-Pandemie eine »Verantwortung« heraus: Das Versäumte muss nachgeholt werden. Der sozialen Wirklichkeit der Pflegelandschaft im Alter ist ein anderer Geist einzuhauchen, damit ihre kranke Seele gesundet.

Literatur

Schulz-Nieswandt, Frank (2020a): Gefahren und Abwege der Sozialpolitik im Zeichen von Corona. Zur affirmativen Rezeption von Corona in Kultur, Geist und Seele der »Altenpolitik«. Berlin: Kuratorium Deutsche Altershilfe (KDA). https://kda.de/wp-content/uploads/2020/05/Gefahren-und-Abwege-der-Sozialpolitik.pdf.

Schulz-Nieswandt, Frank (2020b): Der Mensch als Keimträger. Hygieneangst und Hospitalisierung des normalen Wohnens im Pflegeheim. Bielefeld: transcript (i. D.).

Schulz-Nieswandt, Frank (2020c): Der alte Mensch als Verschlusssache. Die Figuration des eingeschlossenen Ausgeschlossenen und ihre Hyperbolisierung unter Corona-Bedingungen. Bielefeld: transcript (i. V.).

Luftsicherheitszonen
Atmosphären des Selbst in Zeiten von COVID-19[1]

Sven Opitz

Abstand halten – das ist die Maßgabe, in der exekutive Vorschriften und persönliche Schutzhandlungen im Alltag der Corona-Krise zusammentreffen. Das Abstandsgebot materialisiert sich in Form von Klebestreifen auf Fußböden, Absperrbändern und mehr oder weniger freundlichen Hinweisen im Falle einer zu weiten Annäherung. Unter Bedingungen viraler Bedrohung wird damit das Verhältnis von physischer und sozialer Distanz neu kalibriert. Um dieses Verhältnis näher zu analysieren, konzentrieren sich die folgenden Überlegungen auf die doppelte Bedeutung der Luft als Einzugsbereich körperlicher Interaktionen und Übertragungsmedium für Krankheiten. Der Zwischenraum des Sicherheitsabstands wird entlang von drei Stationen vermessen: der Konzeption dessen, was aktuell als Hochrisikokontakt gilt; der historischen Rolle der Luft in Sicherheitskalkülen der öffentlichen Gesundheit; und der atmosphärischen Transformation der »Territorien des Selbst« (Erving Goffman).

Was sich (nicht) in Luft auflöst:
Hochrisikokontakte und infektiöse Sozialität

In einer aktuellen epidemiologischen Studie zu den ersten Fällen von COVID-19 in Deutschland wird bestimmt, was in Bezug auf die Krankheit ein Hochrisikokontakt ist. Hochrisikokontakte liegen laut der in der Fachzeitschrift *The Lancet* veröffentlichten Arbeit immer dann vor, wenn sich eine Person über 15 Minuten in eine Face-to-face-Situation mit einem bestätigten Corona-Fall begibt (Böhmer et al. 2020). Man könnte auch sagen: in Gesprächsnähe. Diese Form der Riskanz unterscheidet sich von zwei geläufigeren Risikotypen, die auf der Zurechnung von Modi des Seins und des Tuns beruhen. Beide Formen der Zurechnung finden sich auch im Kontext der Corona-Krise. So gelten Personen etwa dann als Risikopersonen, wenn sie älter als sechzig Jahre sind oder wenn sie rauchen.[2] Dagegen ergibt sich der Hochrisikokontakt alleine aus der physischen Kopräsenz von Körpern im Raum. Er ist damit an jenes Setting geknüpft, das die Soziologie als Interaktionssituation bezeichnet. Interaktionen gelten in Zeiten von COVID-19 als Risiko infektiöser Sozialität.

Zugleich besitzt das riskante Kontaktgeschehen in der genannten Definition eine unkörperliche Qualität: Man hat im Fall von COVID-19 Kontakt, ohne sich zu berühren. Aktuell wird im Detail erforscht, wie die Ansteckung über Tröpfchen und Aerosole verläuft. Die Unterscheidung zwischen beiden Entitäten beruht auf der Größe der respiratorischen Partikel, die mit Viren beladen sind. Die Weltgesundheitsorganisation (WHO) spricht ab einer Partikelgröße von unter fünf Mikrometern von einer Übertragung über Aerosole, doch es besteht keine Einigkeit in Bezug auf diesen Schwellenwert, bei dem es sich eher um eine konventionelle Festlegung handelt. De facto variieren die Übertragungseigenschaften graduell – je kleiner die Partikel, desto länger halten sie sich in der Luft und desto größer ist die Verbreitungsdistanz. In der Frühphase der COVID-19-Pandemie ist man davon ausgegangen, dass sich die Krankheit neben der Schmierinfektion vor allem über Tröpfchen verbreitet, die relativ schnell zu Boden fallen. Spätestens seit April verdichten sich die Erkenntnisse, dass die Aerosol-Komponente einen deutlich größeren Anteil am Übertragungsgeschehen hat als zunächst angenommen (vgl. van Doremalen et al. 2020; Stadtnytskyi et al. 2020; Lu et al. 2020). Das hat Konsequenzen für die Bedeutung elementarer Umgebungsfaktoren bei der Ansteckung mit SARS-CoV-2. Denn aufgrund ihrer geringeren Größe und des geringeren Gewichts verhalten sich die Aerosole eher wie Staubpartikel. Sie sinken nicht so leicht herab, sondern können über einen längeren Zeitraum – vermutlich mehrere Stunden – in der Luft stehen.

Die Übertragung von COVID-19 beschränkt sich damit weder auf den direkten Körperkontakt mit infizierten Personen noch auf den indirekten Kontakt mit einem Objekt, das von Mikroben besetzt ist. Kontakte in Zeiten von COVID-19 gewinnen ihre Riskanz aus der respiratorischen Emission von mindestens zwei Körpern, die sich beim Niesen, Husten, Sprechen und sogar Atmen ergibt. Das Risiko wird von Atemwegstrakten produziert, es materialisiert sich als Gemisch aus Wasser und Viruspartikeln in der Luft.

Das Infektionsgeschehen hängt damit von den Strömungsdynamiken jener Milieus ab, in denen Körper sich aufhalten.

Schlechte Lüfte?

Der Fokus auf die uns umgebende Luft ruft Erinnerungen an Konzepte der Krankheitsübertragung wach, die der Gesundheitshistoriker Charles Rosenberg in Anlehnung an die hippokratischen Schriften als »Airs, Waters, Places-Tradition« bezeichnet hat (Rosenberg 2012). Sie beruhen auf dem Grundgedanken, dass das Wohlergehen der Körper durch jene Elemente beeinträchtigt wird, auf die sie zu ihrem Erhalt zugleich angewiesen sind. Zur Erfassung der epidemischen Konstitution richtete der hippokratische Arzt den Blick auf das regionale Klima, die Windverhältnisse, die Temperatur, die Luftfeuchtigkeit sowie die Niederschlagsmengen. Für die Einordnung der aktuellen Problematisierung von Lufträumen als kritische Zonen der Zirkulation von SARS-CoV-2-Partikeln ist von Interesse, wie sich ein solches Umgebungswissen historisch mit spezifischen Sicherheitslogiken verbunden hat.

Sehr schematisch lässt sich sagen, dass die moderne Hygienebewegung das atmosphärische Modell der Krankheit auf die urbanen Umwelten des industriellen Zeitalters bezogen hat, um Ansatzpunkte für Sozialreformen zu markieren. Das Ziel war die gut ventilierte Stadt, den Ausdünstungen des Schmutzes und des beengten Lebens war durch öffentliche Maßnahmen entgegenzuwirken. Diese richteten sich auf das materielle Setup der modernen Gesellschaft: Der Bau von Kanalisation, Kläranlagen und Abfallentsorgungssystemen sollte Prozesse der Fäulnis eindämmen; die Gestaltung der Wohn- und Arbeitsverhältnisse, aber auch der Verkehrswege zielte auf die Herstellung einer vitalen Frischluftzirkulation. Es ist vor diesem Hintergrund keine übertriebene Behauptung, dass die soziale Frage des 19. Jahrhunderts wesentlich durch die alte Figur des Miasmas – der »üblen Dünste« – artikuliert und bearbeitbar gemacht wurde. Die Sorge um die Gesundheit manifestierte sich in den Sicherheitstechniken der »sanitären Reform«, die das Projekt der *public health* mit den Atmungseigenschaften des urbanen Milieus verband.

Die bakteriologische Revolution setzte diesen environmentalen Expansionen eine Grenze. Die »Um- und Abwege der Krankheiten« durch die Elemente von Luft, Wasser und Erde wurden durch die kausale Zurechnung auf den Erreger weitgehend abgeschnitten (Latour 2007: 139). Oder genauer: Sie wurden vor allem in den Bereich nichtansteckender Krankheiten verschoben. Das Feld der Arbeitssicherheit besitzt hier eine hervorgehobene Stellung: angefangen bei der »air exposure« im Regime der Fabrikarbeit über die Pestizidbelastung in der Landwirtschaft bis hin zur kaum wahrnehmbaren »indoor pollution« durch die toxischen Absonderungen von Baumaterialien und Büroeinrichtungen (vgl. Nash 2007; Murphy 2006). In Bezug auf die atmosphärische Kontamination ist die Infrastruktur nun weniger die Lösung als das Problem. Die Gesundheitsbedrohung emittiert aus jenen Objekten, welche das moderne Leben produktiver, effizienter und komfortabler machen sollten. Sicherheit stellt sich in diesem Zusammenhang weniger als *security* denn als *safety* dar. Seit der zweiten Hälfte des 20. Jahrhunderts bildet sich ein entsprechendes ökologisches Risikovokabular, das auf die Festlegung von Grenzwerten für Emissionen setzt.

Doch auch im Bereich von Ansteckungskrankheiten wurden die Umgebungsfaktoren trotz der Konzentration auf den Erreger nie absolut ausgeblendet. Vor allem im Bereich der Tropenmedizin war eine ökologische Sichtweise durchgehend vertreten (Anderson 2004). Heute steht COVID-19 in einer Reihe mit Viruserkrankungen wie SARS, MERS oder der aviären Influenza, bei denen sich eine verstärkte Akzentuierung umweltlicher Kopplungen beobachten lässt. Betont wird nicht nur die Bedeutung des Kontakts mit Wildtierpopulationen bei der Emergenz der Krankheit und der weltverkehrstechnischen Systeme bei ihrer Verbreitung. Auch das atmosphärische Element rückt erneut in den Brennpunkt der Aufmerksamkeit. Tatsächlich lässt sich in Bezug auf COVID-19 eine Wiederaufnahme älterer Motive feststellen. Erste Studien machen die Luftverschmutzung durch Feinstaubpartikel für ein höheres Infektions- und Sterberisiko verantwortlich. Es gäbe, so der Befund, Hinweise auf eine »potenzielle Korrelation zwischen der Verteilung schwerer COVID-19-Ausbrüche und der Stauung von Umweltschadstoffen, die aus einer Kombination klimatischer Bedingungen, lokaler, von Menschen verursachter Emissionen und der regionalen Topographie resultieren« (Frontera et al. 2020).[3] Generell wird intensiv über den Einfluss der Temperatur, von UV-Strahlen und der Luftfeuchtigkeit auf das Ansteckungsgeschehen nachgedacht. Auch alltägliche Infrastrukturen geraten in den Blick. So wird der Zustand von Abwasserrohrleitungen in größeren Wohneinheiten problematisiert, die bei defekten U-Bögen zum Kanal der Luftübertragung von Viren werden (Gormley/Aspray/Kelly 2020). Luft wird somit in vielfältiger Weise als Übertragungsmedium in Rechnung gestellt – als ein »elementares Medium« im buchstäblichen Sinne, das »Teil des Habitats« ist (Peters 2016: 4).

Hinsichtlich des empfohlenen Sicherheitsabstands, der Hochrisikokontakte verhindern soll, fallen allerdings die Unterschiede zu den genannten historischen Schutzmaßnahmen auf. Die Problematisierung der Luftverhältnisse ist kein Hebel für klassische Sozialreformen und auch toxikologisch-materialtechnische Lösungsvorschläge werden derzeit eher nicht laut. Vielmehr geht es um die Regulierung des öffentlichen Verkehrs unter dem Eindruck von »Problemen des [...] dichten Zusammenlebens« – für Michel Foucault ein zentrales Merkmal der medizinischen Polizey (Foucault 2004: 482). Dabei wird die kollektive Sicherheit der Bevölkerung sowie der Gesundheitsinfrastruktur zwar über epidemiologische Metriken wie die Infektionskurve und die Reproduktionsziffer R_0 sichtbar gemacht. Der Anknüpfungspunkt bleibt jedoch der individuelle Körper, dessen bloßes Leben einen potenziellen Herd viraler Reproduktion bildet. Hier nimmt die Überlagerung des sozialen und des physischen Raums im Abstandsgebot ihren Ausgang: Die Frage, wie soziale Ordnung angesichts der Bedrohung durch schwebende Viruspartikel gesichert möglich ist, läuft über die Einrichtung von Luftsicherheitszonen.

Annäherungsweisen: Territorien und Atmosphären des Selbst

Die Quarantäne, das Ausgangsverbot und die Kontaktsperre sind allesamt Maßnahmen, die das Zustandekommen von Interaktionen in körperlicher Kopräsenz vereiteln sollen. Familientreffen, Seminarveranstaltungen oder geschäftliche Meetings werden überführt in den synthetischen *split screen* der Videokonferenztools. Das Abstandsgebot betrifft dagegen jene Situationen, in denen sich das Individuum weiterhin mit seinem Körper in den öffentlichen Austausch begibt, etwa beim Einkaufen, Spazierengehen oder in Bussen und Bahnen. Im Anschluss an Erving Goffman lässt sich auch diese Maßnahme als spezifische Praxis der Territorialisierung begreifen (Goffman 1982: 54 ff.).

Prinzipiell, so Goffman, übt sich der Einzelne in territorialen Praktiken, um Ansprüche zu erheben und zu verteidigen. Über die Markierung von Bereichen des Selbst wird geregelt, wer sich anderen wie nähern darf: direkt körperlich (zum Beispiel in Verkehrsmitteln oder an einem Restauranttisch), vermittelt über den Zugriff auf persönliche Dinge (zum Beispiel die Brieftasche oder das Mobiltelefon) oder auch über Blicke oder Laute. Interaktionen, so die Pointe, verfügen über eine ausgeklügelte territoriale Organisation. COVID-19 führt gegenwärtig zu einer Vereinheitlichung der Ausmaße jenes »egozentrische[n] Reservats«, das sich mit dem Anspruchserhebenden fortbewegt und das Individuum in Form eines »persönlichen Raums [...] überall umgibt« (ebd.: 55, 57). Während der persönliche Raum normalerweise mit den jeweiligen Topographien unterschiedlicher Situationen variiert, beansprucht das Abstandsgebot eine situationsübergreifende Geltung. Das lässt sich gut an der Posse um »Fahrstuhl-Gate« nachvollziehen: Am 14. April 2020 wurde eine Gruppe von Personen, unter ihnen Bundesgesundheitsminister Jens Spahn und Hessens Sozialminister Kai Klose, in einem gefüllten Aufzug des Gießener Uniklinikums fotografiert (Davydov 2020). Kurze Zeit später gingen bei der Polizei Anzeigen wegen Missachtung des Kontaktverbots ein. Unter gewöhnlichen Umständen sind Fahrstühle Orte, an denen vergleichsweise dicht gedrängtes Zusammensein sozial toleriert wird. Die Abstandsregel verwandelt den sozialen Normalfall in eine Ordnungswidrigkeit. Sie wirkt als territoriale Meta-Konvention, die situationsgebundene Konventionen überformt und teilweise suspendiert.

Zugleich droht die Territorialisierung des Selbst an den deterritorialisierenden Eigenschaften der Luft zu scheitern. Territorien müssen markiert werden, sei es durch Objekte (zum Beispiel den Stab, der Waren an der Supermarktkasse abtrennt) oder auch durch Teile des eigenen Körpers (zum Beispiel das Hochlegen der Füße auf einen angrenzenden Sitzplatz). Diese Form der Einzeichnung von Grenzen ist allerdings im Medium der Luft schwierig. Wenn nicht gerade Abstandstreifen auf den Boden geklebt sind, kann man sich ersatzweise höchstens auf verbale Ansagen verlegen – die dann als Schallwellen diffundieren und verhallen. Das territoriale Ansinnen einer klar bemessenen Distanzierung verläuft sich somit in einem fluiden Milieu aus Gasen, Aerosolen, Staub und verschiedenen biologischen Teilchen. Auf der Basis ihres »In-Atembarem-Sein« sind die Individuen in Atmosphären gehüllt, die notorisch unscharf konturiert sind (Sloterdijk 2004: 127).[4] Letztlich operiert die Einrichtung von Sicherheitsabständen zwischen Personen nahe an der Tautologie: Als Abstandsmarkierung fungiert im Regelfall der Abstand selbst. Der Luftzwischenraum in seiner Ungreifbarkeit und Transparenz dient als Erinnerungszeichen für die im Alltag ebenso unsichtbare Krankheitsgefahr.

Insgesamt zeichnen sich Atmosphären des Selbst in Zeiten von COVID-19 durch einen hohen Grad an Ungewissheit aus. Für die in der Luft schweben- den Viruspartikel trifft in besonderem Maße das zu, was laut Gernot Böhme für Atmosphären generell gilt: »Man weiß nicht recht, wo sie sind.« (Böhme 2013: 22) Der nebulöse bis wolkige Status in Bezug auf die sinnliche Erfah- rung verbindet das Physische mit dem Affektiven. Die Ungewissheit über die Zirkulation einer potenziell lebensbedrohlichen Materie erzeugt eine at- mosphärische Tönung, bei der das räumliche und psycho-soziale Befinden einander überlagern (McCormack 2018). Atmosphären in diesem komplexen Sinne sind weder subjektive Projektionen noch objektiv freischwebend, son- dern erwachsen aus der Konstellation von Dingen und Körpern, die jeweils in ihre Umgebung hineinwirken. Gerade der hohe Prozentsatz asymptoma- tischer Ansteckungen ist im Fall von COVID-19 atmosphärisch bedeutsam. Die Figur des scheinbar gesunden Krankheitsträgers führt zur Generalisie- rung einer Besorgnis, die strukturell die »Erlebnisweise des Paranoiden« be- günstigt (Sloterdijk 2004: 142). Die spinozistische Frage, ob wir wissen, was ein Körper vermag, gewinnt in der Pandemie-Krise eine mitunter bedroh- liche Färbung.

Wie weit sich die von dem Virus SARS-CoV-2 produzierten »cloudy in- securities« zu einem manifesten »Biohorror« auswachsen, der die momen- tan über Abstandsregeln kalibrierte Sozialität weiter transformiert, bleibt abzuwarten (vgl. Lowe 2010; Thacker 2010).[5] Wie jede Luftsicherheitszone kann sich auch diese Variante als nicht hinreichend oder übertrieben, trag- fähig oder verletzungsanfällig erweisen. Der jeweils akute Status quo wird an der Konstitution der Atmosphären des Selbst abzulesen sein: an den zunehmenden Entspanntheiten oder Gereiztheiten in Bezug auf An- näherungen. Beides hängt zweifellos von der Art und Weise ab, wie Ver- sicherheitlichungsprozesse existenzielle Gefahren hervorheben und welche supplementären Schutzmaßnahmen als wirksam erachtet werden. Klar ist aber auch, dass sich öffentliche Situationen zwar vermeiden lassen. Nicht verlassen kann man hingegen jenen persönlichen Raum, der mit dem eige- nen Körper fortbewegt oder stillgestellt wird – egal wie ausgedehnt oder komprimiert er jeweils sein mag. Bei diesem persönlichen Raum handelt es sich um einen »Einmannbesitz«, an den jede und jeder unauflöslich ge- bunden ist: habeas corpus (Goffman 1982: 61). Sich selbst in Luft aufzulösen, ist keine Option.

Anmerkungen

1   Eine frühere Version dieses Beitrages ist auf dem Online-Portal *Soziopolis* erschienen: https://www.soziopolis.de/beobachten/gesellschaft/artikel/luftsicherheitszonen-und-atmosphaeren-des-selbst/, letzter Zugriff am 28.05.2020.

2   Vgl. zum Beispiel den Steckbrief zur Coronavirus-Krankheit-2019 des Robert Koch-Instituts vom 02.05.2020. https://www.rki.de/DE/Content/InfAZ/N/Neuartiges_Coronavirus/Steckbrief.html#doc13776792bodyText1, letzter Zugriff am 28.05.2020.

3   Übersetzung vom Autor. Weiter heißt es: »Our hypothesis is that the atmosphere, rich of air pollutants, together with certain climatic conditions may promote a longer permanence of the viral particles in the air.«

4   In den martialisch anmutenden Bildern von der Desinfektion ganzer Straßenzüge scheint vor diesem Hintergrund das verzweifelte Ansinnen durch, das flüchtige atmosphärische Volumen in eine klar umrissene, statische Fläche zu übersetzen, welche dann Meter für Meter gesäubert werden kann.

5   Eugene Thacker zufolge stellt sich der »Biohorror« angesichts des Umstands ein, dass das Leben den Menschen ausmacht und ihn zugleich jenseits seiner Kontrolle als nicht- oder gar unmenschliche Kraft übersteigt.

Literatur

Anderson, Warwick (2004): »Natural Histories of Infectious Disease. Ecological Vision in Twentieth-Century Biomedical Science«. In: Osiris 19/2, S. 39–61.

Böhme; Gernot (2013): Atmosphäre. Essays zur neuen Ästhetik. Frankfurt a. M.: Suhrkamp.

Böhmer, Merle M. et al. (2020): »Investigation of a COVID-19 Outbreak in Germany Resulting From a Single Travel-Associated Primary Case: a Case Series«. In: The Lancet Infectious Diseases. https://doi.org/10.1016/S1473-3099(20)30359-5.

Davydov, Alexander (2020): »›Fahrstuhl-Gate‹: Mehrere Anzeigen nach Spahns und Bouffiers Krankenhausbesuch«. In: FAZ vom 16.04.2020. https://www.faz.net/aktuell/rhein-main/corona-anzeigen-nach-spahns-und-bouffiers-krankenhausbesuch-16727636.html, letzter Zugriff am 28.05.2020.

van Doremalen, Neeltje et al. (2020): »Aerosol and Surface Stability of SARS-CoV-2 as Compared with SARS-CoV-1«. In: New England Journal of Medicine 382/16, S. 1564–1567.

Foucault, Michel (2004): Geschichte der Gouvernementalität I. Sicherheit, Territorium, Bevölkerung. Vorlesungen am Collège de France 1977–1978. Frankfurt a. M.: Suhrkamp.

Frontera, Antonio et al. (2020): »Regional Air Pollution Persistence Links to COVID-19 Infection Zoning«. In: The Journal of Infection. DOI: https://doi.org/10.1016/j.jinf.2020.03.045.

Goffman, Erving (1982): Das Individuum im öffentlichen Austausch. Mikrostudien zur öffentlichen Ordnung. Frankfurt a. M.: Suhrkamp.

Gormley, Michael/Aspray, Thomas J./Kelly, David A. (2020): »COVID-19: Mitigating Transmission via Wastewater Plumbing Systems«. In: The Lancet Global Health vom 08.05.2020, e643. DOI: https://doi.org/10.1016/S2214-109X(20)30112-1.

Latour, Bruno (2007): »Krieg und Frieden. Starke Mikroben – schwache Hygieniker«. In: Philip Sarasin/Silvia Berger/Marianne Hänseler/Myriam Spörri (Hg.): Bakteriologie und Moderne. Studien zur Biopolitik des Unsichtbaren 1870–1920. Frankfurt a. M.: Suhrkamp, S. 111–157.

Lowe, Celia (2010): »Viral Clouds. Becoming H5N1 in Indonesia«. In: Cultural Anthropology 25/4, S. 625–649.

Lu, Jianyun et al. (2020): »COVID-19 Outbreak Associated with Air Conditioning in Restaurant, Guangzhou, China, 2020«. In: Emerging Infectious Diseases 26 (7). DOI: 10.3201/eid2607.200764.

McCormack, Derek P. (2018): Atmospheric Things. On the Allure of the Elemental. Durham: Duke University Press.

Murphy, Michelle (2006): Sick Building Syndrome and the Problem of Uncertainty. Environmental Politics, Technoscience, and Women Workers. Durham: Duke University Press.

Nash, Linda (2007): Inescapable Ecologies. A History of Environment, Disease, and Knowledge. Berkeley: University of California Press.

Peters, John Durham (2016): The Marvelous Clouds. Toward a Philosophy of Elemental Media. Chicago: University of Chicago Press.

Rosenberg, Charles E. (2012): »Epilogue. Airs, Waters, Places. A Status Report«. In: Bulletin of the History of Medicine 86/4, S. 661–670.

Sloterdijk, Peter (2004): Sphären. Plurale Sphärologie, Bd. III: Schäume. Frankfurt a. M.: Suhrkamp.

Stadnytskyi, Valentyn et al. (2020): »The Airborne Lifetime of Small Speech Droplets and Their Potential Importance in SARS-CoV-2 Transmission«. In: Proceedings of the National Academy of Sciences 117 (22). DOI: https://doi.org/10.1073/pnas.2006874117.

Thacker, Eugene (2010): After Life. Chicago: University of Chicago Press.

Online-Quellen

https://www.rki.de/DE/Content/InfAZ/N/Neuartiges_Coronavirus/Steck brief.html#doc13776792bodyText1, letzter Zugriff am 28.05.2020.

https://www.soziopolis.de/beobachten/gesellschaft/artikel/luftsicherheits zonen-und-atmosphaeren-des-selbst/, letzter Zugriff am 28.05.2020.

Zuhause arbeiten
Eine geschlechtersoziologische Betrachtung des ›Homeoffice‹ im Kontext der Corona-Krise

Sarah Speck

Der verordnete Rückzug ins Private im Zuge der Maßnahmen zur Bekämpfung der COVID-19-Pandemie war zugleich mit der Aufforderung verbunden, all jene Erwerbstätigkeiten ins Homeoffice zu verlegen, die von Zuhause aus ausgeübt werden können. *#StayHome* meinte auch »work from home«. Das, was viele Gleichstellungsbeauftragte über viele Jahre vergeblich forderten, weil es angeblich mit zu viel Komplikationen in den Abläufen verbunden sei, war nun auf einen Schlag und binnen weniger Tage möglich: Ein großer Teil der Bevölkerung arbeitete in den letzten Wochen je nach räumlichen Möglichkeiten am Schreib-, Wohnzimmer- oder Küchentisch, am PC, in Online- oder Telefonkonferenzen. Die Arbeitswelt, soviel ist sicher, wird nach der Pandemie in mehreren Hinsichten nicht mehr die gleiche sein – eine Dimension davon ist, dass kaum ein Unternehmen mehr glaubhaft behaupten können wird, dass man anfallende Tätigkeiten *nicht* von Zuhause aus erledigen könne. Allerdings ist aus Perspektive der Geschlechterforschung zur plötzlich allerorts stattfindenden Ausweitung von Tele-Arbeit und Homeoffice mitsamt ihrer Erfindung neuer Kommunikationsweisen und Arbeitsabläufe noch wesentlich mehr zu sagen. Durch örtliche und zeitliche Flexibilität ermöglichen diese Arbeitsformen zweifelsohne eine ›Vereinbarung‹ von Sorge- und beruflichen Verpflichtungen. Doch ist das Homeoffice mit einigen Tücken belegt, die sich in Zeiten von Corona verschärfen.

Zuhause arbeiten bedeutet die Freiheit, Tages- und Arbeitsabläufe stärker selbst strukturieren zu können. Doch in dieser Freiheit ist im Kontext der Strukturen unserer gegenwärtigen Erwerbswelt, in der prekäre Beschäftigungsverhältnisse oder *up-or-out*-Logiken ubiquitär sind, bekanntlich das permanente Risiko der Entgrenzung eingelagert, des Immer-weiter-Arbeitens, des Sich-nicht-abgrenzen- oder Abstand-nehmen-Könnens. Mit der fehlenden Möglichkeit zur räumlichen Distanzierung von der Erwerbsarbeit gehen auch psychische Abgrenzungsmöglichkeiten verloren. Es droht die Gefahr, kein Außen mehr zur Arbeit zu kennen. Die in den letzten Jahren grassierenden Angebote von Ratgebern, Coachings, ganzheitlichen Kalendern etc. geben zwar das Versprechen, diese Probleme durch Selbstmanagement und Achtsamkeitsübungen lösen zu können. Ideologisch sind solche Techniken, insofern sie die Suche nach Lösungen dem/der Einzelnen überlassen und ihm/ihr nahelegen, dass alle anderen (oder zumindest die Erfolgreichen) hier ideale Wege beschreiten würden und dass es nur an einem selbst liege, ob dies gelinge. Somit verschleiern sie zugleich die strukturelle und kollektive Dimension der aus den neuen Arbeitsbedingungen und -formen entstehenden Problemlagen. Damit wird eine Tendenz der Vereinzelung in heutigen Arbeitsverhältnissen fortgeführt, die in Tele-Arbeit und Homeoffice ohnehin angelegt ist: Mangelnde Gelegenheiten unmittelbaren, auch zufälligen Austauschs in physischer Präsenz bedeuten auch beschnittene Möglichkeiten der Verständigung und des Zusammenschlusses.

Allerdings ist es freilich nicht so, dass Homeoffice tatsächlich ›alleine arbeiten‹ und weniger Kommunikation bedeuten würde. Im Gegenteil: Die allermeisten, die in den letzten Wochen in den heimischen vier Wänden gearbeitet haben, können das sprichwörtliche Liedchen über stundenlange Telefon- oder Videokonferenzen singen und auch darüber, wie ermüdend diese Kommunikationsformen sind. Oftmals sind sie weniger effektiv, da mit technischen Hürden gekämpft werden muss, Teilnehmende nebenher E-Mails checken, sich durch die permanente Konfrontation mit dem eigenen Bild Gedanken über ihre Frisur machen oder aus anderen Gründen nur halb anwesend sind. Diese neuen Kommunikationsformen sind jedoch auch deshalb anstrengender, da Teile unserer Interaktion beschnitten sind, bspw. nonverbale Kommunikationsweisen (direkter Blickkontakt etwa) wie auch ein Teil dessen, was aus geschlechtertheoretischer Perspektive unter Care-Arbeit am Arbeitsplatz gefasst werden könnte: versichernde oder klärende Kommunikation ›um das Meeting herum‹ oder die kurze Frage, wie es der anderen gerade geht. Im Homeoffice entstehen neue Unsicherheiten: Darf ich hier nochmal nachfragen? Wie ist dies oder jenes zu interpretieren?

Die genannten Tücken des Homeoffice kamen auch in Interviews zur Sprache, die wir im Rahmen einer qualitativen, explorativen Studie mit

Menschen in ganz unterschiedlichen sozialen Lagen zu ihrer Bewältigung des Alltags im Kontext der Corona-Krise geführt haben.[1] Der Fokus der Untersuchung liegt insbesondere auf Familien und mehrköpfigen Haushalten und deren »Neuordnung des Privaten«. Unter den Befragten waren auch viele, die derzeit im Homeoffice arbeiten, was – auch dies ist aus soziologischer Perspektive nochmals zu betonen – insbesondere Menschen aus den mittleren sozialen Lagen sind, da das Spektrum der Arbeiter- und einfachen Dienstleistungsberufe in der Regel nicht von Zuhause aus geführt werden kann, sondern an körperliche, pflegerische und Service-Tätigkeiten vor Ort gebunden ist. Sichtbar wurden dabei vor allem aber auch Muster, die aus geschlechtersoziologischer Perspektive erwartbar waren, deren Ausmaß jedoch überraschte.

Tückisch ist das Homeoffice nämlich vor allem auch deshalb, weil das Zuhause, wie die Geschlechterforschung seit langem herausstellt, der Ort der anderen Arbeit ist, die tagtäglich geleistet werden muss. Jene, die dem alltäglichen Lebenserhalt dient, der Wiederherstellung der Arbeitskraft, der Versorgung, der Erziehung der Kinder und der Pflege kranker, eingeschränkter und alter Menschen. Das »Büro Zuhause« bedeutet ein hohes Maß an Koordination ganz unterschiedlicher Tätigkeiten an einem Ort und der Befriedigung von vielfach auseinanderlaufenden Bedürfnissen – was auch ständige Aushandlung und Konflikte bedeutet. Angesichts der ausfallenden institutionellen Betreuungs- und Versorgungseinrichtungen und der weitgehenden Einschränkung von Freizeitbetätigungen außer Haus im Zuge des Lockdowns wurde das Glücksversprechen der »Vereinbarkeit« durch das Homeoffice, das auch jenseits der Pandemie vielfach eine alltägliche Zerreißprobe angesichts unterschiedlicher Anforderungen beinhaltet, in Zeiten von Corona zur Farce. Wer ein oder mehrere Kleinkinder Zuhause betreuen muss, erlebt, dass die Erwartung, den regulären Job im Homeoffice weiter zu erledigen – vielleicht einfach abends? –, grotesk ist. Doch nicht nur die Betreuung von Kindern und die für alle Eltern vollkommen neue Situation der häuslichen Beschulung beinhalteten gänzlich neue Herausforderungen. Die täglich anfallende Hausarbeit wuchs immens: Wenn alle immer Zuhause sind, muss viel mehr eingekauft, Essen zubereitet und aufgeräumt werden, die vielfach zu kleine Wohnung wird stärker genutzt, ständig muss aufgeräumt und sauber gemacht werden. Das gilt ebenso für jene, die auf Kurzarbeit gesetzt wurden, erwerbslos sind oder mit ausbleibenden Aufträgen zu kämpfen haben oder ihre Erwerbsarbeit reduzieren mussten, da diese außer Haus stattfindet, aber keine Notbetreuung in Anspruch genommen werden kann – für alle diejenigen bedeutet der Lockdown massive finanzielle Einbußen: Materielle Sorgen begleiten in diesen Fällen den nun anfallenden Berg an Haus- und Sorgearbeit.

Dass dieser Berg zu ungleichen Teilen abgetragen wird, war zu vermuten und wird nun durch erste Zahlen belegt (vgl. Kohlrausch/Zucco 2020; Bünning/Hipp/Munnes 2020). Auch in unserer Studie zeichnen sich die erwartbaren Muster deutlich ab: Der Großteil der anfallenden Arbeit wie auch das Homeschooling wird von Frauen bewältigt. Sie stellen ihre eigene Erwerbsarbeit zurück, verschieben sie in die Abendstunden oder reduzieren sie. Diese Muster finden sich, wie auch quantitative Studien belegen, selbstverständlich nicht in allen Fällen, jedoch in der Mehrzahl und, so auch in unserem Material, in ganz unterschiedlichen sozialen Lagen. Plausibilisiert wird dies in heterosexuellen Familienkonstellationen oft mit dem höheren Gehalt oder dem größeren Gewicht des Berufes des männlichen Partners. Vielfach läuft die Arbeitsteilung aber auch entlang inkorporierter Muster, quasi als selbstverständlicher Automatismus von Krisenökonomien, den wir auch aus historischen Studien kennen: In Krisensituationen sind es vor allem Frauen, die notwendige Sorgearbeiten übernehmen, die Versorgung und Fürsorge, das Aufrechterhalten des Alltags, gerade auch unter materiellen Zwängen. Töchter werden dabei stärker eingespannt als Söhne – dieses Muster hat sich zwar abgeschwächt, aber ist dennoch weiterhin zu finden. »Homeoffice« bedeutet also nicht für alle das Gleiche.

Diese Muster haben dabei wohlgemerkt nicht nur eine temporär unterschiedlich starke Belastung zur Folge, sie haben auch langfristige Auswirkungen. Vielfach zitiert wurde das plakative Beispiel der Verlautbarung von Herausgeber*innen internationaler Fachzeitschriften im April, der zufolge seit Ausbruch der Pandemie mehr Einreichungen von Männern und signifikant weniger Einreichungen von Frauen vermerkt wurden (Fazackerley 2020; Flaherty 2020). Während es durch die Absage von Konferenzen und Präsenzveranstaltungen bei vielen männlichen Kollegen zu einem Produktivitätsschub gekommen ist, bedeutet der Lockdown für viele Wissenschaftlerinnen das Gegenteil: kaum konzentrierte Arbeitsstunden mehr angesichts der Erfordernisse durch die anfallenden Sorgearbeiten. Die ungleichen Belastungen haben, so illustriert dieses Beispiel, Auswirkungen auf Berufsverläufe und Erwerbslaufbahnen und damit auf Ressourcen, Einkommensstrukturen – Stichwort Gender Pay Gap und Gender Pension Gap – und auch auf Handlungsmöglichkeiten und Machtbalancen in partnerschaftlichen Aushandlungen. Nicht zuletzt werden in diesen Monaten wieder Muster der Arbeitsteilung zu selbstverständlichen Routinen und es entsteht ein Ungleichgewicht im alltagspraktischen Wissen (über die Situation in der Schule etc.), das in vielen Fällen Auswirkungen auf häusliche Strukturen in den kommenden Jahren haben wird.

Innerhalb der Geschlechterforschung wird seit einigen Jahren die Ungleichzeitigkeit von Entwicklungen im Geschlechterverhältnis diskutiert. Der Durchsetzung der Gleichheitsnorm, der Egalisierung und Reflexivierung von Geschlechterbeziehungen und der Pluralisierung von Lebensformen sowie nicht geschlechtlich eindeutigen und nicht-heteronormativen Lebensweisen stehen die Beharrungskraft institutioneller Arrangements, die Persistenz heterosexistischer Gewalt und sich verbreitende reaktionäre Argumentationsmuster in gegenwärtigen gesellschaftspolitischen Auseinandersetzungen und insbesondere im Zuge der (extrem) rechten Mobilisierungen gegenüber. Die Re-Traditionalisierung in vielen Haushalten im Zuge der Corona-Krise wird dieser Ungleichzeitigkeit etwas hinzufügen und es steht zur Verhandlung, auf welche Weise mit ihren Folgen politisch umgegangen wird.

Während in den ersten drei Wochen des Lockdowns für viele das Homeoffice auch ein stückweit Erholung vom neoliberalen Ausnahmezustand und durchgetakteten Alltag bedeutete, die, so zeigt sich ebenfalls in unserem Material, vor allem auch Familien neue Begegnungsmöglichkeiten verschaffte, verstärkten sich die Ambivalenzen des Homeoffice in den Erfahrungen danach zunehmend. Dennoch: Einen Weg zurück wird es erst einmal nicht geben. Denn es wird mit hoher Wahrscheinlichkeit nicht nur so sein, dass Vorgesetzte die Verwehrung des zeitweiligen Arbeitens von Zuhause nur schwer begründen werden können – viele Unternehmen und Organisationen werden bereits jetzt die immensen Vorteile der Verlagerung des Arbeitsplatzes nach Zuhause erkennen. Vor allem können Ressourcen eingespart werden, Reisekosten und Arbeitsplätze und Arbeitsmittel. Das Lieferdienst- und Uber-Modell, das abhängig Beschäftigte dazu nötigt, ihr privat erworbenes Eigentum – Handy, Auto oder Fahrrad und Regenkleidung – als Produktionsmittel für ihre Arbeit zu nutzen, wird sich weiter verbreiten. Es wird damit verbunden zu einer Ausweitung prekärer Arbeitsverhältnisse kommen; die im Kontext der Corona-Krise vorangetriebenen Ideen einiger Universitäten im englischsprachigen Raum zur vollständigen Digitalisierung von Studiengängen, die aller Wahrscheinlichkeit nach zu großen Teilen von Zuhause-Lehrenden gestemmt werden, lassen entsprechende Szenarien für die universitäre Welt bereits aufscheinen. Aus marxistisch-feministischer Perspektive war das Zuhause immer ein Ort, um neue Formen der Ausbeutung zu erproben und zu erfinden. Die Corona-Krise wird, so ist zu vermuten, die Formen der Arbeitskraftnutzung dauerhaft verändern. Die in vielen Hinsichten hoch problematischen Effekte davon gilt es aus geschlechtertheoretischer und intersektionaler Perspektive, also entlang von Klasse, Strukturen rassistischer Segregation und Diskriminierung, (Dis-) Ability und weiteren Linien sozialer Ungleichheit, im Blick zu behalten.

Anmerkungen

1   Von Ende März bis Anfang Mai habe ich gemeinsam mit Lilian Hümmler und Bea Ricke ausführliche leitfadengestützte Interviews mit Personen aus 35 Haushalten geführt. Die Auswahl der Interviewpartner*innen folgte dem Prinzip der maximalen Kontrastierung, das Sample beinhaltet unterschiedliche Berufsgruppen, darunter auch Menschen in »systemrelevanten« Berufen, in Kurzarbeit, ohne Erwerb, mit und ohne Aufenthaltsstatus. Aufgrund der leitenden Frage der Studie nach der »Neuordnung des Privaten«, die sich insbesondere auch auf die Re-Organisation der Arbeitsteilung angesichts der vielen anfallenden Aufgaben und der starken räumlichen Nähe in vielen Haushalten bezieht, haben wir insbesondere Familien und mehrköpfige Haushalte befragt, es wurden jedoch auch Interviews mit alleine wohnenden Menschen geführt. Die Studie ist noch nicht abgeschlossen und Material wird noch ausgewertet – dieser Text basiert auf bisherigen Ergebnissen.

Literatur

Bünning, Mareike/Hipp, Lena/Munnes, Stefan (2020): Erwerbsarbeit in Zeiten von Corona. https://wzb.eu/de/pressemitteilung/erwerbsarbeit-in-zeiten-von-corona.
Fazackerley, Anna (2020): Women's Research Plummets During Lockdown – but Articles From Men Increase. https://www.theguardian.com/education/2020/may/12/womens-research-plummets-during-lockdown-

but-articles-from-men-increase?wt_zmc=nl.int.zonaudev.zeit_on
line_chancen_w3.m_18.05.2020.nl_ref.zeitde.bildtext.link.20200518&
utm_medium=nl&utm_campaign=nl_ref&utm_content=zeitde_bild
text_link_20200518&utm_source=zeit_online_chancen_w3.m_18.05.
2020_zonaudev_int, letzter Zugriff am 15.06.2020.

Flaherty, Colleen (2020): No Room of One's Own. https://www.insidehig
hered.com/news/2020/04/21/early-journal-submission-data-suggest-
covid-19-tanking-womens-research-productivity, letzter Zugriff am
15.06.2020.

Kohlrausch, Bettina/Zucco, Aline (2020): Die Corona-Krise trifft Frauen
doppelt – weniger Erwerbseinkommen und mehr Sorgearbeit. WSI Policy Brief 40, Mai 2020.

Zeitlichkeiten

Der überkommene Zukunftshorizont moderner Gesellschaften ist dramatisch geschrumpft. COVID-19 müsste zunächst einmal dazu führen, den Riss in der Zeit wahrzunehmen. — *Frank Adloff*

Die Moderne könnte in diesem Moment scheitern, in Auseinandersetzung mit ihrem Scheitern könnte sie uns aber auch Auswege zeigen, die gerade keiner Fortsetzung moderner Rationalität mehr folgen. — *Katharina Block*

Zeit, Angst und (k)ein Ende der Hybris

Frank Adloff

Alle sind sich derzeit einig, dass COVID-19 uns in eine welthistorische Zäsur befördert hat, mit offenem Ausgang. Schon werden erste Zeitdiagnosen gewagt, die auf die Zukunft abzielen, und linke Intellektuelle beteiligen sich an diesem Spiel mit erwartbaren Reflexen: Beispielsweise sieht man nun die Zeit reif für den Kommunismus (Žižek 2020) oder erwartet den permanenten Ausnahmezustand (Agamben 2020). Andere betonen, dass Corona uns durch Verstärkungseffekte gezeigt habe, welche sozialen Probleme immer schon virulent waren: etwa die Nicht-Resilienz der globalisierten Ökonomie, Bildungsbenachteiligungen oder die Feminisierung der Care-Arbeit. All dem gelte es nun entgegenzutreten.

So richtig manche dieser Einschätzungen auch sein mögen, es sind vielleicht vorschnelle Analysen, die zumeist in politische Forderungskataloge münden, und nicht das, was aktuell sozialwissenschaftlich zu leisten ist. Denn die Diagnosen gehen über das Offenkundige zu rasch hinweg: Erstens weiß keiner, wie es weitergeht, und zweitens ist zunächst einmal ein Riss in unserem Vorstellungsraum entstanden. Das kulturell Imaginäre, die Grundfeste moderner Gesellschaften sind erschüttert worden. Politikerinnen und Politiker taten das Undenkbare und fuhren zugunsten des Gemeinwohls das öffentliche und wirtschaftliche Leben herunter. Sie verstießen damit gegen Wählerinteressen wie auch gegen wirtschaftliche Interessen – und zwar unter extremer Ungewissheit, ob die Maßnahmen des Lockdowns tatsächlich notwendig waren. Alte und Vorerkrankte einem höheren Sterberisiko auszusetzen war keine Option – wir leben also nicht in einer ausschließlich utilitaristischen Welt, die das größte Glück für die größte Anzahl von Menschen verspricht (Delanty 2020). Und selbst Trump, Johnson und Bolsonaro konnten nicht einfach unwidersprochen auf »Herdenimmunität« setzen, um die heimische Wirtschaft zu schützen.

Für einige Wochen mussten Allmachts- und Beherrschbarkeitsfantasien gegenüber der Natur, die so typisch für die westliche Moderne sind, beiseite geschoben werden. Es wurde deutlich, dass bestehende Gewissheiten in einem irrsinnigen Tempo zerrüttet werden können, dass es keine Garantien für Sicherheit gibt. Falsche Gewissheit wurde abgelöst von Kontingenzbewusstsein. Der Machbarkeitsglaube war einer vorsichtigen und tastenden Suche nach temporären Lösungen gewichen. Wir sind nicht mehr die Herren in unserem Haus. Zugleich ist paradoxerweise doch bloß genau das passiert, vor dem die Wissenschaften seit Jahren gewarnt haben – man hat es also wissen können.

Kontingenz und Angst

Der Verlust an Sicherheiten ist das Signum dieser Zeit. Wir haben eine dramatische Kontingenzerfahrung gemacht: Es ist die moderne Erfahrung, dass etwas weder notwendig noch unmöglich ist (Luhmann 1977). Nun ist Kontingenz aber immer wieder ambivalent bewertet und erlebt worden: als Zunahme von Freiheitsmöglichkeiten oder als bedrohlicher Orientierungsverlust. Mit dem Kontingenzbewusstsein traten in der Moderne daher zugleich Gegenbewegungen der Kontingenzschließung auf den Plan, etwa in Form von religiös-fundamentalistischem oder evolutionistischem Denken. Die damit verbundene Suche nach Gewissheit ist »nichts anderes als eine verfestigte Erwartungsstruktur, die es gestattet, Möglichkeiten auszuschließen« (Kaufmann 1973: 303), mit dem Ziel, einen Zustand der Freiheit von Angst zu erreichen. Wenn nun gegen das »Corona-Regime« demonstriert, Gates als omnipotenter Strippenzieher angeprangert oder die Gefährlichkeit von COVID-19 heruntergespielt wird, geht es stets auch um die Wiedergewinnung von kognitiver Gewissheit, Orientierung und affektiver Sicherheit.

Neues erscheint nun einerseits möglich – andererseits macht genau dieser Verlust an vorgeblicher Sicherheit und Gewissheit Angst. Angst ist ein zukunftsorientierter Affekt, sie zeigt die Vulnerabilität des Lebens an, sie ist schwer zu ertragen und liefert starke Motive, einen Wandel im Sinne einer Angstüberwindung herbeizuführen (Barbalet 1995). Dabei lässt sich Angst in der Regel nicht einfach durch Angriff oder Flucht entkommen. Sie wirkt selten produktiv, verbreitet sich virulent und zumeist versucht man, sie einzuhegen, zu unterdrücken oder in eine erneute Suche nach Beherrschbarkeit,

Kontrolle und Gewissheit – auch in Form von Verschwörungstheorien – zu kanalisieren.

Lässt sich diese Angst gesellschaftlich überhaupt aushalten, kann sie produktiv gemacht werden oder muss sie zwangsläufig verdrängt werden? Diese Frage markiert die Wegscheide, vor der wir stehen. Bisher ist die Angst vor den Folgen unseres Tuns, etwa dem Klimawandel, sehr erfolgreich verdrängt worden.

Schock mit Vorlauf

Dabei wird mittlerweile vielen mehr und mehr klar, dass die Corona-Pandemie erst der Anfang ist. Im Vergleich zu den Folgen des Klimawandels stellt der Umgang mit COVID-19 wahrscheinlich noch eine Leichtigkeit dar. Die Corona-Krise zeigt, mit welch unterschiedlichen Zeitlichkeiten wir es zu tun haben. Dass das Virus von Tieren stammt, über Zoonosen übertragen wurde und der schon Jahrtausende andauernde Schwund der Biodiversität Pandemien begünstigt, wird zunehmend zum allgemeinen Wissensbestand. Die Pandemie kam zwar innerhalb weniger Wochen über die Welt, wurde aber durch eine über einhundertjährige Geschichte der Globalisierung vorbereitet. Das Virus des Neoliberalismus wiederum kursiert schon seit mehr als 40 Jahren und hat über Privatisierungen und Einsparungen im Gesundheitswesen die Krise befeuert. Dies zeigt, dass die akute Krise einen enormen zeitlichen Vorlauf hat und sich in ihr unterschiedliche Zeitlichkeiten überlagern. Momentan überlappen sich diese und Ähnliches werden wir demnächst aller Voraussicht nach wieder erleben.

Denn auch durch die Klimakrise wird es zu akuten Schocks und Katastrophen kommen: sei es durch Starkregen mit Überschwemmungen, sei es durch Dürren mit Wasser- und Nahrungsmittelknappheit oder durch Migration aus Kriegs- und Hitzegebieten. Auch diese Schocks haben einen zeitlichen Vorlauf von Jahrzehnten und Jahrhunderten. Vor der Pandemie hatte sich dazu zuletzt der Schriftsteller Jonathan Franzen geäußert: Der Klimawandel ist nicht mehr aufzuhalten, er ist schon da und kommt noch massiver auf uns zu, so seine These (Franzen 2020).

Seit Ende des Zweiten Weltkriegs erleben wir eine große Beschleunigung in der Belastung des Erdsystems: CO_2-Ausstoß, Energieverbrauch, Wasser- und Düngemittelverbrauch haben seitdem dramatisch zugenommen. Der

Aufbau von resilienten gesellschaftlichen Infrastrukturen und der vorbeugende Kampf gegen die Massivität des Klimawandels gehören im Anthropozän also zusammen. Das Problem ist so zum einen die Gradzahl, um die sich die Erde erwärmen wird, und, in diesem Zusammenhang, wie viele Arten sterben werden, und zum anderen, wie die Gesellschaften darauf vorbereitet sind. Beherrschen lässt sich das Problem des Klimawandels – oder allgemeiner noch: die Natur – jedoch nicht. Vielmehr wird es darauf ankommen, gesellschaftliche Zeitvorstellungen mit den Rhythmen des sich erwärmenden Planeten zu verzahnen (vgl. Chakrabarty 2018).

Zwar haben die Erdsystemwissenschaften schon seit vielen Jahren vor der anthropogenen Erderwärmung gewarnt, doch wurde in der breiten Öffentlichkeit erst durch *Fridays for Future* und die heißen Sommer der letzten Jahre deutlich, dass die Erde den »safe operating space for humanity« verlassen hat (Rockström et al. 2009). Insbesondere drei Systeme haben die planetaren Grenzen schon deutlich überschritten: Der Verlust an Biodiversität, die Erderwärmung und die Eingriffe in den Stickstoffhaushalt setzen aller Wahrscheinlichkeit nach eine Dynamik frei, die bisher nicht wissenschaftlich vorhersagbar ist. Tipping Points, die nach einer langen Latenzperiode mit einem relativ plötzlichen Umschwung einsetzen, verändern das Erdsystem nun grundlegend (Horn 2020). Die früher vorherrschende Vorstellung, dass menschliche Gesellschaften vor dem Hintergrund einer relativ stabilen Natur ihre Geschichte unabhängig von der Naturgeschichte schreiben, ist völlig obsolet geworden. Dennoch tun sich die Sozialwissenschaften immer noch schwer damit, ihr analytisches Instrumentarium so umzustellen, dass die Verschränkungen nicht-menschlicher (»natürlicher«) und menschlicher Temporalitäten aus einer allgemein ökologischen Perspektive untersuchbar werden (Adloff 2020).

Eine Kritik an der modernen Trennung von Natur und Kultur ist in den Erdsystemwissenschaften, in der Philosophie und den Sozialwissenschaften eigentlich schon lange formuliert worden. Nun steht uns deutlich vor Augen, dass sie hinfällig ist. Trennt man beide Bereiche, wird in der Regel ein Bereich dem anderen untergeordnet und passiviert. Wer jetzt von einer rein gesellschaftlichen Krise spricht, verkennt die Tatsache, dass das Virus tatsächlich etwas tut – dass es Teil auch der menschlichen Gesellschaft ist. Wer COVID-19 umgekehrt naturalisiert, übersieht, dass die Aktivitäten des Virus ohne Schutzmasken, Beatmungsgeräte, Polizei, Datenerhebungen, Virologen und Politikerinnen nicht verständlich sind. Unsere gesellschaftliche

Krise ist nur ökologisch zu beschreiben: Verschiedene Spezies (Menschen, Pflanzen, Tiere) sind voneinander abhängig, werden angeeignet, bedrohen einander, unterstützen uns, verändern einander.

Zusammen genommen bedeutet dies, dass der überkommene Zukunftshorizont moderner Gesellschaften dramatisch geschrumpft ist. Galt die Zukunft in der Moderne als prinzipiell offen und dem Fortschritt zugewandt, so klingt es derzeit geradezu verzweifelt, wenn man versucht, die Konturen einer positiven und nachhaltigen Welt zu zeichnen. COVID-19 müsste zunächst einmal dazu führen, den Riss in der Zeit wahrzunehmen, zu sehen, dass die westliche Moderne an ihre Grenzen, in eine Sackgasse geraten ist. Im Stillstand des Lockdowns scheinen gerade die verschiedenen Temporalitäten von Mensch und Natur auf eine extreme Beschleunigung zuzulaufen: Schon droht beispielsweise die nächste Trockenheit und Dürre in Europa.

Das schmerzt, macht Angst und wird kaum auszuhalten sein – die Gegenbewegungen, die auf Abschottung und Verdrängung abzielen, stehen schon in den Startlöchern. Da die Moderne von einer prinzipiellen Maßlosigkeit gekennzeichnet ist und ihr Allmachtsvorstellungen und Hybris eingeschrieben sind, bringt COVID-19 die Zumutung mit sich, die Grenzen dieses historischen Entwicklungspfads aufgezeigt zu haben. Dennoch werden angesichts der Erderwärmung die Stimmen wissenschaftlicher Hybris immer lauter, die mit Mitteln des Geo-Engineering das Erdsystem hin zu einem »guten Anthropozän« steuern wollen. Viele soziale Bewegungen aus dem Norden und dem Süden fordern hingegen Politik, Wirtschaft und Wissenschaft auf, die Hybris aufzugeben, von der aus wir die Welt betrachten und beherrschen wollen. Mit diesen Vorstellungen zu brechen, gelingt jedoch nur, wenn man darüber hinausgeht, menschliche Hybris anzuprangern. Selbstbegrenzung und eine Konvivialität unter Menschen und Nicht-Menschen müssten intrinsisch wertvoll erscheinen, und man müsste völlig neue Sinnbezüge aufbauen, die Kontingenz und Interdependenz nicht negieren, sondern affirmieren (Die konvivialistische Internationale 2020).

Interdependenz, Trauer und Konvivialität

COVID-19 hat auch deutlich gemacht, wie interdependent unsere Welt ist. Der Lockdown trifft gesellschaftliche Gruppen sehr ungleich, und dem Virus selbst sind einige stärker ausgesetzt als andere. Über die ungleichen

Wirkungen bspw. im Bereich von schulischer Bildung ist viel gesagt worden, und der Blick in die USA lehrt, welche Konsequenzen es haben kann, ein nur unzureichendes soziales und Gesundheitsnetz gespannt zu haben. Doch wird so auch deutlich, wie alle – wenn auch nicht symmetrisch – voneinander abhängen. Auch die Vermögenden kommen nicht ohne die sog. systemrelevanten Berufe im Gesundheitswesen, in der Landwirtschaft oder im Lebensmittelhandel aus. Aus dem Gefühl wechselseitiger Abhängigkeiten könnte Solidarität erwachsen, das war schon Ende des 19. Jahrhunderts die These des französischen Soziologen Émile Durkheim. Er bezog diese Vorstellung auf den Nationalstaat, heute sind diese Abhängigkeiten für alle auf globaler Ebene sichtbar geworden. So ermöglichte bspw. die Globalisierung auf der einen Seite die schnelle Verbreitung des Virus, und auf der anderen wird globale Zusammenarbeit dringend bei der Entwicklung eines Impfstoffs benötigt.

Daraus ist nicht einfach ein überzeugendes neues Forschrittsnarrativ zu gewinnen. Wir erleben nun sozialen Stillstand oder Rückschritt bei Beschleunigung ökologischer Schäden, also keinen Fortschritt mehr, sondern die Eindämmung von Katastrophen. Vor allem erleben wir unsere Abhängigkeit voneinander.

Die Bewegung *Extinction Rebellion* hat diese Problematik sehr ernst genommen. Sie macht nicht nur sehr vehement auf das derzeitige sechste Massenaussterben und die Erderwärmung politisch aufmerksam, sondern leistet darüber hinaus auch Trauerarbeit. Man betrauert das Sterben von menschlichen und nicht-menschlichen Wesen auf diesem Planeten. *Extinction Rebellion* steht dementsprechend »für eine politische Haltung des Widerstands durch Trauer, die es uns ermöglicht, angesichts katastrophaler Zustände für ein humanes Leben zu kämpfen« (Extinction Rebellion Hannover 2019: 86).

Im akademischen Raum mehren sich die Stimmen, die vor einem gesellschaftlichen Kollaps angesichts der sich rapide beschleunigenden Erderwärmung und des Massenaussterbens von Arten warnen bzw. diesen prognostizieren (z. B. Spratt 2019). Ein infrastruktureller Kollaps drohe in den nächsten Jahren durch Pandemien, Wassermangel, Dürren, Hitzewellen, Überschwemmungen und Stürme, dabei werde die Grundversorgung zusammenbrechen. Diese Position wird hauptsächlich interdisziplinär und eher außerhalb des engen Kreises der Soziologie vertreten. Wahrscheinlich sind derzeit andere Disziplinen besser in der Lage, die Konsequenzen der Dynamisierung erdsystemischer Prozesse für Gesellschaften in den Blick zu nehmen.[1] Dies zeigt, dass viele soziologische Prämissen der letzten Jahrzehnte auf den Prüfstand gehören; so bspw. die Fokussierung auf Prozesse relativ stetigen sozialen Wandels. Abrupte Kipppunkte und Disruptionen gehören noch nicht zu den selbstverständlichen analytischen Kategorien der Untersuchung sozialen Wandels, dies sollte jedoch der Fall sein.

Die kommenden Disruptionen werden viele Fragen aufwerfen und bestehende Konflikte verschärfen oder neue schaffen. Kulturell wird dahinter aber stets die Frage stehen, wie mit dem westlichen Gesellschaftsmodell weiter zu verfahren ist. Wie wird mit den neuen Kontingenzen und den damit verbundenen Ängsten umgegangen werden? Nicht nur religiöse, auch szientistische und politische Programme der Moderne haben historisch zur Stilllegung von Kontingenz und zur Suche nach Gewissheit beigetragen. Man denke an den Nationalismus des 19. Jahrhunderts, an die innerweltlichen politischen Religionen des 20. Jahrhunderts. Man denke des Weiteren an technokratisch-instrumentelle Fortschrittsvorstellungen, und auch die aufklärerische Verabsolutierung einer vorgeblich universalistischen Vernunft trägt ein kontingenzabschirmendes Moment in sich (vgl. Schäfer 2008). Eine Frage der Zukunft wird lauten, ob Kontingenzabschirmungen und die damit einhergehende Gewalt zunehmen werden, oder ob es gelingen kann, die Angst in eine Wahrnehmung unserer gemeinsamen Verletzbarkeit und Abhängigkeit umzuleiten und auf konviviale Weise zu übersetzen und damit zu verwandeln.

Zukunftshoffnungen auf Wachstum und Prosperität haben die westlichen Gesellschaften bislang integriert, auch wenn sich diese Hoffnungen zunehmend als unrealistisch erweisen. Nun muss es darum gehen, eine attraktive Vision des Zusammenlebens zu entwickeln. Gegen die Angst, im Vergleich mit anderen den Kürzeren zu ziehen, müssten neue Formen der Konvivialität gesetzt werden. Neue soziale Konflikte, Spannungen und Ängste sind zu erwarten. Der sozialen Atmosphäre von Konkurrenz und Angst müsste ein affektiv positiv besetzter Gegenentwurf gegenübergestellt werden können. Die Postwachstumsbewegung setzt bspw. auf die Befreiung vom kapitalistischen Wachstumszwang. Für die Mehrzahl der Menschen verbindet sich die Idee vom Postwachstum noch nicht mit einem positiven affektiven Möglichkeitshorizont. Dieser Horizont ist momentan noch weitgehend negativ konnotiert. Gelänge es, für viele Menschen neue überzeugende Visionen des Zusammenlebens zu entwickeln, würde sich die Kontingenz der Moderne symbolisch mit einem positiver konnotierten Zukunftsbild verbinden lassen, das nicht auf Ausschluss beruht und das Gefühl erzeugen könnte, dass wieder mehr möglich als wirklich ist – auch trauernd im Angesicht des ökologischen Kollapses.

Die Krise hat vielen Menschen enorm viel Leid und auch den Tod gebracht. Corona hat so weltweit in aller Dringlichkeit die Frage aufgeworfen, wie man auf diesem Planeten überhaupt gut und fair zusammenleben kann. Ein Riss durchzieht nun unsere kollektiven Imaginationen. Der zeigt, dass man nicht alles gestalten und beherrschen kann. So konnte die Welt wenigstens für einen Moment erfahren, dass Selbstbegrenzungen möglich sind. Wie sich dieser Riss zukünftig in das kollektive Gedächtnis der Gesellschaften einschreiben wird und was daraus erwächst, vermag allerdings derzeit niemand zu sagen.

Anmerkungen

1   Kollapsologische Vorstellungen hingegen, die sich mit apokalyptischen Positionen verbinden, stehen in der Gefahr, ein religiöses Narrativ eines eschatologisch notwendigen Kollapses zu pflegen, das weiteren Bemühungen um Nachhaltigkeit im Wege steht.

Literatur

Adloff, Frank (i. E., 2020): »It's the End of the World as We Know It«: Sozialtheorie, symbiotische Praktiken und Imaginationen im Anthropozän«. In: Frank Adloff/Sighard Neckel (Hg.): Gesellschaftstheorie im Anthropozän. Frankfurt a. M./New York: Campus.

Agamben, Giorgio (2020): »Nach Corona: Wir sind nurmehr das nackte Leben«. In: NZZ vom 18.03.2020.

Barbalet, Jack M. (1995): »Climates of Fear and Socio-Political Change«. In: Journal of the Theory of Social Behaviour 25/1, S. 15–33.

Chakrabarty, Dipesh (2018): »Anthropocene Time«. In: History and Theory 57/1, S. 5–32.

Delanty, Gerard (2020): »Six Political Philosophies in Search of a Virus: Critical Perspectives on the Coronavirus Pandemic«. In: LEQS Paper 156, Mai 2020.

Die konvivialistische Internationale (i. E., 2020): Das zweite konvivialistische Manifest. Für eine post-neoliberale Welt. Bielefeld: transcript.

Extinction Rebellion Hannover (2019): ›Hope dies – Action begins‹: Stimmen
einer neuen Bewegung. Bielefeld: transcript.

Franzen, Jonathan (2020): Wann hören wir auf, uns etwas vorzumachen?
Gestehen wir uns ein, dass wir die Klimakatastrophe nicht verhindern
können. Reinbek: Rowohlt.

Horn, Eva (i. E., 2020): »Tipping Points: Das Anthropozän und Corona«. In:
Frank Adloff/Sighard Neckel (Hg.): Gesellschaftstheorie im Anthropozän. Frankfurt a. M./New York: Campus.

Kaufmann, Franz-Xaver (1973): Sicherheit als soziologisches und sozialpoliti-
sches Problem. Stuttgart: Ferdinand Enke.

Luhmann, Niklas (1977): Funktion der Religion. Frankfurt a. M.: Suhrkamp.

Rockström, Johan et al. (2009): »A Safe Operating Place for Humanity«. In:
Nature 461 vom 24.09.2009, S. 472–475.

Schäfer, Heinrich Wilhelm (2008): Kampf der Fundamentalismen. Radika-
les Christentum, radikaler Islam und Europas Moderne. Frankfurt a. M./
Leipzig: Verlag der Weltreligionen.

Spratt, David (2019): »Revisiting the Climate Collapse: The View From Nuuk
in the Year 2070«. In: Bulletin of the Atomic Scientists, 75:6, S. 280–285.

Žižek, Slavoj (2020): Pandemic! COVID-19 Shakes the World. Cambridge: Polity Press.

Die Corona-Pandemie als Phänomen des Unverfügbaren

Katharina Block

> »Durch seine Taten und Werke, die ihm das von Natur verwehrte Gleichgewicht geben sollen *und auch wirklich geben*, wird der Mensch zugleich aus ihm wieder herausgeworfen, um es auf's Neue mit Glück und doch vergeblich zu versuchen. [...] Aus dieser Grundbewegung ergibt sich die Geschichte. Ihr Sinn ist die Wiedererlangung des Verlorenen mit neuen Mitteln, Herstellung des Gleichgewichts durch grundstürzende Änderung.«
> *Helmuth Plessner (1928/1975)*

Die Krisendiagnose ist ein altbewährtes und wohlbekanntes Geschäft der Soziologie. So ließen angesichts der sogenannten »Corona-Krise« erste zeitdiagnostische Stimmen soziologischer Expert*innen in den öffentlichen Medien auch nicht lange auf sich warten. Folgt man ihrer Spur, so lässt sich in einigen (nicht in allen) die leise Hoffnung erkennen, dass dieses – obgleich von diversen wissenschaftlichen Institutionen bereits seit längerem antizipiert – uns völlig überraschend ereilende Ereignis ein transformatives Potenzial entfalten könnte (Renn 2020; Bude 2020; Rosa 2020). Die Corona-Pandemie, so die Hoffnung, könnte ein Lehrstück dafür sein, auf welche Weise sich die Welt nicht mehr weiterdrehen kann und die Krise so zur Chance gesellschaftlicher Paradigmenwechsel wird. Diese Hoffnung einmal aufgegriffen, stellt sich die Frage, warum dieses Pandemie-Ereignis nun ein Potenzial zur »Metamorphose der Welt« (Beck 2017) entfalten können soll, welches die Finanzkrise von 2008 beispielsweise nicht entfalten konnte. Die brisante These dazu könnte lauten: Die Moderne ist im Angesicht der Corona-Pandemie in einer ihrer grundlegendsten Versprechen gescheitert und das Einschlagen neuer Wege ist daher unabdingbar.

Ein grundlegendes Versprechen der Moderne war die Etablierung eines spezifischen Selbst- und Weltverhältnisses durch uns wohlbekannte Prozesse wie Säkularisierung, Individualisierung und Rationalisierung. Prozesse, die getragen sind von fundamentalen Freisetzungsversprechen, einem schier unbändigen Fortschrittsdenken, einer vernunftbasierten Weltaneignung sowie einer Hoffnung auf die szientifische Eroberung der Natur. Heute, in der Spätmoderne, ist das autonome Ich dementsprechend (fast) alles, was wir an Selbsterfahrung haben. Nichts erscheint als gegeben, alles muss erarbeitet, entschieden, erworben werden. Die Lebensführung spannt sich zwischen einem umfangreichen Verhandlungs-, Revisions- und Suchprozess auf (Zuboff 2018), in dem die Einzelne Urheberin ihres Lebens und die Verfügungsgewalt über das eigene Leben rechtlich abgesichert ist. Dieser im Prozess der Modernisierung gewachsene Erfahrungstyp, so kann zugespitzt werden, kumulierte insgesamt in einer Haltung des grenzenlosen Verfügen-Könnens über sich und die Welt.

Dass diese Haltung immer wieder irritiert werden kann und auch an Grenzen stößt, wird in Krisenzeiten immer wieder deutlich. Der Haltung selbst schien das bislang allerdings kaum Abbruch zu tun. Selbst die nahende Klimakatastrophe oder die im Zusammenhang mit ESKAPE-Erregern (multiresistente Keime) bestehende Gefahr eines »präantibiotischen Zeitalters« (Akademie der Wissenschaften in Hamburg & Deutsche Akademie der Naturforscher Leopoldina 2013) – beides mit unabsehbaren Folgen – konnte in diese Haltung kaum bis gar nicht intervenieren. Aber warum nicht? Weil sie noch zu abstrakt, leiblich noch kaum spürbar sind. Ihre Drohung mag in uns noch keine wirkliche Angst vor den Folgen auslösen. Das Hereinbrechen der Corona-Pandemie scheint dies nun zu ändern. Denn – wie die Soziologin Eva Illouz diese Veränderung in einem Gastbeitrag in der *Süddeutschen Zeitung* pointiert: »Die Welt ist über Nacht unheimlich geworden, ihrer Vertrautheit beraubt.« (Illouz 2020) Dabei ist es nicht das Virus selbst, das in uns die Angst auslöst, vielmehr sind es die mit der Pandemie einhergehenden unabsehbaren Folgen, über die wir *nicht verfügen* können, die uns spürbar bedrohen und das Virus unheimlich werden lassen. Die Corona-Pandemie ist ein *Phänomen des Unverfügbaren.* Denn es konfrontiert uns mit akuten *Erfahrungen des Unverfügbaren,* die bewährten Orientierungen ihre Wirksamkeit nehmen und so die Routine unserer Handlungsfähigkeit unterminieren. Aber wie diesem Unverfügbaren begegnen, als mit den üblichen Mitteln, die gleichwohl in die vorgefundene Lage hineingeführt haben? Die Welt, so scheint es, entzieht sich dem bewährten Zugriff und erschüttert die Haltung des Verfügen-Könnens zutiefst.

Problematische Begleiterscheinungen und krisenhafte Entwicklungen des Modernisierungsprozesses sind in der Soziologie in aller Breite beschrieben, analysiert und kritisiert worden. Entfremdungserfahrungen, nicht-intendierte Nebenfolgen, kulturelle Sachzwänge und grenzenlose Komplexitätssteigerung sind Beispiele, in denen Erfahrungen des Nicht-verfügen-Könnens, des Unkontrollierbaren und Nicht-Wissens eine Rolle spielen und die die soziologische Theorie zu vielfältigen Krisendiagnosen motiviert haben. Das, was hier als Phänomen des Unverfügbaren angesprochen sein soll, was sich in Erfahrungen des Unverfügbaren Bahn bricht, erschöpft sich allem Anschein nach aber nicht in einer Krisendiagnose.

Versteht man Krisen in Anlehnung an den Soziologen Ulrich Beck (2017), dann zeichnen sie sich dadurch aus, dass sie Ordnungen zwar irritieren, letztlich aber mit den bewährten Mitteln der Theorie und Praxis überwunden werden können. Aus soziologischer Perspektive sind Krise und sozialer Wandel aufs Engste miteinander verschränkt. Aber kann das Corona-Ereignis auf diese Weise als Krise behandelt werden? Wenn das Argument ist: »Krisen (wie alles andere) kann die Gesellschaft nur mit den bordeigenen Mitteln verarbeiten« (Nassehi 2020), die Diagnose zur Corona-Pandemie dann aber lautet,»wie wenig gerüstet die Gesellschaft offensichtlich ist, mit der Krise umzugehen« (ebd.), dann mag das Argument zwar stimmen, die Krisendiagnose aber wird fraglich. Haben wir es also mit einem Geschehen zu tun, das sich vielmehr als Einschnitt, d. h. als eine Zäsur entpuppt statt als Krise? Diese Frage wird sich mit Sicherheit wohl erst mit der Betrachtung der Welt nach der Corona-Pandemie beantworten lassen. Nichtsdestotrotz liegt gerade in der Begegnung mit ihr als einem Phänomen des Unverfügbaren, das uns ganz konkrete Erfahrungen des Unverfügbaren machen lässt, auch das Potenzial oder die Freiheit zur Hervorbringung von Neuem. Gerade weil es sich so anfühlt, als ob uns der Boden unter unseren Füßen weggezogen wird, können wir auch neuen Boden betreten. Sören Kierkegaard hat diese Ambivalenz in seinem 1844 erschienenen Werk *Der Begriff der Angst* als Eigenschaft der Angst im Unterschied zur Furcht hervorgehoben. Die Furcht richte sich stets gegen etwas konkret Gegebenes. Ihr kann entsprechend auch mit Bestimmtem begegnet werden, »während die Angst die Wirklichkeit der Freiheit als Möglichkeit vor der Möglichkeit ist« (Kierkegaard 1844: 38). Akute Erfahrungen des Unverfügbaren, die ein Gefühl unbestimmter Angst auslösen, eröffnen zugleich einen Möglichkeitsraum, in dem neue Umgangsformen und Handlungsweisen entstehen können. Eben dies scheint auch die leise Hoffnung zu sein, die sich in den eingangs erwähnten zeitdiagnostischen Spuren findet und die auch Illouz zu teilen scheint, wenn sie schreibt: »Die Welt ist unwiderruflich verflochten, und wir werden eine internationale Kooperation neuer Art brauchen.« (Illouz 2020) Es bleibt die Frage: Kann dieses Neue, das aus den Erfahrungen des Unverfügbaren erwachsen können soll, theoretisch auch gut begründet werden? Nachstehend ein Versuch:

Jede Perspektive, der es um die Beschreibung von Erfahrungen geht, wird die Einsichten der Phänomenologie berücksichtigen müssen. Tatsächlich war es meine jahrelange Auseinandersetzung mit Helmuth Plessners leibtheoretisch fundierter Phänomenologie, die mich auf das Theorem des Unverfügbaren gestoßen hat und das mich seitdem beschäftigt (Block 2016; 2018a). Plessner, der das Menschsein als ein gleichgewichtsloses In-die-Welt-gestellt-Sein versteht, begreift auch die Wirklichkeitserfahrung als eine antinomisch erlebte, die sich durch Immanenz und Expressivität auszeichnet. Während die Immanenz menschlichen Erlebens das Widerfahrnis von Welt begründet, beschreibt die Expressivität das menschliche »Ausdrucksbedürfnis [...] überhaupt nach Darstellung bzw. Wiedergabe erlebter Dinge« (Plessner 1928/1975: 323). Vom Widerfahrnis der Welt aus dem Gleichgewicht gebracht, kann der Mensch zugleich in sie intervenieren, indem er den eigenen Intentionen Ausdruck verleiht. Aber auch der intentionale Ausdruck realisiert sich nicht einfach, sondern jeder Ausdruck zerfällt »in das Was und das Wie des Ausdrucks« (ebd.: 322). Der Ausdruck des Was (Intention) im Wie (Ausdrucksform) ist damit nur indirekt möglich, ein Bruch zwischen Intention und Ausdruck entsteht. Und in diesem Bruch liegt die Gelegenheit zu Neuem oder, wie Plessner es nennt, zum »schöpferischen Griff« (ebd.). Um den Ausdruck selbst kommt der Mensch nicht herum, seine Form aber ist variabel. Dies gilt sogar noch für die *Idee* des Menschen (Plessner 1931/2003). Es ist somit die je spezifische Gelegenheit des Bruches, die den Raum für »grundstürzende Änderungen« (Plessner 1928/1975: 339) öffnet.

Es gehört zu den Gemeinplätzen der Soziologie, dass wir uns in unserem Handeln die meiste Zeit darauf verlassen können, den Bruch zwischen Intention und Ausdruck routiniert auszugleichen. Selbstverständlich widerfahren der Routine auch immer wieder Irritationen, grundsätzlich sind wir aber in der Lage uns Welt anzueignen und mit ihr souverän umzugehen. Allerdings sind die Umgangsformen je sozial-historisch bestimmt. So zeichnet sich die Moderne kulturpraktisch wesentlich durch die Tendenz aus, dem gleichgewichtslosen In-die-Welt-gestellt-Sein mit dem Schaffen und der Akkumulation von immer mehr Verfügungswissen zu begegnen. Das berechnend, messend und kalkulierend beobachtende und instrumentell agierende Verfügungswissen lässt dadurch Phänomene des Unverfügbaren in den Hintergrund treten (Block 2016). Dies war und ist in vor- oder extra-modernen Gesellschaften durchaus anders gelagert. Vor der Säkularisierung bspw. gehörte es zur Selbst- und Welterfahrung, mit dem Unverfügbaren in Form von Gott zu leben, Gott selbst war dabei kein Abstraktum, sondern ganz und gar ein Konkretum. Auch gehörte es vor der Individualisierung zur Lebensführung, keine Kontrolle über weitreichende Entscheidungen zu haben, die das eigene und gesellschaftliche Leben betreffen. Erfahrungen des Unverfügbaren, so könnte man sagen, zeichneten das Leben aus. Ebenfalls kann konstatiert werden, dass gesellschaftliche Naturverhältnisse lange Zeit kaum durch Gewissheiten, wie die Natur zu beherrschen sei, geprägt waren. Sowohl Konkreta als auch Erfahrungen des Unverfügbaren stellten im Großen und Ganzen keinen problematischen Sachverhalt dar.

Und heute: Vergessen die Normalität, mit dem Unverfügbaren zu leben, und verlernt die Umgangsweisen mit dem Unverfügbaren, die sich primär durch das Anerkennen seiner Dauer und Reichweite auszeichneten. Nicht dass es uns gar nicht mehr begegnen würde, wir halten es nur schlicht nicht aus, damit zu leben. Praktiken, die laut Plessner einen schöpferischen Griff (Plessner 1928/1975: 336) versprechen, werden entsprechend tendenziell invisibilisiert. Denn dieser stellt sich nach Plessner nur dort ein, wo sich das Ereignis einer »Begegnung des Menschen mit der Welt, die nicht zuvor verabredet ist« (ebd.), realisiert. Ein Ereignis also, das sich phänomenal wesentlich durch Unverfügbarsein auszeichnet. Denn »[d]ie Vorwegnahme der Form, ihre Berechnung ist nur da möglich, wo der Mensch über die Wirklichkeit schon Bescheid weiß und seinen Intentionen die Erfüllungen garantiert sind« (ebd.: 337). Der schöpferische Griff, oder mit anderen Worten: die

Gelegenheit der Hervorbringung neuer Umgangsformen mit der Welt, stellt sich bei der Vorwegnahme einer garantierten Form durch Verfügungswissen nicht ein: »Denn eine Wirklichkeit, mit der das Subjekt paktiert hat, bevor es an sie mit seinen Bestrebungen herantritt, [...] ist schon unterworfene, dem Subjekt durch seine Beobachtungen, Erfahrungen und Berechnungen gefügig gemachte Wirklichkeit.« (Ebd.: 336)

Dieser Pakt scheint nun im Angesicht der Corona-Pandemie – einer Zeit, in der die Moderne längst entwickelt und der spätmoderne Erfahrungstyp voll entfaltet ist – auf dem Spiel zu stehen. Zumindest brechen Erfahrungen des Unverfügbaren aktuell geradezu über uns herein. Und wir erfahren sie als problematisch, da sie nun direkt auf den spätmodernen Erfahrungstyp bezogen sind: Wo das freie Individuum keine Grundeinheit von Vergesellschaftungsprozessen ist, kann es selbst auch nicht zum Problem werden. Wo sich die Vorstellungen von Selbst- und Weltverfügung aber durchgesetzt haben, können Erfahrungen des Unverfügbaren hingegen als existenziell bedrohlich erlebt werden. Es handelt sich hier also um Erfahrungen, die unsere tief internalisierten Selbstverständlichkeiten der Selbst- und Weltbestimmung nicht nur erschüttern, sondern unmittelbar bedrohen. In der Spätmoderne sind es natürlich andere Realisierungsformen des Phänomens des konkreten und erfahrbaren Unverfügbaren als Gott, ständische Ordnungsstrukturen oder eine mystische Natur, die uns die Gewissheiten der Moderne entziehen. Das Ereignis der aktuellen Corona-Pandemie konfrontiert uns aber wieder genau mit dieser spezifischen Qualität des Unverfügbaren, sodass sich an ihr auch Erfahrungen des Unverfügbarseins von Welt in den Vordergrund drängen und die Garantien einer gefügig gemachten Wirklichkeit aufheben. Dafür bergen sie zugleich aber das Potenzial zum schöpferischen Griff, der die vagen Hoffnungen auf neue Lebensformen antreibt.

Praktiken des Verfügbarmachens der Welt, des Selbst, des Individuums, der Natur, des Menschen, des Lebens fundieren zudem auf einem Verständnis von einer regulier- und steuerbaren Entwicklung von Gesellschaft, das die normativen Gründe für die fortschreitende Ausweitung von Verfügungsmechanismen plausibilisiert. Stimmt die Zäsur-These, so scheint ein solches Verständnis für die gegenwärtige Lage allerdings weniger angemessen, da sie die etablierten Formen des modernen Zukunftsmanagements beginnt fraglich werden zu lassen. Entsprechend notwendig wird es, zu fragen, was angemessene soziale Praxen sein können, um auf solche Phänomene des Unverfügbaren, als das sich die Corona-Pandemie entpuppt, auch jenseits etablierter Verfügungsmechanismen zukünftig antworten zu können. Nicht, dass etablierte Mechanismen gar nicht greifen würden. Dennoch bietet die Pandemie zugleich die Gelegenheit, Neues zu wagen. Das ist also kein Appell im Sinne eines Zurück zu einer transzendentalen Wahrheit oder zu Gott oder Ähnlichem, sondern schlicht eine diesseitig mögliche Konsequenz, wenn die Grenzen der anthropozentrischen Macht ganz materiell zutage treten. Es soll hier auch keiner Ablehnung der Errungenschaften moderner Gesellschaften das Wort geredet werden. Es gilt aber nun, von ihren Grenzen zu erzählen. Jede Entwicklung hat ihre Grenzen, die Frage ist nur, auf welche Weise man sie überschreiten wird.

Das neue Coronavirus mag uns wie ein »Monster« (Rosa 2020) erscheinen, das uns wie einst dem Herrn Dr. Frankenstein außer Kontrolle gerät. Gerade in solcher Erfahrung des Unverfügbaren liegt aber seine ebenso monströse Bedeutung, da es uns die eigenen prekären Entwicklungen vor Augen führt (Block 2018b). Im Virus selbst offenbart sich »der Schattenbereich eines Erkenntnisprozesses, der sich selbst mit Lichtmetaphern beschreibt« (Scherer 2017: 232). Die Moderne könnte in diesem Moment im Angesicht ihres eigenen Monsters in wichtigen Hinsichten scheitern, in Auseinandersetzung mit ihrem Scheitern könnte sie uns aber auch Auswege zeigen. Auswege, die gerade keiner Fortsetzung moderner Rationalität mehr folgen, sondern sich im Ver-Antworten (Haraway 2018) einer Antwortsuche als neue Wege offenbaren. Dazu gehört u. a., unsere eigene interdependente Verflochtenheit mit der Welt anzuerkennen. Dies ist meine leise Hoffnung, parallel zu den eingangs erwähnten Expertisen. Sie auch in Form eines schöpferischen Griffs praktisch relevant werden zu lassen, dafür könnten Erfahrungen des Unverfügbaren in der Tat eine neue Schlüsselfunktion haben, schließlich fordert uns das Unverfügbare gerade ganz konkret heraus.

Literatur

Akademie der Wissenschaften in Hamburg & Deutsche Akademie der Naturforscher Leopoldina (2013): Antibiotika-Forschung: Probleme und Perspektiven: Stellungnahme. Berlin/New York: De Gruyter.
Beck, Ulrich (2017): Die Metamorphose der Welt. Berlin: Suhrkamp.

Block, Katharina (2016): Von der Umwelt zur Welt. Der Weltbegriff in der Umweltsoziologie. Bielefeld: transcript.

Block, Katharina (2018a): »Der Leib als Prinzip des Unverfügbaren – Zu einem blinden Fleck in der soziologischen Praxistheorie aus Perspektive der reflexiven Phänomenologie Plessners«. In: ZTS – Zeitschrift für Theoretische Soziologie 2/2018, S. 177–202.

Block, Katharina (2018b): »Was würde Helmuth Plessner wohl zu einer Anthropozänikerin sagen? Ein kleiner Essay zu einer großen Verantwortung«. In: Henning Laux/Anna Henkel (Hg.): Die Erde, der Mensch und das Soziale: Zur Transformation gesellschaftlicher Naturverhältnisse im Anthropozän. Bielefeld: transcript, S. 51–64.

Bude, Heinz im Gespräch mit Harry Nutt (2020): »Kontaktschutz und Gemeinschaftsbildung«. In: Berliner Zeitung vom 17.03.2020. https://www.berliner-zeitung.de/kultur-vergnuegen/heinz-bude-solidaritaet-corona-covid-kontaktschutz-und-gemeinschaftsbildung-li.78775.

Haraway, Donna (2018): Unruhig bleiben. Die Verwandtschaft der Arten im Chthuluzän. Frankfurt a. M./New York: Campus.

Illouz, Eva (2020): »Die Zeit danach«. In: SZ vom 24.03.2020. https://www.sueddeutsche.de/kultur/corona-eva-illouz-gesellschaftsvertrag-wirtschaft-kapitalismus-1.4854397.

Kierkegaard, Sören (1844): Der Begriff der Angst. Leipzig: Fr. Richter.

Nassehi, Armin (2020): »Das Virus ändert alles, aber es ändert sich nichts«. In: Zeit Online vom 04.05.2020. https://www.zeit.de/kultur/2020-05/corona-massnahmen-lockerungen-kontaktverbot-lockdown-social-distancing.

Plessner, Helmuth (1928/1975): Die Stufen des Organischen und der Mensch. Berlin/New York: De Gruyter.

Plessner, Helmuth (1931/2003): »Macht und menschliche Natur. Ein Versuch zur Anthropologie der geschichtlichen Weltansicht«. In: Ders.: Macht und menschliche Natur. GS, Bd. V. Frankfurt a. M.: Suhrkamp, S. 134–234.

Renn, Ortwin im Gespräch mit Birgit Becker (2020): »Soziologe: ›Eine Chance zur Entschleunigung‹«. In: Deutschlandfunk vom 15.03.2020. https://www.deutschlandfunk.de/gesellschaft-in-zeiten-der-coronakrise-soziologe-eine.694.de.html?dram:article_id=472552.

Rosa, Hartmut im Gespräch mit Elena Matera (2020): »Das Virus ist der radikalste Entschleuniger unserer Zeit«. In: Der Tagesspiegel vom 24.03.2020. https://www.tagesspiegel.de/politik/soziologe-hartmut-rosa-ueber-

covid-19-das-virus-ist-der-radikalste-entschleuniger-unserer-zeit/25672
128.html.
Scherer, Bernd (2017): »Die Monster«. In: Jürgen Renn/Bernd Scherer (Hg.): Das
Anthropozän. Zum Stand der Dinge. Berlin: Matthes & Seitz, S. 226–241.
Zuboff, Shoshana (2018): Das Zeitalter des Überwachungskapitalismus.
Frankfurt a. M./New York: Campus.

Solidaritäten

Die Spannungsfelder der Solidarität veranschaulichen exemplarisch, dass die gegenwärtige Krise eine Zerreißprobe für die Gesellschaft als Ganzes darstellt und staatliche Institutionen gleichermaßen fordert wie zivilgesellschaftliche Akteure. — *Cornelia Springer*

In einer Gesellschaft, die »Solidarität« den sorgenden Subjekten als persönliche Verhaltensanforderung auferlegt, liegt in der Selbstgewissheit, dass die Pandemie »allein solidarisch« bewältigt werden könne, keine emanzipatorische Verheißung, sondern eine Drohung. — *Stephan Lessenich*

Man hat den Eindruck, dass sich der Begriff der Systemrelevanz dazu eignet, die sukzessiven ökonomischen Verteilungsfragen (auch mit Blick auf staatliche Interventionen) strategisch auszutragen und in ein sprachlich kompetitives Gewand zu kleiden. — *Simon Scharf*

Zivilgesellschaft in der Verantwortung
Drei Spannungsfelder von Solidarität in der Krise

Cornelia Springer

Dass die Auswirkungen der Corona-Pandemie einen massiven gesellschaftlichen Einschnitt bedeuten würden, zeichnete sich bereits zu Beginn der Krise ab (vgl. Schwyzer 2020). Mit Prognosen zu einer postpandemischen Gesellschaft gilt es allerdings nach wie vor vorsichtig zu sein, wie Jürgen Habermas in einem Interview betonte (vgl. Schwering 2020). Die Entwicklungen der vergangenen Monate waren von einer starken Dynamik, zahlreichen Widersprüchen und Spannungen geprägt. Auf drei Spannungsfelder von zivilgesellschaftlicher Verantwortung und Solidarität, die die Corona-Krise prägen, soll im Folgenden eingegangen werden.

1. Die Krise als Verstärkerin sozialer Ungleichheit

Die Maßnahmen zur Eindämmung der Pandemie, von abgesagten Großveranstaltungen über die Schließung von Schulen und Kitas, Ausgangs- und Kontaktbeschränkungen bis hin zu Grenzschließungen, trafen die gesamte Bevölkerung und forderten von jeder*m Einzelnen Verzicht. Die Bundeskanzlerin appellierte Anfang März an »unsere Solidarität, unsere Vernunft, unser Herz füreinander« (zdf.de 2020) – unter der Prämisse eines gemeinsamen Wir, zu dessen Erhalt und Verteidigung alle beitragen sollten. Der Appell war in dieser extremen, durch Unsicherheiten geprägten Situation wichtig. Und dennoch muss, wie die Publizistin und Philosophin Carolin Emcke unterstrich, die Tragfähigkeit jedes Wir-Gefühls hinterfragt werden (vgl. Sein und Streit 2020). Schließlich darf nicht vergessen werden, dass Auflagen wie Social Distancing und *#stayathome* für die einen (nur) eine Herausforderung, für die anderen eine existenzielle Bedrohung darstellen können. Hier deutet sich das erste Spannungsfeld an. Das Virus differenziert nicht zwischen Menschen unterschiedlicher Hautfarben oder sozialer Herkünfte. Jedoch werden die systemimmanenten Ungleichwertigkeiten und die Verteilung von Privilegien durch die Hygiene- und Schutzmaßnahmen zusätzlich verstärkt.

Zum Beispiel sind wohnungs- und obdachlose Menschen, die in der Mehrheit zur sogenannten Risikogruppe zählen, auf der Straße nicht nur schutzlos der Infektionsgefahr ausgesetzt, sondern sie wurden zudem durch den plötzlichen Wegfall ihrer Versorgungsstrukturen existenziell bedroht. Auch für Opfer häuslicher Gewalt stellte der Lockdown keine Schutzmaßnahme, sondern ein verschärftes Risiko dar. Experten rechnen seit Beginn der Krise mit einer Zunahme von Delikten (Bundespsychotherapeutenkammer 2020). Wenngleich diese Prognosen bis dato nicht bestätigt wurden, sind Frauenhäuser und zivilgesellschaftliche Initiativen dennoch von einem Anstieg überzeugt, der retardierend sichtbar werde (vgl. Hentschel/Röhse 2020). Beide Betroffenengruppen wurden in der Krise noch stärker an den Rand der Gesellschaft gedrängt. Wer in diesem Zusammenhang auf vernünftiges und solidarisches Handeln als probate Bewältigungsstrategie verweist, verklärt die realen Barrieren, Asymmetrien und Hierarchiegefälle. Erst nach Wochen des Kontaktverbots wurden Wege gefunden, um Obdachlosen vorübergehend eine Unterbringung in leerstehenden Hotelzimmern zu ermöglichen. Der progressive Impuls hierzu ging von Nichtregierungsorganisationen wie der Berliner Sozialgenossenschaft Karuna, der Diakonie oder von ehrenamtlichen Helfer*innen aus (Leister 2020). Für die Umsetzung allerdings bedurfte es staatlichen Handelns und, von wenigen Ausnahmen abgesehen, öffentlicher Gelder. Die Handlungsmacht der Zivilgesellschaft ist schließlich begrenzt. Als drittes Bespiel für eine ad hoc vergrößerte soziale Kluft sei die ungleiche Verteilung von Bildungschancen erwähnt. Die flächendeckende Schließung der Schulen und Verlagerung des Unterrichts nach Hause forderten viele Familien stark heraus. Allerdings sind Alleinerziehende und sozioökonomisch belastete Familien durch die notwendige Koordination von Erwerbsarbeit und Homeschooling besonders hart getroffen (vgl. stifterverband.org 2020). Für die kurzfristige Entlastung von Eltern und Schüler*innen haben sich zahlreiche Vereine und ehrenamtliche Initiativen engagiert und innovative digitale Nachhilfe- und Mentoring-Angebote initiiert. Die bestehenden Ungleichheitsverhältnisse werden durch diese zeitlich befristeten Maßnahmen nicht beseitigt, jedoch immerhin ins Bewusstsein der Öffentlichkeit gerückt. Das langfristige Ziel muss jedoch sein, dass zu »jeder Zeit, insbesondere aber in unsicheren Zeiten, wie den heutigen, [...] dafür Sorge getragen wird, dass Bildung in einer Demokratie kein Luxusgut darstellt« (Universität Hamburg, Arbeitsgruppe DivER 2020). Wenn die Corona-Pandemie schon jetzt als historische Zäsur eingestuft wird, liegt die politische Entscheidung nahe, erfolgversprechende Lösungsansätze für bestehende und anhaltende gesellschaftliche Herausforderungen in feste Strukturen zu überführen und entsprechend zu finanzieren. Laut dem Dritten Engagementbericht will das Bundesfamilienministerium die Digitalisierung des Engagementsektors künftig stärker fördern (vgl. bmfsfj.de 2020). Das ist eine motivierende Perspektive und könnte z. B. die Umsetzung einiger innovativer Konzepte des bundesweiten #WirvsVirus-Hackathons aus dem März 2020 ermöglichen. Dennoch scheint auch dieses Staatshandeln dem aktuellen Zeitgeschehen hinterherzuhinken.

2. Dichotomie von Solidarität und Egoismus

Wie die drei ausgeführten Beispiele veranschaulichen, trat »die Zivilgesellschaft« nach einer – angesichts der unmittelbaren Effekte der Einschränkungen auffallend kurzen – Schockstarre in Aktion und reagierte, man fühlte sich an 2015/16 erinnert, spontan und flexibel auf die veränderten Bedarfe. Binnen kürzester Zeit wurden diverse Formen der kontaktlosen Nachbarschaftshilfe und digitaler Quarantainment-Angebote entwickelt. Freiwillige nähten Mund-Nasen-Masken für Pflegeeinrichtungen u. a., richteten Gabenzäune für Wohnungs- und Obdachlose ein, initiierten Spendenaktionen für ökonomisch Geschädigte und Soli-Kampagnen für Geflüchtete. Ganz selbstverständlich übernahmen die Menschen Verantwortung für Dritte und verschrieben sich dem Ziel der gemeinsamen Krisenbewältigung. Auch die Koordination freiwilligen Engagements musste den Bedingungen der Pandemie angepasst, tatsächliche Versorgungslücken mussten identifiziert und die Infrastruktur für digitale Vernetzung und Kollaboration geschaffen werden. Online-Plattformen und Hotlines sollten die Verwaltung der unzähligen Registrierungen und die Verknüpfung von Hilfesuchenden und Helfenden erleichtern. Insgesamt bestand im Bereich der Nachbarschaftshilfe ein großes Übergewicht von Hilfsbereiten gegenüber Bedürftigen, wie Freiwilligenagenturen und Plattformbetreiber aus ganz Deutschland mitteilten (vgl. Degelmann 2020). Das lässt sich z. T. womöglich dadurch erklären, dass

Letztere Vertreter*innen der Risikogruppe, i. d. R. höheren Alters und im
Umgang mit digitalen Medien und den neu geschaffenen Tools nicht geübt
sind. In anderen Feldern freiwilligen Engagements hingegen stagnierte die
Arbeit, weil Einrichtungen wegen des Kontaktverbots vorübergehend schließen und/oder viele ältere Ehrenamtliche ihre Tätigkeiten einstellen mussten,
um sich selbst vor einer potenziellen Infektion zu schützen. Der so entstan-
dene Mangel an Unterstützer*innen betrifft soziale Träger und Hilfsprojekte
in allen Bereichen – Kindern fehlen ihre Wahlopas, den Tafeln die Aktiven
in der Lebensmittelausgabe, Senior*innen der ehrenamtliche Besuchsdienst.

Festzuhalten bleibt, dass die Bereitschaft zu helfen ungebrochen ist. Die
deutlichen Zeichen gesellschaftlicher Solidarität unterstreichen die menschliche Neigung, in Krisenzeiten prosoziales und kooperatives Verhalten zu
üben. Ebenso markant aber treten seit Beginn der Corona-Krise Egoismen
und antisoziales Verhalten in Erscheinung, wie der Katastrophenforscher
Henning Görsch überrascht feststellte (vgl. Fritsche 2020). So gehören auch
Bilder von leergekauften Nudel- und Konservenregalen, Kämpfe um Toilettenpapier, Desinfektionsmittel und andere Hygieneprodukte zu unserer kollektiven Erinnerung an das Frühjahr 2020. Genauso wie sogenannte Corona-
Parties, die demonstrieren sollten, dass die Veranstalter*innen sich von einem
Virus nicht einschüchtern lassen, absichtliches Anhusten von Passant*innen
auf offener Straße, zum Spott über die Besorgten, oder die Denunziation von
Nachbarn, deren Kinder verbotenerweise Besuch von Schulfreund*innen bekommen haben. Auch eine drastische Zunahme von rassistischen Einstellun-
gen und Handlungen gegenüber asiatisch gelesenen Personen musste konstatiert werden. Diese Dichotomie von Solidarität und Egoismus markiert ein
zweites zivilgesellschaftlich relevantes Spannungsfeld während der Pandemie.

Das egoistische Kaufverhalten prägte vor allem die ersten Wochen des
Lockdowns. Medien und Satiriker*innen kommentierten die absurden Hamsterkäufe amüsiert und veröffentlichten z. B. Rezepte für Nudeln mit Toilettenpapier (vgl. Der Postillon 2020). Humor und Selbstironie dienen in Krisenzeiten bekanntermaßen nicht nur der Zerstreuung, sondern auch der
Bewältigung von Ängsten. Nun spiegelte das Kaufverhalten allem voran den
hohen Grad an Verunsicherung in der Bevölkerung wider. In sozialen Netzwerken kursierten Falschmeldungen, z. B. zur angeblich geplanten Schließung von Supermärkten, die zu Panikreaktionen führten (vgl. Gensing
2020). Obwohl die Bundeskanzlerin mit Nachdruck versicherte, es werde in
Deutschland keine Versorgungsengpässe geben, und die Bürger*innen dazu

anhielt, mit Bedacht einzukaufen und nicht zu horten (bundeskanzlerin. de 2020), legten viele Deutsche Vorräte an, die eine Selbstversorgung über mehrere Wochen garantieren würden. Rückblickend wirken die im Katastrophenmodus getroffenen privaten Maßnahmen übertrieben. Doch unter dem frischen Eindruck von Bildern aus Wuhan in China, wo die Verbreitung des Virus wahrscheinlich ihren Ausgang nahm, und der täglichen Nachrichten zur Lage in der Bundesrepublik gewann das Gefühl einer existenziellen Bedrohung solche Dominanz, dass das Vertrauen in die Bundesregierung erschüttert war und gegenüber dem erhöhten Sicherheitsbedürfnis und der Vorbereitung auf einen möglichen Überlebenskampf in den Hintergrund trat.

3. Feindbildproduktion und Spaltung der Gesellschaft

Durch die Corona-Maßnahmen, insbesondere die Kontakt- und Versammlungsverbote, wurden auch Bewegungen wie *Fridays for Future* oder die Seebrücke mit ihrer Kampagne *#LeaveNoOneBehind* ausgebremst. Die Aktivist*innen waren gezwungen, sich in virtuelle Räume zurückzuziehen und schmerzhafte Einbußen an Reichweite und Aufmerksamkeit hinzunehmen, die sie sich in den vergangenen Monaten und Jahren mit Demonstrationen im öffentlichen Raum erkämpft hatten. Die folgenden Auseinandersetzungen mit Ordnungskräften und Polizei, die öffentliche Debatte und der Streit um Demonstrations- und Versammlungsrecht waren und sind Ausdruck einer aktiven, demokratiebewussten und solidarischen Zivilgesellschaft.

Auch dieses dritte Spannungsfeld ist in mehrfacher Dimension eng mit der Krise verknüpft. Denn den Eingriff der Regierung in die persönlichen Freiheitsrechte der Bürger*innen nehmen vermehrt auch Anhänger demokratiefeindlicher Ideologien zum Anlass, sich als Widerstands- und Freiheitskämpfer zu inszenieren. Die selbsternannten Volksvertreter profitieren von der Verunsicherung in der Bevölkerung, die zusätzlich verstärkt wird, wenn sich Einschätzungen der Lage laufend ändern und vorläufige Ergebnisse aus Studien revidiert werden müssen. Anhand geschickter Verunsicherungsstrategien und der Referenz auf ein buntes Sammelsurium von Themen und Interessen, die vermeintlich alle Teile der Gesellschaft betreffen, gelingt ihnen nicht nur die Verbreitung von Falschmeldungen und Verschwörungsmythen, sondern auch die Mobilisierung einer neuen »Querfront« besorgter, demonstrationsfreudiger Bürger*innen. Während ideologische

Grenzen vordergründig verwischt werden – bei den sogenannten »Hygiene-Demos« stehen extrem Rechte, Impfgegner*innen, linke Aktivist*innen und politisch bislang kaum engagierte Bürger*innen gemeinsam für die Verteidigung der Grundrechte ein – eint die Masse das konstruierte Feindbild der Regierung (vgl. Jäkel 2020). Diese wird als Diktatur verbrämt, welche das Volk verrate und gegen die Widerstand zu leisten eine bürgerliche Pflicht sei.

Unzufriedenheit und Protest auf die Straßen zu tragen ist legitim und in einer lebendigen Demokratie ein zentrales Instrument. Zudem handelt es sich bei den Demonstrierenden um eine Randgruppe und eine Minderheit, deren Aktionen eine überproportional große mediale Aufmerksamkeit gewinnen. Dennoch sind Rechtsextremismus- und Antisemitismusforscher alarmiert angesichts der Präsenz antisemitischer Motive, der Referenz auf eine angebliche Verschwörung einer geheimen jüdischen Elite mit dem Ziel einer »New World Order« und einer Rhetorik, die kontinuierlich den Holocaust relativiert (vgl. Rottscheidt 2020). Diese Beunruhigung teilt auch die Bundesregierung, wie u. a. das Statement des Antisemitismusbeauftragten Felix Klein zeigt, der die Bedeutung einer »wachsame[n] und mutige[n] Zivilgesellschaft« betont, weil der »nötige Zusammenhalt der Gesellschaft in Krisenzeiten [...] nicht von oben herab verordnet werden« könne (bmi.bund. de 2020). Dass die Demonstrierenden selbst nicht an einem gesamtgesellschaftlichen Zusammenhalt orientiert sind, zeigt sich übrigens daran, dass sie im Widerspruch zum solidarischen Grundprinzip ausschließlich Partikularinteressen vertreten und sich z. B. nicht für die Grundrechte schutzbedürftiger Mitbürger*innen einsetzen. Die politische und gesellschaftliche Verantwortung der*s Einzelnen jedoch reicht über die Verteidigung der eigenen Interessen und Freiheiten hinaus. Das Mindestmaß an reflektierter Selbstpositionierung sollte darin bestehen zu hinterfragen, ob z. B. die eigene kritische Haltung gegenüber einer gesetzlich vorgeschriebenen Impfpflicht rechtfertigt, mit Verfassungsgegnern und Anhängern kruder Verschwörungsmythen eine Front zu bilden.

Conclusio

Die besprochenen Spannungsfelder veranschaulichen exemplarisch, dass die gegenwärtige Krise eine Zerreißprobe für die Gesellschaft als Ganzes darstellt und staatliche Institutionen gleichermaßen fordert wie zivilgesellschaftliche Akteure. Und dass zugleich im Krisenmodus Pragmatismus z. T. über Bürokratie siegen kann und spontan unbürokratische, innovative Lösungsansätze für auftretende Herausforderungen gefunden werden können. Die langfristigen wirtschaftlichen und sozialen Folgen der Pandemie sind, wie eingangs erwähnt, noch nicht absehbar. Doch in vielen Bereichen ließ sich ein beeindruckendes Maß an gesellschaftlicher Solidarität, Kreativität und Gestaltungswillen beobachten. Eine Unterbringung obdachloser Menschen in Hotelzimmern war vor Corona undenkbar. Dieses flexible Vorgehen zu Zeiten der Pandemie erbrachte eine zukunftsweisende Vorlage für die potenziell stärkere Umsetzung des »Housing-First«-Konzepts, mit welchem Finnland beeindruckende Erfolge im Kampf gegen Obdachlosigkeit erzielt hat. Abgesehen von diesem konkreten Beispiel bleibt zu hoffen, dass unkonventionellen Lösungen insgesamt größere Aufmerksamkeit und Wertschätzung zuteilwerden, um sie auf ihre Eignung für eine Verstetigung zu überprüfen. Es wäre ein herber Dämpfer, wieder zum Status quo ante zurück zu navigieren – sei es aus Bequemlichkeit oder basierend auf der Vorstellung, vor Corona wäre die Welt (noch) in Ordnung gewesen.

Abschließend sei erwähnt, dass die drei Spannungsfelder keineswegs für die Corona-Krise charakteristisch sind, sondern vielmehr als gesellschaftliche Konstanten betrachtet werden müssen, die in Krisenzeiten besonders extrem zum Ausdruck kommen. Um Zusammenhalt, Solidarität und Zivilcourage nachhaltig zu stärken, muss die Zivilgesellschaft ebenso konstant ihre »Funktion als Ort der deliberativen Demokratie« wahrnehmen und »Bürgerinnen und Bürger [müssen] aktiv an der Gestaltung des Gemeinwesens mitwirken« können (Strachwitz 2020).

Literatur

bmfsfj.de (2020): Zukunft Zivilgesellschaft: Junges Engagement im digitalen Zeitalter, 13.05.2020. https://www.bmfsfj.de/bmfsfj/aktuelles/alle-meldungen/digitalisierung-bereichert-freiwilliges-engagement-nicht-nur-in-corona-zeiten/155506, letzter Zugriff am 21.05.2020.

bmi.bund.de (2020): Bund-Länder-Kommission zur Bekämpfung von Antisemitismus beschäftigt sich mit antisemitischen Verschwörungstheorien, 18.05.2020. https://www.bmi.bund.de/SharedDocs/kurzmeldungen/DE/2020/05/antisemitismus-blk.html, letzter Zugriff am 21.05.2020.

bundeskanzlerin.de (2020): In Deutschland werden die Lebensmittel nicht ausgehen, 08.04.2020. https://www.bundeskanzlerin.de/bkin-de/media thek/podcast-corona-aktuell-3-gebaerde-1742350!mediathek?query=, letzter Zugriff am 10.05.2020.

Bundespsychotherapeutenkammer (2020): Frauen brauchen mehr Flucht-räume. BPtK: Häusliche Gewalt nimmt in der Coronakrise zu, 03.04.2020. https://www.bptk.de/frauen-brauchen-mehr-fluchtraeume/, letzter Zu-griff am 22.05.2020.

Degelmann, Brigitte (2020): Mehr Helfer als Hilfesuchende, 09.04.2020. https://www.bayerische-staatszeitung.de/staatszeitung/politik/detail ansicht-politik/artikel/mehr-helfer-als-hilfesuchende.html#topPosition, letzter Zugriff am 22.04.2020.

Der Postillon (2020): Corona-Quarantäne für Gourmets: Die 10 besten Re-zepte für Nudeln mit Klopapier, 05.03.2020. https://www.der-postillon. com/2020/03/corona-quarantaene.html, letzter Zugriff am 26.05.2020.

Fritsche, Angelika (2020): Jeder ist sich selbst der Nächste – Statt Solidari-tät fördert die Corona-Krise antisoziales Verhalten zutage. Interview mit Henning Goersch, 24.04.2020. https://www.duz.de/beitrag/!/id/786/ jeder-ist-sich-selbst-der-naechste, letzter Zugriff am 25.05.2020.

Gensing, Patrick (2020): Panikmache per WhatsApp, 18.03.2020. https:// www.tagesschau.de/faktenfinder/panikmache-coronavirus-101.html, letzter Zugriff am 15.05.2020.

Hentschel, Lisa/Röhse, Susanne (2020): Hinter geschlossenen Türen: Coro-na und häusliche Gewalt, 27.04.2020. https://www.ndr.de/nachrichten/ hamburg/Hinter-geschlossenen-Tueren-Corona-und-haeusliche-Ge walt,gewalt564.html, letzter Zugriff am 25.05.2020.

Jäkel, Lutz (2020): Das sind die Menschen, die auf den Hygiene-Demos gegen eine »Diktatur« demonstrieren, 11.05.2020. https://www.volksverpetzer. de/bericht/hygiene-demo/, letzter Zugriff am 20.05.2020.

Leister, Annika (2020): Helfer fordern Betten für Obdachlose in Hotels, 30.03.2020. https://www.berliner-zeitung.de/mensch-metropole/holt-die-menschen-von-der-strasse-gebt-ihnen-hotelzimmer-li.79959, letzter Zu-griff am 22.05.2020.

Rottscheidt, Ina (2020): Hygienedemos verbreiten Mythos einer Neuen Welt-ordnung, 29.05.2020. https://www.deutschlandfunk.de/libertaerer-anti semitismus-hygienedemos-verbreiten-mythos.886.de.html?dram:article_ id=477618, letzter Zugriff am 20.05.2020.

Schwering, Markus (2020): Jürgen Habermas über Corona: »So viel Wissen über unser Nichtwissen gab es noch nie«, 10.04.2020. https://www.fr.de/kultur/gesellschaft/juergen-habermas-coronavirus-krise-covid19-inter view-13642491.html, letzter Zugriff am 20.05.2020.

Schwyzer, Andrea (2020): Heinz Bude über Corona: »Weltgeschichtliche Zäsur«, 23.04.2020. https://www.ndr.de/kultur/Soziologe-Heinz-Bude-ue ber-Corona-Weltgeschichtliche-Zaesur,corona2504.html, letzter Zugriff am 20.05.2020.

Sein und Streit (2020): Carolin Emcke über Corona und kollektive Identitäten. Wie tragfähig ist das neue »Wir«-Gefühl?, 19.04.2020. https://www. deutschlandfunkkultur.de/carolin-emcke-ueber-corona-und-kollekti ve-identitaeten-wie.2162.de.html?dram:article_id=474912, letzter Zugriff am 22.05.2020.

stifterverband.org (2020): Gleiche Bildungschancen in der Corona-Krise sichern, Familien in schwierigen Lagen nicht allein lassen, 08.04.2020. https://www.stifterverband.org/pressemitteilungen/2020_04_08_svr_ bildungschancen_corona-krise, letzter Zugriff am 25.05.2020.

Strachwitz, Rupert Graf (2020): Zur Corona Krise: Eine Stimme aus der Zivilgesellschaft, 27.03.2020. https://web.maecenata.eu/images/Stimme_27_ III_2020.pdf, letzter Zugriff am 15.04.2020.

Universität Hamburg, Arbeitsgruppe DivER (2020): Stellungnahme: Folgen der Corona-Krise für die Bildung, Betreuung und Erziehung (BBE) von Kindern und Jugendlichen in Deutschland, 06.05.2020. https://www.ew. uni-hamburg.de/einrichtungen/ew1/vergleichende/diver/ueber-uns/aktu elles-neu/2020-stellungnahme-corona/stellungnahme-diver-corona-1. pdf, letzter Zugriff am 25.05.2020.

zdf.de (2020): Merkel für mehr Solidarität in Corona-Krise, 11.03.2020. https://www.zdf.de/nachrichten/politik/merkel-spahn-corona-100. html, letzter Zugriff am 22.05.2020.

Allein solidarisch?
Über das Neosoziale an der Pandemie

Stephan Lessenich

Die Analyse und Kritik der in der Regel als »Neoliberalismus« apostrophierten Gesellschaftsverfassung hat mittlerweile Generationen von Sozialwissenschaftler*innen beschäftigt. Bei allem Erkenntnisgewinn, den diese ebenso in- wie extensive Befassung mit der politökonomischen Signatur unserer Zeit erbracht hat, bleibt doch eine – und zwar die zentrale – Frage regelmäßig unbeantwortet: Was eigentlich ist das Geheimnis des »neoliberalen« Erfolgs? Wie kann es sein, dass ein gesellschaftliches Gestaltungsregime, das systematisch die soziale Ungleichheitsproduktion befördert, breite Bevölkerungskreise sozialpolitisch entsichert und mittels inszenierten Wettbewerbs tendenziell jede und jeden gegeneinander in Stellung bringt, gleichwohl immer wieder und letztlich auf Dauer die Akzeptanz gesellschaftlicher Mehrheiten zu generieren vermag? Warum stimmen die Leute ihrer gnadenlosen Unterwerfung unter allfällige Marktzwänge zu, warum stimmen sie als Wähler*innen jedes Mal von Neuem für ihre effektive Selbstentmachtung?

Wo diese Frage überhaupt sozialwissenschaftlich verhandelt wird, da werden zur Erklärung für gewöhnlich – in Habermas'scher Terminologie ausgedrückt – die Steuerungsmedien Macht und Geld in Anschlag gebracht. Entweder wird also argumentiert, dass es machtvolle Akteure in Politik, Wirtschaft und Medien sind, die den Leuten die globalisierungsbedingte Alternativlosigkeit einer marktkonformen Gestaltung des Sozialen eingehämmert hätten, bis diese irgendwann selbst davon überzeugt gewesen seien – wo nicht ohnehin institutionalisierter Zwang am Werke gewesen sei, um die Bürger*innen etwa über das Hartz-Regime zur Arbeit an ihrer Beschäftigungsfähigkeit zu nötigen. Eine andere Argumentationslinie hingegen verweist auf die materiellen Interessen wenn nicht der gesellschaftlichen Mehrheit, so doch einer starken Minderheit, nämlich des sogenannten »produktiven Kerns« der radikalisierten Marktgesellschaft, dessen Mitglieder sich durch den gesellschaftspolitischen Verweis auf individuelle Eigenverantwortung angesprochen fühlten und sich auch tatsächlich als Gewinner*innen des verschärften Leistungswettbewerbs begreifen könnten; diese relativ privilegierten Milieus seien es denn auch, die überhaupt noch durchgängig an politischen Wahlen teilnähmen und mit ihrer Stimme die herrschenden Verhältnisse bestätigten.

So plausibel beide Erklärungsangebote erscheinen mögen – sie können die gesellschaftliche Legitimationsfähigkeit jener Transformation, die sich in den vergangenen Jahrzehnten mindestens in der gesamten westlichen Welt vollzogen hat, nicht hinreichend erhellen. Neben Macht und Geld war nämlich noch ein drittes Steuerungsmedium im Spiel, und dieses heißt überraschenderweise: Moral. Bei aller »sozialen Kälte« der marktradikalen Programmatik setzte diese doch zugleich unverkennbar auf ihre – ganz spezielle – »soziale Ader«, und eben diese steht für den diskreten Charme des »neoliberalen« Projekts. Es war – und ist – die moralische Aufladung einer vermeintlich bloßer ökonomischer Rationalität gehorchenden gesellschaftlichen Umgestaltungsmaschinerie, die allein nachvollziehbar werden lässt, warum der »Neoliberalismus« nicht nur die Köpfe seiner objektiven Profiteure, sondern auch die Herzen der doch eigentlich an ihm leidenden Subjekte erobern konnte.

Ich habe dieses sozialmoralische Regime, das dem »neoliberalen« Gesellschaftsprojekt ein menschliches Antlitz zu verleihen schien, vor nunmehr über einem Jahrzehnt als »neosozial« bezeichnet (vgl. Lessenich 2008). Damit suchte ich zum einen den Umstand zu fassen, dass die »neoliberale« Feier der Eigenverantwortung immer auch mit dem moralischen Additiv der Sozialverantwortung versehen war: Wer statt auf staatliche Unterstützung und öffentliche Versorgung zu setzen ganz allein und privat für sich selbst sorge, der*die erweise damit auch seine*ihre Sorge um das gesellschaftliche Ganze; wer seine Lebensführung an marktökonomischen Imperativen ausrichte, leiste damit zugleich einen bedeutsamen Beitrag zur sozialmoralischen Integration des Gemeinwesens. Die Logik war ebenso einfach wie bestechend: Wer jede auch noch so schlechte Arbeit annimmt, ewig strebend sich um marktadäquate Qualifikationen bemüht, in jungen Jahren schon eigentätig für sein Alter vorsorgt und in jedem Lebensalter etwas für seine Gesundheit tut, erbringt damit einen Dienst an der Allgemeinheit – die auf diese Weise nämlich vor überbordenden Sicherungsansprüchen geschützt, von vermeidbaren Sozialkosten entlastet, von Kostgänger*innen der Steuer- zahler- und Versicherungsgemeinschaft verschont wird.

Der Neologismus »neosozial« sollte zum anderen aber auch darauf ver- weisen, dass die behauptete soziale Dimension eigenverantwortlichen Han- delns im »Neoliberalismus« keineswegs nur untergründig, als verborgene Mechanik des Sozialen, wirkt – wie in Adam Smiths klassisch-liberalem Bild des Bäckers, der allein durch seine Interessenverfolgung das Wohl der brötchenverzehrenden Klassen (mithin: aller) befördere. Im Zeichen »neo- liberaler« Vergesellschaftung entwickelt sich vielmehr eine umfangreiche, aufwändige und vielstimmige Propagandaaktivität, die das genuin Soziale am gezielt Individuellen ins allgemeine Bewusstsein einzuspeisen, einzu- pflanzen, ja einzuimpfen versucht. »Auch Sie ganz persönlich können Kon- junkturmotor sein«: Was der damalige Bundeskanzler Schröder in seiner ersten Neujahrsansprache nach Erlass der Agenda 2010 das deutsche Pro- duktivsubjekt wissen ließ, spricht »neosoziale« Bände.

Nun – warum hier diese längliche Nachlese auf ein Zeitalter, das von nicht wenigen sozialwissenschaftlichen Beobachter*innen mittlerweile schon weit jenseits seines Zenits gewähnt wird? In einem Band, dem es um die Analyse der jüngsten Krise und ihrer gesellschaftsprägenden Kraft zu tun ist? Die Antwort lautet, thesenartig zugespitzt: Weil in Zeiten von Coro- na nicht etwa der »Neoliberalismus« pandemische Urstände feiert, sondern eben die ihm korrespondierende, ihn gleichsam einbettende »neosoziale« (Trans-)Formation der Gesellschaft zu sich selbst kommt.

Eigenverantwortung in Sozialverantwortung: Auf einen kürzeren Nen- ner lässt sich wohl kaum bringen, was in der gegenwärtigen Krise gesell- schaftlich angesagt und gesellschaftspolitisch gefragt ist. Jede*r ist aufge- fordert, sich selbst zu steuern, zu zügeln, zu kontrollieren – im Sinne und Dienste des Gemeinwohls. Daheimbleiben, Abstand halten, Hände waschen, Mundschutz tragen, Kontakte minimieren – der gesamte coronabedingte Verhaltenskodex zielt zwar auch auf den Selbstschutz vor Infektion, in erster Linie aber auf den Schutz der Allgemeinheit vor den Infizierten. Das Wohl (und Wehe) der gesellschaftlichen Gemeinschaft ist in meine, deine, unser aller Hände gelegt. Wer gegen die Verhaltensnorm verstößt, macht sich daher schuldig, ja setzt das Leben anderer aufs Spiel. Eine stärkere Mora- lisierung individuellen Wohl- und Fehlverhaltens als entlang der Achse von Leben und Sterben ist wohl kaum denkbar: Jede*r einzelne von uns hat es selbst in der Hand, ob er*sie gut oder böse, Held*in oder Schurke, Lebens-schützer*innen oder Todesengel ist.

Dabei vollzieht sich die Subjektivierung des Sozialen in der Corona-Kri-se wie im »neosozialen« Drehbuch: Vor lauter individueller Eigenverantwor-tung für die Reproduktion des Sozialen geraten die strukturellen Ursachen der Krise ebenso aus dem Blick wie die Vernachlässigung öffentlicher Ver-antwortlichkeit. Aller wissenschaftlichen Evidenz zum Trotz – die anderer-seits und zeitgleich den geradezu sakrosankten Status wertfrei-desinteres-sierten Politikberatungswissens genießt – wird die Heraufkunft des Virus in der öffentlichen Selbstverständigung als exogener Schock verhandelt, als eine jähe, unvermutete Heimsuchung, die von außen über uns gekommen ist. Und die dementsprechend unseren sozialen Zusammenhalt heraus-fordert, uns alle am Nerv unseres Gemeinsinns trifft, uns in der Not zu-sammenstehen lässt gegen den »unsichtbaren Feind«. #zusammenzuhause, #zusammensindwirstark, #zsammhoitn: Tausendundein Hashtags künden von der gemeinschaftsseligen Abstraktion von dem nicht minder evidenzbasier-ten Sachverhalt, dass das strukturelle Pandemierisiko in jener expansiv-des-truktiven, industriekapitalistischen Wirtschafts- und Lebensweise wurzelt (vgl. Hartmann 2020), die den spezifischen Modus der Sozialintegration der westlichen Zivilisation überhaupt erst ermöglicht – und die wir irgendwie #allezusammen mittragen.

Zugleich sorgt der politisch-mediale Fokus auf das gemeinwohldienli-che Individualverhalten dafür, dass die infrastrukturellen Defizite eines über Jahrzehnte hinweg auf Rationalisierung und Profitabilität getrimm-ten öffentlichen Wohlfahrtssektors kaum mehr zur Sprache kommen. Die »Belastungsgrenzen des Gesundheitssystems« bilden in diesem Sinne die unabhängige Variable, die quasi-natürliche Größe, die alle pandemiebe-zogenen Verhaltensmaßregeln bedingt – als ob diese Grenzen schlicht ge-geben und nicht politisch herbeigeführt worden seien und auch in Zukunft nicht grundlegend verschoben werden könnten. Analog verhält es sich mit den vielzitierten Kapazitäten der Gesundheitsämter, um Infektionsverläufe nachvollziehen zu können: Dass sich diese schon bei Fallzahlen im Promil-lebereich als erschöpft erweisen, ließe sich ohne Weiteres als Ausweis der Bankrotterklärung der herrschenden »Gesundheitspolitik« deuten – gilt aber nun faktisch als Begründung, um die Subjektivierung des Pandemie-bewältigungsgeschehens zu betreiben. Und dabei können sich die Bür-ger*innen der Bundesrepublik sogar noch glücklich schätzen, dass das hiesige Gesundheitswesen nicht derart kaputtgespart wurde wie jenes an den europäischen Peripherien, allen voran das griechische (dessen verheerende »Strukturreform« in der entscheidenden Phase der »Staatsschuldenkrise« übrigens vom damals FDP-geführten Bundesgesundheitsministerium als europäischem »Domain Leader« angeleitet wurde).

Das umfassende – rechtliche, administrative, polizeiliche – Kontrollregime zur Sicherstellung sozialverantwortlicher Eigenverantwortung wiederum gewinnt seine Akzeptanz und Legitimität nur, oder jedenfalls doch maßgeblich, durch seine moralische Aufladung mit einem politischen Wertbegriff, der lange Zeit als verstaubt galt. Oder mehr noch: Als ewiggestrig, weil (eigentlich) untrennbar mit dem historischen Kampf der Lohnabhängigen gegen ihre ökonomische Ausbeutung und soziale Beherrschung verbunden. Heute aber ist der Begriff der »Solidarität« plötzlich in aller Munde – in dem der politischen Entscheidungsträger ebenso wie dem der intellektuellen Deutungseliten, aber nicht minder auch in dem einer pandemisch gleichermaßen mobilisierten wie demobilisierten Zivilgesellschaft. Kaum jemand, der*die in den Krisenwirren auf die Anrufung solidarischen Verhaltens verzichten wollen würde – und nichts, was nicht zu gering wäre, um noch als solidarische Praxis durchzugehen: Vom Sehen-und-gesehen-Werden abendlichen Balkonklatschens für das über Nacht zu »Alltagsheld*innen« erklärte Dienstleistungsproletariat über den Corona-Pflegebonus (in Bayern z. B. als freiwillige, ggf. zu versteuernde Leistung des Freistaats in Höhe von 300 Euro bei einer regelmäßigen wöchentlichen Arbeitszeit von bis zu 25 Stunden) bis hin zur Aufnahme von 47 unbegleiteten minderjährigen Geflüchteten aus griechischen Lagern durch die Bundesrepublik Deutschland (von denen – wie sich mittlerweile herausstellte – die meisten ohnehin einen Rechtsanspruch auf Familienzusammenführung mit bereits in Deutschland lebenden Angehörigen gehabt hätten).

Für die Entleerung und damit effektive Entwertung eines Hochwertbegriffs durch konsequente Inflationierung und Überdehnung seiner Verwendung sind die unzähligen Spielarten einer vermeintlichen »Corona-Solidarität« ein geradezu idealtypisches Beispiel. Für das »Neosoziale« an der Pandemiefolgenphänomenologie aber ist vor allem von Bedeutung, dass solidarisches Handeln hier systematisch mit der (neo-)liberalen Regierungstechnologie im Sinne Foucaults verwoben ist (vgl. Sarasin 2020). Die epidemiologische Anrufung »Take care« – oder die unter Corona zum geflügelten Wort gewordene Grußmahnung »Bleibt gesund!« – steht für die doppelte

Verhaltensaufforderung, im Modus des Selbstbezugs (vor-)sorgend tätig zu werden und im Modus der Gemeinschaftlichkeit sich wechselseitig zu unterstützen. Dieser individualisiert-kollektiven Form der sozialen Solidarität ist jedoch jeglicher politische Impetus genommen: Es geht gerade nicht darum, das Virus als gesellschaftlich aktiv hervorgebracht – als schon in seiner Entstehung gesellschaftliches Phänomen also – zu verstehen, und ebenso wenig darum, die Notwendigkeit individueller Selbstsorge und sozialer Selbstorganisation als Effekt wohlfahrtsstaatlichen Rückzugs zu begreifen. »Solidarität« wird vielmehr zum Ausfallbürgen einer öffentlichen Verantwortung für die Reproduktion des Sozialen und zum mikropolitischen Schmiermittel eines gesellschaftlichen Gestaltungsregimes, das sich gerade durch seine institutionalisierte Asozialität charakterisiert (vgl. Byers 2020).

In einer Gesellschaft, die »Solidarität« den sorgenden Subjekten als persönliche Verhaltensanforderung auferlegt, liegt in der politisch vermittelten Selbstgewissheit, dass die Pandemie »allein solidarisch« bewältigt werden könne, keine emanzipatorische Verheißung, sondern eine potenziell autoritäre Drohung. Und genau so stellt sich auch die Zeitstruktur der coronapolitischen Anrufungen dar, die eins-zu-eins jene des »neoliberalen« Wachstums- und Austeritätsdiskurses reproduziert: Dort lautete das einschlägige Mantra über Jahrzehnte hinweg, dass zwar aktuell die Wirtschaft floriere und die Unternehmen satte Gewinne einführen, dass der momentane Erfolg aber eine äußerst zarte Pflanze sei, die bei auch nur dem geringsten Nachlassen »unserer« Anstrengungen – gemeint war im Kern der Lohnverzicht der abhängig Beschäftigten – in kürzester Zeit wieder einzugehen drohe. Nicht zufällig also sind uns die gleichlautenden Durchhalteparolen des Pandemiediskurses so vertraut: Akut ist das Infektionsgeschehen eingedämmt, aber noch ist nichts gewonnen, wir stehen erst am Anfang eines langen Weges, das Erreichte darf nicht aufs Spiel gesetzt werden, jedes Nachlassen wäre verheerend.

Es ist dies die Logik der Unabschließbarkeit, die das »Neoliberale« und das »Neosoziale« miteinander vereint: Es ist nie genug geleistet, ewig grüßt die Rückfalldrohung. In dieser Logik ist dann – verkehrte Welt – sozial, was Arbeit schafft; und liberal, wer den Ausnahmezustand verteidigt (vgl. Richter 2020).

Literatur

Byers, Sam (2020): »We're All Keen to Show We Care, but We've Shaped a Society That Doesn't Care at All«. In: The Guardian vom 17.5.2020. https://www.theguardian.com/commentisfree/2020/may/17/show-care-lockdown-clap-transgressors-rontline-workers-pandemic, letzter Zugriff am 21.05.2020.

Hartmann, Kathrin (2020): »Das kommt nicht von außen. Was Epidemien mit der Zerstörung intakter Ökosysteme durch den Menschen zu tun haben«. In: der Freitag 12/2020. https://www.freitag.de/autoren/der-freitag/das-kommt-nicht-von-aussen, letzter Zugriff am 21.05.2020.

Lessenich, Stephan (2008): Die Neuerfindung des Sozialen. Der Sozialstaat im flexiblen Kapitalismus. Bielefeld: transcript.

Richter, Hedwig (2020): »Hilfe zur Selbsthilfe«. In: SZ vom 18./19.4.2020. https://www.sueddeutsche.de/politik/gastbeitrag-hilfe-zur-selbsthilfe-1.4879653, letzter Zugriff am 21.05.2020.

Sarasin, Philip (2020): »Mit Foucault die Pandemie verstehen?«. In: geschichtedergegenwart.ch am 25.3.2020. https://geschichtedergegenwart.ch/mit-foucault-die-pandemie-verstehen/, letzter Zugriff am 21.05.2020.

Endstation Solidarität?
Sprachliche Einwürfe zum gesellschaftlichen Zusammenhalt zwischen »Systemrelevanz« und Kriegszustand

Simon Scharf

Mit der Verbreitung des Coronavirus griff ebenso exponentiell der Begriff der Solidarität um sich. Semantisch sehr stark begrenzt auf ein Zusammengehörigkeitsgefühl infolge gemeinsamer Ziele und Interessen bekam man schnell den Eindruck, dass Solidarität in Krisenzeiten sehr weitreichende Geltung beanspruchen kann – viele waren solidarisch mit den hart arbeitenden Pflegekräften, Kassierer*innen, Ärzt*innen, den gefährdeten Risikogruppen oder – im internationalen Sinne – mit den stark gebeutelten Norditaliener*innen. Auch die Praxis des Solidarischen variierte zwischen Applaus, liebevollen Worten, dem Gutscheinkauf oder dem einfachen Zuhausebleiben (als bei weitem eigenartigster Form der *Äußerung* von Zusammengehörigkeit). Sobald derlei Begriffe »in aller Munde« sind und dabei in ihrer Bedeutung nicht mehr allzu präzise erscheinen, stellen sich (Sprach- und Literatur-)Wissenschaftler*innen oftmals Fragen: Auf welchen Umstand reagiert ein derart starkes Aufrufen dieser Termini? Wie lassen sich diese Begriffe noch angemessen trennscharf erfassen, wenn sie in diversen Kontexten bereits derart stark florieren? Was sagt die Häufigkeit ihres Gebrauchs über die sie verwendende Gesellschaft, ihre grundsätzliche Ausrichtung, ihre Wertmaßstäbe aus?

Dieser Text geht von der Annahme aus, dass eine – häufig als extrem polarisiert und ambivalent beschriebene – Gegenwartsgesellschaft über den Begriff »Solidarität« eine Art Leerstelle verhandelt und diskutiert, die im Zuge ökonomischer Marktradikalisierung, kapitalistischer Konkurrenz und starker Individualisierung jenseits alter Kollektive aufgebrochen ist (z. B. Mau 2007; Reckwitz 2017) und nun als *Problemzusammenhang* besprochen wird.[1] Die folgenden Einwürfe fragen vor diesem Hintergrund danach, welche Bedeutungsdimensionen die momentan starke Rede einer geforderten Solidarität aufruft und gehen dabei der Spur starker Extreme nach: Solidarische Appelle sollen auf der einen Seite integrativ wirken und zu einer Art Kollektivbewusstsein beitragen, lassen aber immer wieder *gegenläufige* Formen der Konkurrenz und Ent-Solidarisierung durchbrechen. Wiederkehrende charakteristische Sprachmuster verraten auf diese Weise Entscheidendes über eine zunehmend moralisierende und darin (auf- und ab-)wertende Gesellschaft – was sich beispielhaft an einer (wieder einmal) grassierenden Kriegsmetaphorik sowie dem ubiquitären Begriff »Systemrelevanz« zeigt.

1   *Wer bedroht uns?* Fragile Solidarität hinter Kriegsvokabular

Nach dem vielzitierten »Krieg gegen den Terror« im Anschluss an die Ereignisse von 9/11 (und den vielen darauffolgenden islamistischen Attentaten welt- und europaweit) sind Aussagen staatlicher Verantwortlicher immer noch von einer kriegerischen Metaphorik geprägt, die im Zuge der Corona-Pandemie neu aufgerufen wird: Macrons Bekundung, im »Krieg« zu sein, Merkels Zielsetzung, die »Gemeinschaft zu schützen« (bei allem Dank für diejenigen, die »in diesem Kampf in vorderster Linie« stehen), Laschets Diktum, es gehe ums »Überleben« oder Guterres' Kriegserklärung an das Virus werfen Fragen mit Blick auf die Bedeutung gesellschaftlicher Solidarität auf; dabei scheint offenkundig zu sein, dass sich die Semantik des Kriegerischen längst entkoppelt hat von der ursprünglichen Dimension einer bewaffneten Auseinandersetzung zwischen zwei Staaten (vgl. dazu Bonacker/Imbusch 2005); dennoch erweisen sich andere mit ihr verknüpfte Konnotationen als offensichtlich effektiv und langlebig mit Blick auf gerade *demokratische* Diskurse: Die Rede von einem Kriegszustand ermöglicht vor allem die Klarheit einer Innen-Außen-Grenzziehung, die das als homogen imaginierte Innen der Gemeinschaft einem feindlichen Außen gegenüberstellt. Dass im konkreten Falle der Corona-Pandemie ausgerechnet ein Virus als »feindlich« bezeichnet wird, dessen gefährliche »Freisetzung« vor allem auf die menschliche Aneignung und Unterwerfung natürlicher Lebensräume (mit der Folge des Überspringens neuer Viren auf eben den Menschen) zurückgeht, fügt sich ein in eine lange Geschichte menschlicher Verdrängung – das Aufkommen des Virus »aus dem Nichts« als böser Feind des wohlgesonnenen Homo sapiens wird folgerichtig zur Karikatur. Viel aufsehenerregender ist aber die Fiktion eines geschlossenen Innen; hier wird der entlarvende Begriff »Gemeinschaft« (aus Merkels Ansprache an die Nation Mitte März) zum Ausgangspunkt einer nicht zugestandenen gesellschaftlichen Komplexität und Widersprüchlichkeit von Personen, Interessen und Haltungen. Stattdessen formuliert die Kanzlerin implizit – aus strategischen Gründen eines so womöglich erzeugten *Gemeinschafts*gefühls – eine vorweggenommene Einheit und Einigkeit im Bewusstsein der äußeren Gefahr. Hier wird im Modus der Sprache bereits davon ausgegangen, dass es so etwas wie eine übergreifende Willensbekundung zur Solidarität nach innen gibt – die kontroverse Debatte scheint in Anbetracht drohender Gefahren für den Einzelnen und die Gemeinschaft überflüssig, das Bild des Krieges dynamisiert auf diese Weise ein überkommenes Kollektivbewusstsein, das in einer modernen Gesellschaft mindestens windschief ist.

Dass in solchen Situationen drohender Ordnungsverluste heroische Narrative in den Fokus der Wahrnehmung geraten, zeigt sich gerade am heute wieder omnipräsenten Bild des Helden (vgl. Bröckling 2020: 72 f.): Beklatscht von den Balkonen der Welt garantiert der Held in Zeiten der Pandemie zumeist die gesamtgesellschaftliche Gesundheit oder die Nahrungs- und Konsumsicherheit; weiterführend im spätmodernen Sinne wird er als gewissermaßen alltäglich-demokratisierte Version des einstmaligen Helden des Epos zum Menschen von Tat, Absicht und Sinn – eingebettet in die »Privat-Mythologie« des unternehmerischen Selbst (vgl. ebd.: 13, 62 ff.; Bröckling 2005): Im marktwirtschaftlichen Wettbewerb ist das Heroische so anschlussfähig an das Leistungsprinzip – deshalb aber nicht unproblematisch, weil »agonales Handeln« des Subjekts immer auch Türen öffnet für ein Denken, das den Anderen überwinden oder Freund-Feind-Linien ziehen will (Bröckling 2020: 33 f.). An dieser Stelle wird gewissermaßen offenbar, dass die Auszeichnung des Heldenhaften gerade heute zu starken Ambivalenzen vor allem auch mit Blick auf die (sprachliche) Aufrechterhaltung von gesellschaftlicher Solidarität führt: Die im Wesentlichen narrative Konstruktion und Aufwertung des Helden zur Bewältigung der Krise (verursacht durch einen äußeren Feind) verspricht einerseits das gemeinsame Besinnen auf wichtige Figuren und scheint so solidaritätsstiftend, zeichnet aber im Gegenteil auch immer das Nicht-Heldenhafte, das Mittelmäßige und Durchschnittliche aus, erzeugt fälschlicherweise Hierarchien innerhalb der ausdifferenzierten Gesellschaftsordnung (ebd.: 24 f.). In diesem Sinne deuten sich so eklatante Widersprüche zwischen Formen der Vergesellschaftung und Arbeitsteiligkeit sowie einem (im Kern eher aristokratisch anmutenden) Heroismus an, der sich in der moralischen Etikettierung des Besonderen und Wichtigsten als *demokratisch fragwürdig* erweist (ebd.: 81 f.). Zudem läuft der im Wesentlichen von *außen* vorgenommene Ausweis des Heroischen gegenwärtig deshalb ins Leere, weil doch – mindestens beispielhaft für die Lebensmittelbranche – Inkonsequenzen und eine Doppelmoral zu Tage treten, die zwischen der konsumistischen Durchsetzung von Eigeninteressen (»Der Kunde ist König«) und der Feier des Heldenhaften pendeln – möglicherweise als den zwei Seiten der einen Egoismus-Medaille.

Bei alledem wird deutlich, dass die wieder flächendeckend um sich greifende Kriegsmetaphorik (neben den hier unberücksichtigt gelassenen Möglichkeiten einer emotionalen Ansprache durch aufgerufene Bilder der Zerstörung) zum einen ihr eigentliches Ziel der Steigerung von Solidarität nur bedingt erfüllt, zum anderen aber für die Idee demokratischer Mündigkeit besonders verheerend wirkt: Dass der Feind des Virus völlig unideologisch, jenseits einer Innen-Außen-Grenzziehung von Freund und Feind sowie der binären Logik von Überleben-Nicht-Überleben agiert, muss zum Bestandteil der diskursiven Auseinandersetzung in einer Gesellschaft werden. Die Möglichkeiten, argumentativ angegriffen zu werden, im eigenen Regierungshandeln streitbar zu sein, dürfen sich dabei nicht im metaphorischen Dunstkreis einer unterstellten Konsensgemeinschaft, die sich in minimaler Weise darüber im Klaren sein sollte, *überleben* zu wollen, nivellieren. Zudem ist dabei offensichtlich, dass derlei Formen der Komplexitätsreduktion und künstlichen Polarisierung in Richtung der Frage der Überlebensfähigkeit im Ausnahmezustand dem grundsätzlichen Anspruch, Demokratie als widersprüchlichen Auseinandersetzungsraum zu gestalten, nicht gerecht werden. Der im Wesentlichen *konstruierte* »Krieg« ist damit nicht »alternativlos« – er setzt bereits eine entsprechende Sicht auf ein Geschehen voraus, das in dieser Form auch anders – und bei weitem komplexer – hätte beschrieben werden können.

2 *Wer ist wichtiger?* Zum ausgehöhlten Begriff »Systemrelevanz«

Der aktuell sprachlich überlastete Begriff »Systemrelevanz« beschreibt gewissermaßen das andere Ende einer krisenhaften Solidarität. Er bewegt sich dabei interessanterweise zwischen der Idee, einerseits solidaritätsfördernd auf die Wichtigkeit gesellschaftlicher Akteure hinzuweisen, andererseits aber überzugehen in eine konfrontative Abwägung und Bewertung dieser in einem hierarchischen Sinne.

Das diskursive Aufkommen des Begriffs deutet zunächst auf relativ klare terminologische Abgrenzungsmöglichkeiten hin: »Systemrelevanz« meint – begrifflich sehr eng geführt – eine vorrangig ökonomische Kategorie, die auf die Frage reagiert, wie die volkswirtschaftliche Solidität eines Landes im Krisenfall garantiert werden kann (siehe hier vor allem das Aufkommen des Begriffs während der Bankenkrise 2008/2009). Dass Kreditinstitute hier als wirtschaftliche Säulen einer kapitalistischen Gesellschaftsordnung in Erscheinung treten (*too big to fail* sind), mag zwar für Irritationen und Ressentiments gegenüber dem »diabolischen« Banker sorgen, sagt aber zunächst etwas über dessen primär ökonomische Bedeutung aus. Wichtig ist in diesem Zusammenhang ebenso der energiewirtschaftliche Aspekt eines Begriffs, der möglicherweise präziser mit »kritischer Infrastruktur« gefasst werden könnte und etwa auf Versorgungssicherheiten in Notfällen abhebt.

Alle Vereinnahmungen und Beanspruchungen der *eigenen* Systemrelevanz in Zeiten der Corona-Pandemie lassen diesen engen Begriffshorizont verblassen und führen vielmehr zu seiner Aufwertung als einem kriterienunscharfen *Kampfbegriff*. Wo zu Anfang noch – einigermaßen klar – von der besonderen Bedeutung der Akteure im Gesundheitswesen und Lebensmittelbereich die Rede war, verwässerte die terminologische Schärfe mit der zunehmenden Öffnung der gesellschaftlichen Diskussion für entsprechende Lockerungen. Diese inflationäre Verschiebung, die nun sehr unterschiedliche Berufe ins Rampenlicht stellte (von Pflegekräften über Künstler*innen bis hin zur Wrestlingbranche), zeigt doch sehr deutlich, dass eben diverse, teils völlig widersprüchliche Annahmen bei einer solchen Bewertung vorausgesetzt werden. Interessant ist dabei, dass die Grundbedeutung von »relevant« genau zwischen *Abgrenzung* und *Integration* pendelt und damit den eingangs geäußerten Kerngedanken aufnimmt: »Relevant« kann eine Information sein, die dienlich ist »zur Aufhellung eines zu untersuchenden Sachverhalts« (Wahrig 2012: 768) und im Sinne dieser Semantik nicht ausschließen kann, dass ein solcher Wert von Bedeutung und Wichtigkeit auch auf andere Informationen zutrifft. Dieses sprachliche Zulassen eines *Nebeneinanders* von Informationen, Berufen oder anderweitigen Zugängen ist im lateinischen Ursprungskontext nicht gegeben; hier beschreibt »relevare« ein Verhältnis zwischen dem räumlich verstehbaren Anheben und Fallenlassen eines Gegenstandes, der symbolisch verstehbaren Auf- und Abwertung im Sinne der »Abwägung« (vgl. Stowasser 1998, Eintrag »relevō«). Markant ist vor diesem Hintergrund auch, dass der *Duden* den Begriff der Relevanz seit Beginn des Ersten Weltkriegs führt – dem Auftakt eines Jahrhunderts der Konfrontationen, des Vergleichs und auf- und abwertenden Freund-Feind-Denkens.

Vielleicht liegt es nahe, dass die Diskussionen um die Systemrelevanz Einzelner in einer häufig konstatierten Empörungs- und Erregungsdemokratie (Pörksen 2018) vor allem bewertende und moralische Dimensionen kennen. Die begriffliche Unschärfe und das gegenwärtig überhaupt dürftige Sprach- (und damit Differenzierungs-)bewusstsein der Gesellschaft sind dann das Ergebnis mehrerer diskursiver Irrwege: Zunächst dürfte in einer arbeitsteiligen, funktional ausdifferenzierten und komplexen Gegenwartsgesellschaft eigentlich klar sein, dass schlichtweg *alle* systemrelevant sind, zumal jede Berufsgruppe zur Funktionsfähigkeit des Staates beiträgt und die Bewertungsgrundlage für Relevanz sich eher *horizontal* ausrichtet. Außerdem mahnt eine enge *volkswirtschaftliche* Begriffsführung sehr stark zur *ökonomischen* Eingrenzung von Relevanz im Ausnahmefall einer Krise. Leider gewinnt man aber zunehmend den Eindruck, dass sich der Begriff der Systemrelevanz – euphemistisch gesagt – hervorragend dazu eignet, die sukzessiven ökonomischen Verteilungsfragen (auch und gerade mit Blick auf staatliche Interventionen) strategisch auszutragen und in ein sprachlich kompetitives Gewand zu kleiden: In gegenwärtigen Debatten scheint so das Postulat der Arbeitsteiligkeit aufgegeben zu sein – zugleich werden ökonomistische Denkweisen (Heitmeyer 2018), freiheitlich-demokratische Reflexionen sowie lose eingebettete moralische Urteile zum Cocktail einer sogenannten »Debatte« vermischt. Unter Aufkündigung einer solidarischen Haltung, die sich an Interessen einzelner Berufsgruppen orientiert, ringt jeder um seine eigene Wichtigkeit im »System«, wobei die Grundannahmen dabei teilweise völlig subjektiv und unklar sind: Ist von der ökonomischen »Nützlichkeit« der Gruppe für ein kapitalistisches Wirtschaftssystem die Rede, appelliert man an die eigene Bedeutung in einer freiheitlich-demokratischen Grundorientierung oder wird die »Relevanz« im Sinne von persönlicher Bildung, Weiterentwicklung und kritischem Bewusstsein moniert? Hier laufen potenziell fruchtbare Auseinandersetzungen (etwa mit Blick auf die ökonomische Aufwertung von Berufen im Einzelhandel oder Gesundheitswesen) zumindest vorläufig ins Leere, zumal – ähnlich wie im Kontext der Kriegsmetaphorik – schädliche Grenzziehungen (relevant/nicht relevant; wertvoll/wertsteigernd; wenig wertvoll/wertsteigernd) vollzogen werden, die unter diffusen Begründungen stark abgrenzend wirken und eine solidarische Absicht entscheidend unterlaufen.

3   *Wie in Zukunft sprechen?* Leitplanken eines emanzipierenden Diskurses

Das Ringen um Solidarität in Zeiten der Pandemie verläuft als sprachliches Phänomen weitgehend widersprüchlich und lenkt die Aufmerksamkeit für zukünftige Fragen gewissermaßen auf den blinden Fleck der Frage nach einem *verwirklichten demokratischen* Diskurs. Auf eine aktuell fragil gewordene Solidarität (und ihre sprachlich seismographischen Auswüchse) zu reagieren, meint damit auch, umfassend auf den Ebenen aller am Diskurs beteiligten Akteur*innen anzusetzen. In der politischen Ansprache muss dies z. B. bedeuten, den und die Einzelne(n) als mündig-reflexionsfähige(n) und kooperative(n) Bürger*in zu adressieren und nicht als schutzbedürftiges, nicht-entscheidungsfähiges Kind – das man vor schwierigen Diskussionen bewahren will – paternalistisch zu betreuen. Dazu gehört im Wesentlichen die klare Darstellung von Widersprüchen, Ambiguitäten und Offenheiten, die Bereitschaft, eigenes Unwissen zuzulassen und – vor allem – das gegenwärtig häufig sichtbare »strategische« Sprechen mit den Mitteln der Angsterzeugung und emotionalen Involvierung durch manifeste oder mental erzeugte Bilder einzustellen. In der Identitätsforschung ist hier seit langem klar, dass die gelungene Entwicklung des Selbst vor allem von einer Vorbereitung des Ich auf den Umgang mit Unvereinbarkeiten, mit Komplexität und Unsicherheit abhängig ist, sodass es entscheidungsfähig wird und sich zu positionieren lernt (vgl. hier etwa Keupp 1994; Hitzler/Honer 1994; Rosa 2005). Dafür ist gerade das künstliche Erzeugen von (kriegerischer) Polarität und einfachen binären Lösungen Gift, vor dem auch die Politik jenseits der AfD nicht gefeit ist, die sich gerade als Reaktion auf vermeintliche Alternativlosigkeiten formierte.

Das sprachlich nachgezeichnete Aufkündigen der Solidarität in Form einer starken Konkurrenzlogik im Ringen um die eigene Relevanz im »System« zeigt aber auch, dass den Bürger*innen selbst eine Verantwortung im demokratischen Diskurs zukommt: Politische Debatten folgen keiner asymmetrischen Konsumrichtung, bei der man kritiklos die entsprechenden Wasserstände zur Kenntnis nimmt oder in vernichtender Weise das »System« in Gänze zur Hölle wünscht, sondern setzen die Fähigkeit zur Unterscheidung und Differenzierung, zur konstruktiven Beteiligung an souverän und ambivalent ausgebreiteten *offenen* Fragen voraus – auch um das ständig laufende Hamsterrad abgenutzter, gedankenlos aufgegriffener Wendungen zu verlassen. Wenn man sich (selbst bzw. sich mithilfe Anderer) zudem in die Lage versetzt, den ökonomischen Denkmustern der agonalen Überbietung des Anderen etwas entgegenzusetzen und einfache Freund-Feind-Muster in Form der Kompromissbereitschaft und der interessengeleiteten Zusammenarbeit überwindet, wäre für den Aufbau neuer Formen der Solidarität – die *im Sprechen* beginnt – einiges getan.

Anmerkungen

1   In ähnlicher Weise wird dies auch sichtbar in der gegenwärtig starken Auseinandersetzung mit dem Identitätsbegriff (Wolting 2017).

Literatur

Bonacker, Thorsten/Imbusch, Peter (2005): »Zentrale Begriffe der Friedens- und Konfliktforschung: Konflikt, Gewalt, Krieg, Frieden«. In: Peter Imbusch/Ralf Zoll (Hg.): Friedens- und Konfliktforschung. Eine Einführung (3., überarbeitete Aufl.). Wiesbaden: Springer VS, S. 69–144.
Bröckling, Ulrich (2007): Das unternehmerische Selbst. Soziologie einer Subjektivierungsform. Frankfurt a. M.: Suhrkamp.
Bröckling, Ulrich (2020): Postheroische Helden. Ein Zeitbild. Berlin: Suhrkamp.
Heitmeyer, Wilhelm (2018): Autoritäre Versuchungen. Signaturen der Bedrohung I. Berlin: Suhrkamp.

Hitzler, Ronald/Honer, Anne (1994): »Bastelexistenz. Über subjektive Konsequenzen der Individualisierung«. In: Ulrich Beck/Elisabeth Beck-Gernsheim (Hg.): Riskante Freiheiten. Individualisierung in modernen Gesellschaften. Frankfurt a. M.: Suhrkamp, S. 307–315.

Keupp, Heiner (1994): »Ambivalenzen postmoderner Identität«. In: Ulrich Beck/
Elisabeth Beck-Gernsheim (Hg.): Riskante Freiheiten. Individualisierung
in modernen Gesellschaften. Frankfurt a. M.: Suhrkamp, S. 336–350.

Mau, Steffen (2007): Transnationale Vergesellschaftung. Die Entgrenzung
sozialer Lebenswelten. Frankfurt a. M./New York: Campus.

Pörksen, Bernhard (2018): Die große Gereiztheit. Wege aus der kollektiven
Erregung. München: Carl Hanser.

Reckwitz, Andreas (2017): Die Gesellschaft der Singularitäten. Zum Strukturwandel der Moderne. Berlin: Suhrkamp.

Rosa, Hartmut (2005): Beschleunigung. Die Veränderung der Zeitstruktu-
ren in der Moderne. Frankfurt a. M.: Suhrkamp.

Stowasser, Joseph M. (1998): Stowasser. Lateinisch-deutsches Schulwörter-
buch, von J. M. Stowasser/M. Petschenig/F. Skutsch. Auf der Grundlage
der Bearbeitung 1979 von R. Pichl. Neu bearbeitet und erweitert. Ge-
samtred.: Fritz Lošek, Wien/München: Oldenbourg.

Wahrig-Burfeind, Renate (Hg.) (2012): Brockhaus, Wahrig, Wörterbuch der
deutschen Sprache (Neuausgabe, vollst. neu bearb. und aktual. Aufl.).
München: DTV.

Wolting, Monika (Hg.) (2017): Identitätskonstruktionen in der deutschen
Gegenwartsliteratur. Göttingen: V & R unipress.

Gesellschaftsordnung

Der Aufbau eines sozialen Immunsystems für Pandemien wird die hauptsächliche Aufgabe der kommenden Monate und Jahre sein – und das ist unabhängig davon und wichtiger als die Frage, ob und wann wir über Impfungen und Therapien gegen COVID-19 verfügen. — *Rudolf Stichweh*

Corona zeigt, dass die Funktionseinschränkung eines Funktionssystems unmittelbar das interdependente Zusammenspiel der Funktionssysteme stört. Eine Konsequenz muss daher die Stärkung der Unabhängigkeit der Funktionssysteme sein. — *Anna Henkel*

SARS-CoV-2 hat bestimmte Formen von Humandifferenzierungen verstärkt, andere neu etabliert. Pandemisch ist dabei zunächst eine ganz ungewöhnliche gesellschaftsweite Priorisierung einer Unterscheidung. — *Stefan Hirschauer*

Simplifikation des Sozialen[1]

Rudolf Stichweh

Durch die Corona-Pandemie wird die Weltgesellschaft einer unbekannten Situation ausgesetzt: Was passiert, wenn alle ihre Funktionssysteme zeitweilig einem einzigen Imperativ folgen?

Soziologen beschreiben Gesellschaft durch die Form der Differenzierung, die eine Gesellschaft in sich hervorbringt. Mit Differenzierung ist die Verteilung des gesellschaftlichen Geschehens und der Teilnehmer an Gesellschaft auf Teilsysteme gemeint, aus denen eine Gesellschaft besteht. Das alte Europa verstand bis ins achtzehnte Jahrhundert hinein und in Restbeständen lange danach die Stände oder Schichten als seine hauptsächlichen Teilsysteme. Es gab den Adel, den Klerus, verschiedene bürgerliche Gruppen und die Bauern. Die gesellschaftliche Ordnung war die Ordnung dieser Gruppen und der in der Regel lebenslangen Zugehörigkeit zu einer dieser Gruppen oder Stände.

Die moderne Gesellschaft, in der wir seit 250 Jahren leben, beruht auf einem vollständigen Austausch dieser Ordnungsform. An die Stelle hierarchisch geordneter Stände setzt sie durch Sachthemen und gesellschaftliche Funktionszuweisungen geordnete Kommunikationssysteme, die ausnahmslos globale Kommunikationssysteme sind: Politik, Wirtschaft, Religion, Wissenschaft, Erziehung, Recht, Kunst, Sport, Massenmedien, das Gesundheits- oder Krankheitssystem sowie das System der Intimbeziehungen und Familien. Niemand hat heute die Gesamtheit seiner Lebensvollzüge in nur einem dieser Funktionssysteme. Statt ihnen zuzugehören, nimmt man punktuell an ihnen teil (Soziologen nennen das Inklusion) und diese Personen, die punktuell an den Funktionssystemen teilnehmen, sind Individuen, die sich durch die extreme Diversität ihrer Teilnahmen individualisieren. Das Individuum existiert außerhalb dieser Funktionssysteme, es ist nur in einzelnen Ereignissen mit ihnen verknüpft. Neben der funktionalen Ordnung selbst ist das Individuum die andere revolutionäre Erfindung der modernen Gesellschaft.

Für die Corona-Krise ist eine soziologische Schlüsselfrage, ob und wie sie diese gesellschaftliche Ordnung der Moderne temporär in Frage stellt und was dies langfristig für die Entwicklung der Gesellschaft bedeuten könnte. Zunächst einmal ist das Elementarereignis der Corona-Krise, die Infektion eines Organismus mit dem Virus, zugleich die Infektion und Erkrankung eines Individuums, und es ergeben sich daraus zwei Anschlussfragen. Wie kann verhindert werden, dass das (potentiell) infizierte Individuum die Infektion auf andere Individuen überträgt? Daraus resultiert die soziale Distanz des Individuums von anderen Individuen als die neue soziale Lebensform der Corona-Krise. Und zweitens: Wie kann im Fall einer ernsthaften Erkrankung das Überleben des Individuums gesichert werden?

Auffällig ist, dass die zweite Frage dominiert. Wir schreiben dem Individuum eine schwer aushaltbare soziale Distanz vor, damit die Reproduktionsrate der Infektionen auf einem Niveau gehalten wird, die das Überleben möglichst vieler Individuen wahrscheinlich macht. Es ist eindrucksvoll, wie sehr dieser letztere Gesichtspunkt überwiegt. Jedes einzelne Individuum zählt. Jeder Tod eines Individuums ist ein Tod zu viel. Die ungeheure Bedeutsamkeit des Individuums in der modernen Gesellschaft zeigt sich auch in der Corona-Krise darin, dass kein anderer Wertgesichtspunkt mit der Höchstwertung des Überlebens möglichst vieler Individuen konkurrieren kann. In dieser Hinsicht wirkt also die politisch-gesellschaftliche Gestaltung der Corona-Krise – und zwar dem gegenwärtigen Anschein nach über alle Länder hinweg – strukturkonservativ im Verhältnis zu einer der fundamentalen Strukturentscheidungen der modernen Gesellschaft.

Umso dramatischer ist der temporäre Bruch der Corona-Krise mit der anderen Strukturentscheidung der modernen Gesellschaft, der Entstehung funktionaler Differenzierung als dem horizontalen Zusammenspiel einer Vielzahl globaler Kommunikationssysteme, unter denen es keine Ordnung des Vorrangs oder der unterschiedenen gesellschaftlichen Bedeutsamkeit mehr geben kann. Diese Ordnung ist ja nicht nur eine prinzipiell horizontale Ordnung der Gleichbedeutsamkeit. Es ist auch eine extrem dynamische Ordnung, in der jedes Funktionssystem unablässig durch schnelle und überraschende Entwicklungen in anderen Funktionssystemen gefordert und in Bewegung versetzt wird. Beide Beschreibungen treffen in der gegenwärtigen Situation nicht mehr zu. Es stellt sich eine eigentümliche Ordnung der Funktionssysteme ein, für die es historisch keine Vorläufer gibt.

Unter den Funktionssystemen der Gesellschaft ist das Gesundheitssystem, das in diesen Tagen wieder ein Krankheitssystem wird, ein auffälliger »latecomer«. Noch um 1900 gibt es kein Gesundheitssystem, sondern allenfalls einzelne Kliniken und einzelne Ärzte. In den Vereinigten Staaten herrscht bis in diese Jahre hinein ein therapeutischer Nihilismus, der reflektierte Ärzte andere Ärzte vor Eingriffen warnen lässt, weil die Eingriffe zu schaden drohen. Die deutsche Situation um 1900 kann man sich in einer ersten Annäherung an den beiden berühmtesten Romanen jener Jahre vergegenwärtigen. In Fontanes *Der Stechlin* von 1899 bricht Dubslav, Hauptfigur und Selbstportrait des Autors, kurz vor seinem Tod den Kontakt zu seinen Ärzten ab, weil er sie als Protagonisten von Ideen – Sozialdemokratie, illiberaler Protestantismus – sieht, mit denen er in den individuellen, als extrem empfundenen Ausprägungen nichts zu tun haben will. Die beiden Ärzte sind aber auch offensichtlich unnütz, geben Vagheiten von sich und verordnen undurchsichtige Generalmittel (»grüne Tropfen«). In Thomas Manns *Buddenbrooks* von 1901 ist der hauptsächliche Arzt ein verharmlosender Nebendarsteller – »Ein wenig Taube, ein wenig Franzbrot« ist seine immer wiederkehrende Verschreibung – in einem dramatischen Theater des Sterbens, an dem alle Familienmitglieder als Beobachter teilnehmen müssen und dem sie sich nicht entziehen dürfen. Ein Zeuge des Tods der anderen zu sein, ist in den Buddenbrooks eine strenge Schule der »condition humaine«. Dies wird in keiner Weise durch die Intervention von Ärzten gelindert.

Nur 120 Jahre später in der Corona-Krise ist historisch erstmals das Krankheitssystem das Ganze der Gesellschaft, und zwar das Krankheitssystem in seiner extremsten Form als totale Institution, also als Intensivmedizin, die das Individuum in der Gesamtheit seiner Lebensvollzüge steuert und in dieser Form der Letztbedeutsamkeit des Individuums Rechnung trägt. Die ganze jenseits des Krankheitssystems noch verbleibende Gesellschaft in allen ihren Aktivitäten wird in der eigentümlichen Summenformel »flatten the curve« zusammengefasst, die eigentlich vor allem besagt, dass man die Infektionsdynamik der Gesellschaft als Folge allen gesellschaftlichen Tuns der zu einem gegebenen Zeitpunkt verfügbaren Verarbeitungskapazität des Krankheitssystems und damit insbesondere der der Intensivmedizin anpassen muss.

Was wird aus den anderen Funktionssystemen der Gesellschaft? Es ist offensichtlich, dass zwei weitere Hauptrollen verfügbar sind. Die eine fällt dem politischen System der Gesellschaft zu, das die in der Gesellschaft nur ihm eigene Fähigkeit zur Produktion kollektiv bindender Entscheidungen beiträgt. Es braucht in der Situation Verhaltensvorschriften, die für alle gelten, und es gibt kein anderes System, das diese Leistung zur Verfügung stellen könnte, als das politische System. Da die Zeit knapp ist, wird der Territorial- und Nationalstaat als Entscheidungsebene privilegiert, auf der die Praktiken des kollektiv bindenden Entscheidens am längsten und am verlässlichsten etabliert sind.

Das ändert aber nichts daran, dass alle National- und Territorialstaaten ungefähr dieselben Entscheidungen treffen. Dafür sind zwei Gründe verantwortlich. Die politischen Entscheider treffen ihre Entscheidungen nicht aus eigenen Wissensvorräten heraus. Sie sind auf Berater angewiesen, die die Wissensvorräte des Krankheitssystems und des Wissenschaftssystems zur Verfügung stellen. Diese Wissensvorräte sind in diesem Fall von noch größerer Bedeutung als sonst, weil die betreffenden Politiker in diesem Entscheidungsbereich so gut wie nicht auf vergleichbare frühere Entscheidungen zurückblicken können. Es gibt also keine eigene Entscheidungstradition des politischen Systems. Die Berater aber, die die Akteure des politischen Systems heranziehen – Virologen, Epidemiologen etc. –, stützen sich nicht auf eine nationale Wissensgrundlage, sondern auf die Wissensdynamik in globalen wissenschaftlichen Gemeinschaften. Insofern sind auch die Ratschläge, die sie geben können, zwangsläufig durch das globale Forschungswissen bestimmt.

Zusätzlich neigen die Politiker dazu, Entscheidungen von anderen Politikern in anderen Ländern zu kopieren. In allen Entscheidungen des politischen Systems aber ist ein Moment zu betonen: Es handelt sich um ein radikal simplifiziertes politisches System, das hier entscheidet, ein System, das eine extrem zugespitzte Hierarchie von Entscheidungsthemen kennt, eine Hierarchie, über die es selbst nicht entscheiden zu können glaubt und die es deshalb auch nicht dem demokratischen Diskurs zur Disposition stellen würde. Diese Hierarchie ist durch den Imperativ der Nichtüberlastung des Gesundheitssystems diktiert und dieser wiederum durch die Letztbedeutsamkeit der Gleichbehandlung und Lebenserhaltung des einzelnen Individuums. Das ist ein Imperativ, an dessen Verwirklichung die Politik scheitern kann, über den sie aber nicht zu disponieren imstande ist.

Die dritte Hauptrolle, die in der Corona-Krise noch verfügbar ist, fällt dem Wissenschaftssystem zu. Auch dieses wird durch die Krise extrem simplifiziert. Ein großer Teil der Operationen des Wissenschaftssystems findet nicht mehr oder eben nur privat statt, soweit Wissenschaft im Homeoffice ohne Bibliotheken und Labors betrieben werden kann. Aber zugleich richten sich auf die wissenschaftliche Erforschung des Virus und die Erforschung der Epidemie und die Suche nach Impfstoffen und Medikamenten weiterreichende Hoffnungen und Erwartungen, als sie sich mit irgendeiner anderen Handlungspraxis der modernen Gesellschaft verbinden. Auch in dieser Hinsicht ist erneut die Politik als Entscheider mit Forschungsaufträgen und Förderentscheidungen beteiligt, aber einmal mehr trifft die Politik hier Entscheidungen, die aus der Sicht der Politik selbst weitgehend als durch externe Entscheidungszwänge bedingt scheinen.

Es ist diese Trias von extrem eng geführten Funktionsbezügen, die seit Wochen unsere Lebensführung und unser Informationsverhalten fast vollständig bestimmt. Nie zuvor war unser Leben so einfach und nie wieder, wenn die wenigen Wochen vorbei sind, um die es sich hier handeln kann, wird es so einfach sein. Die Metapher vom Krieg, in dem wir uns befänden, scheint wenig passend, weil der Krieg eher eine Steigerung der Inanspruchnahme aller Funktionssystembezüge mit sich bringt, während wir in dieser Krise auf der Gegenseite optieren: Ein Großteil des gesellschaftlichen Lebens wird stillgestellt.

Was bedeutet dies und wie sieht es mit den anderen Funktionssystemen aus? Zunächst einmal liegt es nahe, ein weiteres Funktionssystem, die Massenmedien, in die Liste der »systemrelevanten« Funktionssysteme aufzunehmen. Es muss schließlich berichtet werden, wie die Verhaltensvorschriften aussehen und welchen Erfolg die begonnenen Handlungen haben und wie die Krise an allen Orten und in allen Hinsichten verläuft. Diese Aufgabe fällt den Massenmedien und eigentlich nur diesen zu. Erst die Massenmedien machen die Krise zum konzentriertesten Weltereignis, das es je gab, seit das Erdbeben von Lissabon 1755 zum ersten Mal die Kommunikationen der Welt annähernd auf ein einziges Ereignis fokussierte. Die Massenmedien nehmen sich dieser Aufgabe mit der Ausschließlichkeit an, die auch an den anderen Funktionssystemen beobachtbar ist. Dafür ist die Digitalisierung der Massenmedien eine entscheidende Möglichkeitsbedingung.

Fünftens gibt es Wirtschaft. Auch diese ist punktuell »systemrelevant«, weil sie Schutzmasken, Beatmungsgeräte und anderes medizinisches Material herstellt und die Individuen der Weltgesellschaft mit Nahrungsmitteln versorgt, aber viel auffälliger ist, dass die Wirtschaft, wie vielleicht nie zuvor in der Menschheitsgeschichte, überwiegend eingestellt wird. An die Stelle der unablässigen Reproduktion von Wirtschaft durch im Wirtschaftssystem motivierte und in ihm stattfindende Zahlungen tritt die Reproduktion der Zahlungsfähigkeit der an Wirtschaft Beteiligten aus der Staatskasse. Die Größenordnungen sind unvorstellbar, die Nichtfortsetzbarkeit nach nur wenigen Wochen ist unübersehbar.

Das Erziehungsgeschehen wird eingestellt oder – wie seit Jahrhunderten nicht mehr gesehen – in die ausschließliche Zuständigkeit der Familien zurückverlagert. Kinderbetreuungseinrichtungen und Schulen schließen, die Hochschulen schließen gleichfalls, nur planen diese, was Kindergärten und Schulen nicht können, eine Nahzukunft der Umstellung auf eine volldigitalisierte Lehre. In den Hochschulen, das ist unübersehbar, löst diese neue Situation punktuell sogar Enthusiasmus aus. Es bereitet sich hier ein gesellschaftliches Großexperiment vor, auf dessen Ausgang man gespannt sein darf.

Der Sport könnte sich als das Funktionssystem erweisen, das am vollständigsten stillgestellt wird. Zwar wird er als individuelles Jogging in die unter Bedingungen des Kontaktverbots noch zulässigen Praktiken integriert und in diesem Sinne auch als »systemrelevant« akzeptiert. Aber der gesamte Wettkampfsport und jedes nichtindividuelle Training für den Wettkampfsport hören weltweit zu einhundert Prozent auf. Das Sportsystem ist ein Körpersystem. Körperpraktiken sind hochgradig infektionsgefährdet. Sie sind auf Anwesenheit angewiesen und prinzipiell nicht digital substituierbar. Die Erfahrung wird in diesen Tagen lehren, dass e-Sport eben kein Sport ist, sondern ein System ganz anderen Typs. Parallel dazu gelingt den Massenmedien eine beeindruckende Leistung. Normalerweise hängen sie in hohem Grade von der Berichterstattung über sportliche Ereignisse ab. Auch nach mehreren Wochen Corona-Krise produzieren die Zeitungen immer noch täglich zwei bis drei Seiten »Sport«, eine Berichterstattung, die aber eigentlich nur über das Nichtstattfinden von Ereignissen berichtet.

Das System der Kunst wird, soweit es auf »Performances« und Anwesenheiten im Museum angewiesen ist, gleichfalls weitgehend sistiert. In einer Reihe von Fällen gibt es digitale Alternativen oder eine Komplementarität von Auftritt (zur Zeit nicht möglich) und digitalem Vertrieb. Bestimmend aber könnte für die Kunst sein, dass sie – weit stärker, als dies etwa für Wissenschaft der Fall ist – in privaten Räumen, Ateliers und Studios produziert wird. Insofern liegt in diesem Fall ein Rückzug auf den eigentlichen – gegenüber dem Krisengeschehen abgesicherten – Produktionsprozess nahe. Die Ergebnisse werden dann demnächst zu besichtigen sein.

Das System der Religion könnte sich als der eigentliche Verlierer der Corona-Krise erweisen. Die enge soziale Verdichtung von Gläubigen, gestützt durch physische Anwesenheit aller Beteiligten, die für viele Formen von Religiosität charakteristisch ist, hat sich bereits in einer Reihe von Fällen als ein besonders virulenter Krisenherd erwiesen. Noch bedeutsamer dürfte sein, dass dem Anschein nach nirgendwo religiöse Deutungsvarianten des durch das Virus ausgelösten Krisengeschehens verfügbar sind und eine relevante Rolle spielen. Soweit unsere Reaktion auf die Corona-Krise durch den spezifisch modernen »Kult der Individualität« bestimmt ist, ist das jedenfalls eine Form von Quasi-Religiosität, gegen die traditionelle, transzendenzorientierte Religiosität schwer zu kämpfen imstande ist. Und sie kann nicht mehr das Spiel spielen, das Geschehen als eine Strafe für Fehlhandeln zu deuten. Diese traditionelle Sinnressource war bereits beim Erdbeben von Lissabon verbraucht und ist den Jesuitenorden damals teuer zu stehen gekommen.

In der Situation des Kontaktverbots scheint schließlich alles auf Intimbeziehungen und Familie als Funktionssystem zu verweisen. Das ist das System, das niemand stillstellen und temporär auflösen möchte, außer dass in den Besuchsverboten für alte und pflegebedürftige Familienmitglieder und für die Corona-Patienten selbst dann doch auch familiäre Verbindungen unterbrochen werden. Aber insgesamt werden familiäre Beziehungen als eine Basisschicht des Sozialen gedeutet, das zwar fixiert werden soll – man unterstellt auf riskante Weise Stabilität familiärer Beziehungen –, aber nicht sistiert werden darf. In diesem Fall wird das System nicht außer Kraft gesetzt, aber es wird als unrealistisch stabil gedacht und auch das ist eine Prämisse, die nach wenigen Wochen immer problematischer werden wird.

Das Bild der Gesellschaft, das wir probeweise in nur ganz wenigen Zügen skizziert haben, macht aber das Außergewöhnliche und die Riskanz des Sozialexperiments deutlich. Die Gesellschaft wird nicht lange stillhalten. Wenn die Funktionssysteme wieder in ihre Dynamik zurückkehren, ist dies nicht nur ein Wiederanlassen von etwas, das, wie eine temporär ausgeschaltete Maschine, seine Normaloperationen wieder aufnimmt. Es ist immer auch ein Neubeginn: Ist die wissenschaftliche Fragestellung weiterhin relevant? Gelten für Handelsabkommen dieselben Prämissen wie vor der Krise? Kann man sich von geplanten Filmthemen dieselbe Faszination erwarten wie noch vor wenigen Wochen? Alles könnte auch anders sein – und das ist für alle Beteiligten Risiko und Chance. Einen solchen Neustart aller Funktionssysteme hat es in der Geschichte der Moderne (Ausnahme vielleicht die beiden Weltkriege) so noch nicht gegeben. Es wird Strukturbrüche geben, aber wir wissen nicht welche.

Ein soziales Immunsystem für Pandemien
Postscript 1. Juni 2020

Der obenstehende Text ist in den ersten Tagen des April 2020 geschrieben worden. Seither sind zwei Monate vergangen. Über die Dauer und die dauerhaften Folgen und Schäden der Corona-Pandemie herrscht weiterhin Ungewissheit. Viele Einschränkungen des sozialen Lebens sind aufgehoben worden, die stille Furcht vor einer Rückkehr einer massiven Welle von Infektionen ist groß, weil alle wissen, dass man dieselben Einschränkungen nicht ein zweites Mal wird verhängen können. Der kurzfristig eindrucksvolle Wertkonsens wird nicht ein zweites Mal herzustellen sein. Bei einer Rückkehr der Infektionen bleiben nur entschiedene und gegebenenfalls rabiate lokale Maßnahmen, national generalisierte Einschränkungen werden nicht ein weiteres Mal möglich sein.

Vermutlich die wichtigste Einsicht ist, dass Pandemien nicht ein unwahrscheinlich gewordenes Geschehen vergangener Jahrhunderte sind, dass uns vielmehr die Wahrscheinlichkeit sich schnell ausbreitender viraler und bakterieller Infektionen und Pandemien immer begleiten wird (Barry 2018) und dass die sozialen Mechanismen der Prävention und Intervention der evolutionären Dynamik der Viren und Bakterien gewachsen sein müssen. Menschliche Individuen verfügen als Organismen über eine relativ effektive, ihrerseits schnell evoluierende Immunabwehr. Wir besitzen aber in den meisten Regionen der Weltgesellschaft nicht ein vergleichbar effektives und lernfähiges soziales Immunsystem für die Abwehr von Pandemien in Sozialsystemen. Das ist vermutlich die wichtigste Lektion der Corona-Pandemie, und sie sollte die strategischen Anpassungen der sozialen Institutionen der Weltgesellschaft der Gegenwart bestimmen.

Wenn man dies von der in diesem Essay leitenden Frage der funktionalen Differenzierung der Weltgesellschaft her denkt, drängt sich eine Diagnose auf. Die funktionale Differenzierung der Weltgesellschaft steht in keiner Weise in Frage, es wird kein Funktionssystem verschwinden und auch kein neues Funktionssystem hinzukommen, nicht in diesem Fall und nicht aus diesem Anlaß. Das soziale Immunsystem für Pandemien, dessen Erforderlichkeit jetzt unabweisbar ist, wird nicht in einem der Funktionssysteme der Gesellschaft verankert werden, es wird vielmehr zum Einbau von relevanten Institutionen in alle Funktionssysteme und in gewisser Hinsicht auch in alle Lebenspraktiken der modernen Gesellschaft führen müssen. Damit geschieht etwas, was auch in anderen Hinsichten charakteristisch für die

Evolution funktionaler Differenzierung in der Geschichte der modernen Gesellschaft ist. Es entstehen aus Krisen und globalen Problemlagen heraus Institutionenkomplexe, die quer zur Struktur funktionaler Differenzierung in einem je gegebenen Funktionssystem Relevanzen repräsentieren, die Relevanzen eines anderen Funktionssystems sind (Ahlers/Krichewsky/Moser/ Stichweh 2020). Die einzelnen Institutionen gehorchen immer noch der Logik des Funktionssystems, in dem sie zunächst verortet sind – sie treffen kollektiv bindende Entscheidungen, sichern gegenwärtig die Befriedigung künftiger Bedarfe, statten die Gesellschaft mit zwingend gewissen Überzeugungen aus –, aber sie repräsentieren zugleich die Problemlagen eines anderen Funktionssystems und sichern diesem globale Bedeutsamkeit über Funktionssystemgrenzen hinweg. Wenn diese Institutionen erfolgreich sein wollen, müssen sie wie das Immunsystem des Organismus fungieren. Sie müssen über hochgradig generalisierte Reaktionsstrategien verfügen, und sie müssen, sobald sie aus Anlass einer beginnenden Infektionsdynamik aktiviert werden, über eine schnelle Lern- und Anpassungsfähigkeit verfügen, die der evolutionären Dynamik von Krankheitserregern gewachsen ist. Robustheit und evolutionäre Flexibilität sind miteinander zu kombinieren.

Die Institutionen, die am Aufbau dieses sozialen Immunsystems für Pandemien partizipieren, sind vielfältig und multifunktional. Sie verknüpfen sich oft mit einer Mehrzahl sozialer Probleme und darin liegt auch ein Reiz und eine Chance. Es entsteht ein zusätzliches Motiv und eine eventuelle Triebkraft für die Lösung von Problemen, die eigentlich schon längst hätten gelöst sein können. Die letzten Wochen bieten viel Material. Es wird um die Gestaltung von Märkten gehen, auf denen als Märkten in Anwesenheit der Käufer etwas physisch Präsentes, eventuell Lebendes, verkauft wird. Also geht es dann auch um Tiere und die Frage, welche Art des Umgangs mit ihnen wir uns noch erlauben können und vor uns vertreten können. Es geht weiterhin um die umfassende Regulierung der Arbeitsbedingungen, Wohnverhältnisse und Einkommensstandards für Saison- und Leiharbeiter und – mutatis mutandis – Flüchtlinge und viele andere Gruppen, für die der soziologische Basissachverhalt der »inkludierenden Exklusion« zutrifft (Stichweh 2009: 29–42; Stichweh 2020: 298–300) und die massiven Gesundheitsimplikationen, die diese zunächst einmal sozialpolitischen Fragen haben. Es kann sich auch handeln um die Gestaltung des Öffentlichen Personennahverkehrs und die physischen Nähen, die man für Personen auch unter ›Normalbedingungen‹ für vertretbar hält. Und für alles dieses und für vieles anderes braucht man einen robusten Staat, der vor Interventionen nicht zurück-scheut, der aber seinerseits umfangreiche interne Kontrollmechanismen kennt, die sicherstellen, dass er nur die Interessen *aller* verfolgt und keinen ›special interests‹ verpflichtet ist. Zunächst einmal sehe ich keinen Grund, warum dieser robuste Staat kein demokratischer Staat sein sollte.

Der Aufbau dieses sozialen Immunsystems für Pandemien wird die hauptsächliche Aufgabe der kommenden Monate und Jahre sein – und das ist ganz unabhängig davon und vermutlich deutlich wichtiger als die Frage, ob und wann wir über Impfungen und Therapien in der gegenwärtigen Corona-Pandemie verfügen werden. Für Sozialwissenschaftler ist die Beobachtung und Begleitung und eventuell auch Gestaltung der Genese dieses sozialen Immunsystems die interessanteste und wichtigste Aufgabe.

Anmerkungen

1   Dieser Text ist am 07.04.2020 in der *Frankfurter Allgemeinen Zeitung* erschienen.

Literatur

Ahlers, Anna L./Krichewsky, Damien/Moser, Evelyn/Stichweh, Rudolf (2020): Democratic and Authoritarian Political Systems in 21st Century World Society. Vol. 1 – Differentiation, Inclusion, Responsiveness. Bielefeld: transcript.

Barry, John M. (2018): The Great Influenza. The Story of the Deadliest Pandemic in History. Pt. II, The Swarm. London: Penguin Books.

Stichweh, Rudolf (2009): »Leitgesichtspunkte einer Soziologie der Inklusion und Exklusion«. In: Rudolf Stichweh/Paul Windolf (Hg.): Inklusion und Exklusion. Analysen zur Sozialstruktur und sozialen Ungleichheit. Wiesbaden: VS, S. 29–42.

Stichweh, Rudolf (2020): »Unablässige Prozesse. Inklusion, Exklusion und die Differenzierungsdynamik der modernen Gesellschaft«. In: Forschung & Lehre 27, H. 4, S. 298–300.

Corona-Test für die Gesellschaft

Anna Henkel

> »Man muss mindestens mit der Möglich-
> keit rechnen, dass ein System so auf seine
> Umwelt einwirkt, dass es später in dieser
> Umwelt nicht mehr existieren kann.«
> *Niklas Luhmann* (1986: 38)

Nach dem Bericht an den *Club of Rome* gelten als Zentralpunkt menschlicher Sorge jene Probleme, die aufgrund ihrer zeitlichen und räumlichen Nähe als dringlich erlebt werden (Meadows et al. 1972: 12 ff.). Globale Veränderung des Klimas, die Verschmutzung der Ozeane oder eine Pandemiegefahr sind entsprechend wenig handlungsauslösend. Mit Corona wird ein derart Fernes zu einer sich plötzlich massiv aufdrängenden Gefährdung: Menschen sterben, hier und jetzt – und das global. Corona lässt sich daher aus Perspektive einer materialitätstheoretisch erweiterten Systemtheorie als Stresstest für die Gesellschaft betrachten.

1. Zur Realität der Materialität

Aus systemtheoretischer Perspektive ist die Welt, wie sie ist, aber sie ist nicht als solche verfügbar. Punkt-für-Punkt-Beziehungen zwischen Umwelt und System (Luhmann 1986: 33) bzw. Außenwelt und Gesellschaft gibt es nicht. Was es gibt, ist eine systeminterne Auslegung, mittels derer die Gesellschaft Annahmen über die Außenwelt trifft und ihre Erwartungen auf diesen aufbaut. Dies geschieht notwendig mit den Mitteln des Systems, im Falle der Gesellschaft also mittels symbolisch-sprachhafter Kommunikation. Diese gesellschaftsinterne Auslegung der Außenwelt muss mit erlebten Erfahrungen mehr oder weniger korrespondieren (Henkel 2017a).

In der Weltauslegung der funktional differenzierten Gesellschaft wird Außenweltsensibilität über die Funktionssysteme hergestellt, was dann eine gesamtgesellschaftliche Resonanz auslösen kann: Funktionssysteme kommunizieren entlang ihrer je eigenen Codierungen und sind insofern operativ geschlossen. Wissenschaft operiert entlang des Codes wahr/unwahr, Wirtschaft entlang Zahlung/Nicht-Zahlung, wobei funktionssystemspezifische Programme Ereignisse zuordnen – Theorien in der Wissenschaft, Preise in der Wirtschaft. Außenwelt wird gesellschaftlich relevant nur, wenn sie eine Selbstirritation eines Funktionssystems auslöst: Politik, wenn die öffentliche Meinung ein Thema aufnimmt (Luhmann 1986: 175 ff.); Wirtschaft, wenn sich Preise ändern (ebd.: 101 ff.); Wissenschaft, wenn eine Theorie entsteht (ebd.: 150 ff.).

Funktionssysteme können sich nicht wechselseitig ersetzen; Nichtsubstituierbarkeit wird durch zunehmende Interdependenzen – wechselseitige Abhängigkeit der Funktionssysteme vom Funktionieren der jeweils anderen – kompensiert (ebd.: 208). Die Reaktion eines Funktionssystems auf eine Außenweltänderung ändert die gesellschaftsinterne Umwelt der anderen Funktionssysteme, die sich dadurch potentiell irritieren lassen. Nicht nur die Reaktionen einzelner Funktionssysteme sind zu untersuchen, sondern die innergesellschaftliche Resonanz (ebd.: 218 ff.; Luhmann spricht später anstelle von »Resonanz« von »struktureller Kopplung«, vgl. Henkel 2017b). Damit Irritationen zwar übertragen werden, aber nicht aus dem Ruder laufen, entstehen Mechanismen struktureller Kopplung, z. B. Verträge, die sowohl im Rechts- als auch im Wirtschaftssystem anschlussfähig sind.

Speziell bezüglich *außenweltbedingter* gesellschaftlicher Selbstirritation fungiert in der funktional differenzierten Gesellschaft der gemeinsame Bezug der Funktionssysteme auf Dinge (Henkel 2017a), indem z. B. wissenschaftliche Theorien für die Bestimmung von Eigenschaften, politisch-rechtliche Regulierungen für die Normierung sowie wirtschaftliche Zahlungen für das »Haben« hier ansetzen können. Diese Form des gesellschaftlichen Umgangs mit der Außenwelt ist doppelt effektiv: Erstens stärkt sie die stabilen Austauschverhältnisse zwischen den Funktionssystemen; zweitens reduziert sie komplexe Rückkopplungsverhältnisse auf vereindeutigte Probleme. Außenwelt ist auf diese Weise von situativen Kontexten und Interpretationen entkoppelt und liegt als autonome Materialität vor.

2. Corona-Test

Mit der skizzierten Perspektive lässt sich die Reaktion der modernen Gesellschaft auf Corona analysieren.

Innergesellschaftliche Reaktionsübertragung

Halten wir zunächst fest: Die moderne Gesellschaft war schon vor Corona durch mit einer Pandemie verbundene Änderungen der Außenwelt irritiert, denn das Katastrophenszenario einer Pandemie ist bekannt. Zu einer gesamtgesellschaftlichen Resonanz führt jedoch erst eine Irritation des in der Riege der Funktionssysteme eher weniger prominenten Systems der Krankenbehandlung, das mit dem Code krank/gesund operiert (Luhmann 2005), wenn das System operationsunfähig wird bzw. Operationsunfähigkeit konkret droht, wenn es also nicht nur nicht heilen, sondern auch nicht (alle) behandeln kann – hier und jetzt.

Diese innergesellschaftliche Umweltveränderung löst direkte Selbstirritation der Politik aus – ist die Funktion der Politik doch, Kapazitäten zu kollektiv bindendem Entscheiden bereitzuhalten (Luhmann 2002: 84). Überleben möglichst aller wird im ersten Schritt über alles andere gestellt. Da die Codierung politischer Macht nationalstaatlich begrenzt ist (Luhmann 1986: 179), überrascht es wenig, dass das Handeln der Politik nationalstaatlich erfolgt.

Mit Recht und Wirtschaft stehen Politik zwei Gestaltungsmittel zur Verfügung: Die Funktion des Rechts besteht in der Regelung innergesellschaftlicher Beziehungen (ebd.: 129), es koordiniert und legitimiert rechtsbezogene Kommunikation. Politisch eingesetzt codiert es über Normen bestimmte Verhaltensweisen als Recht bzw. Unrecht, z. B. Reiseverbote, Kontaktsperren, Mundschutzgebote usw. Dabei werden diverse andere Funktionssysteme mehr oder weniger lahmgelegt – durch Schulschließungen die Erziehung, durch Versammlungsverbote die Religion sowie, je nach staatlicher Verfasstheit, durch Zensur die Medien.

Zum Teil auch Wirtschaft: Durch Kontaktsperren fallen all jene zahlungsgenerierenden Tätigkeiten jedenfalls in Handel und Dienstleistung weg, die nicht entweder ohnehin kontaktfrei erfolgen (wie Online-Dienste im weitesten Sinne), oder auf Kontaktfreiheit umgestellt, sprich: digitalisiert, werden können (wie Homeoffice, Homeschooling usw.) oder aber als systemrelevant trotz Kontaktsperre ausnahmsweise erlaubt bleiben (wie medizinische Tätigkeiten oder solche zur Aufrechterhaltung der Versorgung und öffentlichen Ordnung). Dies hat notwendig Auswirkungen auf die Verteilung von Zahlungsfähigkeit und Zahlungsunfähigkeit. Teils mit dem Ziel der Gegensteuerung nutzt Politik Wirtschaft als Gestaltungsmittel: zur Abmilderung sozialer Folgen von Zahlungsunfähigkeit angesichts des Ausfalls zahlungsgenerierender Tätigkeiten z. B. Kurzarbeitergeld, zur Minimierung zahlungsbezogener Folgen des wirtschaftlichen Lockdowns z. B. Kredite und zur Förderung coronabezogener Tätigkeiten z. B. Fördergelder für die Corona-Forschung. Allerdings ist auch Politik eingeschränkt, zumal wenn sie ihre Entscheidungen direkt an wissenschaftliche Außenweltinterpretation bindet (was als strikte Kopplung allein schon deshalb nicht funktioniert, weil Wissenschaft einen kognitiven Erwartungsstil pflegt, ihre Theorien bei Erwartungsenttäuschungen also anpasst, während Politik über Recht Normen einführt, die ihre Stabilität daraus erlangen, dass sie weitergelten, auch wenn sie ausnahmsweise enttäuscht werden).

Corona führt zu einer innergesellschaftlichen Dynamik, indem sich für alle Funktionssysteme die innergesellschaftliche Umwelt irritationsrelevant verändert. Die drohende Funktionsunfähigkeit eines Systems (der Krankenbehandlung) bringt das Zusammenspiel wechselseitiger Ermöglichung und Einschränkung der Funktionssysteme durcheinander. Wie weiter?

Szenario: Impfstoff

Am einfachsten, wenn zeitnah ein Impfstoff vorliegt: Damit reagiert Gesellschaft, indem sie funktionssystemübergreifend ein konkretes Problem spezifiziert, das sie durch eine ebenso konkrete – dingförmige – Lösung, nämlich als autonome Materialität, bearbeiten kann. Wissenschaft bestimmt Eigenschaften des Impfstoffs, Politik und Recht regulieren Zulassungs- und Verteilungsmechanismen, Wirtschaft stellt ein Zahlung auslösendes Produkt her. Mit doppeltem Effekt: Außenweltinduzierte Irritation ist so transformiert, dass die Erwartungen aus der Weltauslegung der Gesellschaft wieder bestätigt sind; innergesellschaftliche Irritation zwischen den Funktionssystemen ist normalisiert.

Gesellschaft wird mit Impfstoff im Wesentlichen so weitermachen wie zuvor. Die funktional differenzierte Gesellschaft hat dann an Stabilität insgesamt gewonnen, auch wenn es kleinere oder größere, jedenfalls gesellschaftlich insgesamt hinnehmbare Schäden insbesondere durch die Einschrän-kungen des Wirtschafts- und des Erziehungssystems geben mag. Allerdings sind Reserven zum Abfedern ohnehin unterschiedlich verteilt und nehmen insgesamt ab (dazu etwa Lessenich 2016); zudem werden sich Wettbewerbs-positionen zwischen Unternehmen, zwischen Staaten und innerhalb dieser zwischen Menschen weiter polarisieren.

Szenario: Kein Impfstoff

Schon auf dem präferierten Weg hin zum Impfstoff verändert die als Corona benannte Außenweltirritation die innergesellschaftliche Umwelt heftig. Of-fensichtlich lässt sich diese Konstellation nicht auf Dauer stellen – erst recht nicht, wenn es auf absehbare Zeit keinen Impfstoff gibt. Angesichts Nicht-Sub-stituierbarkeit und Interdependenz der Funktionssysteme wird sich erwart-bar die funktionssystemische Selbstreferenz wieder gegenüber den Störun-gen des Zusammenspiels wechselseitiger Ermöglichung und Einschränkung durchsetzen; jedoch droht ein Kippen funktionaler Differenzierung.

Die Einschränkung der wirtschaftlichen Regulierung von Knappheiten über Zahlung löst spätestens dann innergesellschaftliche Resonanz aus, wenn Menschen nicht nur an Corona, sondern auch an Hunger sterben, wo-rauf mindestens Politik reagiert (und sich nun in einem Zielkonflikt befin-det). Politik ist eingeschränkt, wenn eine zu strikte Kopplung an Wissen-schaft die Akzeptanz kollektiv bindender Entscheidungen verhindert; dann werden andere Entscheidungsprämissen verwendet. Einschränkungen des Rechts durch zunächst angesichts der Notlage legitimierte Corona-Schutz-maßnahmen werden zunehmend als Unrecht reflektiert. Das Erziehungs-system ist zwar von Beginn an eingeschränkt; da sich Effekte für andere Funktionssysteme jedoch mit größerem Zeitverzug einstellen, erzeugt dies zunächst, von der ausfallenden Betreuung abgesehen, keine Resonanz, so-lange die Herstellung von Prüfungsereignissen erhalten bleibt.

Diese innergesellschaftliche Resonanz führt mittelfristig zu einer ge-samtgesellschaftlichen Redefinition der Außenweltirritation und des geeig-neten Corona-Schutzes: Die Irritation ist dann zwar noch da, aber bearbeitet wird sie nun über Maßnahmen, die möglichst viele Funktionssysteme in ihre Programmierung aufnehmen können und jedenfalls keine Funktionssyste-me ernsthaft behindern. Maskenpflicht ist dafür ein Beispiel, Digitalisie-rung von Arbeit und Bildung ein anderes.

Im Unterschied zur direkten Lösung des vereindeutigten Problems durch Vorliegen eines Impfstoffs entstehen mehr als nur hinnehmbare Schäden und zwangsläufig eine gewisse Illusionierung (das Ausgangsproblem wurde ja nicht gelöst). Diese Problemverschiebung wird im Zeitablauf aufwändiger und die Illusionierung schwerer aufrechtzuerhalten. Je mehr sich die Außenweltirritation aufdrängt, desto größer wird der Druck auf Funktionssysteme zur Berücksichtigung systemfremder Elemente in ihren Programmen: auf das Rechtssystem, politisch gewünschte Normen auch dann zu legitimieren, wenn sie den gepflegten Rechtsgrundsätzen widersprechen; auf das Wissenschaftssystem, wirtschaftlich oder politisch unerwünschte Ergebnisse nicht zu veröffentlichen oder Forschung gar nicht erst zu betreiben; auf Politik, sich der Gestaltungsmittel Recht und Zahlung auch dann zu bedienen, wenn dies die Funktionsfähigkeit der entsprechende Systeme außer Kraft setzt; auf das System der Krankenbehandlung, für Behandlungsprioritäten das Prinzip der Gleichbehandlung zugunsten höherer Zahlungsfähigkeit (oder persönlicher Bekanntheit) aufzugeben; und auf Wirtschaft, keinerlei Gelegenheit zur Generierung von Zahlung auszulassen, sei sie noch so ausbeuterisch. Nahezu zwangsläufig erfolgt in dieser Konstellation eine Polarisierung, werden Sündenböcke gesucht und gefunden, entstehen insgesamt Populismus, Autoritarismus, Propaganda und Korruption; auf der Ebene der hier leiblich und körperlich betroffenen Menschen wachsen Angst, Neid und Stress – zumal die Außenweltirritation als solche weiterhin vorliegt. Implikation ist ein Verlust von Systemvertrauen (Luhmann 2000); Personalvertrauen und Solidarität im Nahbereich können das nicht kompensieren.

Funktionale Differenzierung setzt voraus, dass sich die Funktionssysteme ausschließlich an ihren eigenen Codierungen orientieren und sich wechselseitig in Schach halten. Gelingt dies nicht, wird der Punkt erreicht, an dem funktionale Differenzierung als primäre gesellschaftliche Differenzierungsform kippt. Zwar bleiben die Funktionssysteme Politik, Recht, Wirtschaft, Wissenschaft, Erziehung, Krankenbehandlung etc. erhalten – aber wie in der funktional differenzierten Gesellschaft auch andere Differenzierungsformen vorkommen (nämlich segmentäre Differenzierung, Differenzierungen nach Zentrum und Peripherie sowie stratifikatorische Differenzierung), nur eben der primären funktionalen Differenzierung nachgeordnet sind, so wird dann die funktionale eine sekundäre Differenzierung. Gesellschaft wird in dieser Konstellation primär auf die evolutionär vorangehende Differenzierungsform der Stratifikation zurückfallen.

3. Schlussfolgerungen für die Gesellschaft

Corona als Test betrachtet zeigt drei zentrale Probleme. Erstens können ferne Gefährdungen sehr plötzlich nahe rücken. Zweitens erfordern derart nahe gerückte Gefährdungen, dass in sehr kurzer Zeit eine gesamtgesellschaftlich stabile Form der Bearbeitung vorliegt, da bereits eine kurzzeitige Störung des Zusammenspiels der Funktionssysteme Schäden mit sich bringt. Drittens ist erfolgreiche Problembearbeitung gesellschaftlich existentiell, denn gelingt diese nicht, kommt es über eine Phase von Problemverschiebung und Illusionierung zur Erosion funktionaler Differenzierung – ganz abgesehen von der Möglichkeit, dass eine Außenwelt entstehen kann, in der Gesellschaft nicht mehr existenzfähig ist.

Im Falle von Corona ist zu erwarten, dass es soweit nicht kommt. Die Gefahr einer neuartigen Pandemie aber bleibt auch nach Corona; weitere, nicht erst seit dem Bericht an den *Club of Rome* bekannte Kandidaten nahe rückender Außenweltgefährdung wie Klimawandel, Vermüllung oder Ressourcenverlust sind erheblich diffuser und weniger »impfstoffgeneigt«. Zwar ist wenig überraschend, dass die funktional differenzierte Gesellschaft ihr Außenweltverhältnis bevorzugt über autonome Materialitäten regelt, nachdem diese Problem-Lösungs-Produkte die Ansprüche außenweltinduzierter Problembearbeitung erfüllen. Aber: Dieser Modus ist zeitintensiv, schon mangels Gewissheit über die Existenz des Problem-Lösungs-Produkts besteht *ex ante* keine Erfolgsgarantie (und selbst bei hoher Erfolgswahrscheinlichkeit bleibt das Problem der Rechtzeitigkeit) und dieser Modus schließt all jene Möglichkeiten aus, die von einem innergesellschaftlich weniger Resonanz erzeugenden Funktionssystem ausgehen oder sich schwer über ein Problem-Lösungs-Produkt verkoppeln lassen. Zudem steigt die Störungsanfälligkeit, denn die Bearbeitung neuer Gefährdungen muss Anforderungen bestehender Problem-Lösungs-Produkte mitberücksichtigen – man denke an Stromausfall; von digitaler Infrastruktur macht sich Gesellschaft zunehmend ebenso abhängig (vgl. dazu etwa Grunwald 2019).

Aus systemtheoretischer Perspektive ergeben sich drei Ableitungen aus dem Corona-Test für die Gesellschaft:

Der Corona-Test zeigte, dass die Funktionseinschränkung eines Funktionssystems unmittelbar das interdependente Zusammenspiel der Funktionssysteme stört. Eine erste Konsequenz muss daher die Stärkung der Unabhängigkeit der Funktionssysteme im Sinne einer Aufrechterhaltung funktionaler Differenzierung sein. Es hilft alles, was Strukturen, die eine Orientierung allein an der jeweiligen Codierung nahelegen, stärkt, wieder-einführt, neu entwickelt. Berufs- und Professionsrollen mit ihrem »Ehren-kodex«, auf Dauer gestellte Beschäftigungsverhältnisse oder sehr große Un-abhängigkeit von für Funktionssysteme besonders wichtigen Institutionen (Gerichte, Krankenhäuser, Zentralbanken, Universitäten etc.) erleichtern es, Codierungen im Sinne des jeweiligen Systems zu verwenden. Denn sie ver-pflichten Personen und Organisationen primär auf diese Codierungen und geben zugleich die Freiheit, dieser Codierung den Vorzug zu geben.

Zweitens sind verstärkt Rückkopplungsverhältnisse einzubeziehen, nach-dem autonome Materialität als Mechanismus der gesellschaftlichen Bearbei-tung von Außenweltirritationen das Problem dekontextualisiert, das es löst. Da aber außerhalb von Laboren Probleme Teil komplexer Kontexte sind, neigen solche Lösungen dazu, ihrerseits Probleme zu erzeugen. Technikfol-genabschätzung, seit den 1970er Jahren, erfolgt allerdings primär im Wis-senschaftssystem und mit fallweiser Resonanz. Hinzukommen muss die Implementation von Rückkopplungsverhältnissen auch in anderen Funk-tionssystemen – etwa eine »Technikkostenverteilung«, die im Zusammen-hang mit Produkten anfallende Kosten antizipierbar auf mit solchen Pro-dukten Gewinne erzielende Akteure verteilt.

Ihren Spielraum vergrößert Gesellschaft drittens, wenn sie einen zusätz-lichen Typus struktureller Kopplung entwickelt. Eine Möglichkeit in diese Richtung soll mit dem Arbeitstitel *autonome Immaterialität* bezeichnet wer-den, nämlich eine strukturelle Kopplung, die parallel zur autonomen Ma-terialität gedacht ist – allerdings nicht das Ding, sondern einen angestreb-ten Zustand zum Gegenstand des Zusammenspiels der Funktionssysteme macht. Das Beispiel Arzneimittel verdeutlicht diesen Gedanken: Definiert man als angestrebten Zustand die Verfügbarkeit des Arzneischatzes für den stets unvorhergesehenen Notfall, so können wissenschaftliche Theorien, politische Regulierung, wirtschaftliche Zahlung etc. nach wie vor ansetzen. Im Zentrum der Bearbeitung steht dann aber nicht mehr die Optimierung der Kosten je Arzneimittelpackung (wie beim Problem-Lösungs-Produkt), sondern die Bedingungen von Verfügbarkeit (Henkel 2011).

Nimmt man Corona als Test für gesellschaftlichen Strukturwandel, dann gilt es, die Richtung und die Zielsetzung dieses Wandels positiv zu ge-stalten.

Literatur

Grunwald, Armin (2019): Der unterlegene Mensch. München: riva.

Henkel, Anna (2011): Soziologie des Pharmazeutischen. Baden-Baden: Nomos.

Henkel, Anna (2017a): »Die Materialität der Gesellschaft«. In: Soziale Welt 68, Themenheft: Welche Konsequenzen hat eine Einbeziehung von Materialität für die Untersuchung »des Sozialen«? (Gastherausgeberinnen Anna Henkel und Gesa Lindemann) (2-3), S. 279–300.

Henkel, Anna (2017b): »Resonanz zwischen Systemtheorie und Kritischer Theorie«. In: Christian Helge Peters/Peter Schulz (Hg.): Resonanzen und Dissonanzen. Hartmut Rosas kritische Theorie in der Diskussion. Bielefeld: transcript, S. 105–124.

Lessenich, Stephan (2016): Neben uns die Sintflut. Die Externalisierungsgesellschaft und ihr Preis. Berlin: Hanser.

Luhmann, Niklas (1986): Ökologische Kommunikation. Kann die moderne Gesellschaft sich auf ökologische Gefährdungen einstellen? Opladen: Westdeutscher Verlag.

Luhmann, Niklas (2000): Vertrauen. Ein Mechanismus der Reduktion sozialer Komplexität. Stuttgart: Lucius & Lucius.

Luhmann, Niklas (2002): Die Politik der Gesellschaft. Frankfurt a. M.: Suhrkamp.

Luhmann, Niklas (2005): »Der medizinische Code«. In: Ders.: Soziologische Aufklärung, Band 5. Wiesbaden: VS, S. 176–188.

Meadows, Dennis/Meadows, Donella/Zahn, Erich/Milling, Peter (1972): Die Grenzen des Wachstums. Bericht des Club of Rome zur Lage der Menschheit. Gütersloh: Bertelsmann.

Pandemische Humandifferenzierung

Stefan Hirschauer

Eine Pandemie versetzt die Gesellschaft in vielen Hinsichten in einen Ausnahmezustand. Das betrifft auch die elementaren Formen ihrer sozialen
Differenzierung. So verschieben sich, wie Rudolf Stichweh (2020) kürzlich
dargestellt hat, temporär die Kräfteverhältnisse ihrer funktional differenzierten Teilsysteme, die als Taktgeber (Politik und Medizin), als mögliche
Korrektive (Wissenschaft und Recht) oder als überlastete (Familien) bzw.
temporär stillgestellte Verlierer erscheinen (etwa Wirtschaft, Sport und Religion). Bestimmend für den mikrosozialen Alltag ist die Humandifferenzierung der Bevölkerung, die Menschen im gesellschaftlichen Normalbetrieb
etwa nach Altersklassen, Geschlecht, Gesundheit, Konfession, Ethnizität,
Nationalität usw. unterscheidet. Solche Differenzierungen münden oft in
sozialräumliche Strukturen: Sie motivieren soziale Distanz (wie die gegen-
seitige Meidung von Milieus), temporäre Separation (von Kranken oder Ge-
schlechtern), dauerhafte Segregation (ethnische Siedlungsstrukturen) oder
rechtlich institutionalisierte Grenzen (Nationen). Wer auf welche Seite gehört, wird durch kulturelle Codes erkennbar gemacht, die etwa Alter und
Geschlecht im Alltag leicht sehen, Ethnizität und Nationalität oft hören,
Konfessionen bekunden oder erfragen lassen.

In dieses gewöhnliche endemische Differenzierungsgeschehen hat seit
Jahresanfang mit SARS-CoV-2 ein fremder Mitspieler eingegriffen, der das
Geflecht der Klassifikationen und Grenzziehungen aufmischt und transformiert. Während viele Humandifferenzierungen nur beschränkte Relevanz
haben – die von Gesunden und Kranken etwa in Familien und in der Medizin –, hat eine sonst nur saisonal und lokal relevante medizinische Differenzierung zwischen Infizierten und Nichtinfizierten in kürzester Zeit global
und für alle Lebensbereiche höchste Relevanz erreicht und für eine dramatische Neuordnung von Räumen gesorgt: die Entleerung öffentlicher und die

Verdichtung privater Räume, die räumliche Entdifferenzierung von Büros, Klassenzimmern und Wohnräumen (im ›Home‹), reaktivierte Landesgrenzen, die Abriegelung von Regionen und Haushalten sowie eine Neuvermessung der ›Territorien des Selbst‹ (Goffman 1974), jener körperlichen Abstände, durch deren Sicherung sich Personen von Unpersonen unterscheiden. Insgesamt resultierte ein empfindlicher Geselligkeitsverlust, vor allem für die Erwartungen der Generation Offline. In diesen Umbrüchen hat SARS-CoV-2 bestimmte Formen von Humandifferenzierungen verstärkt, andere neu etabliert. Pandemisch ist dabei zunächst eine ganz ungewöhnliche gesellschaftsweite Priorisierung einer Unterscheidung, wie man sie sonst nur von fundamentalistischen Unterscheidungen zwischen Gläubigen und Ungläubigen oder kriegerischen zwischen Freund und Feind kennt. Aber rekonstruieren wir zuerst, wie dieser seltsame Mitspieler vergemeinschaftet wurde.

Anders als anorganische Feinstaubteilchen sind Viren auf unheimliche Weise ontologisch ambigue: weder Ding noch Lebewesen. Sie sind etwa so unlebendig, wie Untote tot sind. Gleichwohl sind sie, auch Coronaviren, schon lange Teil der menschlichen Gemeinschaft und Mitbewohner unserer Körper, durch die sie sich reproduzieren lassen. Die Vergemeinschaftung von SARS-CoV-2 hatte eine körperliche und eine symbolische Seite. Das Virus musste physisch ›überspringen‹ und wurde dann kulturell imaginiert. Bei der körperlichen Vergemeinschaftung spricht viel dafür, dass die Ausbreitung des Virus die von Homo sapiens vorausging. Wenn man die Lebensräume von Wildtieren beschneidet, vertreibt man auch die sie besiedelnden Viren aus ihren natürlichen Wirten und lädt sie zur Einwanderung in die eigene Population ein. In den verdichteten Mensch-Tier-Kontakten überquerte SARS-CoV-2 nach einigen Artenschranken auf dem neuen hochmobilen Wirt auch mühelos kontinentale und nationale Grenzen und wurde erst in der weiteren Überschreitung personaler Grenzen im mikrosozialen Alltag seuchenpolitisch ausgebremst. Dennoch dürfte es zum fünften Mitglied der Coronafamilie werden, das sich in Europa heimisch macht.

Das Virus bleibt uns dabei zutiefst fremd. Dazu gehört, dass es sich von Menschen auch dadurch unterscheidet, dass es eben nicht selbst zwischen Menschen unterscheidet, solange sie nur lebendig sind und damit als Wirt taugen. Es hat nur sehr unterschiedliche Wirkungen auf Männer und Frauen, Alte und Junge, Gesunde und Kranke. Und auch die Politik seiner Eindämmung lässt nicht alle gleich viel verlieren: Städter und Landbewohner, Homeoffice-Worker, Obdachlose, Heim- und Lagerbewohner, Beamte,

Kleinunternehmer und Tagelöhner, Mütter und Väter, Kinder und Jugendliche, Single und Alleinerziehende. Das Virus verstärkt so mittelbar viele vorhandene soziale Differenzierungen, es invertiert aber auch einige: wenn etwa prestigearme, schlecht bezahlte Berufsgruppen kurzfristig zu ›systemrelevanten‹ avancieren, wenn Kinder von Objekten der schützenden Fürsorge zu Verdächtigen der Virusverbreitung werden, wenn afrikanische Länder ihre Grenzen für europäische Reisende schließen oder wenn die Bewohner reicher Länder von routinierten Katastrophenzuschauern zu alarmierten Betroffenen werden, einschließlich der Aussicht, dass sich das mächtigste unter ihnen zum gesundheitlichen Elendsgebiet entwickelt.

Trotz dieser dramatischen Effekte impliziert die Nicht-Humanität des Virus auch, dass es nicht feindselig sein kann. Eben dies unterstellt aber seine zweite, symbolische Vergemeinschaftung. Das Virus, das sich biologisch zu animieren versucht, wird kulturell als Feind animiert. Dies begann bei den Kriegserklärungen politischer Ansprachen (»guerre«, »enemy«, »killer«, »mugger«), ging über den Bodycount einer täglichen Todesbuchhaltung, die es wie einen Attentäter erscheinen ließ; und es endete bei den Versuchen seiner Visualisierung – kaum eine Nachricht ohne das emblematische Bild des unsichtbaren Gegners in Gestalt einer Unterwassermine. Armes Virus! Könnte SARS-CoV-2 etwas wünschen, würde es uns sicher alles Gute wünschen, da wir ihm tot nicht zum Leben verhelfen können.[1]

Im Gegensatz zur politisch antizipierten und medial dargestellten Gefährlichkeit des Virus lässt sich seine tatsächliche Letalität noch nicht seriös beziffern. Hier grassiert ein gesamtgesellschaftliches Nicht-Wissen (Wehling 2001), das das politische wie das Alltagshandeln einer gewaltigen Unsicherheit aussetzt. Es lässt sich aber soziologisch beobachten, mit welchen Kategorien gezählt und gemessen wird. So liegt der Zählung von ›Coronaopfern‹ eine fragwürdige Zurechnung auf das SARS-Virus als kausalem Agenten zugrunde, obwohl Obduktionen (wie am UKE in Hamburg) zeigen, dass Patienten mit mehreren, zum Teil schweren Vorerkrankungen ›an Corona‹ starben, und niemand weiß, wie viele Patienten seit Jahren unter Mitwirkung von Coronaviren starben, ohne dass sie wie jetzt getestet und dem Virus in Rechnung gestellt wurden. Auch ermittelte die Universität Halle in 66 Bezirken von vier EU-Ländern, dass sich 80 % der als ›Coronaopfer‹ Gezählten in den fünf Bezirken mit der höchsten Luftverschmutzung ereigneten. Die sprachliche Kategorie ›Coronaopfer‹ fußt auf einem Kausalschema zur Erklärung von Sterbefällen, das das Virus wie einen steckbrieflich gesuchten Serienkiller darstellt, obwohl es nur wegen Mittäterschaft verfolgt werden müsste. Auch die ermittelten Sterberaten von COVID-19 basieren neben der Kategorisierung der Sterbeursache auf einer Kategorie der ›Infizierten‹, die grob irreführend ist. Gemeint sind ja nur die wenigen positiv Getesteten, während die Dunkelziffer der ungetestet Infizierten sie um Größenordnungen (geschätzt werden Faktoren zwischen 3 und 20) überschreiten dürfte.

Zur Zeit (Ende Mai 2020) lässt sich nur der Rahmen abstecken, in dem sich die Gefährlichkeit von SARS-CoV-2 bewegt. Dank seiner seuchenpolitischen Ausbremsung liegt die Corona zugeschriebene Letalität hierzulande auf halbem Weg zu den Opfern von Haushaltsunfällen und Krankenhauskeimen, deutlich unterhalb schwerer Grippewellen und bei einem Bruchteil der Mortalität durch Feinstaub (jährlich 120.000 nach einer aktuellen Studie des MPI Mainz). In vielen anderen Ländern ist das Bild weit weniger glimpflich. Und gemessen an den Letalitätserwartungen von Ländern, die sich einen Shutdown gar nicht leisten können, muss das Niveau der hiesigen Klagen ohnehin geradezu hypochondrisch hoch erscheinen.

Nun hatte eine gewisse Verzerrung des Risikobewusstseins ihren politischen Sinn, weil sie in der Startphase der Pandemie Zweifel an Nutzen und Verhältnismäßigkeit der Maßnahmen unterbinden konnte und Folgebereitschaft motivierte. So wie Masken als nutzlos galten, solange es einen Versorgungsengpass gab, wird das Virus als vornehmlicher Todesverursacher stilisiert, solange es Akzeptanzprobleme für das Einhalten körperlicher Abstände gibt. Die deutsche Politik hat damit auf dem schmalen Grat zwischen Verharmlosung und Alarmismus einen vorsichtigen Punkt markiert. Die Pandemiepolitik insgesamt ist aber auch von COVID-19 so stark bestimmt wie noch von keiner anderen Todesart, die als vorzeitig und vermeidbar gilt. Der sachliche Grund (das Argument) der Ausbreitungsgeschwindigkeit konnte schnell überzeugen, weitere Gründe werden sich erst in der Rückschau klar erkennen lassen. Zu ihnen zählt sicher ein seuchenhistorisches Gedächtnis, das an frühe staatliche Funktionen erinnerte. Dennoch fragt man sich, warum diese Toten gerade jetzt so stark ins öffentliche Bewusstsein gedrungen sind und woher diese überwältigende politische Reaktionsbereitschaft stammt. Dabei ist das Tempo interessant, in dem in der öffentlichen Aufmerksamkeit die ökologischen Lebensrisiken der Jüngeren (der zukünftigen Alten) durch die gesundheitlichen Lebensrisiken der Älteren verdrängt wurden. Da ging es in einer gewaltigen generationellen Schubumkehr von der bedrohten Zukunft der Jungen zur bedrohten Gegenwart der Älteren. Insofern könnte es sein, dass in der so entschlossenen Pandemiepolitik, die anstelle eines gigantischen, aber vergleichsweise fernen Risikos ›irgendwann irgendwo‹ ein konkretes Risiko für die Gesundheit Einzelner attackierte, auch ein jahrzehntealter klimapolitischer Handlungsstau ein seltsames Ventil gefunden hat.

Die politische Handlungsbereitschaft hatte aber auch Gründe in der Geschichte der Berichterstattung und in den SARS-spezifischen Formen der Humandifferenzierung. Zur kulturell dargestellten Gefährlichkeit von SARS-CoV-2 gehörte in der Startphase der Pandemie die intensive Berichterstattung über eine medizininterne Form der Humandifferenzierung: die *Triagierung*, eine Priorisierung von Patienten nach Überlebenswahrscheinlichkeit bei knappen Behandlungsressourcen. Sie ist in der Medizin gar nicht unüblich, etwa bei Transplantationen, Dialyseplätzen und Großunfällen (Schmidt 1996). So belastend diese Entscheidungen für den Arztberuf auch sind, war doch bemerkenswert, wie schnell und kompromisslos die Politik auf die Verhinderung eben dieses Unterscheidungsmodus zielte. Der Wert, der gegen die absehbaren intensivmedizinischen Versorgungsengpässe verteidigt wurde, ist die differenzlose Rettung jedes Menschenlebens wie sie der hippokratische Eid, aber auch eine egalitäre sozialstaatliche Gesundheitsvorsorge versprechen. Dass diese Rettung tatsächlich ›um jeden Preis‹ zu erfolgen habe, hat inzwischen Palliativmediziner darauf hinweisen lassen, dass erst die COVID-19-Diagnose Menschen, für die eine Sterbebegleitung angemessener gewesen sein könnte, zu schwer beanspruchten Intensivpatienten gemacht hat.

In einer zweiten Phase der Humandifferenzierung durch SARS-CoV-2 wurden zunehmend Risikogruppen identifiziert (Ältere und Vorerkrankte), also Wahrscheinlichkeiten differenziert, nach denen Menschen schwer erkranken können. Typisch für Infektionskrankheiten ist aber etwas anderes: dass die medizinische Unterscheidung von Gesunden und Kranken mit der sozial stärker aufgeladenen Differenz von Gefährdern und Gefährdeten verknüpft wird. Diese Kategorien sind hochambivalent, weil die noch Gesunden zugleich die Gefährdeten sind, die genesen(d)en Kranken dagegen die zukünftig Gefeiten sein könnten. Hinzu kommt bei COVID-19 nun aber noch ein spezifisches Problem: dass diese Unterscheidung von Gefährdern und Gefährdeten im Gegensatz zu anderen Formen der Humanisierung nur in Laboren und eben nicht im sozialen Alltag gemacht werden kann.

Da die Bedrohung aber unmittelbar von den Mitmenschen ausgeht, die als Agenten des Virus wirken, haben alle gute Gründe, sich gegenseitig zu fürchten. Und die Maßnahmen, die Gefahren abwehren sollen, machen auch Angst, die Abstände, die schützen sollen, machen noch misstrauischer. Wir navigieren unseren Körper in der Öffentlichkeit so vorsichtig umeinander, als steckten wir in der empfindlichen Außenhaut eines fabrikneuen Leihwagens. Einerseits wird diese Bedrohlichkeit durch Statistiken, Fernsehbilder und mahnende Worte aufgebaut, andererseits lässt sie sich im Alltag nicht einschätzen: Man sieht anderen nicht an, ob sie Virus(über)träger sind, man weiß noch nicht mal, ob man selbst als asymptomatischer, unerkannter Infizierter unwissentlich zu seiner Verbreitung beiträgt und muss, weil man sich selbst nicht trauen kann, anderen umso mehr misstrauen. Eben diese Unklarheit ist das zweite Merkmal der pandemischen Humandifferenzierung.

Das drängende Identifizierungsproblem hat daher (seuchenhistorisch alte) Versuche bestärkt, die sachlich eigentlich erforderliche Humandifferenzierung auf vertraute Formen zu verschieben, die sich leichter machen lassen: auf die Differenz von Ausländern und Inländern – eine an Papieren erkennbare und an Landesgrenzen vollziehbare Unterscheidung oder auf rassifizierende Zurechnungen: in den USA auf Schwarze, in Südafrika auf Weiße (»white man's disease«), in Europa auf Asiaten. Anfeindungen gab es auch deshalb nicht gegen Südtiroler oder Skifahrer, weil asiatisches Aussehen leichter unterscheidbar ist. Das Identifizierungsproblem trägt auch dazu bei, dass die sachlich nötige medizinische Differenzierung ein weiteres Mal ins Sichtbare verschoben wird: in die von Verantwortungsvollen und Leichtsinnigen, festgemacht an der Konformität mit politisch auferlegten oder nahegelegten Verhaltensweisen. Das Melden von Mitbürgern bei den Behörden hat dabei sicherlich affektive Vorteile: Wenn ich mich nicht als Opfer des Staates begreifen will, schlage ich mich einfach auf die Seite des ›Aggressors‹.

SARS-CoV-2 reißt also soziale Gräben auf, aber es verunklart die Zuordnung auf die Seiten der Differenz: Gehöre ich zu den Vulnerablen, den schon infizierten Übertragern oder den bereits Immunen? Eben diese triadische Differenzierung ist mit dem Voranschreiten der Pandemie entstanden. Dabei sorgt das Virus für schnelle, unerkannte Seitenwechsel von Menschen und sortiert sie unsichtbar in Letalitätsklassen um: von diffus Gefährdeten über gefährliche Befallene entweder zu (temporär?) Gefeiten oder zu schwer Erkrankten und Verstorbenen. Die Infektion ist wie eine Statuspassage mit äußerst ungleichem Verlauf. Für die Allermeisten ist sie ein unvermeidlicher und unmerklicher Übergang (wie das Altern), für viele ein mild verlaufendes Hinübergleiten, für einige aber eine lebensgefährliche Transition. Das Problem der pandemischen Humandifferenzierung liegt also darin, dass das Virus mit seiner höchst ungleichen Wirksamkeit eine Unterscheidung von vitaler Bedeutung schafft, bei der die Unterschiedenen irgendwann die Seiten wechseln, ohne dass sie wissen, auf welcher sie sich gerade befinden. Alle sind angesteckt von der Angst vor der Ansteckung, die nur wenige – aber wer nur? – unbedingt haben müssen. Die allgemeine Erhöhung körperlicher Distanz ist nur ein physischer Ausdruck für ein akutes Wissensdefizit: für das Unterscheidungsproblem, für wen sich die Quarantäne, für wen das ›Cocooning‹ empfiehlt, und wer, davon ausgenommen, ›den Laden am Laufen halten‹ muss und darf.

Bei der Behebung dieses Defizits muss sich die Gesellschaft mühsam auf die Zeithorizonte und die Streitkultur bei der Generierung wissenschaftlichen Wissens einstellen. Es gibt aber auch Unterschiede der politischen Steuerung. Während einige asiatische Länder, belehrt durch die vorherige SARS-Pandemie, konsequent testeten und in lückenlosen Kontrollmaßnahmen Infizierte verorteten und von (noch) Nicht-Infizierten separierten, hat die recht erfolgreiche deutsche Pandemiepolitik genau bei der Diagnostik (der medizinischen Humandifferenzierung) ihre Schwächen: Es fehlte lange an einer Meldepflicht auch für negative Testergebnisse, die Testkapazitäten wurden lange nicht genutzt, die Tracing-App verschleppt, repräsentative Studien fehlen, ein umständliches Berichtswesen und die Kapazität der Gesundheitsämter reichten zur Infektionsverfolgung nicht aus. Es wird wohl noch Monate dauern, bis dieser Blindflug beendet wird.

Im Maße der Durchleuchtung der Gesellschaft durch Massentests und ihrer Durchseuchung durch SARS-CoV-2 zeichnet sich aber bereits eine weitere Phase der Humandifferenzierung ab, die Menschen anhand von zwei Kriterien unterscheiden dürfte. Der Infektionsstatus differenziert Vulnerable und Immune, wobei Letztere durch eine Zertifizierung ihrer Statuspassage von Kontaktbeschränkungen auszunehmen wären (wie durch den im Mai noch aus dem Gesetz genommenen Immunitätspass). Die Vulnerablen werden sich dagegen für das Maß ihrer Einschränkungen mit einer zweiten Differenzierung als Angehörige von Risikoklassen begreifen müssen.[2]

Dabei geht es sicher nicht einfach um verordnete Kontaktbeschränkungen für Ältere. Die leicht zugängliche Altersklassifikation ist nur (nach

Ethnizität und Nationalität) ein weiterer schlechter Ersatz für die ärztlich festzustellende individuelle Zugehörigkeit zu Risikoklassen. Rüstigen Siebzigjährigen und längst immunisierten Senioren würde sie nicht gerecht. Es braucht feinere Humandifferenzierungen. Außerdem wird man allen Risikogruppen (sofern sie nicht in Heimen wohnen) nicht verwehren können, über ihr sozialräumliches Verhalten selbst zu entscheiden. Sie müssen länger und strikter mit Einschränkungen leben, weil sie gefährdeter sind und weil das Gesundheitssystem ihnen vielleicht eine Maximaltherapie versprechen, aber keinen Lebensschutz garantieren kann. Vor allem die Senioren wurden lange in der falschen Sicherheit gewiegt, dass sie durch den Staat und die reaktivierte nationale Gemeinschaft verlässlich geschützt würden. Da sich dieser Schutz angesichts der wirtschaftlichen, pädagogischen und auch gesundheitlichen Folgeschäden der politischen Maßnahmen so nicht weiter garantieren lassen wird, wird das Risikomanagement stärker in ihre Eigenverantwortung übergehen müssen. Sie sollten entscheiden dürfen und müssen, in welchem Maße sie zur Sicherung ihrer Lebenserwartung ihr soziales Leben einschränken oder es unter Inkaufnahme eines höheren Risikos der Lebensverkürzung in der gewohnten Qualität aufrechterhalten.

Der Staat kann dies unterstützen. Er entwickelte eine strenge Präventionskommunikation schon bei der Impfpflicht für Masern, wo er in Eltern-Kind-Beziehungen intervenierte oder bei der Aids-Pandemie, wo er sich mahnend und werbend in Intimbeziehungen einmischte. Safer Sex ist inzwischen etabliert, über Safer Aging wird zu reden sein. Tablets in Altenheimen erlauben tatsächlich wie Kondome in Sexualbeziehungen in einem Zuge Kontakte wie Kontaktbeschränkung. Wir werden damit leben lernen wie mit den Masken: Auch sie erlauben und beschränken Kontakte. Und sie haben dafür eine rasante Recodierung erfahren: vom Alarmzeichen der Verhüllung von Straftätern über ein ambivalentes Warnsignal, dass jemand von seiner eigenen Infektion wissen könnte, bis zu den Ausweiszeichen einer Vertrauenswürdigkeit, die Bedrohlichkeit mindern sollen, aber doch selbst bedrohlich wirken, weil der Vermummung mit dem Lächeln ein Großteil der kontaktoffenen Freundlichkeit unter Fremden zum Opfer fällt.

Ob das ein Ausnahmezustand bleibt, wissen wir nicht. Denn zum Unwissen in der pandemischen Humandifferenzierung gehören auch die langfristigen Perspektiven. Verschwindet SARS-CoV-2 so sang- und klanglos wie SARS-CoV-1? Oder bleibt ihm bis zur Entwicklung eines Medikaments und/oder Impfstoffs genug Zeit für eine zweite Verbreitungswelle? Oder muss es ohnehin nur als vergleichsweise harmloser Testfall für ein viel gefährlicheres Virus gesehen werden? Dann erleben wir nicht nur einen Ausnahmezustand, sondern auch eine Gabelung, z. B. für die Form der ökonomischen Globalisierung, aber auch für den Wärmegrad alltäglicher Geselligkeit.

Anmerkungen

1   Verschwörungstheorien treiben diese Vergemeinschaftung noch etwas weiter: Sie anthropomorphisieren nicht nur das Image des Virus, sie schreiben auch noch seine Entstehung (bösen) Menschen zu.

2   Dies gilt übrigens nicht nur für die medizinischen Risiken, die man hat, sondern auch für die sozialen, die man darstellt und an Anderen informell abschätzt: Handelt es sich um kontaktarm Lebende, mit denen man (analog zu Haushalten) Infektionsgemeinschaften bilden kann oder um sozial Promiskuitive?

Literatur

Goffman, Erving (1974): Das Individuum im öffentlichen Austausch. Frankfurt a. M.: Suhrkamp.

Schmidt, Volker H. (1996): »Veralltäglichung der Triage«. In: Zeitschrift für Soziologie 25, S. 419–437.

Stichweh, Rudolf (2020): »Simplifikation des Sozialen«. In: FAZ vom 07.04.2020.

Wehling, Peter (2001): »Jenseits des Wissens? Wissenschaftliches Nichtwissen aus soziologischer Perspektive«. In: Zeitschrift für Soziologie 30, S. 465–484.

Staat und Demokratie

Das Virus wirkt als Turbo für die *postdemokratische Wende* und unterstützt die Gesellschaft der Nicht-Nachhaltigkeit in ihrem Bemühen um ihre Stabilisierung und Legitimation. — *Ingolfur Blühdorn*

Möglicherweise steht gegenwärtig ein Strukturwandel von Staatlichkeit zu einem *resilienten Staat* an, dessen zentrale Aufgaben Prävention und Katastrophenmanagement sind. Die Corona-Krise könnte einem solchen Wandel einen Schub geben. — *Andreas Reckwitz*

Eine grundsätzliche Änderung unserer gesellschaftlichen Ordnung ist nicht zu erwarten. Wir werden weiterhin in einer horizontal differenzierten Gesellschaft leben. Der Staatsgewalt ist für diese Differenzierungsform ein höheres Gewicht zuzuschreiben. — *Gesa Lindemann*

Das Virus der Nicht-Nachhaltigkeit
SARS-CoV-2 und die postdemokratische Wende

Ingolfur Blühdorn

1. Einleitung

Kaum ein halbes Jahr nach ihrem Auftreten wurde die COVID-19-Pandemie bereits als historische Zäsur, als Umbruch in der Entwicklung moderner Gesellschaften bezeichnet. Von einer *neuen Welt nach Corona* war schnell die Rede, von einer *Generation Corona*, ebenso wie von der *Corona-Gesellschaft*. Aus sozialwissenschaftlicher Perspektive erscheinen solche Einschätzungen und Begriffe trotz der tiefgreifenden Denormalisierung des Alltags durch das Virus, der massiven wirtschaftlichen Konsequenzen der Pandemie und der unübersehbaren Verwerfungen in der internationalen Politik noch verfrüht. Zudem sind sie insofern problematisch, als sie die Pandemie zum zentralen Gesellschaftsmerkmal und zur schicksalhaften Erklärung für gesellschaftliche Veränderungen erheben, die in keiner ursächlichen Verbindung zu ihr stehen, die längst vorher voll im Gange waren und die auch mitnichten schicksalhaft über moderne Gesellschaften gekommen waren. Und sie leisten dem Versuch Vorschub, die Pandemie zur Legitimation für Maßnahmen zu machen, die bestenfalls vordergründig durch das Virus begründet sind. Nachhaltigkeitssoziologisch gesprochen – und dabei wird ein umfassendes Verständnis von Nachhaltigkeit zugrunde gelegt – lässt sich die Besonderheit der Gegenwartsgesellschaft auch nach Corona sehr viel konkreter mit dem Konzept der *Gesellschaft der Nicht-Nachhaltigkeit* fassen. Auch für die Untersuchung der Corona-Pandemie bietet diese Gesellschaftsdiagnose einen sehr konstruktiven Rahmen.

Seit langem schon sind insbesondere die wohlhabenden Konsumgesellschaften des Globalen Nordens von einem Virus befallen, das noch infektiöser ist als SARS-CoV-2 und das ganz sicher auch mehr Todesopfer fordert: das Virus der Nicht-Nachhaltigkeit. Seine Zerstörungskraft ist sowohl in sozialer und ökologischer Hinsicht als auch mit Blick auf die Demokratie gewaltig. Auch bei diesem Virus sind bestimmte gesellschaftliche Gruppen, ganze Länder und eben auch ökologische Bedingungen in besonderem Maße betroffen, die zwar absolut *systemrelevant* sind, die aber trotzdem kaum Wertschätzung erfahren. Diejenigen, deren Wohlstand und Lebensstil sie sichern, haben sowohl gegen die sozialen als auch die ökologischen und politischen Konsequenzen dieses Virus eine beeindruckende *Herdenimmunität* aufgebaut. Diese Konsequenzen sind inzwischen zwar gründlich erforscht, dokumentiert und in umfassendem Maße Gegenstand der öffentlichen Diskussion. Doch moderne Gesellschaften verteidigen trotzdem mit aller Entschiedenheit, was sie als ihre unverhandelbare Freiheit, ihre Werte und ihren Lebensstil betrachten, *koste es, was es wolle* – sozial, ökologisch und in Bezug auf die Demokratie; auch im Zeichen der Pandemie. Die leistet dabei sogar in besonderer Weise Hilfestellung.

Die dritte dieser Dimensionen, die demokratische, steht im Folgenden im Zentrum. Gerade in ihrer ersten Phase hatte die Pandemie bei vielen Beobachtern hinsichtlich der Demokratie große Erwartungen geweckt. Die Entschiedenheit und überraschende Handlungsfähigkeit der Politik, der beeindruckende gesellschaftliche Schulterschluss angesichts der Bedrohung durch das unbekannte Virus sowie vor allem die neue Solidarität mit bisher wenig gewürdigten, *systemrelevanten* Gruppen nährten die Hoffnung, dass Corona nach einer langen Phase der neoliberalen Entpolitisierung eine Stärkung demokratischer Werte, politischer Institutionen und staatlicher Verantwortungsbereitschaft bewirken könnte. Schon bald jedoch wurden die Maßnahmen, die viele Regierungen zur Bekämpfung des Virus ergriffen hatten, von neu entstehenden Protestbewegungen als Bedrohung für die Freiheit, die Grundrechte und den Rechtsstaat gewertet, als Vorzeichen einer neuen, autoritären Staats- und Gesellschaftsform. Die Demokratie, so die Kritik, würde zu den Kollateralschäden des Corona-Notstandes gehören.

Gemeinsam ist diesen Perspektiven, dass sie die Pandemie auch demokratiepolitisch als entscheidende Zäsur betrachten. Tatsächlich befestigt COVID-19 aber wohl eher eine Konstellation und beschleunigt eine Veränderungsdynamik, die sich schon längst vor der Pandemie deutlich abgezeichnet hatten: Das Virus wirkt gewissermaßen als Turbo für die *postdemokratische Wende* und unterstützt die Gesellschaft der Nicht-Nachhaltigkeit in ihrem Bemühen um ihre Stabilisierung und Legitimation. In diesem Sinne wird SARS-CoV-2 seinerseits zum Virus der Nicht-Nachhaltigkeit, und der Pandemie kommt sowohl demokratie- als auch nachhaltigkeitspolitisch erhebliche Bedeutung zu. Um die zu erfassen, muss man zunächst die Krisen und Transformationen – nicht nur der Demokratie – in Erinnerung rufen, die schon längst vor Corona in der sozialwissenschaftlichen Literatur und in der medialen Öffentlichkeit breit debattiert wurden.

2. Unhaltbarkeiten und Transformationen

Diese Krisen und Transformationen konditionieren die gesellschaftliche Wahrnehmung, Wirkung und Verarbeitung der Corona-Pandemie. Mit an vorderster Stelle steht da die wachsende Instabilität des kapitalistischen Wirtschaftssystems, das sich spätestens mit der Banken- und Finanzkrise als unhaltbar erwiesen hatte und seitdem nur durch massive Interventionen wie etwa die Zinspolitik und Anleihenankäufe der EZB am Leben gehalten wird. Dass derartige Stützungsmaßnahmen ihrerseits erhebliche Nebenwirkungen haben und nicht auf Dauer gestellt werden können, ist zwar unstrittig und wurde politisch zunehmend problematisch. Eine Lösung dieses Nicht-Haltbarkeitsproblems zeichnete sich aber bis zur Corona-Pandemie nicht ab. Sozial betrachtet gehören zu diesen Krisen die steigende soziale Ungleichheit sowie die immer tiefere Spaltung moderner Gesellschaften. Sie entladen sich in zunehmend gewaltsamen, kaum noch kontrollierbaren Konflikten, die von rechtspopulistischen Akteuren bewusst angeheizt werden, um Gesellschaften zu destabilisieren. Aus ökologischer Perspektive zeigt sich die Unhaltbarkeitskrise im Überschreiten planetarischer Grenzen und dem bereits erkennbaren Zusammenbruch bio-physischer Systeme. Das Konzept der *Nachhaltigkeit* wird als Leitbild für einen sozial-ökologischen Umbau der (Welt-)Gesellschaft kaum noch für aussichtsreich gehalten. Alternative Leitbilder, die mehr transformative Kraft entfalten würden, stehen allerdings nicht zur Verfügung.

Technologisch gesehen ist die große Transformation, die längst vor Corona eingesetzt hatte, zweifellos die digitale Revolution, also die umfassende Datafizierung moderner Bürger und Gesellschaften und die zunehmende Bedeutung der künstlichen Intelligenz. Zwar konfligiert diese Entwicklung zunehmend offensichtlich mit der Tradition des Humanismus und stellt die Haltbarkeit der Werte und Ideale der europäischen Aufklärung in Frage, sie wird aber doch als Prioritätsprojekt vorangetrieben. Und in kultureller Hinsicht liegt die große Transformation der letzten Jahrzehnte in einem Werte- und Kulturwandel, in dessen Vollzug emanzipatorische Ideale und Ziele ganz neu ausbuchstabiert werden: Im Zuge einer *Emanzipation zweiter Ordnung* werden die Verpflichtungen, Beschränkungen und Verantwortlichkeiten, die dem Bewegungsideal der ökologisch-demokratischen Mündigkeit einst eingeschrieben waren, grundlegend revidiert. Zumindest für Teile der Gesellschaft beziehungsweise bestimmte Lebensbereiche werden damit neue Horizonte der Freiheit und Selbstbestimmung erschlossen.

Diese Krisen und Transformationen greifen wechselseitig ineinander und addieren sich zu einer vielschichtigen Unhaltbarkeitskrise. Für moderne Gesellschaften der Nicht-Nachhaltigkeit ist dabei wie gesagt charakteristisch, dass sie ihre Unhaltbarkeit zwar gründlich erforschen, dokumentieren und öffentlich thematisieren, die konstitutiven Prinzipien der bestehenden Ordnung gleichwohl aber entschieden verteidigen und Wege finden, sich gegen die ethisch-moralischen Dilemmata, die das Festhalten am Unhaltbaren mit sich bringt, zu immunisieren. Dies gilt auch für den Niedergang beziehungsweise die Metamorphose der Demokratie, die sich aus der Summe dieser Unhaltbarkeiten und Transformationen unvermeidlich ergibt und die sich empirisch auch in ehemaligen Vorzeigestaaten der Demokratie wie etwa den USA unschwer beobachten lassen.

3. Nicht-Nachhaltigkeit der Demokratie

Seit Jahrzehnten schon wurde auch in solchen fest etablierten Demokratien von Politikverdrossenheit, Parteienverdrossenheit und einer Krise der Demokratie gesprochen, wobei zunächst davon ausgegangen wurde, dass diese Erscheinungen durch geeignete Reformen überwindbar wären. Seit den frühen 2000er Jahren war dann vermehrt vom *Ende* der Demokratie, von *Postdemokratie* sowie von *Postpolitik* die Rede. Diese Begriffe waren vor allem darauf ausgerichtet, gegen den hegemonial gewordenen Neoliberalismus zu mobilisieren, der als die wesentliche Bedrohung für die Demokratie gesehen wurde. Etwas später wurde bezüglich der politischen Führung und des Stils des Regierens auch in etablierten Demokratien eine *autokratische Wende* diagnostiziert und bei vielen Bürgern eine *Zuflucht ins Autoritäre*. Beides wurde nicht zuletzt auf die zunehmende Komplexität, Internationalisierung und

Beschleunigung moderner Gesellschaften zurückgeführt, also auf kaum mehr umkehrbare Phänomene, die für politische Eliten und Institutionen ebenso wie für die Bürger eine zunehmende Überforderung bedeuten. Ohne jede normative Affirmation kann man von einer zunehmenden *Dysfunktionalität* der Demokratie sprechen, die sich unter anderem auf die Fähigkeit demokratischer Institutionen und Verfahren bezieht, wichtige gesellschaftliche Probleme zu bewältigen, sowie auf die Tauglichkeit demokratischer Strukturen für die Umsetzung moderner Ansprüche auf Freiheit und Selbstbestimmung.

Brisant an dieser Dysfunktionalität ist, dass sie wohl nicht zuletzt auf eine *Dialektik* der Demokratie beziehungsweise der Emanzipation zurückzuführen ist, also einen Prozess, in dem die ideellen und materiellen Ressourcen, die einst die Treiber und Ermöglichungsbedingungen des demokratischen Projekts gewesen sind, kontinuierlich ausgezehrt werden, ohne dass sie reproduziert werden können. In diesem dialektischen Prozess werden genau die emanzipatorische Energie und Dynamik, die einst die Hebammen der Demokratie waren, heute zu ihrem Totengräber. Er bewirkt, dass eine Vielzahl gesellschaftlicher Akteure – politische Entscheidungsträger, liberale Eliten, Klimaschützer, Rechtspopulisten, marginalisierte Minderheiten und andere – aus ihren je eigenen Gründen ein höchst ambivalentes Verhältnis zur Demokratie entwickeln. Genau das bezeichnet der Begriff der *postdemokratischen Wende*. Er impliziert, dass eine Neubelebung der Demokratie oder ihre Weiterentwicklung im egalitären, inklusiv-partizipatorischen, deliberativen oder gar kosmopolitischen Sinne immer weniger zu erwarten ist – ein vollständiger Abschied vom demokratischen Projekt allerdings ebenfalls nicht. Zu erwarten ist vielmehr eine Transformation der Demokratie nach Maßgabe aktualisierter, zunehmend anti-egalitärer und ausgrenzender Verständnisse von Freiheit und Selbstverwirklichung.

Die mehrfache Nicht-Haltbarkeitskrise moderner Gesellschaften erweitert sich also um die Dimension der *Nicht-Nachhaltigkeit der Demokratie*. Dieser Begriff bezeichnet erstens die nicht neue Feststellung, dass gerade die *liberale* Demokratie für die ökologisch-soziale Nicht-Nachhaltigkeit moderner Konsumgesellschaften eine klare Mitverantwortung trägt. Zweitens bezeichnet er die Befürchtung, dass die Demokratie selbst – und zwar nicht nur die liberale – nicht haltbar und ein historisches Übergangsphänomen sein könnte, weil sie eben sowohl in materieller als auch in kultureller Hinsicht auf Voraussetzungen beruht, die sie kontinuierlich auszehrt, aber nicht reproduzieren kann. Drittens bezeichnet der Begriff den oben angedeuteten Verdacht, dass sich im Zuge der Emanzipation zweiter Ordnung eine neue, illiberale, mehrheitsautoritäre Demokratie herausbildet, die zum wesentlichen Instrument der Politik der Nicht-Nachhaltigkeit werden könnte: Die Nicht-Nachhaltigkeit der Demokratie führt dann zur *Demokratie der Nicht-Nachhaltigkeit*.

In dieser gerade auch normativ höchst verunsichernden Gemengelage hatte am Ende der 2010er Jahre ausgerechnet die Konjunktur des Rechtspopulismus ein gewisses Maß an Sicherheit und Orientierung gestiftet. Es formierte sich eine Diskurskonstellation, in der sich rechtspopulistische Bewegungen beziehungsweise Parteien und diejenigen, die solche Akteure als *unmoralisch, irrational* und *entzivilisiert* kritisieren, unversöhnlich gegenüberstehen. Im Angesicht der rechtspopulistischen Bedrohung wurde *Demokratie* meist vereinfachend gleichgesetzt mit *liberaler* Demokratie, die nun mit aller Entschiedenheit gegen die illiberale und autoritäre Gefahr zu verteidigen sei. Dabei überspielt der moralische Eifer im Kampf für das Gute, Zivilisierte und Vernünftige das keineswegs nur bei Rechtspopulisten ambivalente Verhältnis zur Demokratie. Zudem gerät aus dem Blick, dass die liberale Demokratie in einem Verhältnis der Komplizenschaft zur sozial-ökologischen Nicht-Nachhaltigkeit steht; ebenso, dass die Ausweitung und Verteidigung von bekanntermaßen nicht generalisierbaren Freiheitsansprüchen auf Kosten sozial-ökologischer Verbindlichkeiten nicht weniger unmoralisch, ausgrenzend und entzivilisiert sind als die rechtspopulistischen Positionen, gegen die die liberale Demokratie nun verteidigt werden soll. Der Kampf gegen den illiberalen und autoritären Rechtspopulismus erhebt die Verteidigung der liberalen Demokratie gleichsam zur moralischen Pflicht, marginalisiert dabei jede Debatte einer egalitär-partizipatorischen, vielleicht sogar kosmopolitischen Demokratisierung der liberalen Demokratie – und sichert mit beidem den Fortbestand der sozial-ökologischen Nicht-Nachhaltigkeit.

4. Corona als Gegengift?

Genau dieses mehrdimensionale Nachhaltigkeits- und Unhaltbarkeitsdilemma bildet den Kontext, in den die Pandemie hereinbrach und in dem sie ihre gesellschaftliche Wirkung entfaltete. Die Hoffnungen, die sie in Bezug auf die Demokratie weckte, gründeten zunächst vor allem darauf, dass nationale Regierungen plötzlich eine überraschende Entscheidungsfreudigkeit und Handlungsfähigkeit zeigten, die man in ausdifferenzierten und internationalisierten Gesellschaften kaum noch für möglich gehalten hatte. Schließlich hatten die Ideologen des Marktliberalismus über Jahrzehnte die Politik systematisch als unfähig, ineffizient und korrupt denunziert. Und politische Entscheidungsträger hatten sich selbst immer wieder hinter die Behauptung zurückgezogen, sie hätten letztlich nur sehr begrenzte Entscheidungs- und Gestaltungsspielräume. Im Zeichen des Virus zerfielen diese Narrative abrupt. Die Politik beanspruchte klare Priorität über die sogenannten Imperative des Marktes. Über Nacht zerfiel auch die Ideologie der individuellen Selbstverantwortlichkeit und des schlanken Staates. Von allen Seiten wurden nun staatlicher Schutz und Fürsorge erwartet, und die Ära des Neoliberalismus, der schon seit der Bankenkrise deutlich angeschlagen war, schien nun endgültig vorüber. Schon allein das signalisierte positive Aussichten für die Demokratie: die Pandemie als Gegengift und Heilmittel für die postdemokratischen und postpolitischen Folgen des Neoliberalismus.

Dieses Gegengift schien umso aussichtsreicher, weil die Pandemie zugleich genau die kulturellen Ressourcen zu reproduzieren schien, die der Neoliberalismus und die Emanzipation zweiter Ordnung so gefährlich ausgezehrt hatten, dass die Haltbarkeit der Demokratie bedroht war. Das Virus stellte bei den politischen Parteien die Konsens- und Kooperationsfähigkeit wieder her. Regierungen bemühten sich anders als in der Banken- und Finanzkrise ausdrücklich, mit ihren Hilfsprogrammen alle Teile der Gesellschaft zu unterstützen und *niemanden zurückzulassen*. Ebenso übten die Bürger den Schulterschluss: Das neuartige Virus rekonstituierte die Risikogemeinschaft und Solidarität, die zuvor weitgehend zerfallen waren. Es sorgte für die Wiederentdeckung des Gemeinwohls. Persönliche Freiheiten und die Bedeutung des Privaten verloren an relativem Gewicht. Selbstbeschränkung und Selbstdisziplin im Interesse der Gemeinschaft wurden zur Selbstverständlichkeit. Die Pandemie schien die Gesellschaft zur politischen Mündigkeit zurückzuführen, die Dialektik der Demokratie auszuhebeln und die Zukunftsfähigkeit der Demokratie zu sichern. Für einen Moment eröffnete sie eine Perspektive für eine Erneuerung der solidarischen Gesellschaft und Demokratie.

Was da erneuert wurde, war allerdings nicht die Demokratie – nicht einmal die *liberale* und schon gar nicht eine *egalitär-partizipatorische* – und auch nicht das Politische, also das unauflösbar pluralistische und umstrittene. Vielmehr schuf die Pandemie, wie jeder Notstand, die Bedingungen für eine starke Exekutive, die mit ihrer engen Bindung an die Empfehlungen medizinischer Experten letztlich nicht weniger postdemokratisch und postpolitisch war als zuvor der Neoliberalismus und die vermeintlich unverhandelbaren Imperative des Marktes. Und dieses Postdemokratische und Postpolitische war es, was die Bürger faszinierte und was ihnen Hoffnung, Sicherheit und Orientierung gab. Es entsprach in sonderbarer Weise den Forderungen derer, die unmittelbar vor der Pandemie einen starken, eng an die Nachhaltigkeitsforschung gebundenen Umweltstaat an die Spitze der sozial-ökologischen Transformation setzen wollten und die in der Abhängigkeit der staatlichen Umweltpolitik von mehrheitsdemokratischer Legitimation ein durchaus ernsthaftes Problem gesehen hatten – gerade angesichts rechtspopulistischer Klimaleugner und marktliberaler Kritiker jeder staatlichen Regulierung.

Auf eine Stärkung egalitärer, partizipatorischer und deliberativer Strukturen hingegen deutete überhaupt nichts hin. Und genau das bot den Zündstoff für die neuen Protestbewegungen, die sich entfalteten, als die unmittelbare Bedrohung durch das Virus weniger akut zu werden schien. Diese Bewegungen vereinigen verschiedenste gesellschaftliche Gruppen, die gemeinsam die Maßnahmen der Regierung als überzogen, als unberechtigte Beschränkung von Grund- und Freiheitsrechten und als obrigkeitsstaatliche Willkür kritisieren. Von *Gesundheitsdiktatur*, *Corona-Faschismus* und *Diktatur der Virologen* ist da die Rede, von gezieltem Schüren von Angst zur Legitimation autoritärer Maßnahmen, von einem *Meinungskartell* der etablierten Parteien, der *Staatsmedien* und der *gleichgeschalteten Presse* sowie immer wieder von dem gezielten Versuch, Kritiker der *öffentlichen Einheitsmeinung mundtot zu machen*. Teile der Bewegung sind gar überzeugt, dass die Corona-Politik der Regierung heimlich von der Pharmaindustrie gesteuert ist und auf die *Versklavung* der Bevölkerung zielt.

Insofern diese Bewegungen – selbst ihre rechtspopulistischen Segmente – sich ausdrücklich für die Verteidigung der Freiheit, der Grundrechte, des Rechtsstaates und der Demokratie stark machen, die sie durch das Regierungshandeln im Corona-Notstand bedroht sehen, könnten auch diese Proteste der zweiten Phase der Pandemie als Widerstand gegen die Postdemokratie und die autokratisch-autoritäre Wende verstanden werden und als Kampf für eine erneuerte, demokratischere Demokratie. Man könnte meinen, dass diese Allianz der Kritiker einen wichtigen Beitrag dazu leisten könnte, den gegenüber dem Markt wieder erstarkten Staat nun verlässlich an den demokratischen Souverän zu binden und der wiedergefundenen Politik eine wahrhaft demokratische Form zu geben. Doch die neuen Protestbewegungen signalisieren weniger das Potenzial einer demokratischen Erneuerung, als dass die neue Solidarität, die wiedergewonnene Mündigkeit und der gesellschaftliche Schulterschluss der ersten Phase inzwischen längst wieder verflogen sind. Ganz unabhängig davon, dass explizit antidemokratische und verschwörungstheoretische Gruppen diese Proteste für ihre eigenen Zwecke instrumentalisieren, bestätigen sie genau die Tendenzen und Transformationen, die sich bereits vor der Pandemie-Krise über längere Zeiträume entfaltet und verfestigt hatten.

5. Verteidigungskonsens und Immuntherapie

Tatsächlich macht die zweite Phase der Pandemie unmissverständlich klar, dass COVID-19 moderne Gesellschaften in keinerlei Hinsicht zu einem Abweichen von der bisher bestimmenden Logik bewogen hat. Ökonomisch hat das Virus zu massiven Einbrüchen geführt, aber von Deglobalisierung und Re-Regionalisierung ist keine Rede mehr. Mehr denn je hängt die Wirtschaft am Tropf von Stabilisierungsmaßnahmen des Staates und der Notenbanken, doch Ideen einer Postwachstums- und Gemeinwohlökonomie scheinen weniger resonanzfähig denn je. Sozial betrachtet hat die Pandemie die Tendenz zu immer größerer Ungleichheit weiter bestärkt. Selbst in Ländern, wo die Regierungen umfassende Hilfsprogramme für praktisch alle Teile der Gesellschaft aufgelegt haben, waren vor dem Virus keineswegs alle Bürger gleich. Doch sogar die Solidarität mit *systemrelevanten* Gruppen – die von Anfang an höchst utilitaristisch und selektiv war – ist weitgehend verpufft.

Ökologisch gesehen hatte die Pandemie zwar positive Effekte, insofern sie zu einem temporären Rückgang der Emissionen, des Konsums oder etwa des Tourismus geführt hat. Zudem haben die inzwischen beschlossenen Konjunkturpakete in einigen Ländern auch klima- und nachhaltigkeitspolitische Komponenten. Doch die beispiellosen Maßnahmen zur Konsum- und Wachstumsförderung machen eine ökologische Transformation auch weiterhin höchst unwahrscheinlich. Und auch im Hinblick auf die digitale Revolution wirkt die Pandemie als großer Verstärker und Beschleuniger. Überall haben Regierungen, Institutionen und Technologiefirmen die einmalige

Gelegenheit genutzt, digitale Technologien zu verbreiten, gesellschaftliche Vorbehalte diesen Technologien gegenüber zu überwinden und die Datafizierung voranzutreiben. Die schrittweise Ablösung des Menschen – *qua* Subjekt eines freien Willens, einer unantastbaren Würde und universaler Menschenrechte – als dem zentralen Bezugspunkt aller Politik durch den Datensatz und die künstliche Intelligenz bleibt aber auch weiterhin mit der Tradition der europäischen Aufklärung unvereinbar.

Zu einer Lösung des mehrfachen Nachhaltigkeits- und Unhaltbarkeitsproblems moderner Gesellschaften trägt die Corona-Pandemie also nichts bei. Vielmehr spitzt sie es noch weiter zu. Dies gilt auch mit Blick auf die Demokratie. Das manifestiert sich nicht zuletzt in der auch jenseits des akuten Notstands auffällig hohen Unterstützung für restriktive, auf wissenschaftliche Erkenntnisse gestützte und konsequent durchgesetzte staatliche Maßnahmen – ein Ansatz, der Vielen auch für andere Politikfelder tauglich und erforderlich erscheint. Umgekehrt bleibt die Skepsis gegenüber dezentralisierten, flexiblen und demokratischeren Politikansätzen groß. Auf bürgerlich-liberaler Seite führt jede interventionistisch-regulatorische Politik allerdings zur erneuten Mobilisierung für genau das individualistische Freiheitsverständnis, das etwa ökologische Bewegungen schon immer mit Skepsis betrachtet haben und das im Corona-Notstand angeblich einer neuen, solidarischen Gemeinwohlorientierung gewichen war. Auf illiberal-rechtspopulistischer Seite hingegen bietet das entschiedene Handeln der Regierung und die konsequente Durchsetzung von Verboten willkommene Gelegenheit zur Mobilisierung gegen die etablierten Institutionen und Eliten. Beide Dimensionen mischen sich, weiter angereichert um verschiedene Verschwörungstheorien, in den Protestbewegungen gegen die *Gesundheitsdiktatur* und den *Corona-Faschismus*. Zwar ist die von diesen Bewegungen vorgetragene Kritik in verschiedenen Punkten durchaus berechtigt. Für eine neue Mündigkeit und Verantwortlichkeit, für die Bereitschaft zu einer inklusiven, egalitären, deliberativen Politik einer ökologisch und sozial inklusiven Vernunft bieten diese Bewegungen aber wenig Evidenz.

Gleiches gilt aber auch für die Art und Weise, wie die Unterstützer der Regierungspolitik auf die Corona-Proteste reagieren. Bezeichnend ist dabei insbesondere, wie die zum Teil berechtigte Kritik der Protestbewegungen in der öffentlichen Debatte oftmals *in toto* als irrational zurückgewiesen und als verschwörerische Wahnvorstellung denunziert wird. Mit elitärer Arroganz und moralischer Überheblichkeit positionieren sich die dem eigenen

Anspruch nach *Vernünftigen, Moralischen* und *Verantwortlichen* gegen die *Unvernünftigen, Unmoralischen* und *Unverantwortlichen*. Diese Rhetorik spaltet die Gesellschaft in die Überlegenen und Gewinner auf der einen und die Unterlegenen und Verlierer auf der anderen Seite. Sie ist nicht weniger polarisierend und ausgrenzend als die Rhetorik der Rechtspopulisten, von der sie sich absetzen will. Keine der Seiten versteht Kritik als Einladung zum Diskurs; beide betreiben die Verhärtung der diskursiven Fronten.

Auch für die Unhaltbarkeitskrise der Demokratie eröffnet die Pandemie also keine neue Perspektive. Trotzdem hat sie für die Gesellschaft der Nicht-Nachhaltigkeit eine kaum zu überschätzende Bedeutung. Überspitzt könnte man sagen: Wäre die Pandemie nicht von selbst ausgebrochen, hätte man etwas Ähnliches erfinden müssen; denn je mehr ihre grundlegende Unhaltbarkeitskrise sich zuspitzt, desto dringender braucht die Gesellschaft der Nicht-Nachhaltigkeit neue Mittel zu ihrer eigenen Stabilisierung. Aus der Perspektive ihres Nicht-Nachhaltigkeitsdilemmas ist die Pandemie dann weniger ein Problem als vielmehr eine – zumindest temporäre – Lösung. Sie verstärkt autoritäre Tendenzen, die zur Stabilisierung der stetig steigenden Ungleichheit, Spaltung und Exklusion unverzichtbar sind. Sie bietet eine schwer zu kritisierende Begründung dafür, ein weiteres Mal unvorstellbare Milliardenbeträge in die Stabilisierung des dennoch unhaltbaren Systems zu investieren. Und mindestens ebenso wichtig: Sie erneuert genau die diskursive Konstellation, die bereits vor Corona einen wesentlichen Beitrag dazu geleistet hatte, die liberale Demokratie zu schützen, eine partizipatorisch-egalitäre Demokratisierung der Demokratie zu verhindern und so die Politik der Nicht-Nachhaltigkeit zu sichern.

Denn wie bei der polarisierten Konfrontation zwischen den *unzivilisierten* Rechtspopulisten und den Verteidigern der liberalen Demokratie hilft der Kampf gegen die *verwirrten, unmoralischen* und *unverantwortlichen* Corona-Leugner bei der Legitimation des Programms zur weiteren Sicherung der Nicht-Nachhaltigkeit. Die *Irrationalität* und *Verantwortungslosigkeit* derer, die die Maßnahmen kritisieren, wird gleichsam zum Beweis für ihre Alternativlosigkeit und für die moralische Überlegenheit derer, die sie einführen. Zugleich immunisiert die Konzentration auf die *Verbohrtheit* und *hermetische Abgeschlossenheit* der *Verschwörungstheorien* gegen die Wahrnehmung und Bearbeitung der Bedenken, die von den Protestbewegungen vorgetragen werden. Die scharfe Polarisierung des politischen Diskurses wirkt also gewissenmaßen als Immuntherapie. Und für die Sicherung der Nicht-Nachhaltigkeit ist diese Therapie insofern umso effektiver, als die vermeintlich gegensätzlichen Positionen in der Substanz deutlich Gemeinsamkeiten zeigen. Denn auf ihre je eigene Art und Weise zielen beide in eine post-demokratische, anti-egalitäre und letztlich autoritäre Richtung. Ihr Konflikt ist wesentlich eine Inszenierung auf der Ebene des Moralischen. In der Substanz aber blockieren sie – gegeneinander und doch gemeinsam – eine sozial-ökologische Transformation, die beide gleichermaßen ablehnen.

Das SARS-CoV-2-Virus befestigt die Gesellschaft der Nicht-Nachhaltigkeit also auch, indem es eine politische Diskurskonstellation schafft, in der die moralisierende Konfrontation zweier Positionen, die sich inhaltlich in zentraler Hinsicht – der Verteidigung der Nicht-Nachhaltigkeit – im Konsens befinden, die Gesellschaft gegen eine egalitär-partizipatorische Demokratisierung immunisiert.

Risikopolitik

Andreas Reckwitz

In der digitalen Ära wird jede gesellschaftliche Krise in Echtzeit von einem enormen medialen Krisendiskurs begleitet.[1] Genau dies erlebte die westliche Öffentlichkeit im Frühjahr 2020 in der Corona-Krise. Die Kommentare überschlugen sich mit ihren Urteilen: ›Nichts wird mehr sein, wie es war‹. Aber haben wir das nach dem 11. September 2001 und anlässlich der Finanzkrise 2008 nicht auch gehört? Ist die Krise wirklich so außergewöhnlich?

Während der Hochzeit der Corona-Krise galt in den westlichen Ländern eine Art Ausnahmezustand: Ausgangssperren und Reiseverbote, Geschäfts- und Schulschließungen, um die Verbreitung des Virus zu verlangsamen. Aus größerer soziologischer Distanz erkennt man jedoch: Der Ausnahmezustand war Mittel zum Zweck in einem groß angelegten Modus staatlicher Politik – der Risikopolitik. Ein solches staatliches Risikomanagement angesichts drohender Schäden und Katastrophen ist in keinster Weise ungewöhnlich, es ist typisch für die moderne Gesellschaft. Dies ist mein Argument: Hinter dem Ausnahmezustand verbirgt sich tatsächlich ein Muster moderner Politik, das sich bereits in der Vergangenheit immer wieder fand und das möglicherweise in Zukunft noch größere Relevanz erhalten wird.

Gerade die Spätmoderne ist eine globale »Risikogesellschaft« (Beck 1986) und damit auch eine Gesellschaft des weit verbreiteten und immer systematischeren Risikomanagements – ob es nun um gesundheitliche, technische oder ökologische Risiken geht. Gesellschaftstheoretisch ist die Politik in der Corona-Krise damit aus der Perspektive, die ich hier vertrete, in den Kontext einer Soziologie des Risikos einzuordnen, die in Deutschland neben Ulrich Beck (1986, 1998) etwa auch von Niklas Luhmann (1991) und Wolfgang Bonß (1995) wichtige Impulse erhalten hat. Sie ist auch im Zusammenhang der Analysen von Staatlichkeit als eines liberalen Sicherheitsdispositivs und

Vorsorgestaats zu sehen, die Michel Foucault und andere in dessen Gefolge vorangetrieben haben (vgl. Foucault 2004; Ewald 1986).

In der Corona-Krise werden fast lehrbuchartig die Strukturmerkmale moderner Risikopolitik deutlich, wie sie sich teilweise bereits im 19. Jahrhundert ausgebildet, aber in der Spätmoderne seit den 1980er Jahren an Bedeutung gewonnen haben. Zugleich werden in der Corona-Krise jedoch auch die Spannungsfelder der Risikopolitik sichtbar. Welche sind idealtypisch die Strukturmerkmale moderner Risikopolitik, wie sie im Corona-Fall deutlich werden?

1. Risikopolitik ist eine *Politik des Negativen.* Die politische Praxis richtet sich in ihr darauf aus, einen negativen Zustand zu verhindern oder zumindest abzumildern. Sie unterscheidet sich damit von zwei anderen Vorgehensweisen: einer gesellschaftlichen Behandlung negativer Zustände als Gefahr und einer Politik des Positiven.

Die Corona-Krise mit historisch lange vergangenen Seuchen wie der mittelalterlichen Pest in eine Reihe zu stellen, ist irreführend, und das nicht nur aufgrund der sehr verschiedenen gesundheitlichen Gefährdungen. Epidemien hat es zweifellos immer gegeben, seitdem der Homo sapiens sesshaft geworden ist, also seit der neolithischen Revolution.[2] Und seitdem überregionale oder zumindest im Ansatz globale Vernetzungen stattfinden, haben sie sich in Pandemien transformiert. Entscheidend ist jedoch, ob man Epidemien oder andere negative Ereignisse als *Gefahr* von außen oder als beeinflussbares *Risiko* betrachtet. Diese Differenz verdanken wir Niklas Luhmann (1991). Die Pest beispielsweise wurde von der mittelalterlichen Gesellschaft als Gefahr verstanden, so wie eine hereinbrechende Naturkatastrophe – man hat sich im Wesentlichen darauf beschränkt, Krankheit und Tod zu akzeptieren und mit den Folgen umzugehen. Die moderne Gesellschaft betrachtet eine Pandemie jedoch als ein Risiko, das heißt: Die Ausbreitung der Infektion erscheint nun als gesellschaftlich beeinflussbar; man ist ihr nicht ausgeliefert wie einem blinden Schicksal, sie soll vielmehr reguliert werden. In dieser Perspektive hängt die Höhe des Risikos vom Agieren der Gesellschaft ab.

Dass die Politik im Sinne einer Risikopolitik negative Zustände zu vermeiden oder abzumildern versucht, kann sich auf unterschiedlichste Bereiche beziehen. Infrage kommen innergesellschaftliche Risiken wie Arbeitslosigkeit, Kriminalität oder ökonomische Krisen, insbesondere aber Risiken aus dem Bereich der Ding- und Naturwelt, die ebenso gesellschaftlich beein-flussbar erscheinen: Krankheiten und Epidemien natürlich, technologische Risiken und in der Spätmoderne nicht zuletzt ökologische Gefährdungen. Als Politik des Negativen ist die Risikopolitik damit grundsätzlich defensi-ver angelegt, als es für die *Politik des Positiven* gilt, wie sie die Moderne im Rahmen ihres Fortschrittsverständnisses ansonsten entwickelt. Im Kern der modernen Politik stand seit dem 19. Jahrhundert die gesellschaftliche Ver-besserung, das Erreichen positiv konnotierter Zustände: Wohlstand, Frei-heit, Gleichheit etc. Die Politik des Negativen war teilweise mit der Politik des Positiven verknüpft; dies gilt etwa für den Fall des Sozialstaats zur Vor-sorge gegen individuelle Risiken, der in der Nachkriegszeit gemeinsam mit einer keynesianischen Wirtschaftspolitik auftrat, der es um Steigerung von Massenwohlstand ging. Die Politik des Negativen kann aber auch selbst ins Zentrum der Politik rücken, wenn die Fortschrittsversprechen unrealistisch erscheinen oder aber der Fortschritt individualisiert wird, das heißt der Le-bensführung des Einzelnen überantwortet wird. Beides sind Tendenzen der spätmodernen Risikopolitik.

2. Das unerreichbare Ideal der Risikopolitik ist *Sicherheit* in der Zukunft. Ri-sikopolitik ist somit immer eine Politik der Sicherheit, und sie ist Zukunfts-politik. Es sollte nicht übersehen werden, dass bereits der Liberalismus des 19. Jahrhunderts Züge eines Sicherheitsdispositivs entwickelte (vgl. Foucault 2004). Insgesamt bewegt sich Risikopolitik immer in einem Zielkorridor, an dessen einem Ende sich absolute Sicherheit und an dessen anderem die völ-lige Unberechenbarkeit steht. Die Frage der Politik der Sicherheit ist dann immer: Wie viel Sicherheit auf Kosten von Freiheit und Dynamik soll erreicht werden? Umgekehrt: Wie viel Unberechenbarkeit zugunsten von Freiheit und Dynamik ist man bereit zu tolerieren? Und schließlich: Was kann die Gesellschaft für die Zukunft darüber wissen?

Berechenbarkeit ist grundsätzlich ein elementares Ziel der Moderne, nicht nur in der Politik, worauf klassisch Max Weber hinwies: Formale Ra-tionalität bedeutet im Kern Berechenbarkeit. Möglichst soll – so das Ziel der Moderne – Ungewissheit vermieden werden, Naturkatastrophen verhindert, Krankheiten sollen beseitigt, der Tod aufgeschoben werden. Alle Gefahren der vormodernen Gesellschaften will die Moderne möglichst in Risiken transformieren und sie am Ende idealerweise gar eliminieren, um so ein be-rechenbares, rationales Leben zu ermöglichen. Zugleich bringt gerade die moderne Gesellschaft jedoch massenhaft neue Ungewissheiten hervor, etwa über ökonomische Marktstrukturen, technischen Fortschritt oder ökologische Gefährdungen. Auch sie geraten ins Visier einer Politik der Sicherheit (vgl. dazu insgesamt Zoche/Kaufmann/Haverkamp 2011). Wenn komplette Sicherheit jedoch nicht möglich ist, stellt sich die Frage, welche Ungewissheit die Gesellschaft bereit ist einzugehen. Genau darum dreht sich die Risikopolitik im Allgemeinen und in der Corona-Krise im Besonderen: Wie viel Risiko ist die Gesellschaft bereit zu tragen, und wie viel erscheint untragbar? Konkret: Wie viele Schwerkranke und Tote bei einer Infektion wären noch ›normal‹ und tolerierbar, und wie viele erscheinen unerträglich?

3. Moderne Risikopolitik ist auf wissenschaftliche, häufig auf naturwissenschaftliche Expertise angewiesen. Es ist die Wissenschaft, die Risiken kalkuliert, die Wahrscheinlichkeitsrechnungen größerer oder geringerer Risiken aufstellt und Strategien des Risikomanagements vorschlägt. Moderne Politik greift generell auf wissenschaftliche Expertise – von der Volkswirtschaftslehre bis zur Soziologie – zurück, aber in der Risikopolitik erlangt diese eine herausragende Relevanz, hier findet eine *Verwissenschaftlichung der Politik* statt (vgl. Nowotny/Scott/Gibbons 2004). Im Falle innergesellschaftlicher Krisen sind die Humanwissenschaften zentral (so etwa die Wirtschaftswissenschaft im Falle der Finanzkrise 2008), aber in dem Moment, in dem es um Krisen der Ding- und Naturwelt geht, treten die entsprechenden naturwissenschaftlichen Disziplinen auf den Plan, die Atomphysik oder die Informatik etwa, die Klimaforschung oder im Falle der Corona-Krise die Virologie.

Es ergibt sich hier jedoch ein Spannungsfeld: Es besteht immer die Möglichkeit, dass die staatliche Politik sich in Abhängigkeit von der Wissenschaft begibt, sich gleichsam von ihr die Lösungen vorgeben lässt. Das wäre eine ›Expertokratie‹ der Alternativlosigkeiten.[3] Auf der anderen Seite kann die Politik auf ihrer Autonomie beharren und die naturwissenschaftliche Expertise als eine Lösungsperspektive unter mehreren betrachten, die gegen andere Interessen abzuwägen sind. Hinzu kommt: In demokratischen Gesellschaften, in denen der wissenschaftliche Diskurs offen erfolgt, stellen sich die wissenschaftlichen Untersuchungen und Empfehlungen selbst häufig als veränderlich und kontrovers dar. Theorien können revidiert werden, neues empirisches Material wird verarbeitet, und die gleiche Empirie wird von unterschiedlichen Wissenschaftlern verschieden interpretiert. Alle diese Merkmale konnte man in der Hochzeit der Corona-Krise im Frühjahr 2020 in Deutschland lehrbuchartig studieren.

4. *Kollektives und individuelles Risikomanagement* gehen insbesondere unter spätmodernen Bedingungen Hand in Hand, der Schwerpunkt kann aber auch mehr in die eine oder die andere Richtung gelegt werden. Idealtypisch stehen sich so eine disziplinartechnische und eine liberale Steuerung gegenüber (vgl. dazu jeweils Foucault 1975 und Foucault 2004). Für die spätmoderne Gesellschaft seit den 1980er Jahren ist die weite Verbreitung eines individuellen Risikomanagements charakteristisch, das der Staat ermutigt. Das heißt: Die Individuen sollen lernen, für Risiken individuell verantwortlich zu sein und entsprechende Präventionsarbeit selbst zu leisten. Die neoliberale Politik des Humankapitals setzt genau hier ein, und die Gesundheitspolitik ist tatsächlich das beste Beispiel. Jeder ist für seine Gesundheit verantwortlich und hat sich selbst vor Risiken zu schützen: sei es über Veränderungen des Lebensstils durch Bewegung und gesunde Ernährung, sei es durch Krebsvorsorge oder HIV-Prävention. Die Politik agiert mit Anreizen und Hemmnissen, um private Prävention zu erleichtern (vgl. auch Bröckling 2017: 73 ff.).

Dem steht das kollektive Risikomanagement entgegen. Dieses hat die gesamte *Population* im Auge, es kann mit Verboten und harten Sanktionen arbeiten. Um Risiken in der Population zu mindern, kann man Präventionsmaßnahmen verpflichtend machen (z. B. Impfpflicht, Brandschutz), man kann im Krisenfall auch zu radikalen Disziplinmaßnahmen greifen, z. B. Ausgehverbote, Zwangsrekrutierung, Quarantäne oder Zwangseinquartierung. Während die Bevölkerungspolitik des 19. Jahrhunderts typischerweise die Gesamtpopulation ins Visier nahm, hat sich das Risikomanagement in der Spätmoderne weitgehend liberalisiert. Die Risikopolitik in der Corona-Krise greift jedoch wiederum stärker auf disziplinierende Maßnahmen zurück und koppelt sie zugleich an individuelle Maßnahmen des Risikomanagements: einerseits das Schließen von Schulen und Geschäften, teilweise sogar Ausgangsbeschränkungen, andererseits die Hygienemaßnahmen und das Social Distancing, das letztlich nur die Individuen selbst kontrollieren können.

5. Risikopolitik hat charakteristischerweise mit unterschiedlichen Risiken zu tun, die zugleich auftreten und miteinander konkurrieren. Oder anders formuliert: Die systematische Minimierung des einen Risikos bringt häufig

andere unerwünschte Folgen und Risiken mit sich. Ist der eine negative Zustand verringert, tritt ein anderer negativer Zustand in den Vordergrund.
Die Politik des Negativen muss also häufig eine Risiko- und Folgenabwägung
betreiben. Die größte Gefahr der Risikopolitik wäre damit ein Maximalismus, der absolute Sicherheit in einem Bereich anstrebt und damit andere
Risiken systematisch unberücksichtigt lässt. Bildlich gesprochen: Am Ende
stirbt man aus Angst vor dem Tod. Eine solche *Risikokonkurrenz* war im Falle der Corona-Krise sehr deutlich und ist rasch zum Thema der politischen
Debatte geworden: Die systematische Verfolgung des Ziels, die Ausbreitung
des Virus zu minimieren, brachte mindestens drei unerwünschte Folgen
und Risikozonen mit sich: eine Einschränkung von Persönlichkeitsrechten;
erhebliche ökonomische Verwerfungen durch Geschäftsschließungen und
Reisebeschränkungen; schließlich psychische Probleme infolge der Einschränkung der Bewegungsfreiheit bzw. Entwicklungshemmnisse für Kinder und Jugendliche. Als die Politik sich dieser Risikokonkurrenz bewusst
wurde, versuchte sie, die ökonomischen Risiken auch durch staatliche Auffangmaßnahmen zu minimieren – was weitere Folgerisiken mit sich bringt,
etwa in Form einer Verschärfung der Staatsverschuldung.

6. Schließlich sind noch zwei Aggregatzustände der Risikopolitik zu unterscheiden: die *Risikopolitik im Dauermodus* und jene im *Krisenmodus*. Die Risikopolitik im Dauermodus hat im Wesentlichen den Charakter von Präventionsmaßnahmen, etwa um eine Epidemie gar nicht erst entstehen zu
lassen. Es handelt sich gewissermaßen um eine ›mitlaufende‹ Risikopolitik,
die parallel zu anderen Policies, nicht zuletzt auch einer Politik des Positiven
stattfindet. Eine Risikopolitik im Krisenmodus muss hingegen auf eine akut
eingetretene bzw. drohende Katastrophe reagieren, um die negativen Folgen,
die schon da sind, zumindest in Schach zu halten. Hier kann ein gezielt herbeigeführter ›Ausnahmezustand‹ herrschen.[4] Die Risikopolitik im Krisenmodus absorbiert typischerweise das gesamte Regierungshandeln. In der
Corona-Krise liegt eindeutig Letzteres vor, aber es sind auch Mischformen
denkbar. So kann man sich im Falle der Politik des Klimawandels fragen, inwiefern diese bereits im Krisenmodus oder noch im Dauermodus erfolgt.

Das Besondere der Risikopolitik angesichts der Corona-Krise ist insgesamt also nicht, dass sie stattfindet. Sie fand etwa auch nach der Atomkatastrophe von Tschernobyl von 1986 oder im Zuge der Finanzkrise 2008/2009
statt und gegenwärtig auch – wenn auch bisher zögerlich – im Angesicht

des Klimawandels. Das Besondere der Risikopolitik der Corona-Krise sind nicht die Ziele und die Form, sondern die weitreichenden *Mittel*, die zum Einsatz gekommen sind. Der Shutdown oder Lockdown großer Teile des öffentlichen Lebens über mehrere Wochen war ein extremes Mittel der Risikominimierung. Handelt es sich bei dieser radikalen Risikopolitik nun um eine Episode? Einiges spricht dafür, dass für die spätmoderne Gesellschaft in jener Phase, in die wir seit den 2010er Jahren eintreten, die Bedeutung von Risikopolitik weiter zunehmen wird und sie zu einem Umbau der Struktur von Staatlichkeit führen könnte. Jene »Risikogesellschaft«, wie sie Ulrich Beck Mitte der 1980er Jahre proklamierte, erscheint langfristig tatsächlich charakteristisch zu werden. Sieben Faktoren verstärken die Relevanz von Risikostrukturen und somit die Vulnerabilität spätmoderner Gesellschaftlichkeit seit 2010:

a) Im Vergleich zum fordistischen Industriekapitalismus der industriellen Moderne erweist sich der postindustrielle und globalisierte Kapitalismus in seiner höheren Komplexität als besonders risikoanfällig: Eine Finanzökonomie, die global an Bedeutung gewonnen hat, die Vernetzung durch internationale Produktionsnetzwerke, die Abhängigkeiten von der kurzfristigen Nachfrage privater Konsumenten in der Dienstleistungsökonomie, die Schwierigkeit eines nationalstaatlichen Einflusses auf eine globale Ökonomie – sie alle machen den globalen Kapitalismus der Spätmoderne unberechenbarer. Die Finanzkrise 2008 war der deutlichste Ausdruck dieser Fragilität.

b) Seit 2010 ist die globale Politik mit dem allmählichen Verlust der Hegemonposition der USA, dem Aufstieg Chinas als überregional relevanter Macht, dem Erstarken Russlands, der Entwicklung von *failed states* (etwa im Nahen Osten) sowie angesichts der erheblichen inneren Spannungen innerhalb der Europäischen Union zunehmend risikoanfällig. Die globale Sicherheitsarchitektur, die in den 1990er und 2000er Jahren herrschte, ist instabil geworden.

c) Die Digitalisierung hat große Teile der gesellschaftlichen Praxis – von der Ökonomie über die Bildung bis hin zu den privaten Beziehungen, aber auch die Verwaltung und das Militär – in Abhängigkeit von einer hochkomplexen Technologie gebracht. Diese ist selbst anfällig für immanente Fehler, Sabotage oder Ausspähtechniken. Das Risiko lokaler oder gar überregionaler digitaler Crashs mit tiefgreifenden Folgen scheint enorm.

d) Die Globalisierung führt generell dazu, dass auch regionale Krisen sehr leicht ›ansteckend‹ sind und sich überregional verbreiten können. Risiken lassen sich so weniger lokal begrenzen. Die Finanzkrise ist dafür ebenso ein Beispiel wie die Corona-Krise. Auch globale Migrationsprozesse können – wie es in der sogenannten Flüchtlingskrise 2015 in Europa deutlich wurde – unberechenbar verlaufen.

e) Die sozialstrukturellen und soziokulturellen Spannungen innerhalb der westlichen Gesellschaften haben seit 2010 zugenommen und sind teilwiese in politische Polarisierungen gemündet, die sich unter der Überschrift eines Konfliktes zwischen ›Liberalismus und Populismus‹ fassen lassen (vgl. Reckwitz 2019). Entwertungs- und Deklassierungsgefühle sowie Ressentiments zirkulieren in verschiedenen Milieus, vor allem der traditionellen Mittelklasse und der prekären Klasse. Risiken unberechenbarer politischer Entwicklungen haben damit zugenommen, sei es durch die Wahl populistischer Politiker oder durch politische Proteste (Gelbwesten) oder auch die Verbreitung von Verschwörungsmythen. Im Extrem entsteht damit ein Nährboden für Terrorismus, der teilweise organisiert, mehr noch jedoch getragen durch isolierte ›einsame Wölfe‹ geschieht (siehe etwa die Terroranschläge in Paris 2015, in Christchurch 2016 und in Toronto 2018).

f) Das Anthropozän hat gegenwärtig einen Tipping Point erreicht, nach dem der Klimawandel nicht mehr aufzuhalten ist, sondern selbst im Falle entschlossenen politischen Handelns nur noch abgemildert werden könnte. In jedem Fall ist der Klimawandel mit einer Fülle von ökologischen Risiken verbunden (langfristige Erwärmung, Extremwetter, Dürre, Verlust an Biodiversität etc.), die wiederum weitere soziale Risiken mit sich bringen dürften (ökonomische Probleme, Migration, Gesundheit etc.).

g) Risiken sind nie objektiv vorhanden, sondern immer abhängig von einer gesellschaftlichen Interpretation *als* Risiko. In der Spätmoderne hat die Risikosensibilisierung zugenommen, was auch mit einer stärkeren öffentlichen und medialen Thematisierung von Risiken zu tun hat. Insbesondere Gesundheitsrisiken werden angesichts eines extensiven spätmodernen Gesundheitsdiskurses ausführlich thematisiert (vgl. Paul/ Schmidt-Semisch 2010) Die Öffentlichkeit fordert daher eine Reaktion auf Risiken ein, die man in früheren Phasen der Moderne möglicherweise noch gar nicht als Risiko wahrgenommen hätte.

Alle diese Faktoren sprechen dafür, dass die Risikopolitik, wie sie im Falle der Corona-Krise dominant wurde, keine Ausnahme darstellt, sondern auch längerfristig für die Politik der Spätmoderne von Bedeutung, ja möglicherweise prägend sein wird. Die Frage lautet, ob gegenwärtig ein grundsätzlicher Umbau von Staatlichkeit ansteht, der die Anfälligkeit für diverse Risiken in den Mittelpunkt der staatlichen Aktivität stellt. Bob Jessop (2002) folgend konnte man in den 1980er Jahren einen Paradigmenwechsel der Staatlichkeit beobachten: vom Wohlfahrtsstaat zum neoliberalen Wettbewerbsstaat. Dieser verknüpfte sich – so sollte man ergänzen – mit Elementen eines ›Liberalismus der Rechte‹, das heißt einer Staatlichkeit, die der Entfaltung subjektiver Rechte des Einzelnen dienen wollte. Möglicherweise steht gegenwärtig ein neuer Strukturwandel von Staatlichkeit an, der in die Richtung eines *resilienten Staates* geht, dessen zentrale Aufgaben Prävention und Katastrophenmanagement sind. Der Begriff der Resilienz stammt aus der Psychologie und wurde dort zunächst auf das Subjekt bezogen (vgl. Graefe 2019): Das spätmoderne Subjekt, das in gesteigertem Maße mit Enttäuschungen umgehen muss und insofern durch eine gesteigerte Verletzlichkeit (Vulnerabilität)[5] gekennzeichnet ist, scheint auf die Entwicklung einer spezifischen Widerstandsfähigkeit angewiesen.

Der Gedanke der Resilienz lässt sich jedoch auf die kollektive Ebene übertragen, und zwar ebenso wie jener der Verletzlichkeit. Die spätmoderne Gesellschaft erweist sich seit 2010 infolge der genannten multiplen Risikokonstellationen als eine gesteigert *vulnerable Gesellschaft*. Wenn Resilienz eine Subjektstrategie sein kann, so kann sie auch eine staatliche und darin gesamtgesellschaftliche Strategie sein: Ein resilienter Staat würde sich durch eine systematische Risikopolitik im Dauermodus auszeichnen, um den Eintritt des Risikofalls zu verhindern oder zu vermindern oder zumindest für die doch unweigerlich eintretenden Risikofälle gewappnet zu sein. Die Politik des Klimawandels wäre ein herausragendes Beispiel für eine solche Politik. Dabei müsste der resiliente Staat freilich immer mit Risikokonkurrenzen umgehen, vor allem den Folgerisiken für liberale Freiheitsrechte und ökonomische Wohlstandsentwicklung. Inwiefern ihm dies gelingt, würde eine liberale von einer autoritären Staatlichkeit unterscheiden. Die Corona-Krise könnte sich somit als ein Ereignis herausstellen, welches einem solchen Wandel von Staatlichkeit einen weiteren Schub gibt. Sicher ist freilich auch dies nicht.

Anmerkungen

1 Eine erste, kürzere Fassung dieses Textes erschien in *Der Tagesspiegel* vom 05.04.2020. Eine zweite Fassung wurde im Digitalen Kolloquium »Soziologische Perspektiven auf die Corona-Krise« des Wissenschaftszentrums Berlin (WZB) am 27.05.2020 zur Diskussion gestellt.

2 Darauf hat jüngst James Scott (2017: 105 ff.) noch einmal ausführlich hingewiesen.

3 Die traditionsreiche Kritik an der Technokratie setzt hier an, vgl. Habermas (1968).

4 Vgl. ausführlich zu einem soziologischen Begriff des Ausnahmezustandes Holzinger/May/Pohler (2010).

5 Zu diesem Begriff Misztal (2011).

Literatur

Beck, Ulrich (1986): Risikogesellschaft. Auf dem Weg in eine andere Moderne. Frankfurt a. M.: Suhrkamp.

Beck, Ulrich (1998): Weltrisikogesellschaft. Auf der Suche nach der verlorenen Sicherheit. Frankfurt a. M.: Suhrkamp.

Bonß, Wolfgang (1995): Vom Risiko. Unsicherheit und Ungewissheit in der Moderne. Hamburg: Hamburger Edition.

Bröckling, Ulrich (2017): Gute Hirten führen sanft. Über Menschenregierungskünste. Berlin: Suhrkamp.

Ewald, François (1986): Der Vorsorgestaat. Frankfurt a. M.: Suhrkamp.

Foucault, Michel (1975): Überwachen und Strafen. Die Geburt des Gefängnisses. Frankfurt a. M.: Suhrkamp.

Foucault, Michel (2004): Geschichte der Gouvernementalität I. Sicherheit, Territorium, Bevölkerung. Vorlesung am Collège de France 1977–1978. Frankfurt a. M.: Suhrkamp.

Graefe, Stefanie (2019): Resilienz im Krisenkapitalismus. Wider das Lob der Anpassungsfähigkeit. Bielefeld: transcript.

Habermas, Jürgen (1968): Technik und Wissenschaft als ›Ideologie‹. Frankfurt a. M.: Suhrkamp.

Holzinger, Markus/May, Stefan/Pohler, Wiebke (2010): Weltgesellschaft als Ausnahmezustand. Weilerswist: Velbrück.

Jessop, Bob (2002): The Future of the Capitalist State. Cambridge: Polity Press.

Luhmann, Niklas (1991): Soziologie des Risikos. Berlin/New York: De Gruyter.

Misztal, Barbara A. (2011): The Challenges of Vulnerability. In Search of Strategies for a Less Vulnerable Social Life. London: Palgrave-Macmillan.

Nowotny, Helga/Scott, Peter/Gibbons, Michael (2004): Wissenschaft neu denken. Wissen und Öffentlichkeit in einem Zeitalter der Ungewissheit. Weilerswist: Velbrück.

Paul, Bettina/Schmidt-Semisch, Henning (Hg.) (2010): Risiko Gesundheit. Über Risiken und Nebenwirkungen der Gesundheitsgesellschaft. Wiesbaden: Springer VS.

Reckwitz, Andreas (2019): Das Ende der Illusionen. Politik, Ökonomie und Kultur in der Spätmoderne. Berlin: Suhrkamp.

Scott, James C. (2017): Die Mühlen der Zivilisation. Eine Tiefengeschichte der frühen Staaten. Berlin: Suhrkamp.

Zoche, Peter/Kaufmann, Stefan/Haverkamp, Rita (Hg.) (2011): Zivile Sicherheit. Gesellschaftliche Dimensionen gegenwärtiger Sicherheitspolitiken. Bielefeld: transcript.

Der Staat, das Individuum und die Familie[1]

Gesa Lindemann

Die Corona-Pandemie stürzt die Gesellschaften rund um den Globus in eine Krise. Die Politik, die Wirtschaft, die Wissenschaft, die öffentliche Berichterstattung – alle überschlagen sich mit Krisendiagnosen und Vorschlägen, wie die Krise zu bewältigen ist und welche langfristigen Konsequenzen sie haben wird. An dieser Debatte möchte ich mich nicht beteiligen; stattdessen stelle ich eine andere Frage: Was können wir aus der Corona-Krise über moderne Gesellschaften lernen? Ich schlage also einen anderen Blick auf die Corona-Krise vor: Betrachten wir alle Ereignisse rund um Corona als ein gewaltiges Krisenexperiment, in dem die Strukturen unserer Gesellschaft offen gelegt werden – zumindest teilweise. Der Perspektivenwechsel ist kein Selbstzweck, vielmehr erleichtert er auch den Blick auf die für uns gültigen Institutionen, Normen und Werte. Dies kann uns wiederum helfen, die Maßnahmen zur Krisenbewältigung besser einzuschätzen. Es bleibt uns sowieso nichts anderes übrig, als uns als Akteure in einem gewaltigen Krisenexperiment zu betrachten. In diesem wird sich zeigen, welche Gesellschaften wie mit der Bedrohung durch das Virus umgehen. Es wäre dafür nicht schlecht zu wissen, in welcher Gesellschaft wir leben.

In diesem kurzen Essay beschränke ich mich darauf, wie sich das Verhältnis von Staat, Medizin, Familie und Individuum in der Corona-Krise darstellt. Menschen werden in Familien hineingeboren. Familie ist hier weit gefasst zu verstehen, nämlich als ein Zusammenhang zwischen Generationen. Es gibt Versorgende (meistens Eltern, mindestens eine Mutter), Neugeborene und evtl. noch andere, die sich an der Versorgung beteiligen. In einem solchen Familienzusammenhang findet die erste Einübung in die basalen kulturellen Anforderungen statt. Emile Durkheim hatte bereits im 19. Jahrhundert erkannt, dass der Staat in einem eigenartigen Konkurrenzverhältnis mit der Familie steht. Die Familie vereinnahmt die Geborenen zunächst vollständig. Sie sind Glieder der Familie. Wenn sie der Familie überlassen wären, wären Kinder Glieder der Familie und sonst nichts. Dem schiebt der Staat einen Riegel vor und individualisiert die Geborenen aus der Familie heraus. Der Staat betreibt einen Kult des Individuums, wie Durkheim es nennt. Was er nicht mehr eigens feststellt, ist die enorme organisatorische Leistung, die der Staat dabei vollbringt. Die Geburt wird registriert und die Geborenen erhalten einen allgemeinen Rechtsstatus. Jedes geborene Kind hat dem Grundsatz nach ein Recht auf Leben und es soll von keiner gesellschaftlichen Subgruppe vereinnahmt werden. Der Staat führt Buch über die Geborenen und setzt durch, dass Kinder nicht nur Glieder der Familie sind, sondern zumindest auch registrierte Staatsbürger und Patienten. Der Umgang der Familienmitglieder untereinander wird zunehmend unter staatliche bzw. rechtliche Kontrolle gestellt.

Das komplizierte Verhältnis von Familie, Individuum und Staat kann man sehr gut anhand der Corona-Krise studieren. Dabei wird auch sichtbar, wie stark dieses Verhältnis durch die Medizin bestimmt ist. Der moderne Staat sorgt sich um das Heil der Körper – vermittelt über die Medizin. Das Heil der Seele ist für uns Moderne nicht allgemein verbindlich geregelt. Jeder/jede soll auf seine Weise selig werden können. Wenn es um das Heil des Körpers geht, ist das anders. Der Staat greift zwar nicht direkt in die Familien ein, aber er tut es – wie Foucault in vielen Studien herausgearbeitet hat – vermittelt über die Medizin, die zwischen den Staat und die Bürger*innen tritt. Wenn es um das Heil des Körpers geht, scheint es kein Pardon zu geben. Gestützt auf die Medizin schreibt der Staat in der Krise vor, wie das Verhältnis der Individuen zueinander bzw. von Individuum und Familie beschaffen sein sollte. Hieraus erklärt sich die große Bedeutung der Virolog*innen. Wenn es um das Heil der Körper geht, muss die Medizin raten, wie die staatliche Gewalt agieren soll. Es sind medizinische Ratschläge zur Sicherung des Heils der Körper, die der Staat umsetzt.

Menschen sollen zu Hause bleiben, um Infektionsketten zu unterbrechen. Aus dem gleichen Grund sollen Menschen voneinander Abstand halten. Kinder bzw. Enkelkinder sollen ihre Eltern bzw. Großeltern nicht mehr sehen können, wenn das Infektionsrisiko zu hoch ist. All diese Maßnahmen stellen das Heil des individuellen Körpers in den Mittelpunkt und ordnen dabei zugleich das Leben der Familien. Das Heil seiner Seele darf jede/r weitgehend individuell regeln. Der Staat greift kaum in die individuellen Vorstellungen vom guten Leben ein. Aber wenn es um die Unterbrechung von Infektionsketten geht, stehen die psychischen Bedürfnisse etwa nach einem Abschied von den versterbenden Eltern oder Großeltern zurück.

Die Corona-Krise lehrt uns, dass das Heil des Körpers im Vergleich zum Heil der Seele wichtiger ist.

Quarantäne

Die Infektion wird als Infektion eines individuellen Körpers behandelt. Sagen wir, der 16-jährige Franz von Meyer wurde positiv auf das Coronavirus getestet. Er lebt mit seinen Eltern und zwei Schwestern in einer Wohnung. Franz von Meyer wird jetzt nicht als Individuum behandelt und als Individuum unter Quarantäne gestellt, sondern ihm wird auferlegt, sich in seinen Familienzusammenhang zurückzuziehen. Da eine Übertragung innerhalb der Familie wahrscheinlich ist, gilt die Quarantäne zumeist für die gesamte Familie. Dass Quarantäne in dieser Weise verhängt werden kann, ist nur möglich, weil die Individuen der staatlichen Gewalt unterworfen sind. Wenn bekannt ist, dass ein Individuum infiziert ist, beginnt auch eine kleine Verantwortungserzählung. Der Umgang mit der Infektion kann auch moralisch und rechtlich bewertet werden. Dass Franz von Meyer sich infiziert hat, wird nach derzeitigem Stand (Mai 2020) kaum moralisch oder rechtlich bewertet. Wenn er aber um seine Infektion weiß, kann sein weiteres Verhalten (straf-)rechtlich bewertet werden. Er könnte sich einer fahrlässigen Körperverletzung schuldig machen. Solche Klagen gibt es noch nicht, aber sie wären auch nicht ausgeschlossen. In jedem Fall unterliegt Franz von Meyer als Infizierter einer Kontrolle durch das Gesundheitsamt, welches auch darüber entscheidet, wann es seine Kontrolle wieder aufgibt, d. h., wann die Quarantäne beendet wird.

Hier wird ein Spannungsverhältnis zwischen Individualisierung und Familienzugehörigkeit sichtbar. Eine strikte, auf das Individuum bezogene Regelung müsste das infizierte Individuum aus der Familie isolieren, die anderen Familienangehörigen testen und bei negativem Testergebnis aus der Quarantäne entlassen. Stattdessen gilt auf der Ebene der Familie fast das Prinzip der Herdenimmunität. Auf die Isolation der Körper wird verzichtet, stattdessen werden alle einer Situation ausgeliefert, in der sie sich anstecken können. Ob Herdenimmunität oder individualisierende Isolation der Körper gilt, hängt von der sozialen Stellung ab. Arme Familien, die auf engem Raum leben, können eine Isolation der Körper in der Familie kaum bewerkstelligen. Reiche Familien, die in großen Wohnungen mit vielen Zimmern und evtl. auch mehreren Badezimmern und Toiletten leben, können eine individualisierende Quarantäne der Infizierten realisieren. Ohne dass dies irgendjemand gewollt hat, folgt daraus: Immunität der Familienherde für die Ärmeren, individualisierende Quarantäne für die Reicheren.

Falls die Bedrohung durch stark infektiöse Viren zu einem Dauerzustand wird, ergeben sich wahrscheinlich ganz neue sozialpolitische Forderungen – etwa für den sozialen Wohnungsbau. Grundsätzlich gehört Individualisierung gegen die Familie zum Programm der Moderne. Kinder haben ein eigenes Lebensrecht unabhängig von den funktionalen Erfordernissen der Familie. Kinder sollen auch eine eigene Karriere machen können, die nicht durch den sozialen Status ihrer Eltern determiniert wird. Es wäre in dieser Logik, den Zwang zur Immunität der Familienherde durch baupolitische Maßnahmen zu mildern. Dies könnte etwa erfolgen durch die Vorgabe, dass bei staatlich geförderten Wohnungen ein Quarantänezimmer mit getrennten Sanitäranlagen auch für kleine Wohnungen vorzusehen ist. Dann könnten auch arme Familien Quarantänevorgaben einhalten, ihnen würde nicht mehr ein deutlich erhöhtes Infektionsrisiko aufgezwungen. Damit würden die Geborenen nicht mehr nur als Glied ihrer Familienherde behandelt, sondern als Individuen, die vor einem Infektionsrisiko zu schützen sind.

Familie und öffentlicher Raum

Das von den meisten Soziolog*innen in seiner Bedeutung sträflich vernachlässigte staatliche Gewaltmonopol schafft einen mehr oder weniger gewaltfreien öffentlichen Raum. Man kann hier analog zum Präventionsparadox vom Gewaltparadox sprechen. Wenn die Prävention erfolgreich ist, wird man leicht verführt zu glauben, die Gefahr habe gar nicht bestanden. Wir betreiben eine erfolgreiche Prävention gegen eine hohe Rate an Virusinfektionen. Wenn die Prävention erfolgreich war, liegt es nahe zu sagen, die Gefahr einer Epidemie habe es nicht gegeben. Ein ähnlicher Fehlschluss liegt bei der Einschätzung der Bedeutung der modernen Gewaltordnung vor. Wenn wir etablierte Staaten der transatlantischen Moderne betrachten, wird deutlich, wie erdrückend die Gewaltmittel des Staates sind. Die Geborenen sind dieser Gewalt unterworfen. Dies ermöglicht ein weitgehend friedliches Zusammenleben, weshalb viele Soziolog*innen glauben, die Ordnung der Gewalt sei für das soziale Leben unwichtig.

In dem durch die unsichtbare Gewalt des staatlichen Gewaltmonopols gesicherten friedlichen öffentlichen Raum können sich Individuen bewegen, ohne die Angriffe von anderen bzw. von Gruppen befürchten zu müssen. Daraus resultiert die Freiheit, sich mehr oder weniger ungezwungen im öffentlichen Raum bewegen zu können. Ein Angriff auf diese Freiheit gilt als ein Problem. In welchem Ausmaß das der Fall ist, ist etwa von Geschlecht zu Geschlecht verschieden. Männer können sich eher ungezwungen bewegen. Für Frauen gilt es als gefährlicher, sich zu jeder Tages- und Nachtzeit im öffentlichen Raum zu bewegen. Entsprechend sind ihre Möglichkeiten, sich im öffentlichen Raum aufzuhalten, eher beschränkt. Dies hängt nur bedingt mit tatsächlichen Gefährdungslagen zusammen, denn Statistiken zeigen, dass Vergewaltigungen gehäuft im familiären Nahraum vorkommen. Gruppen, die sich im öffentlichen Raum als gefährdet erleben (sollen), entwickeln eine Präferenz für den familiären Nahraum. Man kann es als ein Resultat des Emanzipationsprozesses der letzten Jahrzehnte beschreiben, dass auch Frauen die Präferenz für den familiären Nahraum stärker aufgeben konnten.

Durch die Corona-Pandemie verschiebt sich allgemein das Verhältnis von öffentlichem Raum und familiärem Nahraum. Wir werden daran gewöhnt, dass alle, die nicht zur familiären Nahgruppe gehören, potentiell bedrohlich sind. Jeder und jede soll als ein möglicher Virenträger behandelt werden, und alle müssen in Rechnung stellen, von anderen auf diese Weise gesehen zu werden. Dadurch wird der öffentliche Raum durch ein grundlegendes Misstrauen bestimmt. Dessen Symbol ist die Maske, die wir jetzt alle tragen sollen. Der familiäre Nahraum ist von anderer Art, in diesem können wir uns ungezwungen bewegen. Hier sind Umarmungen möglich, hier können wir uns trösten. Der öffentliche Raum ist dagegen der Raum der Maske.

Damit erleben wir eine Wiederkehr der alten bürgerlichen Vorstellung, dass der öffentliche Raum ein feindlicher Raum ist, in dem wir unser Gesicht verstecken müssen. Intellektuelle von rechts bis links haben über lange Zeit davon gesprochen, dass wir öffentlich eine Maske tragen, uns diplomatisch verhalten müssten. Die öffentliche Selbstdarstellung sei ein Rollenspiel. Die Familie wäre dagegen ein Raum, in dem wir einander authentisch begegnen könnten. Die Corona-Regularien zwingen uns dazu, aus diesem Gedanken eine geradezu tragikomische Posse zu machen. Das diplomatische Maskenspiel, von dem etwa Helmuth Plessner sprach, wird zum Spiel mit selbstgemachten Stoff-, OP-, FFP2- oder FFP3-Masken. Es ist, als wollte ein diabolisches Schicksal der bürgerlichen Vorstellung einen Spiegel vorhalten und fragen: Habt ihr das tatsächlich gemeint?

Berührungsordnung

Durch die Maßnahmen der Corona-Krise lernen wir, was uns fehlt, weil es uns verboten ist. Wir sind nicht nur natürliche Körper, die aus epidemiologischen Gründen voneinander Abstand halten sollen, sondern auch Berührungswesen. Wenn wir das akzeptieren, fällt auf, dass Berühren nur begrenzt ein körperlicher Vorgang ist.

Wären wir körperliche Berührungsautomaten, könnte man einen Mechanismus identifizieren: Bei einem Hautkontakt bestimmter Größe und Intensität werden Hormone, etwa Oxytocin ausgeschüttet. Ein solcher Mechanismus scheint aber nicht zu existieren. Wenn wir den Körpersprech für eine Weile vergessen, zeigt sich etwas anderes. Eine Umarmung zeichnet sich nicht durch Umfang und Druckstärke des Hautkontakts aus, sondern durch die erlebte Qualität. Wir spüren, ob es eine warme Umarmung ist, wir erleben die Atmosphäre, die sich mitteilt. Ob ich mich in einer Umarmung geborgen fühle, hängt weniger von den messbaren Eigenschaften der Umarmung ab, sondern von der erlebten Qualität. In der Phänomenologie gibt es dafür den Ausdruck der leiblichen Erfahrung.

Leibliche Erfahrungen beziehen auch andere Formen der Berührung ein, die in der Mechanik des Haut-Haut-Kontakts gar nicht vorkommen können. Man kann sich von einem Blick berührt, geradezu ausgezogen fühlen. Man kann von liebevollen, herablassenden oder vernichtenden Blicken getroffen werden. Worte können mich treffen, verletzen oder in Hochstimmung versetzen, sie verändern meinen erlebten Zustand. Diese subtilen Formen einer symbolisch vermittelten leiblichen Berührung sind unser täglich Brot, ohne das wir nicht leben können.

Die Interaktionsordnung, in der wir leben, ist ein ständiges Ordnen und Neuordnen dieser Berührungsbeziehungen. Wir existieren leiblich und kommen deshalb aus unseren Berührungsbeziehungen nicht heraus. Vielmehr sind wir als leibliche Wesen wie eingewoben in Berührungsbeziehungen. Wir sind immer über uns hinaus, mit Blicken, Gesten und Worten sind wir bei den anderen, berühren sie und werden von ihnen berührt. Wie nah sollen die Berührungen sein, wie müssen wir sie gestalten, um einander Respekt zu erweisen? Erving Goffman bezeichnete diese Komplikationen der Berührungsordnung als »Interaktionsordnung«.

Vorausgesetzt, wir haben es weiterhin mit schwer beherrschbaren Infektionskrankheiten zu tun, werden diese unsere Berührungsordnung nachhaltig beeinflussen. Wie wir unsere Freizeit gestalten, wie die Wirtschaft abläuft, wie Politik gemacht werden kann, hängt von der neuen Berührungsordnung ab. Machen wir einen kurzen Streifzug durch die Berührungskultur westlicher Gesellschaften. Fußballspiele mit einem engen Körperkontakt der Fans, Rockkonzerte, bei denen die Fans sich eng gedrängt einer gemeinsamen Atmosphäre hingeben, wird es dann nicht mehr geben können. Eher werden wir uns jeweils vereinzelt hinter Bildschirmen zu einem Massenstreaming ›versammeln‹ – ohne die sinnliche, schweißtriefende Präsenz anderer. Es dürfte interessant sein, ob bzw. wie sich unter solchen Bedingungen neue Ekel- und Schamschwellen entwickeln.

Eine wichtige europäische kulturelle Errungenschaft war der erotisch konnotierte Paartanz. Auf den großen Tanzflächen konnten sich immer wieder aufs Neue Paare bilden und in mehr oder weniger enger Umarmung miteinander tanzen. Die stark europäisch geprägten Länder Nord- und Südamerikas haben neben den europäischen Standardtänzen eine Reihe anderer Tänze beigesteuert, Rock'n'Roll, Samba, Lambada, Tango, die die erotischen Anspielungen des europäischen Standardtanzes noch steigerten. Diese Kultur promisk-lustvoller, ekstatisch-frohsinniger oder im Fall des Tango eher schwermütiger Umarmung wird eine dauernde Konfrontation mit hochinfektiösen Viren schwerlich überleben. Auch die Freistilversion des Paar- bzw. Solotanzes, die in Discos und Clubs praktiziert wird, wird es schwer haben. Die Atmosphäre dicht gedrängten Tanzens, sich in der Menge der Tanzenden gleichsam aufzulösen, wird wahrscheinlich unmöglich werden.

Auch in politischer Hinsicht kann die dauerhafte Bedrohung durch Infektionskrankheiten wichtige Konsequenzen haben. Bislang haben vor allem große und tendenziell auch gewaltbereite Demonstrationen maßgeblich zur Gestaltung des politischen Lebens beigetragen. Die Jugendzeit der jetzt 60–70-Jährigen war bestimmt durch die großen gewaltbereiten Demonstrationen gegen die Atomkraft. Daraus ist die Partei ›Die Grünen‹ geworden. Die großen und gewaltbereiten Demonstrationen gegen den Islam und gegen Migranten war die Grundlage der Gründung der AfD. Die *Fridays for Future*-Bewegung hat ebenfalls mit großen Massendemonstrationen begonnen, und es ist eine große Frage, ob diese Bewegung von der Bedrohung durch Viren jetzt ausgebremst wird und welche Auswirkungen dies auf die Gestaltung der Umweltpolitik haben wird. Werden gestaltungsrelevante, potientiell gewaltbereite Demonstrationen mit deutlichen politischen Konsequenzen weiterhin möglich sein? Wird es eine analoge politische Sensibilität wie gegenüber potentiell gewaltbereiten Demonstrationen für politische Manifestionen im Internet geben? Das sind Fragen, die schwer zu beantworten sind. Jedenfalls kann man festhalten, dass es sehr schwer werden wird, große Demonstrationen zu organisieren, wenn die Staatsgewalt die Einhaltung von Abstandsregeln und Mundschutz strikt durchsetzt. Die großen Demonstrationen, die sich Ende Mai/Anfang Juni 2020 gegen Rassismus und Polizeigewalt gegen schwarze US-Amerikaner*innen wenden, halten sich jedenfalls nicht an die Corona-Abstandsregeln. Diese Demonstrationen werden bislang jedoch kaum wegen der Missachtung dieser Abstandsregeln diskreditiert. Es scheint, als wäre das Recht zur politischen Gestaltung noch deutlich stärker bewertet als das Heil der Körper. Dass sich das verändert, ist nicht auszuschließen. Dann stellt sich die Frage: Werden Demonstrationen unter Berücksichtigung dieser Regeln die Dynamik und Intensität erreichen können, die erforderlich ist, damit sie politisch gehört werden?

Was wird von der Corona-Krise bleiben?

Eine grundsätzliche Änderung unserer gesellschaftlichen Ordnung ist nicht zu erwarten. Wir werden weiterhin in einer horizontal differenzierten Gesellschaft leben. Die Corona-Krise sollte uns Soziolog*innen ›gelehrt‹ haben, der Staatsgewalt für diese Differenzierungsform ein höheres Gewicht zu geben. Dass es Meinungs- und Versammlungsfreiheit gibt, dass es eine weltweit ausgreifende Wirtschaft gibt, basiert auf einer politischen Entscheidung, die auch zurückgenommen werden kann. Der Staat hat in dieser Krise massiv in die Grundrechte und in das Funktionieren der Wirtschaft eingegriffen. Es scheint aber, dass die staatliche Politik zumindest in Europa auf eine weitgehende Wiederherstellung des Status quo ante zielt. Aber die Gesellschaftsanalytiker*innen sollten nicht vergessen, dass es ein Irrtum war, alle ›Systeme‹ auf eine Stufe zu stellen. Auch einem hartleibigen Systemtheoretiker könnte klar geworden sein, dass dem Bereich des Rechtlich-Politischen eine Sonderstellung zukommt. Nur weil der Staat sich im

Zugriff auf seine Bürger selbst beschränkt, gibt es eine horizontale Ausdifferenzierung unterschiedlicher Handlungsbereiche wie Wirtschaft, Politik oder Wissenschaft. Diese Struktur wird sich mutmaßlich nicht ändern.

Wahrscheinlicher ist es dagegen, dass sich die Berührungsordnung der Leiber ändern wird. Dafür gibt es zwei Gründe. Zum einen müssen wir wohl weiterhin mit hochansteckenden Viren rechnen, die uns immer wieder dazu zwingen, zur Sicherung des Heils der Körper auf Abstand zu achten. Es ist also fraglich, ob wir zwischendurch zu einem unbefangenen Verhältnis zueinander im öffentlichen Raum zurückfinden können. Zum anderen unterstützen die internetbasierten Möglichkeiten der Kommunikation die Ausbildung einer auf Distanz gebauten Berührungsordnung. Die netzbasierten Techniken erleichtern es, sich zu ›versammeln‹, indem jeder für sich vor dem eigenen Bildschirm sitzt. Hierin kann eine große Gefahr für die Gestaltung von Politik liegen. Wie groß diese Gefahr werden wird und ob wir ihr begegnen können, ist vollkommen offen.

Anmerkungen

1   Der Text ist ein Auszug aus einem längeren Essay zur Corona-Krise, der im Verlag Velbrück Wissenschaft erscheinen wird.

Protest, Widerstand und Gewalt

Die Demonstrationen gegen die Pandemiemaßnahmen sind Akte des physischen, affektiven Präsentwerdens im öffentlichen Raum, Lockerungsübungen im *Freeze*, aber auch eine spezifische Art des Bekenntnisses. — *Christine Hentschel*

Die Tötung von George Floyd und die Polizeigewalt, die Corona-Krise und die Verletzbarkeit der afroamerikanischen Community müssen zusammengedacht werden. Denn gemeinsam führen sie vor, wie Rassismus auf vielfältige Weise tödlich sein kann. — *Jürgen Martschukat*

Im Raum des Virus
Affekt und Widerständigkeit in der Pandemie

Christine Hentschel

Freeze

Mitte März wachte der französische Schriftsteller und Trans-Aktivist Paul Preciado in einer veränderten Welt auf: Als er sich mit Fieber zu Bett gelegt hatte, schien die Welt noch nah, kollektiv, dreckig und voller Sünden, schreibt er in *The Losers Conspiracy* (Preciado 2020). Als er aufstand, war sie distanziert, individuell, hygienisch und trocken geworden. Zwischen Fieber und Angst stellte sich Preciado vor, wie sich die Parameter des Sozialen dauerhaft verändert hätten: Alles würde für immer in der Form verharren, in der es jetzt war. Die Verheirateten unter uns waren zu permanentem Miteinander verdammt – ob sie sich liebten, hassten oder beides. Und die von uns, die ihre Liebe verloren oder nicht rechtzeitig gefunden hatten, waren verurteilt, den Rest ihres Lebens allein zu verbringen. Wir würden überleben, schreibt Preciado, aber ohne Berührung.

In den ersten Wochen der Pandemie klang Preciados Delirium wie die reale Dystopie einer neuen und definitiven Anordnung von *Alleine* und *Zusammen*. Statt beweglicher Modi, die sich je nach Lebensphase, Tageszeit, Charakter, Lust oder Bedürftigkeit unterschiedlich kombinierten, schienen sich *allein* oder *zusammen* seit der Pandemie vielmehr einer Seite zugeordnet zu haben, auf der Mensch bis auf weiteres gelandet war. Das, was wir als öffentliches Leben kannten, in dem sich diese Konstellationen jederzeit durchmischen können, stand nicht zur Verfügung: keine Anordnungswechsel auf einer Demonstration, keine frischen Begegnungen zwischen nach Intimität Suchenden, keine Umarmung von Fremden im Tanz.

Als Kanzlerin Merkel mit dem Begriff der *Öffnungsdiskussionsorgien* ihre Unionskolleg*innen für die übermütigen Lockerungsdebatten rügte, schienen viele von uns vor allem eins zu hören: *Öffnungsorgie*. Öffnungsorgie klang wie ein perfektes Wort für die gesammelte Sehnsucht nach dem leichtsinnig Gemeinschaftlichen, dem unbedachten Tummeln in der Menge, im Park, am Strand, im Club, auf der Demo. Die Orgie ließ sich als Moment imaginieren, in dem das *Freeze* zu Ende wäre und wir die Polizeibänder an den Spielplätzen durchschneiden, die Masken abreißen, die Nähe der Vielen suchen und Fremde küssen würden: *Superspreaders of Love* würden wir sein!

Spätestens jetzt, Ende Mai, da die Cafés, Läden und einige öffentliche Institutionen wieder im Begriff der Öffnung sind, wird deutlich: Wir sind dem *Freeze* entkommen, aber die Orgie bleibt aus. Mehr noch, es wird deutlich, dass die »Körperwelt« da draußen uns wahrscheinlich für lange suspekt bleiben wird, wir vielleicht längst in einen »Strukturbruch« hineingeraten sind, bei dem nahräumliche Bezüge (jenseits des eigenen Haushalts) an Bedeutung verlieren und sich in den »entkörperten Zeichenverkehr« der digitalisierten Kontaktpflege verschieben (Koschorke 2020: 52). So bricht sich ein sozialer Spalt zwischen denen, die noch immer in die »Körperwelt« müssen, um etwa als Busfahrer, Krankenschwester oder auf dem Bau zu arbeiten, und denen, die es »sich in der Welt der Zeichen heimisch gemacht haben«. Zu Letzterem gehöre es, so Alfred Koschorke, die »mit nostalgischem Flor überzogene Welt der quirlig-geselligen, erotischen, gewalttätigen Körperlichkeit älteren Typs« von weitem bzw. am Bildschirm zu konsumieren (ebd.).

Ich möchte an diese Überlegung anknüpfen und argumentieren, dass die quirlige Welt der Körperlichkeit ›da draußen‹ nicht einfach weg ist, sondern auf verschiedenste Weise improvisiert nachempfunden und in den verschiedenen Protesten gegen das Raumregime des Virus aktiv gesucht und neu erfunden wird. In diesem Sinne verstehe ich die Demonstrationen gegen die Pandemiemaßnahmen als Akte des physischen, affektiven Präsentwerdens im öffentlichen Raum, als Lockerungsübungen im *Freeze*, aber auch als eine spezifische Art des Bekenntnisses.

In meinen wöchentlichen Beobachtungen der Demonstrationen in Hamburg erstaunt mich, wie vehement die Kategorien »links« und »rechts« von den Demonstrierenden als bedeutungslos abgelehnt und stattdessen moralische Bekenntnisse über »Liebe« »Freiheit«, »Wahrheit« und »Widerstand« abgegeben werden, unterstützt durch Zitate von Hannah Arendt, Rosa Luxemburg oder Mahatma Gandhi. In diesen Kanon mischen sich Parolen und Gesänge, die im rechten Spektrum der letzten Jahre tief verankert sind, wie »Wir sind das Volk«, »Das große Erwachen« und die Behauptung, wir

würden in einer Diktatur leben.[1] Es sind gerade die losen Enden, die anscheinend nicht zueinander passenden Behauptungen, die dramatischen Über-
treibungen und das schamlose Stehlen von Slogans aus anderen politischen
Kämpfen, die mich an diesen Protesten interessieren. Die Bekenntnisse
lassen sich dabei nicht von den Formen der Raumnahme trennen: Was sind
Versammlungen in einem Raumregime, das uns einander vom Leib halten
soll und das urbane Räume rasant formalisiert? Die Klimabewegung von
2019 wird mir dabei als eine Art Kontrastfolie dienen: zum einen weil sie in
ihren Blockaden und Stilllegungen selbst eine Art *Freeze* inszenierte. Zum
anderen lässt sie in ihrem pessimistischen Unterton das optimistische »ich
will meine Freiheit zurück« der Anti-Lockdown-Bewegung blass, selbstzen-
triert und rückwärtsgewandt aussehen.

Nachempfindungen und Neuerfindungen des Öffentlichen

Vor dem *Freeze* des Virus waren die Bremsversuche der Klimabewegung.
Greta Thunbergs wöchentlicher Schulstreik für das Klima sollte ein Akt der
Unterbrechung der politischen Ignoranz gegenüber der drohenden Klimakatastrophe sein. »Ihr sprecht nur darüber, mit denselben schlechten Ideen
weiter zu machen, die uns in dieses Chaos gebracht haben, wobei die einzig
vernünftige Sache die ist, die Notbremse zu ziehen«, feuerte sie 2018 ihrem
Publikum auf dem COP 24 in Katowice entgegen.[2] Im ähnlichen Gestus waren
die Blockaden der Knotenpunkte unserer Städte durch *Extinction Rebellion*
dazu gedacht, den *Flow* des Weiterso zu unterbrechen. »Jetzt macht das Virus das für uns«, erklärt mir ein Mitdenker von *Extinction Rebellion* im April.[3]
Die Versuche der Klimaaktivist*innen, unsere Städte sichtbar und fühlbar
für ein paar Momente lahmzulegen, sind nun von der Wucht des Virus überlagert. Während die Blockaden der Klimaaktivist*innen einige öffentliche
Aufmerksamkeit einfuhren, sammelt das Virus zwar alle Aufmerksamkeit
ein, lässt zunächst jedoch nahezu jegliche Öffentlichkeit implodieren. Auch
die alltäglichen kleinen Öffentlichkeiten der flüchtigen Begegnung im Zei-
tungsladen, im Café, in der Uni, am Spielplatz sind im Raumregime des
Virus zunächst ausgedorrt. Die Stadtforscher AbdouMaliq Simone und
Michele Lancione sprechen von einem »Verschwinden der Sinnlichkeit der
Straße als Ort der Zirkulation – von Wissen, Affekt und Fähigkeiten – und
der Performanz von Solidarität« (Lancione/Simone 2020).

In den vielen Versuchen, Öffentlichkeit seit den Versammlungsverboten nachzuempfinden, wieder zu beleben oder neu zu erfinden, ist es immer auch diese zeitweilig verlorene Sinnlichkeit, die gesucht wird: in Kreidenachrichten, Fußabdrücken, Mahnwachen, Haus-zu-Haus-Öffentlichkeiten und dem Pandemie-Tagebuch. Auch diese Nachempfindungen von Öffentlichkeit gehören zur Vorgeschichte der Bewegungen gegen die Pandemiemaßnahmen. Seit März scheinen Hamburgs Asphalte und Flächen ein ganz eigenes *Message Board* zu sein. »Jesus rettet! Frohe Ostern«, »Nie wieder Krieg«, »LeaveNoOneBehind«. Am 5. April ruft ein breites Aktionsbündnis Menschen deutschlandweit dazu auf, für die Evakuierung der griechischen Lager zu demonstrieren und dafür einzeln und nacheinander an verschiedenen öffentlichen Orten farbige Fußabdrücke oder leere Schuhe zu hinterlassen und mit kreidegeschriebenen Botschaften wie »Wir haben Platz« oder »Moria evakuieren« zu versehen.[4] So sollte eine Masse nachempfunden werden, ein Bild entstehen: »Hier wären wir als Demonstration gewesen«.[5]

Am 27. April organisierte die Seebrücke in Hamburg eine Menschenkette entlang der Elbe, bestehend aus 20 Minimahnwachen, in der jeweils 25 einzelne, in orange gekleidete Personen im zwei Meter Abstand still ihre selbst gemalten Schilder mit »Seuchenschutz für alle« oder »Hotels für Geflüchtete öffnen« hochhielten. Schon deutlich vor Beginn der einstündigen Aktion waren die rot markierten Spots »eingenommen« und so zogen Hunderte mit ihren Botschaften an den Mahnwachenden vorbei, auf der Suche nach einem freien Spot, die gesamte, sich über mehrere Kilometer erstreckende Kette der Mahnwachen auskundschaftend. Dabei formten sie ein loses Begleitpublikum, das den platzierten Akteuren zunickte und nicht nur Teil der Performanz war, sondern im Spazieren die einzelnen Orte der Mahnwachen als gemeinsames Ereignis miteinander verband. Die Masse fehlte, aber das streng Angeordnete schuf eine besondere Sichtbarkeit der Wenigen und eine stille Dramatik. Die Mahnwachen waren ein Moment der *Exposure* (Hentschel/Krasmann 2020), im doppelten Sinne des Sich-Zeigens und des Anprangerns der europäischen Kälte gegenüber Tausenden Schutzsuchenden. Sie forderten uns in der Ethik des Gemeinsamen heraus.

Andere, weniger politische Formen der Öffentlichkeit gestalten sich als Gesten der Verbindung von Haus zu Haus. Von einem Balkon in Valencia gefilmt und von zahlreichen Fenstern bejubelt und später auf Facebook geteilt, bewegt sich der spanische Tänzer Albert García Sauri mit Müllbeutel in der

Hand und Mundschutz im Gesicht auf seiner Straße kunstvoll zur dramatischen Musik, bevor er seinen Müll in den Container wirft.

Dass das (öffentliche) Tagebuch – etwa als Journal in Zeiten der Pandemie oder als Coronatagebuch – gerade jetzt Konjunktur hat, gehört zu diesen Momenten nachempfundener Öffentlichkeit von zu Hause aus: Hier werden persönliche Reflexionen und Szenen als Botschaften von öffentlicher Relevanz nach außen transportiert, rezipiert und weitergetragen. Solche privatöffentlichen Tagebücher sind das Genre der Pandemie. Als »affective workout[s]« (Waldman 2020) sind sie Kraftübungen für die Gefühle, Dehnungen der inneren Muskeln und ein tiefes Ausatmen in Richtung eines wie auch immer imaginierten Publikums. Die vorsichtigen, sanften, Solidarität und Verantwortung einfordernden Nachempfindungen und Neuerfindungen von Öffentlichkeit des Aprils schienen bereits im Mai jäh vom vehementen Anwachsen der Proteste gegen die Maßnahmen überlagert.

Liebe und Erwachen in Zeiten der Pandemie

9. Mai 2020: ein Tag nach dem Tag der Befreiung. Vor dem Hamburger Rathaus weht die Europafahne, auf dem Platz haben hunderte Menschen auf Yogamatten und Decken Platz genommen, Grundgesetze ausstellend oder in ihnen blätternd. Ich bahne mir den Weg durch die lose angeordnete Menge bis zur angemeldeten Kundgebung in einem von rotweißem Band eingehegten Carré vor dem Rathaus. Sie ist auf 50 Menschen begrenzt, die durch ihren Abstand gut sichtbar ihre Schilder hochhalten: »Stoppt den Corona-Wahnsinn! Corona = ganz normale Grippe!«, »Maskenball beenden« oder »Gib Gates keine Chance«.

Die lose Menge jenseits der Absperrung feuert die offiziell Demonstrierenden an und trägt ihrerseits Bekenntnisse an ihren Körpern – im weißen Imkeranzug mit der Aufschrift »Frieden und Freiheit«, mit Hut, auf dem »Freiheit und Selbstbestimmung« gestickt ist, oder Maske, auf der »Maulkorb« geschrieben steht. Ein Mann im T-Shirt mit einem großen Q, der sich der QAnon-Bewegung zugehörig fühlt, erklärt mir mit ruhiger Stimme und wohl gewählten Worten, warum er Trump-Anhänger ist: Trump rette die Kinder aus den Verstecken der Pädophilen; das Virus gäbe es nicht. Seine Bekannten verabschieden sich von ihm mit Umarmung und Küsschen.

Nach den Reden wird die Nationalhymne angestimmt, dann »Wir sind das Volk«, »Freiheit, Freiheit« und schließlich, mit Gitarrenbegleitung, »Die Geda-han-ken sind frei«. Ich zucke zusammen: Die Kombination von genau diesen Parolen, gemeinsam mit dem inbrünstigen Singen von Volksliedern kenne ich von rechten Demonstrationen in Sachsen. Am Rande der Kundgebung klagen antifaschistische Gegendemonstrant*innen die Impfgegner*innen an. »Spinnst Du? Ich, ein Nazi? Wir sind hier für die Grundrechte!«, schreit eine Frau empört zurück. Und eine andere Frau erklärt mir: »Ich habe keine Gesinnung. Nicht links, nicht rechts, wir sind hier gemeinsam, als Menschen.« Es ist wuselig. Ein trainierter Mann spaziert am Rande der Kundgebung sein Klappfahrrad schiebend mit einem gefüllten Bierglas auf dem Kopf durch die ausfleddernde Menge am Rand. Einige staunen, »Respekt!« wird geraunt, »Ist da Corona drin oder was?« Immer wieder muss er anhalten und zeigen, dass wirklich Bier im Glas ist, bis er aufsteigt, seinen Zuschauern zuprostet und geheimnisvoll verschwindet.

Später, als am Jungfernstieg weiter meditiert wird, halten junge Männer Bücher wie Bekenntnisse nach oben: allen voran das Grundgesetz, aber auch regierungskritische Bücher wie »Angst und Macht«. Ein älterer Mann hält ein ausweisgroßes Papier in Richtung der Passanten: »Wussten Sie, dass die Deutschen bis heute einen rechtmäßigen Kaiser haben?« Eine kleine Gruppe junger Männer of Colour tragen und verkaufen Grundgesetz-T-Shirts. Einer von ihnen hat neben dem Grundgesetz auch die Biografie von Malcolm X dabei. Ich stelle auch ihm die Frage, was er darüber denkt, dass sich in vielen Städten rechte Akteure unter die Bewegung mischen oder von ihr angetrieben werden. Auch seine Antwort: »Es gibt kein rechts oder links in dieser Bewegung. Hier sind alle für die Sache auf der Straße.« Wie kommt es, dass Menschen, die für Freiheit und das Grundgesetz auf die Straße gehen, so indifferent darüber sind, mit wem sie das tun? Wieso werden rechte Narrative nicht erkannt oder in Kauf genommen, deren langfristiges Ziel die Abschaffung der demokratischen Ordnung ist?

Ich frage eine junge Frau, deren Kinder um die just gemalten Buchstaben herumspringen, was es mit dem hier geschriebenen »Großen Erwachen« auf sich habe. Ja, wir müssen aufwachen, erklärt sie. Wenn wir mal anfangen zu lesen, welche Zusammenhänge es gibt, dann sehen wir, wie geblendet wir alle sind. Bill Gates habe auch unsere Regierung gekauft und das Virus sei nur dafür da, damit Bill Gates die Impfung dafür bereitstellen könne. Eine andere Frau führt den Gedanken fort: Hier wird eine neue Weltordnung durchgesetzt und wir merken es nicht, wir rutschen in die totale Sklaverei! Sie mustert mich: »Sag mal, du siehst aus, als seist du ein kritischer Mensch: Liest du nicht, fällt dir das nicht auf?« Ich nehme den »kritischen Menschen« an, suche ihr aber ein paar Themen zusammen, die mich tatsächlich umtreiben: moderne Sklaverei in ausbeuterischen Arbeitsbeziehungen, der weltweite Aufstieg autoritärer Regime, die Untätigkeit unserer Regierungen gegen den Klimawandel. Aber solche »diesweltlichen« Themen scheinen nicht von Relevanz, da »kritisch« hier einen tieferen Zweifel am Common Sense und einen Griff nach der ›eigentlichen‹ Wahrheit impliziert, und von dort wird der Raum für neues Zweifeln zugeschnürt.

Das Motiv des Erwachens aus einem Schlummerzustand oder einer Sinnestäuschung ist ein zentrales Motiv im rechten Denken. Es wird als Moment imaginiert, an dem man »den linken Quatsch, in den wir eingewebt sind wie in ein Spinnennetz, endlich durchschaut hat« (Lichtmesz/Sommerfeld 2017: 206), wie die neurechten Denker*innen Martin Lichtmesz und Caroline Sommerfeld ausführen. Das Erwachen ist ein Moment der selbstbestimmten Entscheidung und des Übergangs, er wird dem Schlucken der »Roten Pille« im legendären Film Matrix gleichgesetzt, das ein »unsanfte[s] Erwachen aus vertrauten Illusionen und flächendeckend verbreiteten Lügen; [...] aber auch den Zugewinn an Erkenntnis, Souveränität und Freiheit« (ebd.) zur Folge hat. Im Nationalsozialismus war *Deutschland erwache* aus dem zum »Sturmlied« vertonten Gedicht des Nazi-Dichters Dietrich Eckart entstanden, eine Art parteiinterne Hymne der NSDAP (Hartung 2001: 167).

Die allgegenwärtige Rede vom großen Erwachen in der Bewegung der Gegner*innen der Maßnahmen lässt sich auch als apokalyptisches Motiv deuten: eine Erzählung vom bevorstehenden Ende und der Offenbarung, Enthüllung und Aufdeckung der Wahrheit. Apokalyptische Narrative erzählen von Momenten der Entscheidung und der Unterscheidung – etwa zwischen Reinheit und Unreinheit, Gut und Böse, Wahrheit und Lüge (Brokoff 2001: 16) – und handeln dabei immer auch Fragen von Kollektivität und Wertigkeit aus. Apokalyptisch im Sinne eines Untergangs ist auch die Erwartung der Diktatur: Ein Mann hält am Rande der Kundgebung Eckhard Jesses *Totalitarismus im 20. Jahrhundert* hoch und eine Frau hat ein Plakat mit »Wer in der Demokratie schläft, wacht in der Diktatur auf« auf dem Rücken. Der Mitherausgeber der auf den Demonstrationen verteilten Zeitung *Demokratischer Widerstand*, Hendrik Sodenkamp, führt in seinem Leitartikel ein Erwachensmotiv in Bezug auf die Linken an:

»Bis dato versagt die kritische Intelligenz der Republik auf ganzer Linie. ›Guten Morgen, Faulpelze! Aufstehn, Diktatur ist fertig!‹ Die Kollegen interessieren sich gerade vornehmlich für Menschen in anderen Regionen des Planeten, aber nicht für sich selber. Das ist vornehm, ultrafein und unterstützenswert. Wir hier sind aber auch noch da. Oder wollen sie etwa sagen: ›Uns geht es hier ja noch so gut‹? Wir haben auch für sie die Versammlungsfreiheit zurückerstritten.« (Sodenkamp 2020: 1)

In diesem Narrativ von Erwachen sind die Linken die Faulen und Schlafenden, die von der Rettung anderer träumen, während zu Hause ihre Grundrechte gestohlen werden.

16. Mai 2020: Nur eine Woche nach »Wir sind das Volk« und Nationalhymne kamen jene Linken in beachtlicher Menge zum Rathausmarkt und brachten das Meditieren durcheinander. Mit lauten Parolen wie »Augen auf beim Meditieren, neben Rechten und Antisemit*innen« parodierten sie das Erwachensmotiv und verschoben die Anliegen, für die öffentlich meditiert werden müsse, von der Sphäre der persönlichen Freiheit hin zu Solidarität wie auf dem Plakat »Meditieren für Moria«. Die Impfgegner*innen schienen ratlos, interne Diskussionen, ob diese Forderungen nach Solidarität nicht auch ihre seien, und hitzige, aber auch neugierige Streitgespräche mit den Antifas. »Liebe« wird in diesem chaotischen Kundgebungsgeschehen des 16. Mai die Hauptbotschaft der Anti-Lockdown-Protestierenden: Sie ziehen kleine Kreise mit Herzchen um sich herum, denn »von uns geht keine Aggression aus«, sagt eine Frau und schaut rüber zu Antifa und Polizei; im Sprechchor ertönt ein lautes »Lieb-e, Lieb-e!«

Wo diese Proteste schließlich hinführen, ob ihre Fäden auslaufen, sich gelangweilt zusammenziehen, in rechte Knäule aufgewickelt oder sich auf andere Weise verheddern werden, ist offen. Aber schon jetzt sind sie als »affektive workouts« ernst zu nehmen, die aus dem Modus des Festgesetztseins zu Hause die Körperwelt ›draußen‹ neu bespielen – mit mitgebrachten Yogamatten, Büchern und anderen Accessoires, die sich zum Bekenntnis eignen, mit absurden Wahrheitsbehauptungen und Empörungen ob der Bezichtigungen der Verschwörungstheorie und des Antisemitismus. Im Bekenntnis, schreibt Foucault, bindet sich ein Subjekt an eine bestimmte Wahrheit und zeigt so, wer er*sie ist. Alle Bekenntnisse haben ihre Kosten (Foucault 2014: 17). Die eigene Märtyrerrolle wird schon mitimaginiert, etwa im inbrünstigen Singen von »Und sperrt man mich ein, im finstern Kerker.«[6]

Bereits Ende Mai ist das Gewusel einer Formalisierung der räumlichen Anordnung gewichen. Für die Demonstrierenden wird eine Straße in der Innenstadt abgeriegelt. Die Polizei überwacht den Zugang, es herrscht Maskenpflicht, Protestierende stehen auf einem markierten Punkt und lauschen bewegungslos den Reden. Die Organisatorin hat eine wichtige Durchsage an die Reichsbürger, die sich hier unter den Protestierenden aufhielten: »Wer nicht auf dem Boden des Grundgesetzes mit uns kämpft, hat hier nichts verloren. Geht nach Hause!« Ein kurzes »haut ab« in Antifa-Manier ertönt, bevor Tracy Chapmans *Talkin' bout a revolution* angespielt wird. Es ist das erste Wochenende der Unruhen in den USA nach dem Tod des Afro-Amerikaners George Floyd durch Polizeigewalt.

Grausamer Optimismus vs. Ethik des Kollapses

Die katalanische Philosophin Marina Garcés beschrieb im letzten Jahr unsere Gegenwart als »postume Kondition«: Unser Verhältnis zur Zukunft sei nicht mehr von einem Fortschrittsdenken à la »Wohin?« geprägt, sondern von einem »Wie lange noch?« (Garcés 2019: 19). Der Tod steht dabei »nicht mehr am Ende der Zeit, sondern tritt ein in die Gegenwart« (ebd.: 45). Statt einer immer besseren Zukunft hängt über uns die Bedrohung. »Wir überleben, jeder gegen jeden, in einer lediglich verbleibenden Zeit.« (Ebd.: 12) Die Klimabewegung, die sich vor allem 2019 in unseren Städten Gehör verschaffte, war angetrieben von einem tiefen Pessimismus angesichts dieser Bedrohung. Sie zeigte sich ängstlich, wütend, trauernd, verzweifelt über die Zukunft, die ihr verwehrt bleiben würde – verbunden mit einem Willen zur Veränderung. Die Botschaft: Es gibt keine Hoffnung, aber dennoch müssen wir (müsst ihr!) dringend handeln: »Hope dies, Action begins«. Und dafür müsst auch ihr endlich Panik verspüren!

Die Proteste gegen die Corona-Bestimmungen im Mai 2020 wählen den entgegengesetzten Gestus: Die Bedrohung wird als Übertreibung, Lüge oder Verschwörung abgetan, die Haltung ist optimistisch: »Lasst uns die Angst zurückweisen«, ruft die Rednerin ins Mikro, »Ich möchte wieder frei sein«, »Angst schwächt das Immunsystem«. Nein, Angst ist kein Affekt, mit dem die Gegner*innen der Maßnahmen hantieren. Angst/mache, Panik/mache wird vielmehr den Regierenden zugeschrieben. Für diejenigen, die sich »anpassen«, die »Schlafschafe«, »Maskenträger«, »Gleichgeschalteten«, »mundtot Gemachten« haben die Protestierenden nicht mehr als Verachtung übrig. Verletzbarkeit wird als individuelle Aufgabe entpolitisiert. »I am my medicine« hält mir eine Heilpraktikerin voller Stolz in die Kamera. Abwehrkräfte stärken, Vitamin C essen, rät mir auch eine Mitarbeiterin meiner Zahnarztpraxis, die ich zufällig auf der Straße treffe. »Die vielen Fälle in Italien ... naja, essen Sie Weizen?« Hier zeigt sich eine Selbstbezüglichkeit, die die Frage der Verwundbarkeit in der Pandemie vor allem auf den eigenen Körper bezieht. Dass wir Verwundbarkeit als großes Ganzes verstehen müssen, da wir als Infizierte andere anstecken können und es gerade die Marginalisierten am härtesten trifft, wird als übertrieben oder als Gemeinwohlobsession abgetan. Der Ruf nach der vertrauten persönlichen Freiheit wird zur Beschwörungsformel, die, »grausam optimistisch«, an andere Kämpfe nicht heranwill (Berlant 2011).[7]

In seinem viel beachteten Text *Deep Adaptation* wirft der Nachhaltigkeitsforscher Jem Bendell die Frage auf, wie wir die Weichen umstellen würden, wenn wir uns »wirklich zu Herzen nähmen«, dass ein gesellschaftlicher Kollaps aufgrund der massiven Auswirkungen des Klimawandels bevorstehe, mit unkontrollierbaren Ausmaßen an Hungersnöten, Zerstörung, Krankheiten und Krieg: An welchen Werten wollen wir festhalten, wovon sollten wir uns lösen und mit wem müssen wir uns versöhnen (Bendell 2018)? Individualisierte Rette-sich-wer-kann-Lösungen weist er zurück. Vom Kollaps her zu denken, ohne zynisch zu werden, beginnt mit einem Eingeständnis, dass wir tief verwundbar und bereits getroffen sind: wir alle und wir alle unterschiedlich. Es bedeutet, das Leugnen zu überwinden – der Dramatik des Klimawandels wie der Gefährlichkeit des Virus. Die Lust an der Aufdeckung der ›verborgenen‹ Zusammenhänge und der versteckten Wahrheiten würde uns vergehen; denn mangelndes Wissen ist nicht unser Problem. So schreibt Garcés: »Das gesamte Wissen der Menschheit steht uns zur Verfügung und trotzdem vermögen wir nur, den Sturz in den Abgrund zu verlangsamen oder zu beschleunigen.« (Garcés 2019: 10) Von der Klimabewegung und ihren Vordenker*innen lernen wir, dass es einer Ethik des Kollapses bedarf, um neue Formen des Zusammenlebens auf einem verwundeten Planeten entstehen zu lassen.[8]

Anmerkungen

1   Die klar antisemitischen Einschläge der Bewegung, wie sie sich in vielen Städten zeigen – der zynischste davon sicherlich der Davidstern mit der Aufschrift »ungeimpft«–, bleiben in der Hamburger Innenstadt (bislang) aus.
2   »You are never too small to make a difference«. Greta Thunbergs Rede, abrufbar auf »Activist Speeches«, Fridays for Future. https://fridaysforfuture.org/what-we-do/activist-speeches/.
3   Interview XR Aktivist, Hamburg, 2. April 2020.
4   Eine Handreichung für das »Aktionsbild«. https://docs.google.com/document/d/1em7b9H-1-dGxG-ZQcT6OXnhj2yUJonHMRSR4ONWTodM/edit.
5   Die Veranstaltung wurde gerichtlich untersagt und die Versuche, sich dennoch einzufinden, wurden von der Polizei unterbunden. Verstreut zeigen sich jedoch noch Wochen später einige dieser Spuren auf den Bordsteinen und Plätzen und zirkulierten als Ermahnungen im Netz.
6   Beginn der vierten Strophe des Volksliedes *Die Gedanken sind frei*.
7   Im Sinne von Lauren Berlant, für die *Cruel Optimism* eine Weise ist, an Dingen festzuhalten, auch wenn sie uns nicht guttun.
8   Die Autorin dankt Susanne Krasmann, Kerstin Kock, Frank Adloff, Gillian Zimmermann, Chris Hammermann und Johannes Ebenau für ihre kritische Lektüre dieses Textes und Guggi Zuzakova für die Quarantäne-Workouts von Haus zu Haus, die diesen Text mit inspiriert haben.

Literatur

Bendell, Jem (2018): Deep Adaptation: A Map for Navigating Climate Tragedy. IFLAS Occasional Paper 2. www.iflas.info 12, 22; https://www.youtube.com/watch?v=DAZJtFZZYmM.
Berlant, Lauren (2011): Cruel Optimism. Durham: Duke University Press.
Brokoff, Jürgen (2001): Die Apokalypse in der Weimarer Republik. München: Wilhelm Fink.
Foucault, Michel (2014): Wrong-Doing, Truth-Telling. The Function of Avowal in Justice. Chicago: The University of Chicago Press.
Garcés, Marina (2019): Neue radikale Aufklärung. Wien/Berlin: Turia + Kant.
Hartung, Günther (2001): Deutschfaschistische Literatur und Ästhetik. Leipzig: Leipziger Literaturverlag.

Hentschel, Christine/Krasmann, Susanne (2020): »Acts of Exposure and Their Affective Publics«. In: Dies. (Hg.): »Exposure« – Verletzlichkeit und das Politische in Zeiten radikaler Ungewissheit. Bielefeld: transcript, S. 15–34.

Koschorke, Alfred (2020): »Aus Berührung wird Rührung«. In: Die Zeit vom 20.05.2020, S. 52.

Lancione, Michele/Simone, AbdouMaliq (2020): Bio-Austerity and Solidarity in the COVID-19 Space of Emergency – Episode Two. https://www.societyandspace.org/articles/bio-austerity-and-solidarity-in-the-covid-19-space-of-emergency-episode-2.

Lichtmesz, Martin/Sommerfeld, Caroline (2017): Mit Linken leben. Schnellroda: Antaios.

Preciado, Paul (2020): »The Losers Conspiracy«. In: Artforum vom 26.03.2020. https://www.artforum.com/slant/the-losers-conspiracy-82586.

Sodenkamp, Hendrik (2020): »Unteilbar! Gegen die verfassungsbrüchige Regierung. Masken ab!« In: Demokratischer Widerstand vom 01.05.2020, 3. Ausgabe: 1.

Waldman, Katy (2020): »Dear Diary, the World Is Burning‹. On the Value of Private Thoughts During a Public Crisis«. In: The New Yorker vom 10.04.2020. https://www.newyorker.com/books/page-turner/dear-diary-the-world-is-burning.

Online-Quellen

https://docs.google.com/document/d/1em7b9H-1-dGxG-ZQcT6OXnhj2yUJonHMRSR4ONWTodM/edit.

https://fridaysforfuture.org/what-we-do/activist-speeches/.

»I can't breathe«
Atemnot als Normalzustand

Jürgen Martschukat

Am Abend des 25. Mai 2020 hat der weiße Polizist Derek Michael Chauvin, unterstützt von drei Kollegen, in der Chicago Avenue in Minneapolis sein Knie acht Minuten und 46 Sekunden lang auf das Genick des auf dem Boden liegenden und an den Händen gefesselten Afroamerikaners George Floyd gedrückt, bis dieser erstickte. »I can't breathe« hat Floyd immer wieder gesagt. Ein Handyfilm, der die Tat dokumentiert, ist schnell viral gegangen und Protestkundgebungen und Ausschreitungen haben zunächst Minneapolis, dann zahlreiche weitere Städte in den gesamten USA und auch weltweit erfasst. Wir wissen es bereits, doch es kann nicht oft genug gesagt werden: George Floyd ist nur einer von vielen *African Americans*, die zu Opfern von Polizeigewalt werden, die zudem nur sehr selten zur Anklage gebracht und juristisch verfolgt wird. Immer wieder ist es nach solchen Gewalttaten zu Protesten gekommen, so etwa nach der Tötung Michael Browns am 9. August 2014 in Ferguson, Missouri. Doch dieses Mal scheint etwas anders zu sein. Die Proteste sind anhaltender, und sie scheinen noch grundlegender. In ihnen äußert sich offenkundig noch mehr als der Zorn über und die permanente Angst vor Polizeigewalt. Sie richten sich zugleich gegen die anhaltende, vielfältige und alltägliche Diskriminierung von *African Americans* in der US-amerikanischen Gesellschaft, deren Muster und immer wieder auch tödliche Folgen die Corona-Krise seit einigen Monaten in aller Deutlichkeit offenbart. *African Americans* sind von der Epidemie deutlich stärker betroffen. Atemnot, schreiben die *Centers for Disease Control and Prevention* des US-amerikanischen Gesundheitsministeriums auf ihrer COVID-19-Informationsseite, ist Zeichen eines fortgeschrittenen und gefährlichen Krankheitsverlaufes (CDC 2020a). In diesem spezifischen historischen Moment bringt »I can't breathe« wie kein anderer Satz auf den Punkt, dass die Be-

nachteiligungen schwarzer Menschen in den USA zutiefst körperlich sind
und bisweilen darüber mitentscheiden, wer leben darf und wer sterben
muss.

Es ist schwer, auf eine Krise wirklich gut und präzise vorbereitet zu sein.
Schließlich weiß man nie genau, was kommen wird (Lakoff 2017). Doch
auch jenseits mangelnder Schutzmasken und fehlender Atemgeräte haben
die USA in den letzten Jahrzehnten alles getan, um als Gesellschaft möglichst schlecht auf eine solche Krise eingestellt zu sein, wie George Packer
(2020) jüngst im *Atlantic* schrieb. Über Jahrzehnte hinweg sind die öffentliche Infrastruktur und das soziale Sicherheitsnetz (so grobmaschig es
auch immer war) abgewickelt worden (Chappell 2010). Alle Versuche, der
vollständigen Ökonomisierung des Gesundheitssystems entgegenzuwirken
und eine allgemeine und funktionierende Krankenversicherung einzuführen, sind boykottiert oder wieder rückgängig gemacht worden. Unterm Strich
steht eine zutiefst gespaltene Gesellschaft, die, so Packer, mit einer korrupten
Regierung und ohne nationale Koordination auf das Virus getroffen sei. Das
seit Jahrzehnten mantrahaft gepriesene »self-government« hat sich in diesem Frühjahr 2020 als vollkommen dysfunktional erwiesen. Corona, betont Packer, habe Amerika nicht zerstört, aber doch offenbart, was bereits
zerstört war.

Die USA sind mit 1.920.061 Infizierten und 109.802 Toten (Stand:
07.06.2020, 14:35 Uhr) das weltweit mit Abstand am stärksten betroffene
Land (JHU 2020). Als sich das Virus in der zweiten Märzwoche 2020 auch in
den USA mit Vehemenz auszubreiten begann, schien die Grundstimmung
im Land zunächst von einem »we are in this together« geprägt zu sein.
Schließlich kann jeder Mensch – ob arm oder reich, queer oder straight,
weiblich oder männlich, weiß oder schwarz oder irgendwo zwischen all den
Kategorien – von dem Virus infiziert werden. Schon Anfang April nahm
die Skepsis jedoch zu (z. B. Kendi 2020), und bald wurde deutlich, dass das
Virus alles andere als der große Gleichmacher ist, sondern vielmehr bestehende Ungleichheiten in aller Konsequenz sichtbar macht und reifiziert.
Die volle Wucht der Krise trifft vor allem die Menschen, die immer hart an
der Grenze zum roten Bereich agieren müssen, um zu überleben; also diejenigen, die verschuldet sind und die Tilgungsraten nicht mehr bedienen
können oder deren Rentenersparnisse sich im Zuge der Krise pulverisie-
ren oder die ihre Jobs verlieren (so wie George Floyd) oder sich Heimarbeit
nicht leisten können und trotz Erkrankung zur Arbeit gehen. Social Dis-

tancing – z. B. Telearbeit zu betreiben oder den Lieferservice zu bestellen, statt ins Restaurant zu gehen – ist ein Privileg, das häufig mit Hautfarbe und Herkunft korrespondiert (Blow 2020; Gould/Shierholz 2020). Prekarität und Armut sind zwar auch in den USA nicht mehr notwendig schwarz, und schwarz zu sein bedeutet nicht notwendig arm zu sein, aber *class* und *race* sind doch sehr eng miteinander verknüpft. Insofern kann es letztlich kaum erstaunen, dass *African Americans* von Corona deutlich überproportional betroffen sind. Landesweite Zahlen liegen nicht vor, aber einzelne regionale Studien signalisieren, dass die Infektions- und die Todesraten unter schwarzen Amerikaner*innen mindestens doppelt so hoch sind wie unter weißen. Wohn-, Lern- und Arbeitsverhältnisse sowie die Korrelation von sozialem Status und Gesundheit werden als zentrale Faktoren genannt – insbesondere in einer Gesellschaft, in der die Qualität der Krankenversicherung und der Gesundheitsversorgung eines Menschen so sehr vom Job und dessen sozialem Status abhängt (CDC 2020b). Selbst Anthony Fauci, einer der führenden Immunologen in den USA und Berater der Trump-Regierung in der Corona-Krise, konstatierte bereits im April 2020, dass der Ausbruch des Coronavirus in aller Deutlichkeit vor Augen führe, wie unakzeptabel disparat die Gesundheitsrisiken für Schwarze und Weiße in den USA seien (Lovelace 2020). Wenn also, wie Susan Sontag (2003) seit den 1970er Jahren wiederholt argumentierte, Krankheit und Gesundheit als Interpretationsmodus für das Verhältnis der oder des Einzelnen zur Gesellschaft fungieren, so zeigt Corona in den USA, dass dieses Verhältnis zutiefst rassistisch ist.

Wer reich ist, über genügend Eigentum und Sicherheiten verfügt, kommt zumeist gut oder zumindest besser durch die Krise. Kaum ein Faktor verankert die sozialen Differenzen, die an Hautfarbe gekoppelt sind, so nachhaltig in der US-amerikanischen Gesellschaft wie die Möglichkeiten bzw. Unmöglichkeiten von *African Americans*, Eigentum zu bilden. Denn Unterschiede im Eigentum sind größer und historisch stabiler als im Einkommen, weil sie über Generationen weitergegeben werden. Während Afroamerikaner*innen gegenwärtig ca. 13 % der US-amerikanischen Bevölkerung ausmachen, besitzen sie weniger als 3 % der Eigentumswerte des Landes. Die Wahrscheinlichkeit, dass eine schwarze Familie Eigentum im Wert von $1 Million anhäuft, ist über acht Mal geringer als bei einer weißen Familie. Entscheidender, wenn es um das Überleben in den Zeiten von Corona geht, ist sicher die andere Seite des Spektrums. Eine durchschnittliche weiße Familie, die an der Armutsgrenze lebt, verfügt immer noch über Eigentum im Wert von ca. $18.000, während eine durchschnittliche schwarze Familie an der Armutsgrenze nichts besitzt (Darity 2018).

Diese Ungleichheiten sind zutiefst in der Geschichte verankert und der Effekt rassistischer Politiken, die sich durch Jahrhunderte ziehen. Auch nach dem Ende der Sklaverei im Jahr 1865 wurde *African Americans* die Möglichkeit der Eigentumsbildung konstant vorenthalten oder erschwert. Dies begann mit dem niemals eingelösten Versprechen, ehemalige Sklav*innen mit 40 Acker Land und einem Maultier zu entschädigen. Vielmehr hielt man schwarze Farmer*innen in permanenter Abhängigkeit und trieb sie in die Verschuldung, während man den Landbesitz weißer Farmersfamilien zugleich durch den *Homestead Act* von 1862 mehr denn je förderte (Oubre 2012; Quisumbing King et al. 2018). Das Unrecht schrieb sich im späten 19. und frühen 20. Jahrhundert in der Enteignung solcher *African Americans* fort, denen es nach dem Ende der Sklaverei gelungen war, gegen alle Widrigkeiten Eigentum zu bilden. Sie wurden durch eine Mischung von fehlender Rechtssicherheit, exorbitanter Besteuerung und rassistischer Gewalt ihres Landes und anderen Eigentums beraubt und aus dem amerikanischen Süden in den Norden und Westen des Landes vertrieben (Jaspin 2008). Doch auch dort war rassistische und ökonomische Diskriminierung eine etablierte Praxis. Das sogenannte *Redlining* (Loewen 2018) diente dazu, Wohnbezirke von Afroamerikaner*innen und ethnischen Minderheiten zu markieren und deren Bewohner*innen z. B. in der Kredit- und Wohneigentumspolitik systematisch zu benachteiligen. Dies machte Eigentumsbildung fast unmöglich. Ähnlich wirkte die GI Bill zur Reintegration der Soldaten nach dem Zweiten Weltkrieg, die schwarze Veteranen von den gesetzlich gewährten Privilegien in der Ausbildung und Eigentumsbildung de facto ausschloss und so eine Ordnung segregierter Lebenschancen festigte (Woods 2013). Durch das voranschreitende 20. Jahrhundert hindurch und bis heute haben Grundsteuererhöhungen im Zuge von Gentrifizierung und Immobilienspekulation zu Zwangsenteignungen und Eigentumsverlusten geführt. Auch praktizieren Banken und Versicherungskonzerne nach wie vor Formen des Redlining, die *African Americans* nicht mehr notwendig ausschließen, sondern auspressen (Sugrue 1996; Gottesdiener 2013; Taylor 2019). Die Historikerin Keenga-Yamahtta Taylor nennt das »predatory inclusion«.

Die anhaltende Praxis der Eigentumsdiskriminierung hat jüngst die Forderung nach Reparationen für *African Americans* wieder aufleben lassen und bis in das Repräsentantenhaus des US-amerikanischen Kongresses geführt (Coates 2014; H.R.40 2017). Es geht dabei nicht nur um finanziellen Ausgleich (wie immer dieser aussehen könnte), sondern auch um die Anerkennung des anhaltenden Unrechts. Denn das Recht auf Eigentumsbildung ist als eines der menschlichen Grundrechte in der Amerikanischen Unabhängigkeitserklärung von 1776 festgehalten. Nichts anderes bedeutete der »pursuit of happiness« im zeitgenössischen Diskurs. In der Unabhängigkeitserklärung steht auch geschrieben, dass eine anhaltende Verletzung der Rechte der Menschen einen Bruch des Gesellschaftsvertrages durch die Regierung bedeutet, und die Bevölkerung habe dann das Recht und sogar die Pflicht, diese Regierung zu stürzen.

Vor diesem Hintergrund wirkt die Polizei tatsächlich wie eine Institution der Macht, die die gegebenen Unrechtsverhältnisse aufrechterhält, wenn sie schwarze Männer (zumeist Männer, aber nicht nur) tötet, die sich z.B. im falschen Viertel aufhalten oder mit Falschgeld bezahlen. Und die Justiz macht sich zu ihrem Kumpan, wenn sie die Übergriffe nicht verfolgt. Trevor Noah hat am 30. Mai 2020 in seiner *Daily Social Distancing Show* die Proteste und die Ausschreitungen als Reaktionen auf den anhaltenden Bruch des Gesellschaftsvertrages gegenüber *African Americans* durch Polizei und Justiz erklärt. Diese würden die nicht-weißen Bürger*innen eben nicht oder nur viel zu selten schützen, sondern sich vielmehr martialisch und wie eine Besatzungsmacht geben (Martschukat 2016). Freilich reicht auch der Polizeiterror historisch weit zurück, bis zu den Patrouillen der Sklaverei. Doch auch nach deren Ende manifestiert er sich z.B. in der Geschichte der vielen brutalen Lynchmorde an *African Americans* im amerikanischen Süden des ausgehenden 19. und frühen 20. Jahrhunderts, bei denen Mitglieder von Polizei und Justiz den Mob eher anführten, als dessen Opfer zu schützen (Martschukat 2007). Er manifestiert sich durch das 20. Jahrhundert hindurch in der verbreiteten Polizeifolter (Niedermeier 2019). Heute treibt die Polizei, wie die Soziologin Alice Goffman (2014) zeigt, vor allem schwarze Männer in ihrem Alltag in die permanente Flucht und in ein Leben in Atemnot, weil sie oft zumeist kleinere Verfahren anhängig haben und wegen Zahlungssäumigkeit, Drogen- oder Verkehrsdelikten nicht Opfer des US-amerikanischen Gefängnissystems werden wollen (Alexander 2010). Und wer *on the run* ist, kann kein Zuhause und keine Familie aufbauen, keinen festen Job annehmen, keine

Krankenversorgung in den Notfallzentren der Krankenhäuser in Anspruch nehmen, nicht politisch partizipieren oder gar sein Wahlrecht ausüben und schon gar nicht auf die Hilfe von Polizei und Justiz bauen, um Konflikte zu regeln.

Die Tötung von George Floyd und die Polizeigewalt, die Corona-Krise und die Verletzbarkeit der afroamerikanischen Community müssen zusammengedacht werden. Denn gemeinsam führen sie vor, wie die rassistischen Strukturen und Praktiken auf vielfältige Weise tödlich sein können. Die Proteste auf den Straßen sind nicht nur deshalb so wuchtig und anhaltend, weil die Tötung George Floyds so grausam, so willkürlich und eine Vorführung polizeilichen Terrors im Gefühl souveräner Macht war, sondern auch, weil sie mit der brutalen Offenlegung der rassistisch diskriminierenden Gesellschaftsordnung durch das Coronavirus zusammenfällt. Atemnot, so könnte man sagen, ist für *African Americans* in den USA der Normalzustand. In einer Zeit, in der sich der Präsident des Landes als Hüter weißer Vorherrschaft gebiert (Coates 2017), ist die Situation noch weiter zugespitzt. Denn »White Supremacy«, schreibt die COVID-19-Task Force des *Center for the Study of Racism, Social Justice & Health* der *University of California* (2020) in Los Angeles, »is the most significant public health problem throughout the history of this country.«

Literatur

Alexander, Michelle (2010): The New Jim Crow. New York: The New Press.

Blow, Charles M. (2020): »Social Distancing Is a Privilege«. In: New York Times vom 05.04.2020. https://www.nytimes.com/2020/04/05/opinion/coronavirus-social-distancing.html, letzter Zugriff am 07.06.2020.

CDC Centers for Disease Control and Prevention (2020a): Coronavirus Disease 2019 (COVID-19). https://www.cdc.gov/coronavirus/2019-ncov/if-you-are-sick/steps-when-sick.html#warning-signs, letzter Zugriff am 07.06.2020.

CDC Centers for Disease Control and Prevention (2020b): COVID-19 in Racial and Ethnic Minority Groups. https://www.cdc.gov/coronavirus/2019-ncov/need-extra-precautions/racial-ethnic-minorities.html, letzter Zugriff am 07.06.2020.

Center for the Study of Racism, Social Justice & Health (UCLA) (2020): COVID-19 Task Force on Racism & Public Health. https://www.racial healthequity.org/covid19, letzter Zugriff am 07.06.2020.

Chappell, Marisa (2010): The War on Welfare. Family, Poverty, and Politics in Modern America. Philadelphia: University of Pennsylvania Press.

Coates, Ta-Nehisi (2014): »The Case for Reparations«. In: The Atlantic vom Juni 2014. https://www.theatlantic.com/magazine/archive/2014/06/the-case-for-reparations/361631/, letzter Zugriff am 07.06.2020.

Coates, Ta-Nehisi (2017): »The First White President«. In: The Atlantic vom October 2017. https://www.theatlantic.com/magazine/archive/2017/10/the-first-white-president-ta-nehisi-coates/537909/, letzter Zugriff am 07.06.2020.

Darity, William, Jr. e.a. (2018): »What We Get Wrong About Closing the Racial Wealth Gap«. In: Samuel DuBois Cook Center on Social Equity/Insight Center for Community Economic Development, Duke University, April 2018. https://socialequity.duke.edu/sites/socialequity.duke.edu/files/site-images/FINAL%20COMPLETE%20REPORT_.pdf, letzter Zugriff am 07.06.2020.

Goffman, Alice (2014): On the Run: Fugitive Life in an American City. New York: Picador.

Gottesdiener, Laura (2013): A Dream Foreclosed. Black America and the Fight for a Place to Call Home. Westfield: Zucotti Park Press.

Gould, Elise/Shierholz, Heidi (2020): »Not Everybody Can Work from Home. Black and Hispanic Workers Are Much Less Likely to Be Able to Telework«. In: Economic Policy Institute – Working Economics Blog vom 19.03.2020. https://www.epi.org/blog/black-and-hispanic-workers-are-much-less-likely-to-be-able-to-work-from-home/, letzter Zugriff am 07.06.2020.

H. R. 40 (2017): House Resolution No. 40 – Commission to Study and Develop Reparation Proposals for African-Americans Act. https://www.congress.gov/bill/115th-congress/house-bill/40, letzter Zugriff am 07.06.2020.

Jaspin, Elliot (2008): Buried in the Bitter Waters: The Hidden History of Racial Cleansing in America. New York: Basic Books.

JHU Johns Hopkins University (2020): COVID-19 Dashboard by the Center for Systems Science and Engineering. https://coronavirus.jhu.edu/map.html, letzter Zugriff am 07.06.2020.

Kendi, Ibram X. (2020): »Why Don't We Know Who the Coronavirus Victims Are?« In: The Altantic vom 01.04.2020. https://www.theatlantic.com/ideas/

archive/2020/04/stop-looking-away-race-covid-19-victims/609250/, letzter Zugriff am 07.06.2020.

Lakoff, Andrew (2017): Unprepared. Global Health in a Time of Emergency. Berkeley: University of California Press.

Loewen, James W. (2018): Sundown Towns. A Hidden Dimension of American Racism, 2. Aufl. New York: The Free Press.

Lovelace, Berkeley (2020): »As U. S. Coronavirus Deaths Cross 100,000, Black Americans Bear Disproportionate Share of Fatalities«. In: CNBC vom 27.05.2020. https://www.cnbc.com/2020/05/27/as-us-coronavirus-deaths-cross-100000-black-americans-bear-disproportionate-share-of-fatalities.html, letzter Zugriff am 07.06.2020.

Martschukat, Jürgen (2007): »Strafgewalten und Zivilisationsentwürfe in den USA um 1900«. In: Susanne Krasmann/Jürgen Martschukat (Hg.): Rationalitäten der Gewalt. Staatliche Neuordnungen vom 19. bis zum 21. Jahrhundert, S. 239–263.

Martschukat, Jürgen (2016): »16 shots: Von der Gewalt gegen schwarzes Leben in den USA«. In: Geschichte der Gegenwart vom 16.11.2016. https://geschichtedergegenwart.ch/16-shots-von-der-gewalt-gegen-schwarzes-leben-in-den-usa/, letzter Zugriff am 07.06.2020.

Niedermeier, Silvan (2019): The Color of the Third Degree. Racism, Police Torture, and Civil Rights in the American South, 1930–1955. Chapel Hill: University of North Carolina Press.

Noah, Trevor (2020): Daily Social Distancing Show vom 30.05.2020. https://www.youtube.com/watch?v=v4amCfVbA_c, letzter Zugriff am 07.06.2020.

Oubre, Claude F. (2012): Forty Acres and A Mule: The Freedman's Bureau and Black Land Ownership, 2. Aufl. Baton Rouge: Louisiana State University Press.

Packer, George (2020): »We Are Living in a Failed State. The Coronavirus Didn't Break America. It Revealed What Was Already Broken«. In: The Atlantic vom 01.06.2020. https://www.theatlantic.com/magazine/archive/2020/06/underlying-conditions/610261/, letzter Zugriff am 07.06.2020.

Quisumbing King, Katrina et al. (2018): »Black Agrarianism: The Significance of African American Land Ownership in the Rural South«. In: Rural Sociology 83(3), S. 677–699.

Sontag, Susan (2003): Krankheit als Metapher & Aids und seine Metaphern. München: Hanser.

Sugrue, Thomas J. (1996): The Origins of the Urban Crisis: Race and Inequality in Postwar Detroit. Princeton: Princeton University Press.

Taylor, Keenga-Yamahtta (2019): Race for Profit. How Banks and the Real Es-
tate Industry Undermined Black Homeownership. Chapel Hill: University of North Carolina Press.

Woods, Louis Lee II (2013): »Almost ›No negro veteran... could get a loan‹:
African Americans, the GI Bill, and the NAACP Campaign against Res-
idential Segregation, 1917-1960«. In: Journal of African American History 98 (3), S. 392–417.

Internationale Politik

In Zeiten kolossaler Sehnsucht nach politischen Utopien ist der Tod der Utopie selbst wohl die einschneidenste Zäsur, die COVID-19 produziert hat, in dem Sinne, dass das *Neu*denken (zumindest über Europa) nicht mehr möglich scheint. — *Ulrike Guérot*

Die großräumlichen und längerfristigen Auswirkungen der Pandemie dürften weniger unmittelbar durch das Virus verursacht werden, sondern wesentlich eine Folge der durch Vorsicht motivierten Reaktionen auf sie sein. — *Herfried Münkler*

Perspektiven für Europa und seine Demokratie(n) nach Corona

Ulrike Guérot

> »Weitere Integrationsschritte ohne eine gleichzeitige Demokratisierung der EU ohne größeren Schaden für das europäische Projekt sind nicht mehr durchsetzbar.«
> *Ulrich Beck/Edgar Grande* (2004 [!])

›Corona und Europa‹, das war das Schreiben über ein Objekt – die EU –, das gleichsam Form und Farbe im Krisenverlauf fast wöchentlich gewechselt hat. Während die nationalstaatlichen Exekutiven die jeweiligen europäischen Länder mit strammer Hand durch die Krise lotsten, Ausgangssperren oder Beschränkungen verhängten, Atemmasken für ihre Bürger*innen besorgten und die Wirtschaften stabilisierten, war die EU, vor allem zu Beginn der Krise, die große Abwesende. Eine nationale Regression sondergleichen. Es war fast unheimlich zu sehen, wie das europäische Gewölbe Mitte März 2020 so plötzlich verschwinden konnte, ganz so, als wären nicht siebzig Jahre politische Energie in den Bau der EU geflossen; ganz so, als hätten die europäischen Nationalstaaten nur auf diesen Moment gewartet, in dem sie noch einmal demonstrieren konnten, wer die Zügel in der Hand hat.

Die drei ›europäischen Phasen‹ der Corona-Krise

Retrospektiv lassen sich für das Corona-Frühjahr 2020 mit Blick auf Europa bzw. die EU drei Phasen erkennen:

1. Die *nationale Schließung*. Im Handumdrehen war das *Wir* ein nationales, als hätte man Europa wie einen Wasserhahn zugedreht. Die Staats-und Regierungschefs wandten sich in mehr oder weniger pathetischen Ansprachen an *ihre* jeweiligen Nationen. Zu Beginn der Krise war die EU buchstäblich von der Bildfläche verschwunden, die reflexhaften Grenzschließungen erfolgten unkoordiniert, medizinisches Material wurde an Grenzübergängen konfisziert. Während kubanische Ärzte in lombardischen Krankenhäusern halfen und russische Trucks medizinisches Gerät lieferten, war in der Lombardei von europäischer Hilfe keine Spur. Schengen und die Freizügigkeit außer Kraft gesetzt. Augenzeugen berichteten von militarisierten Szenen an Grenzen, z. B. dem Ausrollen von Stacheldraht, wie man es seit Ende des Zweiten Weltkrieges nicht mehr gesehen habe.

2. Der *Ruf nach Solidarität*. Das plötzliche *Gewahrwerden* der Abwesenheit Europas löste als Gegenreaktion den Ruf nach europäischer Solidarität aus, der schnell lauter wurde. Das fehlende Europa wurde zum Sehnsuchtsort. Dutzende Manifeste von Intellektuellen, NGOs, Politiker*innen und Wissenschaftler*innen fluteten die Zeitungen und Sozialen Medien mit Solidaritätsbekundungen. Bemerkenswert war auch das europaweite Klatschen auf den Balkonen für das Gesundheitspersonal. Die europäischen Manifeste, formuliert von der europäischen Zivilgesellschaft, nicht der Politik (!), forderten in ihrer großen Mehrheit weitreichende Umsteuerungen europäischer Politiken, die Schaffung und Bereitstellung europäischer öffentlicher Güter, z. B. im Gesundheitssystem (z. B. ein *European Public Health System*), vergemeinschaftete wirtschaftliche Stützungsmaßnahmen, allen voran Corona- bzw. Eurobonds oder sogar gleich eine europäische Verfassung.

3. Die *Entsolidarisierung*. Doch spätestens, als im Mai 2020 die Solidarität in Form von Rettungspakten und Direkthilfen ein imposantes Ausmaß annahm, vor allem mit dem Merkel-Macron-Plan, der insgesamt 750 Milliarden europäischer Hilfszahlungen ausweist, davon 500 Milliarden als *Direkthilfen*, 250 Milliarden als Kredite, begann erneut das für die EU übliche Gezerre und Gezanke um Geld: Die aufkeimende Hoffnung auf Corona-Bonds wurde im Handumdrehen wieder begraben, die Direkthilfen vor allem für die von Corona schwer geschädigten Südeuropäer rief die »Sparsamen Vier«, eine nordeuropäische Allianz aus Österreich, den Niederlanden, Dänemark und Schweden, auf den Plan und der Mer-

kel-Macron-Plan stieß sofort, vor allem in konservativen Kreisen, auf politische, rechtliche und legitimatorische Vorbehalte. Kaum war die harte Phase des Lockdowns vorüber, gab bzw. gibt es also im Großen und Ganzen ein europäisches *Business as usual*.

Oder doch nicht?

Die Absicht des vorliegenden Sammelbandes war es, wie die Herausgeber in der Konzeption des Buches im Frühjahr 2020 betonten, das *Unklare* der Corona-Situation zu beleuchten, jenes durch COVID-19 geöffnete Fenster der Geschichte, und mithin auszuloten, welches gesellschaftliche, ökonomische und politische Veränderungspotential die Corona-Krise hervorbringen und mobilisieren kann, ob also *im Angesicht der Krise die Zeit für konkrete Utopien gekommen sei?* Erklärtes Ziel war es, jenseits des expertokratischen Krisenmanagements und seinem Fokus auf virologische Episteme die erwartbaren, gesamtgesellschaftlichen Schädigungen – Social Distancing, Atomisierung der Gesellschaft, wirtschaftliche Rezession, Zunahme der sozialen Spaltungen, nationale Regression – dahingehend zu untersuchen, ob die Corona-Krise problematische soziale, wirtschaftliche und gesellschaftliche Metatrends eher verschärfen und petrifizieren wird; oder ob sie das Potential zu tiefgreifenden Veränderungen der gesellschaftlichen, wirtschaftlichen und sozialen Strukturen hat; kurz: ob die Krise eine Annäherung an einen utopischen Gesellschaftsentwurf produzieren kann.

Mit Blick auf Europa soll hier skizzenhaft diskutiert werden, ob die Corona-Zäsur in politisch-institutioneller Hinsicht einen Bruch, zumindest Anzeichen für eine *strukturelle* Veränderung der ökonomischen Funktionsweise und der demokratisch-legitimatorischen Strukturen der EU darstellt oder nicht. Anders formuliert: Hat die EU etwas aus der Corona-Krise gelernt, zieht sie institutionelle Konsequenzen, um bei folgenden Krisen besser gerüstet und handlungsfähig(er) zu sein oder ihre Strukturen so umzubauen, dass nachfolgende Krisen die EU in dieser Form nicht mehr so treffen?

Zur Mobilisierung des utopischen Potentials in Europa

Die Mobilisierung des utopischen Potentials ist die Essenz der Geschichte der europäischen Integration selbst, genauer: die Fähigkeit, aus negativen gemeinsamen Erfahrungen eine bessere gemeinsame Zukunft zu denken,

zu entwickeln und institutionell zu verankern, also Solidarität zu verge-
meinschaften (dazu Guérot 2020).

In seinem Buch *Memory and the Future of Europe* erklärt Peter Verovšek
(2020), dass die heutige EU letztlich nur das Resultat kollektiver europäischer Erinnerungen, genauer: gemeinsamer europäischer Traumata ist. Was
wir teilen, ist, dass wir alle zugleich Schlächter und Opfer waren, schreibt
Laurent Gaudé in seinem großartigen europäischen Lyrikband *Nous, l'Europe: banquet des peuples* (Gaude 2019). Durch die schrecklichen Kriegserfah-
rungen gelang es, einen Traum, eben einen utopischen Entwurf (Theodor
Adorno) von Europa zu formulieren (»Nie wieder Krieg«). Vor allem aber gelang es, diesen Traum in praktische Politik umzusetzen, in Recht zu gießen.
Kurz: Es gelang nach leidvollen Erfahrungen, europäische Solidarität etap-
penweise zu institutionalisieren. Von der EGKS 1950 bis hin zum Euro 1992
ging es nicht nur um europäische Verträge, sondern um *Systemumstellung*:
keine nationale Kohle- und Stahlproduktion mehr, keine nationale Währung
mehr, es wurde *europäisiert*. Dieser Mechanismus, nämlich aus schlechten
Erfahrungen die Lehre der *institutionalisierten Vergemeinschaftung* zu ziehen,
scheint Europa abhandengekommen zu sein. Der Euro und die EU-Oster-
weiterung sind die letzten utopischen Errungenschaften in dieser Hinsicht.
Spätestens seit der gescheiterten europäischen Verfassung von 2003 ist diese
als neofunktionale Integration bezeichnete Methode – jede wirtschaftliche
Integration zieht das Politische nach sich – gerissen wie ein Faden. Die *ever
closer union* hat nicht nur nicht stattgefunden, sie wird nicht einmal mehr
angestrebt. Ein letztes Aufbäumen dieser Debatte, letzte Zuckungen des
utopischen Potentials gleichsam, gab es im Zuge der Banken-, Euro- und
Sparpolitikkrise vor rund zehn Jahren. Jürgen Habermas schrieb seinen Text
zur Verfassung Europas (Habermas 2011), die fünf Präsidenten der EU selbst
entwickelten 2012 ein Konzept zur *Genuin Economic and Monetary Union*
mit vier *building blocks*, darunter einem politischen, führende Sozialwissenschaftler (allen voran Claus Offe, Wolfgang Streeck, Hauke Brunkhorst)
führten eine Debatte über die notwendige politische Komplementierung der
Wirtschafts- und Währungsunion (u. a. Brunkhorst 2014; Offe 2015; Streeck
2015) und die europäische Zivilgesellschaft bäumte sich auf: »*Empört euch!*«
(Hessel 2011) Doch das EU-System entschied sich für marginale Systemsta-
bilisierung, nicht für strukturelle Veränderungen.

Was sich also in Europa geändert hat, ist der Umgang mit Krisen. Während sie in früheren Dekaden des Integrationsprozesses die Gelegenheit für

systemische Europäisierung waren, dienen sie seit nunmehr einer Dekade allen europäischen Solidaritätsbekundungen zum Trotz der Zementierung postdemokratischer Strukturen, wenn nicht zum Vorwand für Renationalisierung.[1] Europa hat mithin sein utopisches Potential verloren, genauer: einen Traum von sich selbst und die Fähigkeit zur *Vergemeinschaftung*. Corona macht, so die derzeitige Bestandsaufnahme, darin keine Ausnahme.

Corona und europäische Solidarität

Exemplarisch soll hierbei auf die Frage nach Corona-Bonds eingegangen werden, die gleich zu Beginn der Krise von mehreren Akteuren vorgeschlagen wurden. Dabei ist zu betonen, dass sich das Meinungsbild vor allem in Deutschland im Vergleich zur Bankenkrise zum Positiven verändert hatte: mehr deutsche Wirtschaftswissenschaftler, sogar konservative oder liberale, sprachen sich diesmal für Corona-Bonds aus.[2] Auffallend war indes die euphemistische Wortwahl: der Begriff »Eurobonds« war seit der Bankenkrise verbrannt. Mit Blick auf Corona-Bonds wurde betont, dass es nicht um die Vergemeinschaftung von Altschulden ging, sondern lediglich um die gemeinsame Neuaufnahme von Krediten, um das Zinsdifferential[3] zwischen Nord- und Südeuropa auszugleichen. Kaum war die Debatte entfacht, nahm zum Zeitpunkt des ECOFIN-Gipfel am 23. April 2020 der italienische Premierminister Conte, aber auch der portugiesische Premierminister Costa recht kategorisch den Standpunkt »*Corona-Bonds, sonst nichts*«[4] ein, während aus Nordeuropa sofort Stimmen laut wurden, dass Europa zwar solidarisch sein würde, aber die europäischen Hilfsleistungen nur vorübergehend sein und eben *keine strukturellen Veränderungen* in der Governance der Eurozone mit sich bringen dürften.[5] Anders formuliert: wo der europäische Süden Hoffnung auf Systemumstellung hegte, verwahrte sich der europäische Norden genau dagegen. Dies erklärt die fast wütende Zurückweisung von rund 38 Milliarden als erste Direkthilfen durch Conte im April – Italien sei nicht arm und könne seine Schulden bedienen:[6] wo der europäische Süden einen kompromisslosen Akt der Solidarität durch strukturelle Vergemeinschaftung erwartete, bot der Norden zwar Hilfe an, beharrte aber de facto auf finanzieller Eigenständigkeit. Der Vorschlag von Angela Merkel und Emmanuel Macron vom Mai 2020[7] sieht zwar – erstmalig in der Geschichte der EU – die Neuaufnahme von Schulden durch die EU selbst vor, die als

Bestandteil des EU-Haushaltes über diesen verteilt und zurückgezahlt werden sollen. In diesem Novum, das den länderübergreifenden fiskalischen Transfer der EU um rund 0,6% erhöhen wird, wie Wolfgang Münchau in der *FT* vorrechnete,[8] einen »*Hamilitonian Moment*« zu sehen, muss aber wohl als überzeichnet gelten. Die gemeinsam für Europa bewegten Summen (250 Milliarden Kreditaufnahme) stehen in keinem Verhältnis zu denjenigen, die beispielsweise Deutschland allein für sein nationales Rettungspaket bewegt hat, können also bestenfalls als Symbolpolitik bewertet werden. Eher sind sie, wie 2012 das symbolische Heftpflaster von Mario Draghi (»*Whatever it takes*«), ein notdürftig gestrickter Minimalkompromiss, um das Euro-Governance-System bzw. den Binnenmarkt unterhalb der Ebene der strukturellen Vergemeinschaftung gerade noch zu stabilisieren, eine Art europäischer Ablasshandel sozusagen, um im Grunde national weitermachen zu können.

Trotz blumiger Einlassungen, zum Beispiel des deutschen Finanzministers Olaf Scholz, der in einem *ZEIT*-Interview ein Eurozonenbudget und ein Eurozonenparlament forderte (»*Die EU kann nicht weitermachen wie bisher*«)[9], passierte de facto das Gegenteil. Die Debatte über die notwendige Verknüpfung von gemeinsamen Anleihen mit den legitimatorischen Voraussetzungen derselben oder die Debatte über erste zaghafte Ansätze eigenständiger, europäischer Steuern wurde, zumindest in Deutschland, weitgehend *ex negativo* geführt:

> »In dem Moment, in dem die EU in großem Stil eigene Einnahmen generieren kann, gewinnt sie eine Eigenständigkeit, die bisher nur die Nationalstaaten in Europa haben. Sie wäre auf dem Weg, ein Staat zu werden. Es gibt Leute wie Finanzminister Scholz, die das ausdrücklich befürworten. Eine so weitreichende Entscheidung sollte man aber nicht nebenbei in einer Wirtschaftskrise fällen [...]. Es gibt in der EU keine öffentliche Debatte über eine Staatswerdung [...]. Die politischen Verwerfungen, die ein solcher Prozess hervorrufen würde, dürften selbst die gegenwärtige Krise noch in den Schatten stellen.« (Busse 2020)

Auch das Bundesverfassungsgericht sendete mit seinem Urteil vom 5. Mai 2020 ein negatives Signal,[10] in dem es die Verhältnismäßigkeit der Anleihekäufe der EZB anmahnte, sich auf eine Ebene mit dem EUGH stellte und damit gleichzeitig eine Normenhierarchie zugunsten des EUGH ablehnte.

In einem Interview zum Bundesverfassungsgerichtsurteil äußerte Verfassungsrichter Peter Huber, dass die EU für das, was sie eigentlich tun will – nämlich gemeinsame Anleihen aufnehmen –, eigentlich ein Staat werden müsse.[11] Was er ablehne.

Es kann hier nicht ausführlich diskutiert werden, was eine solche europäische Staatsgründung bedeuten würde, wie sie aussehen könnte und ob dies überhaupt ein *planbarer* Akt sein könnte (Ferry 2000). Vielleicht nicht. Wahrscheinlich sogar. Jedenfalls ist durch die auf EU-Ebene ergriffenen, ökonomischen Maßnahmen während der Corona-Krise erneut deutlich geworden, dass selbst eine so drastische Zäsur wie die europäische Rezession in Folge von Corona die EU nicht zu weitreichenden strukturellen Änderungen ihrer Governance bewegen konnte, sei es, weil es *faktisch unmöglich*, sei es, weil es *nicht gewollt* ist, sei es, dass die faktische Unmöglichkeit den politischen Unwillen letztlich bedingt.

Und so verlagerte sich das politische Geschehen der EU während Corona weitgehend auf die Durchsetzung des *Green New Deal*, die Bereitstellung europäischer Mittel für eine nachhaltige ökologische Technologiewende.[12] Dagegen – sollte die ökologische Konditionierung der europäischen Mittelvergabe gelingen – ist nichts zu sagen. Gegen nachhaltige Investitionen in die Modernisierung und Digitalisierung der europäischen Infrastruktur ist nichts einzuwenden, außer dass sie quasi *apolitisch* sind. Ein weiterer Schritt in die Vergemeinschaftung europäischer Solidarität ist der *Green New Deal* jedenfalls nicht. Auch macht er die EU strukturell weder souverän, also handlungsfähig(er), noch demokratischer, noch krisenfester. Mit kleinen homöopathischen Variationen ist die EU *nach* der Krise also weitgehend die EU *vor* der Krise.

Und die europäischen Bürger*innen?

Der Raum, in dem – beim genaueren Hinschauen – die europäische Debatte stattfindet, ist (eher) die europäische Zivilgesellschaft. Es geht um den »*civic turn*«, einen paradigmatischen Wechsel von der Staatenunion hin zu einer Bürgerunion der durch Corona sichtlich einen Schub erhalten hat. Am 9. Mai 2020, zum 70. Jahrestag der Gründung der EGKS, veranstalteten beispielsweise rund 30 europäische NGOs einen *#CitizenTakeOverEuope-Day*,[13] der die Gründung einer verfassungsgebenden europäischen *Constituante* (»Citizens

Assembly«) zum Ziel hat. Diese Ambitionen gehen dezidiert weiter als die von der EU selbst initiierte »Konferenz zur Zukunft Europas«, die einerseits ein *Top-Down* Ansatz ist und zudem (leider) das »Geschmäckle« einer postdemokratischen Inszenierung hat (Blühdorn et al. 2020), bei der Partizipation als Substitut für substanziellen demokratischen Zugewinn angeboten wird.

Die sogenannte »Politisierung« der europäischen Bürgerschaft ist inzwischen eines der zentralen Forschungsthemen in den europäischen Sozialwissenschaften. Immer mehr zeichnet sich ab, dass die bisher *verkannten* europäischen Bürger*innen (Kaelble 2019), die politischen Subjekte der EU, zu den eigentlichen »politischen Agenten« Europas werden und dafür kämpfen, sich auf der Grundlage gleicher Rechte zu konstituieren und eine europäische Proto-Bürgerschaft zu erwerben. Verschiedene Studien zeigen immer wieder, dass die europäischen Bürger*innen mit Blick auf Europa »weiter« sind als ihre nationalen Politiker*innen und sich Dinge wie etwa ein europäisches Grundeinkommen oder eine Arbeitslosenversicherung durchaus vorstellen können.[14] Diesem *civic turn* entspricht die neue Debatte über die Bereitstellung öffentlicher Güter in Europa (z. B. im Gesundheitsbereich), die durch Corona ebenfalls einen Schub bekommen hat.

Von der EU werden die europäischen Bürger*innen im Wesentlichen nur als Verbraucher*innen, Konsument*innen, Dienstleister*innen oder Arbeitnehmer*innen wahrgenommen. Das »*Sacre du Citoyen*« (Rosanvallon 1992), das Heiligtum des bürgerlichen Daseins ist ihnen bisher europaweit verwehrt. Kurz: der Begriff der Europäischen Bürgerschaft muss perspektivisch mit Leben gefüllt werden. Dazu gehören auch juristische Auseinandersetzungen darüber, ob die Unionsbürgerschaft »permanenten Status« hat oder entfällt, wenn sich ein Land aus der EU zurückzieht, wie jetzt Großbritannien. So sehr diese Debatte über den »*civic turn*« Europas zu Corona-Zeiten einen Schub bekommen zu haben scheint, so sehr ist indes klar, dass die Zivilgesellschaft zwar einen utopischen Gestaltungswillen haben mag, diesen aber ohne ökonomischen Treiber – also zum Beispiel die Unterstützung ihrer Ziele durch die europäische Industrie – nicht in Politik wird umzusetzen vermögen. Das *andere* Europa müsste von einer europäischen Bürgerbewegung konzipiert und durchgesetzt werden; gleichzeitig hat eine solche nicht die Macht.

Fazit

Die Corona-Krise als Chance für eine europäische *Wandlung*, einen beherzten Sprung in ein *anderes Europa, alter l'Europa, l'autre Europe* wurde von den europäischen Staaten vertan, nicht einmal sichtbare Startrampen wurden verlegt. In der breiten Öffentlichkeit haben es wenige bemerkt, noch weniger bedauert. Viele europäische Bürger*innen aber werden wahrscheinlich zunehmend darunter leiden, die europäische Demokratie wird leiden. Wo, in klassisch politikwissenschaftlichem Vokabular, *Loyalität* zur EU in Zukunft immer weniger angenommen werden darf,[15] der *Exit* jenseits Großbritanniens den anderen EU-Ländern trotz immer wieder aufflackernder Diskussionen über Öxit, Polexit,[16] Italexit[17] usw. dennoch realpolitisch versperrt ist, dürfte *Voice*, also das *rechtspopulistische* oder *nationalistische* Aufbegehren gegen die EU über die Zeit der eigentliche Gewinner der Corona-Krise sein. Oder aber – konservativ ist das neue rechts – ein nationaler, politischer Konservatismus, der die EU immer gerade soweit stabilisiert, dass sie nicht in den politischen, wirtschaftlichen oder sozialen Abgrund fällt, indes ohne Anspruch darauf, das politische System der EU legitimatorisch gesund und demokratisch, mit einem klaren Souveränitätsanspruch und einer Aufwertung der europäischen Bürger*innen als politische Subjekte in die Mitte der gemeinsamen, europäischen Straße zu stellen.

Es darf davon ausgegangen werden, dass – mangels demokratischer Systemumstellung – die EU damit bei der nächsten Krise jedweder Art dem gleichen Taumel ausgesetzt sein wird wie im Corona-Frühjahr 2020. Die eigentliche Frage ist, wie lange die EU auf diese postdemokratische, technokratische Art am politischen Abgrund entlanglaufen kann. Absehbar ist, dass die nächste Stufe der postdemokratischen Zementierung der EU darin liegt, diese überhaupt nicht mehr als politischen Akteur zur Kenntnis zu nehmen; fraglich ist, ob sich das *Gros* der europäischen Bürger*innen das gefallen lässt bzw. was dafür getan wird, dass diese es tun.

In Zeiten kolossaler Sehnsucht nach politischen Utopien – gerade mit Blick auf Europa war lange Jahre, zuletzt vielleicht anlässlich der Europawahlen von Mai 2019, der zivilgesellschaftliche Ruf nach einem *anderen* Europa unüberhörbar (Guérot 2015) – ist der Tod der Utopie selbst wohl die einschneidenste Zäsur, die COVID-19 produziert hat, in dem Sinne, dass das *Neu*denken (zumindest über das Projekt Europa) nicht mehr möglich scheint. Konnten Ulrich Beck und Edgar Grande in ihrem Standardwerk *Das kosmo-*

politische Europa von 2004 (!) noch schreiben, »Europa ist heute in Europa die letzte politisch wirkungsvolle Utopie« (Beck/Grande 2004: 11), so dürfte genau das heute nicht mehr gelten. Die eigentliche Frage ist, was sich aus dieser Tatsache für Europa politisch ergibt.

Anmerkungen

1   Z. B. Viktor Orban während Corona, z. B. mit Maßnahmen zur Ent-Parlamentarisierung.

2   https://www.tagesspiegel.de/politik/deutschland-will-eu-partnern-nicht-helfen-bitte-keine-fortsetzung-der-alten-krisenschlacht/25709280.html.

3   Deutschland konnte sich im Frühjahr 2020 zu rund 0,5 % am Markt verschulden, Italien zu 2,5 % Zinsen, ein Unterschied, der angesichts der großen Summen für die diversen Rettungspakete beträchtlich ist.

4   https://orf.at/stories/3162483/.

5   Corona sei kein Vorwand für die Einführung einer Haftungsunion/Schuldenunion durch die Hintertür, so der Tenor.

6   Vgl. Niki Kowall und Philipp Heimberger, *Sieben Fakten, die du über Italien nicht wusstest* (https://kontrast.at/italien-wirtschaft-wirtschaftsprobleme-eu/), die die Mißperzeption der öffentlichen Meinung in Nordeuropa über Italien (»Verschwendung«) aufzeigen.

7   Dieser Vorschlag war zum Zeitpunkt der Manuskriptabgabe noch nicht vom Europäischen Rat beschlossen worden.

8   https://www.ft.com/content/c931321c-a1bf-11ea-b65d-489c67b0d85d.

9   https://www.zeit.de/2020/22/olaf-scholz-europaeische-union-reform-vereinigte-staaten.

10 Das Urteil des BVerfG schiebt de facto monetär (gemeinsame Anleihen) wie fiskalisch (»Transferunion«) einer Europäisierung der Euro-Governance ohne vorherige legitimatorische Änderungen einen Riegel vor.

11 https://www.faz.net/aktuell/politik/inland/peter-huber-im-gespraech-das-ezb-urteil-war-zwingend-16766682.html.

12 https://www.deutschlandfunk.de/der-green-deal-in-coronazeiten-streit-ueber-die-gruene.1773.de.html?dram:article_id=475241.

13 www.CitizensTakeOverEurope.eu.

14 Vgl. die Studie der Friedrich-Ebert Stiftung von 2018 (https://www.fes.de/politik-fuer-europa/umfrage-was-die-deutschen-von-europa-erwarten/?fbclid=

IwAR394wr004n0QO-P-NUesKJbLjUqJn7fVHgqx2p_VYqalEvxFs1O92FdPxQ)
sowie die Untersuchungen von Gerhards, Jürgen et al. Wie solidarisch ist Europa? (https://www.polsoz.fu-berlin.de/soziologie/arbeitsbereiche/makrosozio
logie/mitarbeiter/lehrstuhlinhaber/dateien/2017-Gerhards-et-al-Wie-solida
risch-ist-Europa-DGS38.pdf).

15 Das temporäre Hoch wegen des Brexits sollte nicht überinterpretiert werden.

16 Dazu APuZ (2020).

17 In der Hochzeit der Corona-Krise zirkulierten in Italien Umfragen, wonach rund
    50 % der Italiener einen Austritt aus der EU wünschten. Ob ein solcher über-
    haupt realisiert werden könnte und wie, zumal Italien im Gegensatz zu Groß-
    britannien in der Eurozone ist und sich schon das Vereinigte Königreich kaum
    in der Lage sieht, seit zwei Jahren seinen Austritt aus der EU zu vollziehen, mag
    dahingestellt bleiben.

Literatur

APuZ (2020): Europäische Baustellen (APuZ 23-25).

Beck, Ulrich/Grande, Edgar (2004): Das kosmopolitische Europa. Frankfurt
a. M.: Suhrkamp.

Blühdorn, Ingolfur/Butzlaff, Felix/Deflorian, Michael/Hausknost, Daniel/
Mock, Mirijam (2020): Nachhaltige Nicht-Nachhaltigkeit. Bielefeld: transcript.

Brunkhorst, Hauke (2014): Das doppelte Gesicht Europas: zwischen Kapitalismus und Demokratie. Berlin: Suhrkamp.

Busse, Nikolaus (2020): »Auf dem Weg in eine andere EU. Wiederaufbau-
hilfen«. In: FAZ vom 01.06.2020.

Ferry, Jean Marc (2000): La Question de l'Etat européen. Paris: Gallimard.

Gaude, Laurent (2019): Nous, l'Europe: banquet des peuples. Arles: Actes Sud.

Guérot, Ulrike (2015): Warum Europa eine Republik werden muss. Bonn:
Dietz.

Guérot, Ulrike (2020): »Un test décisif pour la solidarité européenne«. In: Le
Grand Continent vom 10.04.2020. https://legrandcontinent.eu/fr/2020/
04/10/ulrike-guerot-solidarite-europeenne/.

Habermas, Jürgen (2011): Zur Verfassung Europas. Frankfurt a. M.: Suhrkamp.

Hessel, Stephane (2011): Empört Euch! Ullstein: Berlin.

Kaelble, Hartmut (2019): Der verkannte Bürger. Eine andere Geschichte der europäischen Integration seit 1950. Frankfurt a. M./New York: Campus.

Offe, Claus (2015): Europe entrapped. Cambridge: Polity Press.

Rosanvallon, Pierre (1992): Le Sacre du Citoyen. Paris: Bibliothèque des Histoires.

Streeck, Wolfgang (2015): Gekaufte Zeit: die vertagte Krise des demokratischen Kapitalismus: Frankfurter Adorno-Vorlesungen 2012. Erweiterte Ausgabe. Berlin: Suhrkamp.

Verovšek, Peter (2020): Memory and the Future of Europe. Manchester: Manchester University Press.

Online-Quellen

https://www.CitizensTakeOverEurope.eu.

https://www.consilium.europa.eu/media/33785/131201.pdf.

https://www.deutschlandfunk.de/der-green-deal-in-coronazeiten-streit-ueber-die-gruene.1773.de.html?dram:article_id=475241.

https://www.faz.net/aktuell/politik/inland/peter-huber-im-gespraech-das-ezb-urteil-war-zwingend-16766682.html.

https://www.fes.de/politik-fuer-europa/umfrage-was-die-deutschen-von-europa-erwarten/?fbclid=IwAR394wroo4noQO-P-NUesKJbLjUqJn7fV Hgqx2p_VYqalEvxFs1O92FdPxQ.

https://www.ft.com/content/c931321c-a1bf-11ea-b65d-489c67b0d85d.

https://kontrast.at/italien-wirtschaft-wirtschaftsprobleme-eu/.

https://orf.at/stories/3162483/.

https://www.polsoz.fu-berlin.de/soziologie/arbeitsbereiche/makrosoziologie/mitarbeiter/lehrstuhlinhaber/dateien/2017-Gerhards-et-al-Wie-solidarisch-ist-Europa-DGS38.pdf.

https://www.tagesspiegel.de/politik/deutschland-will-eu-partnern-nicht-helfen-bitte-keine-fortsetzung-der-alten-krisenschlacht/25709280.html.

https://www.zeit.de/2020/22/olaf-scholz-europaeische-union-reform-vereinigte-staaten.

Corona-Pandemie und Geopolitik

Herfried Münkler

Offenkundig hat die Art, wie Seuchen sich ausweiten und Epidemien zu Pandemien werden, viel mit Kriegen zu tun. Als im 5. Jahrhundert v. Chr. die Athener sich zu Beginn des Peloponnesischen Krieges hinter die Mauern ihrer Stadt zurückzogen und dort zusätzlich noch die attische Landbevölkerung Schutz vor den anrückenden Spartanern suchte, brach in der Stadt eine Seuche aus, die als *die große Pest* in die Literatur eingegangen ist. Ihre Beschreibung durch den Historiker Thukydides ist zum Paradigma für die Gefahren geworden, mit denen die Menschen in einer belagerten Stadt zu rechnen haben: Schlechte Ernährungslage und miserable hygienische Verhältnisse wirken zusammen und führen im Vergleich mit Friedensverhältnissen zu einer dramatischen Erhöhung der Mortalitätsrate. Das wurde zur Gesetzmäßigkeit des klassischen Krieges: Der erhöhte Schutz gegenüber dem äußeren Feind, den der Rückzug hinter Stadtmauern bot, wurde mit einer erhöhten Vulnerabilität bei der Ausbreitung von Krankheiten bezahlt. Man musste abwägen, was gefährlicher war.

Eine andere Form der Verbreitung von Krankheitserregern im Krieg stellten die umherziehenden Heere dar: die notorisch unhygienischen Verhältnisse, mit denen solche Menschenkonzentrationen verbunden waren, die Einquartierungen von Soldaten, die Gewalt gegen die Landbevölkerung, dazu der Aufenthalt von Truppen in Gegenden, auf deren Klima sie nicht eingestellt waren. Mit den Heersäulen rückten auch immer die Krankheitskeime an. Für die Heere selbst gilt, dass sie im Mittelalter und in der Frühen Neuzeit durchweg mehr Kämpfer durch Krankheit als durch unmittelbare Feindeinwirkung verloren, zumal dann, wenn es dem Gegner gelang, sie von ihren Versorgungsbasen abzuschneiden und so das Zusammenspiel von Hunger und Krankheit in Gang zu setzen. In diesem Sinn setzte die Strategie schon bald neben dem Aushungern des Feindes auf den Ausbruch von Krankheiten in seinen Reihen,

und beides wurde zu strategischen Optionen, die eigenen Ziele ohne Entschei-
dungsschlacht erreichen zu können. Mitunter suchte eine Seite den Ausbruch
von Krankheiten im feindlichen Lager auch gezielt herbeizuführen, etwa
durch die Verteilung pockeninfizierter Decken an bestimmte Indianerstäm-
me Nordamerikas oder durch das Hineinschleudern von Pestüberträgern in
belagerte Städte (vor allem Ratten boten sich hier an), wie man es den mongo-
lischen Reiterheeren nachsagte. Seuchen waren nicht nur Begleiter des Krieges, sondern auch eine besonders heimtückische Waffe bei seiner Führung.

Bis ins 19. und 20. Jahrhundert hinein, als die Fortschritte der Medizin
und die systematische Durchsetzung von Hygienemaßnamen das änderten,
galt das Bild der vier *apokalyptischen Reiter* aus der Offenbarung des Johannes als geopolitisches Prinzip: Der Krieg selbst war nur einer dieser Reiter;
er wurde von Epidemien *(Pest)*, Hunger *(Teuerung)* und allgemein um sich
greifender Gewalt begleitet. So kamen mit den Europäern auch die Masern
in die Neue Welt, denen bis zu 80 Prozent der autochthonen Bevölkerung
Süd- und Mittelamerikas zum Opfer fielen. Als ein französisches Heer im
Jahre 1494 durch Italien nach Neapel vorstieß, wo es auf spanische Truppen
traf, infizierten sich viele Soldaten mit der Syphilis, die von den Spaniern
offenbar aus der Neuen Welt *mitgebracht* worden war, und von hier aus ver-
breitete sich die Geschlechtskrankheit in ganz Europa. Die Franzosen sprachen von der *spanischen*, die Deutschen von der *französischen*, die Polen von
der deutschen Krankheit, was Rückschlüsse auf den Ausbreitungsweg der
Infektion zulässt. Vor allem aber verknüpfte sich die Seuche mit nationalen
Ressentiments. Die *Spanische Grippe* indes, an der am Ende des Ersten Weltkriegs weltweit bis zu 50 Millionen Menschen starben, führte das Adjektiv
nicht wegen des Herkunftslandes im Namen, sondern weil die Spanier die
Ausbreitung der Epidemie als erste dokumentiert hatten – und das konnten
sie sich erlauben, weil sie ein neutraler Staat waren, für den mögliche Rückschlüsse auf seine militärische Durchhaltefähigkeit keine Rolle spielte. Die
am Krieg beteiligten Länder dagegen unterdrückten Informationen über die
Ausbreitung der Grippe und deren Folgen, um dem Gegner keinen Einblick
in ihre schwindende Kriegführungsfähigkeit zu erlauben.

Nicht jede der hier aufgeführten Seuchen hatte auch geopolitische Auswirkungen, aber sie alle hatten Folgen für die Machtposition der von ihnen
betroffenen Akteure. Sie veränderten, wenn sie einseitige Auswirkungen
hatten, die Kräfteverhältnisse, und das konnte durchaus Auswirkungen auf
die geopolitischen Konstellationen haben, jedenfalls dann, wenn man Geo-

politik nicht von vornherein an den Maßstab des Globalen bindet, sondern darunter die regionalen Mächteverhältnisse in Abhängigkeit von Geographie und Topographie, Demographie und Klima sowie wirtschaftlicher Entwicklung und politischer Organisation versteht. Sämtliche bisherigen Beispiele bezogen sich freilich auf die Ausbreitung von Krankheiten im Kontext von Kriegen und Eroberungen, so dass die Ausbreitung von Seuchen sich mit der intuitiven Vorstellung verband, wenn die Kriege verschwänden, würden sich auch Krankheiten nicht mehr in dieser Weise ausbreiten, man könne sie zumindest leichter lokalisieren, wenn der medizinische und hygienische Fortschritt sie nicht gänzlich zum Verschwinden brächte. Die Ausbreitung von Aids und Ebola in den zentralafrikanischen Kriegen war zuletzt noch einmal eine Bestätigung dieser Annahme.

Frieden als Lösung nahezu aller Probleme – diese die zweite Hälfte des 20. Jahrhunderts prägende Leitvorstellung – ist durch die rasante Ausbreitung von COVID-19, deren Verwandlung aus einer zunächst auf eine chinesische Metropole begrenzten Epidemie in eine globale Pandemie, enttäuscht worden. Nicht Krieg und Eroberung, sondern deren genaues Gegenteil: Frieden, wirtschaftlicher Austausch und eine rege touristische Reisetätigkeit haben in diesem Fall zur rasanten Ausbreitung des Virus geführt. Die paradoxe Verkehrung dessen, womit man glaubte rechnen zu müssen und worauf man sich eingestellt hatte, ging noch weiter, insofern diesmal der Zusammenbruch des Wirtschaftslebens und die Traumatisierung ganzer Bevölkerungsgruppen nicht unmittelbare Folgen der Krankheit oder des Krieges waren, die ihre epidemische Ausbreitung befördert hatte, sondern aus Maßnahmen resultierten, die zur Verhinderung einer weiteren ungehemmten Ausbreitung des Virus ergriffen worden waren.

Diese Paradoxie zu begreifen oder überhaupt in Paradoxien zu denken, hat einen erheblichen Teil der Bevölkerung intellektuell überfordert, weswegen sich bemerkenswert Viele auf sogenannte Verschwörungstheorien eingelassen haben. Verschwörungstheorien sind eine strukturelle Leugnung des Paradoxen; indem sie auf einer linearen Beziehung zwischen intendierter Ursache und Wirkung bestehen, verlangen sie zu einer beobachteten Wirkung auch einen Verursacher. Das sind dann entweder verborgene Mächte, die das Virus produziert haben oder aus ihren Laboren haben entweichen lassen, oder aber Propagandisten, von denen die Krankheit zu einer Gefahr aufgebauscht wurde, die sie gar nicht ist, um im Schatten der inszenierten Bedrohung Ziele durchzusetzen, die dem tatsächlichen Interesse der

Menschen entgegenliefen: Entweder sind böse Mächte oder die betrügerische
Aufbauschung eines womöglich gar nicht existenten Virus ursächlich für den
Einbruch der Wirtschaft, die wachsende Staatsverschuldung, die Einschränkung der Freiheitsrechte usw. Die Pandemie ist nur inszeniert, um Ziele
durchzusetzen, die sonst am Widerstand der Bevölkerung scheitern würden.

In diesem Fall hat die Unfähigkeit zum Denken in Paradoxien geopolitische Folgen, insofern sie die bestehende Mächteordnung mit neuen (und ver-
schiedentlich auch alten) Feindbildern überzieht, was zum Wiederaufleben
nationalistischer Obsessionen oder zur Entstehung von Misstrauen gegen
die eigene Regierung bzw. die politischen, wirtschaftlichen und kulturellen
Eliten führt. Das verändert die geopolitischen Konstellationen zwar nicht direkt und unmittelbar, schwächt auf Dauer aber die Länder, in denen sich solche Verschwörungsvorstellungen ausbreiten können und die politische Aufmerksamkeit auf sich ziehen, während jene Länder relativ an Stärke gewinnen,
die strukturell darauf eingestellt sind, die Verbreitung von der politischen
Führung missliebigen Ideen zu unterbinden. Damit begegnet man abermals
einem paradoxen Effekt: Die Ausbreitung von Verschwörungsvorstellungen
schwächt de facto die, gegen die sich die angebliche Verschwörung richtet,
und stärkt jene, die von den Verschwörungsgläubigen als Ursache des Problems identifiziert werden – und das alles unter der Parole, über die drohende
Gefahr aufzuklären und sie dadurch zu bannen. Sobald solche Vorstellungen
sich massenhaft verbreiten und in die *gesellschaftliche Mitte* eingedrungen sind,
haben sie geopolitische Relevanz. Das ist der erste Unterschied zwischen
früher und jetzt: Weniger die Krankheit selbst, sondern die über sie kursie-
renden Vermutungen und Behauptungen sind von geopolitischer Bedeutung.

Es gibt freilich auch eine Veränderung der geopolitischen Konstellationen, die nichts mit solchen Vermutungen und Behauptungen zu tun hat, auch
nicht mit der tatsächlichen Verwundbarkeit einer globalisierten Welt durch
Epidemien, sondern unmittelbar aus dem Handeln der Regierungen unter
dem Eindruck der pandemischen Herausforderung resultiert. Dieses Handeln war und ist bekanntlich sehr unterschiedlich und hat zu deutlich unterschiedlichen Effekten bei der Eindämmung der Pandemie geführt. Aber auch
hier sind die Folgen des Regierungshandelns für die geopolitischen Konstellationen kompliziert: Die geopolitischen Auswirkungen haben nämlich keineswegs unmittelbar mit dem Ausmaß der Übersterblichkeit zu tun, also
dem länderbezogenen Anstieg der Mortalität im Gefolge der Pandemie, und
betreffen auch nicht das, was man allgemein als *hard power* bezeichnet. Die

Flugzeugträgerverbände auf den Weltmeeren sind nach wie vor einsatzfähig (auch wenn die Besatzungen in zwei Fällen wegen des Virus evakuiert werden mussten), ebenso die Fähigkeiten zur Führung eines Nuklearkrieges, dazu die weltraumgestützten Überwachungssysteme sowie die Einsatzfähigkeit der Kampfdrohnen. Im Bereich militärischer wie – jedoch in deutlich begrenzterem Maße – wirtschaftlicher Macht ist festzustellen, dass die Grundlagen dieser Macht gegenüber Epidemien verwundbarer geworden sind, seitdem sie vor allem auf avanciertem Equipment und nicht mehr auf der Verfügbarkeit von Soldaten- oder Arbeitermassen beruht, in der Wirtschaft zumindest dann, wenn die Unternehmen eine vorausschauende Vorrats- und Lagerhaltung betrieben haben und nicht durch die Unterbrechung globaler Lieferketten paralysiert sind. Auch in wirtschaftlicher Hinsicht sind Veränderungen der geopolitischen Konstellationen nicht auszuschließen, aber diese werden sich eher längerfristig entwickeln und nicht unmittelbar durchschlagen.

Mit einer großen Ausnahme – und das ist der Tourismus. Er dürfte in den nächsten Jahren nicht wieder das Niveau der Vor-Corona-Zeit erreichen, wobei vermutlich der Urlaub von Europäern in nichteuropäischen Ländern stärker betroffen sein wird als der innereuropäische Reiseverkehr – und das vor allem dann, wenn es zu einem Wiederanstieg der Infektionszahlen kommt und die Pandemie, deren Schwerpunkte bisher in Ostasien, Europa und Nordamerika (dort insbesondere den USA) lagen, sich in den Ländern des Globalen Südens ausbreitet. Ein drastischer Rückgang des Tourismus dürfte in einigen dieser Länder zum Zusammenbruch der Wirtschaft und vermittels der sozialen Folgen dessen zu einer Destabilisierung der staatlichen Ordnung führen, was erhebliche Veränderungen der geopolitischen Strukturen zur Folge haben könnte. Auch in diesem Fall sind es weniger die unmittelbaren physischen Folgen der Pandemie, sondern der Umgang mit den von ihr ausgehenden Ängste und Befürchtungen, der Folgen für die geopolitische Ordnung hat.

Das wird man als zweite Prognose festhalten können: Die großräumlichen und längerfristigen Auswirkungen der Pandemie dürften weniger unmittelbar durch das Virus verursacht werden, sondern wesentlich eine Folge der durch Vorsicht motivierten Reaktionen auf sie sein. Die Angst vor Infektionen wird für das Verhalten der Menschen umso relevanter, je mehr sie in den Bereich dessen fällt, wo das Verhalten der Menschen optional ist, sie sich also so oder auch anders entscheiden können. Das ist bei der Auswahl des Urlaubsorts der Fall. Es spricht vieles dafür, dass das Schrumpfen des Tourismus geopolitisch größere Auswirkungen haben wird als die Restrukturierung der globalen Lieferketten, deren Verwundbarkeit sich gleich zu Beginn der Corona-Krise bemerkbar gemacht hat. Auch wenn man davon ausgehen kann, dass einige Unternehmen in Reaktion darauf ihre Lieferketten verändern werden, so dürfte dies doch in einem Ausmaß erfolgen, bei dem geopolitische Veränderungen sehr begrenzt sind. Eine Veränderung der Geopolitik durch veränderte Geoökonomie wird vor allem durch einen geschrumpften Tourismus erfolgen.

Seit Entstehung politisch handlungsfähiger Territorialverbände (Städte, Staaten usw.) hat zu den Reaktionen auf sich ausbreitende Epidemien immer auch das Ziehen von Grenzen gehört. Diese Grenzen wurden für unpassierbar erklärt, um als *cordon sanitaire* zu dienen: Wenn man unter sich blieb und keiner von außen hereinkam, so das Kalkül, dann werde auch die Krankheit nicht hereinkommen. Das Problem dieser Politik bestand freilich darin, dass die Erreger zumeist in den zu schützenden Räumen schon angekommen waren, bevor man die Annäherung einer bedrohlichen Krankheit feststellte bzw. deren Gefährlichkeit erkannte. Die Folge war, dass der *cordon sanitaire* bestenfalls dazu führte, die Ausbreitung einer Epidemie zu verlangsamen, nicht jedoch zu verhindern. Wenn sich der Erreger erst einmal innerhalb des umgrenzten Territoriums befand, breitete er sich dort gemäß seiner Eigendynamik aus, und die Grenzziehungen konnten nur verhindern, dass zusätzliche Dynamiken von außen importiert wurden. Dieser Handlungslogik sind im Fall der Corona-Pandemie auch die innereuropäischen Grenzblockaden gefolgt, mit denen die Regeln des Schengenraumes zeitweilig außer Geltung gesetzt wurden. Das Instrument der Entschleunigung durch nationalstaatliche Abschottung wurde ergänzt durch das Verbot der Einreise in einige Bundesländer und diverse Landkreise, um durch die weitere Beschränkung der Bewegungsmöglichkeit von Menschen die Ausbreitung des Virus zu entschleunigen. Die Endstufe dessen war dann die Haus- bzw. Wohnungsquarantäne.

Eine solche Strategie ist freilich nur über kurze Zeit und bei einer Reihe von Ausnahmeregelungen durchzuhalten, da sich sehr bald die Frage der Versorgung von *stillgestellten* Personen stellt – eine Frage, die umso früher und umso dringlicher auftaucht, je kleiner die Räume sind, auf die der Bewegungsspielraum begrenzt worden ist. Die traditionelle agrarische Gesellschaft, in welcher ein Bauernhof tendenziell autark war, jedenfalls Autarkie über längere Zeit praktizieren und sich gegen Außenkontakte abschließen konnte, war für eine solche Eindämmungsstrategie sehr viel besser geeignet als Gesellschaften, in denen Wohnung und Arbeitsstelle voneinander getrennt sind und die benötigte Nahrung nicht mehr auf dem eigenen Grund und Bo den wächst. Nun haben sich, wie der Blick in die Geschichte zeigt, Seuchen aber auch in agrarischen Gesellschaften ausgebreitet, sicherlich mit Schwerpunkt bei den in sie eingestreuten kleineren Städten, aber auch deswegen, weil die Bauernhöfe zumeist nicht räumlich voneinander getrennt lagen, sondern – unter anderem aus Sicherheitsgründen – Dörfer entstanden waren, in denen sich die Krankheiten ausbreiten konnten. Wenn also selbst agrarische Gesellschaften dem Imperativ der sozialen Separation nur bedingt genügen, so ist doch richtig, dass sich Epidemien in agrarisch strukturierten Sozialräumen sehr viel langsamer ausbreiten als in städtisch geprägten Räumen. In diesen ist dafür die medizinische Versorgung sehr viel besser, wie es hier überhaupt eine Versorgungsinfrastruktur gibt, die im ländlichen Raum nicht vorhanden ist. Das unterschiedliche Ausmaß, in dem die Pandemie die westeuropäischen und die mittelosteuropäischen Staaten betroffen hat, ist teilweise mit Blick auf die unterschiedlichen Sozialräume zu erklären. Dass daraus geopolitische Veränderungen erwachsen, ist indes unwahrscheinlich.

Solche Veränderungen sind freilich mit dem Erneuern nationalstaatlicher Grenzen verbunden, die etwa den Schengenraum fragmentiert haben, womit ein Kernelement der EU zur Disposition gestellt worden ist. Ob sich das gelohnt hat, ist sehr in Frage zu stellen, denn in Anbetracht der grenzüberschreitenden Wirtschaftsverflechtung in einigen Räumen, tauchten hier bald, vom Gütertransport bis zur Bewegung von Arbeitskräften, Probleme auf, die über kurz oder lang zu unlösbaren Versorgungsproblemen führten. Die alten nationalstaatlichen Grenzen sind erkennbar dysfunktional geworden, wenn es um die Sicherstellung der Versorgung geht, und deswegen steht die EU (aber vermutlich nicht nur sie) vor der Herausforderung, Grenzen für den Not- und Ausnahmefall festzulegen, mit denen mittelfristig autarkiefähige Räume geschaffen werden. Gelingt das, so hat das geopolitisch weitreichende Folgen.

Die zu den sozio-ökonomischen Gegebenheiten komplementäre Erklärung für die unterschiedlichen Infektions- und Todesraten in den Ländern der EU bezieht sich auf die wirtschaftliche Leistungsfähigkeit, die finanziellen Reserven und die administrative Kultur der einzelnen Staaten und die strategische Anlage des Regierungshandelns. Vor allem Letzteres könnte für die geopolitischen Konstellationen von Relevanz sein. Die von der Pandemie zunächst noch nicht so stark erfassten Länder beobachten nämlich die unterschiedlichen Strategien zur Eindämmung der Pandemie, die in den stärker betroffenen Ländern verfolgt werden und evaluieren diese im Hinblick auf Erfolg oder Misserfolg. Daraus entsteht eine Konkurrenz der Vorbildlichkeit, in der sich eine effiziente Eindämmung der Erkrankungen mit Annahmen über die sonstige Leistungsfähigkeit des politischen und ökonomischen Systems der jeweiligen Länder verbindet. Generell wird man sagen können, dass die USA der Verlierer und China der Gewinner dieser kompetitiven Effizienzevaluation im Zusammenhang mit der Corona-Epidemie sind. Das beginnt bei der Rolle des Staates und dessen Eingriffsmöglichkeiten in das gesellschaftliche Leben und endet bei der strukturellen Bereitschaft der politischen Elite, sich an den Ratschlägen der Experten zu orientieren oder aber nach eigenen Vorstellungen oder den Stimmungen von Bevölkerungsteilen zu agieren.

Im europäischen Vergleich wiederum nimmt Deutschland bei dieser Effizienzevaluation (jedenfalls bis jetzt: Mitte Mai) eine Spitzenposition ein, was dem politischen Gewicht der Bundesregierung sicherlich zugutekommt. Der damit verbundene Einfluss der Corona-Pandemie auf die geopolitischen Konstellationen betrifft hier die *soft power*, die Reputation und den darauf begründeten Einfluss eines Landes in internationalen Gremien, und nicht die *hard power*, mit der man seinen Willen durchsetzen kann, ohne auf die Zustimmung bzw. Folgebereitschaft anderer angewiesen zu sein. Dem ist hinzuzufügen, dass *soft power* sehr viel kostengünstiger ist als *hard power*. Es ist die Ressource, mit der mittelgroße Mächte Einfluss ausüben. Es ist nicht auszuschließen, dass dies zu einer geopolitischen Gewichtsverschiebung von den Großen zu den Mittelgroßen führen könnte.

Ökonomien

Die Pandemie und die politisch herbeigeführte globale Wirtschaftskrise
wirken spontan keineswegs als Sprungbrett, das uns in eine bessere, eine
demokratische Postwachstumsgesellschaft hineinkatapultiert. — *Klaus Dörre*

Ein Weg hin zu einem sympoietischen Modell gesellschaftlicher Naturverhältnisse scheint sinnvoller als ein Extraktivismus mit anderen Mitteln im Zeichen
der Bioökonomie. — *Susanne Lettow*

Im frühen 21. Jahrhundert erscheinen hegemoniale Fleisch-Regime brüchig.
Im Zeichen der Pandemie verbinden sich zudem Diskurse um Tierethik und
Zoonosen. Tierhaltung und Fleischkonsum werden zu globalen Risiken
stilisiert. — *Lars Winterberg*

Die Corona-Pandemie
Kein Sprungbrett in eine Postwachstumsgesellschaft[1]

Klaus Dörre

Die Welt bewegt sich im Ausnahmezustand. Ursache ist COVID-19 – eine Krankheit, für die es noch keine Therapie gibt. Das Virus SARS-CoV-2 kann töten. Über seine Entstehung, Verbreitung und Wirkung ist noch immer zu wenig bekannt. Deshalb erfolgen medizinisch-hygienische, gesellschaftliche und politische Abwehrmaßnahmen nach der Methode von Versuch und Irrtum. Deutschland und Teile Europas haben den Höhepunkt der Seuche wohl – vorerst – überschritten. Die Abstandsregeln werden gelockert. Schon keimt die Hoffnung auf, wichtige gesellschaftliche Sektoren könnten zu Vor-Corona-Zuständen zurückkehren. Doch der Schein trügt. Weder ist das Virus besiegt, noch lässt sich mit Bestimmtheit sagen, welche Ausmaße die weltweite Rezession annehmen wird, die der Hygiene-Politik folgt. Trotz des großen Nichtwissens um die Krankheit und ihre Folgen wage ich eine These: Die Pandemie und die politisch herbeigeführte globale Wirtschaftskrise wirken spontan keineswegs als Sprungbrett, das uns in eine bessere, eine demokratische Postwachstumsgesellschaft hineinkatapultiert. Je länger die Verwerfungen andauern, desto eher wird es für die verwundbarsten Teile der Weltbevölkerung um das nackte Überleben gehen. Massive Entsolidarisierungen könnten die Folge sein. Käme es dazu, würde zusätzlich behindert, was längst überfällig ist – eine Nachhaltigkeitsrevolution sowohl in der ökologischen als auch in der sozialen Dimension.

1 Die repulsive Globalisierung – Treiber von COVID-19

Erzeugen Pandemien Spielräume für gesellschaftliche Veränderungen? Am Ende seiner Sozialgeschichte gelangt Fernand Braudel zu einem überraschenden Schluss: »Der Kapitalismus [...] kann nicht durch einen ›endogenen‹ Verfall zugrunde gehen; nur ein äußerer Stoß von extremer Heftigkeit im Verein mit einer glaubwürdigen Alternative könnte seinen Zusammenbruch bewirken.« (Braudel 1986: 720) Zweifellos ist die Corona-Pandemie ein heftiger »Stoß«. Er kommt von außen, weil die Krankheit der natürlichen Virenmutation folgt. In einem Zeitalter, in welchem der Kapitalismus sich mit und durch die Herstellung von Natur reproduziert (Moore 2015: 1), wird diese Krankheit jedoch unwiderruflich zu einem gesellschaftlichen Phänomen. COVID-19 zeigt, dass sich das Spannungsverhältnis von besserer medizinischer Versorgung auf der einen und rascherer Ausbreitung von Seuchen auf der anderen Seite bis in das 21. Jahrhundert fortsetzt. Bereits vor der Corona-Pandemie machten sich neue Krankheitserreger bemerkbar, deren Ausbreitung durch die Raum-Zeit-Kontraktion der Globalisierung beschleunigt wurde (Reinhard 2016: 1257).

Für COVID-19 lässt sich präzisieren: Die Seuche kam als Repulsion der intensivierten, beschleunigten Globalisierung in die Welt. Repulsionen bezeichnen ausschließlich Dynamiken, die, von der Globalisierung angestoßen, in gewisser Weise deren Gegenteil bewirken. Die Globalisierung schlägt zurück. Sie löst Gegenbewegungen aus, die innerhalb der verursachenden kapitalistischen Zentren gesellschaftsverändernd wirken. Eine Kette kommodifizierender Landnahmen, die internationale Verflechtungen prioritär über die Marktexpansion hergestellt hat, zehrt zunehmend an ihren eigenen sozialen Voraussetzungen und bringt die Globalisierung in einigen ihrer Dimensionen – vorerst – zum Erliegen (vgl. Dörre 2019). COVID-19 fügt sich passgenau in dieses Muster. Mit hoher Wahrscheinlichkeit handelt es sich um eine Zoonose, eine Infektionskrankheit, die zwischen Tieren und Menschen übertragbar ist. Dass derartige Krankheiten zu Beginn des 21. Jahrhunderts wieder zu einer globalen Bedrohung werden können, hängt mit der Zunahme weltweiter Reisetätigkeit, der Expansion des Warenverkehrs, dem schwindenden Lebensraum für Wildtiere, dadurch bedingten engeren Mensch-Tier-Kontakten, veränderter Tierhaltung und nicht zuletzt mit dem Klimawandel und die durch ihn begünstigten Artenwanderungen zusammen.

Sozialgeographisch begünstigen Regionen mit feucht-warmem Klima die natürliche Virenmutation. Insofern ist es kein Zufall, dass COVID-19 zuerst in einer Stadt wie dem chinesischen Wuhan aufgetreten ist (Harvey 2020). Dass sich eine solche Krankheit auf die Ursprungsregion begrenzen lässt, ist in Zeiten intensivierter Globalisierung allerdings ausgeschlossen.

Die Erdteile und ihre ökonomischen Zentren sind trotz aller Ungleichzeitig-keiten in einer Weise miteinander verbunden, die eine rasche Ausbreitung von Krankheitserregern fördert. Das auch, weil die intensivierte Globalisierung die Zonen sozialer Verwundbarkeit vergrößert hat. Netzwerke inter- und transnationaler Konzerne beschäftigen ein »Weltproletariat« (Fulcher 2007: 125) von weit mehr als drei Milliarden Menschen. Der größte Teil von ihnen arbeitet in prekären Verhältnissen oder informell, und das in erheblichem Ausmaß auch in den reichen Gesellschaften des Nordens.

Während sich die Zonen der Verwundbarkeit vergrößern, erzeugt die Ausweitung der kapitalistischen Produktionsweise neuartige gesundheitliche Risiken. Daran ist vor allem die globale Nahrungsmittelindustrie beteiligt. Die industrielle Herstellung landwirtschaftlicher Produkte bevorteilt Großplantagen, setzt Kleinproduzenten unter Druck, zwingt sie in überwiegend prekäre Lohnarbeit und festigt die Dominanz marktbeherrschender Biokonzerne. Insbesondere die Arbeitsverhältnisse in der globalen Fleischindustrie beherbergen gesundheitliche Großrisiken. Weil die gewinngetriebene Kommodifizierung auch vor Saatgut, Pflanzen, Wasser und selbst vor Genen nicht Halt macht, weiten sich die Gefahrenherde aus. Ein expandierender globaler Tourismus sorgt dafür, dass Krankheitserreger sich rasch in allen Weltregionen ausbreiten können (ebd.: 131).

2   COVID-19 und »degrowth by disaster«

Die Corona-Pandemie ist aber bei weitem nicht die einzige repulsive Kraft, die krisenverursachend wirkt. Hinter der Pandemie wirkt eine Krise, die als ökonomisch-ökologische Zangenkrise beschrieben werden kann. Damit ist gemeint, dass sich die derzeit dominanten Produktions- und Lebensweisen reicher Länder global nur um den Preis eines ständigen Anwachsens ökologischer und sozialer Destruktivkräfte verallgemeinern lassen. Diese Krise ist mit dem großen Crash von 2007–09 öffentlich sichtbar geworden. Zangenkrise besagt, dass das wichtigste Mittel zur Überwindung ökonomischer Stagnation und zur Pazifizierung interner Konflikte im Kapitalismus, die Generierung von Wirtschaftswachstum, ökologisch zunehmend destruktiv und deshalb gesellschaftszerstörend wirkt. Diese Konstellation schließt aus, dass es ein bloßes Zurück zu vermeintlicher gesellschaftlicher Normalität geben kann. Stattdessen zwingt sie vor allem die frühindustrialisierten Län-

der zu einer großen Transformation. Bis spätestens 2050 müssen, so jedenfalls die Nachhaltigkeitsziele der Europäischen Union, die Wirtschaftssyste-
me dieser Staaten vollständig dekarbonisiert sein, das heißt der Ausstoß an
klimaschädlichen Treibhausgasemissionen hat bei netto Null zu liegen. Die
alten kapitalistischen Zentren stehen deshalb vor grundlegenden Richtungs-
entscheidungen. Entweder gelingt es ihnen, das Wirtschaftswachstum und
die industriellen Produktivkräfte ökologisch und sozial nachhaltig zu gestalten, oder sie müssen Wege finden, soziale Stabilität ohne rasches, permanen-
tes Wachstum zu gewährleisten. Erreichen sie weder das eine noch das andere, droht ihnen wahlweise der ökologische oder der ökonomische Kollaps
(Jackson 2009: 128), wobei das eine immer auch das andere nach sich zieht.

Die Pandemie hat an dieser Grundkonstellation wenig verändert, aber
doch zu einer Verschiebung der Krisenherde beigetragen. Nach einem langen Jahrzehnt weltwirtschaftlicher Prosperität, dessen Ende sich freilich bereits vor dem Ausbruch der Seuche abzeichnete, haben politische Entscheidungen zur Eindämmung von COVID-19 die ökonomische Rezession teils
unmittelbar, teils indirekt herbeigeführt. Damit bestimmt vorerst wieder
die sozioökonomische Krisendynamik das Geschehen. Bestandsaufnahmen
und Prognosen fallen gleichermaßen alarmierend aus. In der Europäischen
Union wird mit der stärksten Rezession seit 1945 gerechnet. Der Internationale Währungsfonds prognostiziert eine Jahrhundertkrise, die mit einem
weltweit dreiprozentigen Einbruch des Wachstums noch weitaus heftiger
ausfallen könne als der Crash der Weltfinanzmärkte 2007–09 (International
Monetary Fund 2020). Für die Beschäftigung präsentierte die International
Labour Organisation schon zu Beginn der Rezession beunruhigende Zahlen.
Danach waren 81 Prozent der *global workforce* (2,7 Milliarden Menschen) vom
Lockdown ganz oder teilweise betroffen. Allein in den USA haben binnen
weniger Wochen 36 Millionen Beschäftigte ihre Jobs verloren. Als besonders
verwundbar erweisen sich – wenig überraschend – informell und prekär
Arbeitende sowie die Belegschaften kleiner und mittlerer Unternehmen. In
low- und middle-income countries sind Jobverlust oder auch nur die Reduktion von Arbeitszeit gleichbedeutend mit Existenzgefährdung (ILO 2020).

Als »symmetrischer Schock« zeitigt die Corona-Krise sowohl Effekte für
die Angebots- als auch für die Nachfrageseite. Staaten, die es sich finanziell
leisten können, reagieren mit aufwendigen Hilfs- und Konjunkturprogrammen, um die Wirtschaft zu stabilisieren. Dabei haben sie, wie auch die deutsche Regierung und ihre Berater, offenkundig aus der Krise von 2007–09

gelernt. Von der schwarzen Null in öffentlichen Haushalten bis zur Schuldenbremse werden heilige Kühe der marktradikalen Ökonomik ohne nennenswerten Widerstand geschlachtet. Kontroversen entstehen allerdings an der Frage, wohin die Gelder fließen und welchem Zweck sie vor allem dienen sollen. Wie schon 2007–09 ist dies das Feld zukunftsträchtiger politischer Weichenstellung. Aktuell mündet die Corona-Krise in »degrowth by disaster« (Victor 2008). Wie schon 2009 gehen die klimaschädlichen Emissionen zurück; sie werden laut Prognose der Internationalen Energieagentur um etwa acht Prozent sinken. Allerdings steigen die Werte seit der Lockerung von Abstandsregeln überraschend schnell wieder an. Deutschland und andere europäische Staaten könnten ihre Klimaziele für 2020 dennoch erreichen. Mit Weichenstellungen für eine Nachhaltigkeitsrevolution hat dies jedoch nicht das Geringste zu tun. Im Gegenteil, das vorübergehende Absinken der CO_2-Emissionen ändert nichts daran, dass sich die Treibhausgas-Konzentration in der Atmosphäre auf ein neues Rekordniveau zubewegt. Das heißt, der menschengemachte Klimawandel geht ohne nennenswerte Bremswirkung weiter. Deshalb ist für die Post-Corona-Zeit entscheidend, worauf staatlichen Investitions- und Konjunkturprogrammen ausgerichtet werden. Um den Sprung in eine nachhaltige Gesellschaft zu schaffen, müsste sich zeigen, was Fernand Braudel neben endogenen Verwerfungen und einem »äußeren Stoß« von extremer Heftigkeit als Voraussetzung für einen Formationswandel für zwingend erforderlich hält – das Sichtbarwerden einer klar konturierten gesellschaftlichen Alternative.

3   Wenn der »volle Teller Suppe« fehlt ...

Gibt es Anzeichen für eine solidarische Bewältigung der Corona-Krise? In einem Punkt lässt sich diese Frage mit einem klaren Ja beantworten. Leben zu schützen ist vielen Staaten und ihren Regierungen so wichtig, dass dramatische wirtschaftliche Folgen der Abwehrmaßnahmen in Kauf genommen werden. Doch wie lange ist der Spagat zwischen Gesundheitsschutz und sozioökonomischem Desaster durchzuhalten? Betrachten wir einige Entwicklungen genauer.

Erstens zeigt sich auch in der Gegenwart, dass eine Pandemie dort besonders hart zuschlägt, wo der volle Teller Suppe fehlt. Zunächst als »Krankheit der Reichen« wahrgenommen, verschiebt sich das geographische Zentrum der

Seuche mehr und mehr in den Globalen Süden. Ihr soziales Zentrum sind Bevölkerungsgruppen in prekären Arbeits- und Lebensverhältnissen. Schlechte
Ernährung, beengte Wohnverhältnisse und mangelhafte medizinische Versorgung begünstigen die Ausbreitung des Virus. Dazu einige Beispiele. In Indien
sitzen Millionen Wanderarbeiter fest, die städtische Räume verlassen haben,
ihre Heimatdörfer wegen des Lockdowns aber nicht mehr erreichen. Nicht-Kri-
senmanagement, marode Gesundheitssysteme, Armut und Hunger sorgen in
lateinamerikanischen Ländern für einen dramatischen Verlauf der Krise (Clacso 2020). Ähnliches könnte sich auf dem afrikanischen Kontinent ereignen. In
Zentralafrika drohen Hungersnöte biblischen Ausmaßes. Immer mehr Menschen in den Elendsquartieren afrikanischer, lateinamerikanischer und asia-
tischer Städte fragen sich, was eigentlich schlimmer ist – das Virus oder die
Gegenmaßnahmen, die totalen Einkommensverlust und Hunger bedeuten.

Derartige Zwangslagen sind an der europäischen Peripherie ebenfalls
nicht mehr unbekannt. Selbst in den reichsten Ländern sehen sich die Lohnabhängigen keineswegs auf Rosen gebettet. In Deutschland gab es schon kurz
nach dem Shutdown einen sprunghaften Anstieg der Anzeigen für Kurzarbeit von 163.000 mit 2,6 Mio. potentiell Betroffenen im März auf 588.000
mit 7,5 Millionen Beschäftigten im April und etwa 10 Millionen im Mai/Juni
2020. Wer im Niedriglohnbereich arbeitet, wird Schwierigkeiten haben,
vom Kurzarbeitergeld auch nur die laufenden Kosten zu bestreiten. Viele Inhaber von Klein- und Mittelbetrieben fürchten um ihre Existenz (ILO 2020).
Kurzum: Wir finden bestätigt, was für Pandemien schon immer galt. Die
Ungleichheit nimmt zu und sie wird vor allem jenen schaden, denen alsbald
auch noch der Teller für die Suppe fehlen könnte. Deshalb ist völlig ungewiss,
wie lange sich der Vorrang von Gesundheit gegen ökonomische Imperative
und soziale Notlagen durchhalten lässt.

Bevorstehende oder bereits im Gange befindliche Verteilungskämpfe steigern, *zweitens*, die Wahrscheinlichkeit gesellschaftlicher Entsolidarisierungen. Bereits jetzt verhalten sich manche Regierungschefs in gewisser Weise
»grausamer als Hunde«. Trump liefert Anschauungsunterricht für eine Eska-
lationsstrategie. Sobald klar war, dass die Krankheit vor allem *people of colour*,
Arme und Schutzlose dahinrafft, votierte der US-Präsident entschieden dafür,
die Wirtschaft so rasch wie möglich wieder hochzufahren. Dieses Krisenma-
nagement kommt einer verantwortungslosen Klassenpolitik von oben gleich.
Es besitzt eine rassistische Konnotation und dürfte eine der Ursachen für die
Massenproteste sein, die nach dem gewaltsamen, von weißen Polizisten ver-

antworteten Tod George Floyds in nahezu allen nordamerikanischen Groß-
städten ausgebrochen sind. In Brasilien handelt die Bolsonaro-Regierung, die
immer noch an der Grippe-Legende festhält, nach einem ähnlichen Strick-
muster. Auch dort spitzen sich gewaltträchtige Konflikte zwischen Regie-
rungsgegnern und -anhängern zu. Das ist ein Vorgeschmack darauf, was sich
in vielen Ländern ereignen könnte, wenn die Frage zu beantworten ist, wer die
Kosten der Krise tragen soll. Wir bewegen uns auf eine Zeit härtester Verteilungskämpfe zu. Selbst im reichen Deutschland bringen sich Wirtschaftslob-
bys bereits in Stellung. Geht es nach den Wünschen ihrer radikalsten Vertreter,
sollen zwecks Wiederaufbaus der Ökonomie selbst die Kernarbeitsnormen
der ILO vorübergehend außer Kraft gesetzt werden (vgl. z. B. IHK et al. 2020).

Harte Verteilungskonflikte werden *drittens* auch in der Gegenwart auf
»Strukturen von langer Dauer« (Fernand Braudel) treffen. Das zeigt sich auf
der europäischen Ebene besonders klar. Weil Hilfsprogramme zunächst nur
auf nationaler Ebene beschlossen wurden, fühlt sich das von der Pandemie
besonders gebeutelte Italien von Europa im Stich gelassen. In der Bevölkerung machen sich Verletzungen bemerkbar, deren Ursachen weit zurückrei-
chen. Einseitig über den Binnenmarkt und die Eurowährung vorangetrieben,
hat die Ungleichheit zwischen den Staaten der EU seit vielen Jahren zugenommen. Die Austeritätspolitik, die während der Eurokrise auch widerstreben-
den Regierungen aufgezwungen wurde, hat die Spaltung in Gläubiger- und
Schuldnerstaaten, in Zentrum und Peripherie zusätzlich verstärkt. Um eine
weitere Spaltung zu vermeiden, hatten Italien und Frankreich vorgeschlagen,
die Kosten der Krise teilweise über Corona-Bonds zu finanzieren. Dieses Instrument hätte eine gemeinsame Kreditaufnahme der EU-Staaten an den Fi-
nanzmärkten als solidarisches Mittel der Rezessionsbewältigung ermöglicht.
Die Regierung Merkel hat, zunächst im offenen Dissens mit Frankreich, eine
solche Option verhindert. Ein Kompromissvorschlag der Europäischen Kommission sieht als Alternative immerhin ein 750-Milliarden-Programm vor,
das aber bei den »sparsamen Vier«, den Nettozahlern Österreich, Schweden,
Dänemark und den Niederlanden, auf Ablehnung stößt.

4   Umsteuern – aber wie und wohin?

Manche der alten, geschichtlich bekannten Bewältigungsmuster von Pandemien sind, modifiziert, weiterhin Teil der sozialen Realität. Noch hat COVID-19

an solchen Ordnungen von langer Dauer wenig verändert. Die Krankheit illustriert, dass die gesellschaftliche Widerstandsfähigkeit gegenüber Seuchen entscheidend von Gesundheitsstandards und -systemen, der Verfügung über halbwegs krisenfeste soziale Netze, wohlfahrtsstaatlichen Sicherungen und der Finanzkraft von Nationalstaaten abhängig ist. Wie unter einem Brennglas macht die Krankheit all jene Unsicherheiten und Ungleichheiten sichtbar, die in modernen kapitalistischen Gesellschaften seit langem (re)produziert werden. Privatisierungen und die finanzielle Ausblutung der Gesundheitssysteme haben die Resilienz des Sozialen derart geschwächt, dass COVID-19 zu einer ernsten Bedrohung selbst der ökonomischen Globalisierung werden konnte.

Spontan verstärkt die Corona-Krise soziale Disparitäten, die seit langem eine ökologische Wende blockieren. Während das oberste Einkommensdezil weltweit 49 Prozent der klimaschädlichen Emissionen verursacht, sind die untersten 50 Prozent gerade einmal für zehn Prozent verantwortlich (Gallagher/Kozul-Wright 2019: 22). Das wohlhabendste Prozent in den USA, Luxemburg, Singapur und Saudi-Arabien produziert jährlich 200 Tonnen CO_2 pro Kopf und damit zweitausendmal mehr als die untersten Einkommensgruppen in Honduras, Ruanda und Malawi (0,1 Tonnen pro Person jährlich) (Chancel/Piketty 2015: 9, 10). Solche Daten signalisieren, dass ökologische Großrisiken keineswegs in weltweite, klassenübergreifende »Allbetroffenheit« münden, wie Ulrich Beck fälschlicherweise annahm (Beck 1986: 48). Zwar sind alle betroffen, aber eben nicht in gleicher Weise. Deshalb sind härteste soziale Auseinandersetzungen wahrscheinlicher als Reformen von oben, die den Einsichten von zur Vernunft gekommenen kapitalistischen Eliten folgen. Exemplarisch seien einige Felder gesellschaftlicher Transformation benannt, die verdeutlichen können, wovon die Rede ist.

Nachhaltigkeit ist ohne Wirtschaftsdemokratie, das heißt ohne Eingriffe in unternehmerische Freiheiten, nicht zu erreichen. Nur wenn diese Freiheiten künftig strikt an Nachhaltigkeitsziele rückgebunden werden, besteht überhaupt eine Chance, den menschengemachten Klimawandel noch in halbwegs kontrollierbaren Grenzen zu halten. Das heißt konkret: Die Zivilgesellschaften müssen in demokratischer Weise direkt darauf Einfluss nehmen, was, wie und zu welchem Zweck produziert und reproduziert wird. Es geht um eine Umverteilung von Entscheidungsmacht zugunsten der gegenwärtig ohnmächtigen Mehrheiten, denn ohne solch tiefgreifende Eingriffe in die bestehende Wirtschaftsordnung wird sich Nachhaltigkeit weder in der ökologischen noch in der sozialen Dimension realisieren lassen.

Aus meiner Sicht ist es erforderlich, die Eigentumsfrage neu zu stellen. Staatshilfe für private Unternehmen muss zwingend mit Verfügungsrechten für Beschäftigte und/oder der öffentlichen Hand bezahlt werden. Sobald dergleichen geschieht, wird die Sozialisierung von Entscheidungsmacht mittels Internalisierung von Sozialkosten zu einem Prozess, der einer Revolution ohne einmaligen Akt der Machtergreifung gleichkäme (Urban 2019). Große Unternehmen würden auf diesem Wege zu Mitarbeitergesellschaften, in denen öffentliches Eigentum eine entscheidende Rolle zu spielen hätte.

Der Übergang zu einer dekarbonisierten, ressourcenschonenden Wirtschaft ist ohne langfristige gesellschaftliche Planung kaum zu bewerkstelligen. Nachhaltig zu regulieren impliziert eine makroökonomische Verteilungsplanung, die, anders als im Staatssozialismus, auf detaillierte Produktionsvorgaben verzichtet, aber doch Einfluss auf die Wirtschaftspolitik und die Unternehmensstrategien nimmt. Die Verteilungsplanung kann in demokratisch zusammengesetzten Planungskommissionen und regionalen Transformations- bzw. Nachhaltigkeitsräten stattfinden. Belegschaften würden mit umfangreichen Partizipationsmöglichkeiten ausgestattet.

Demokratische Strukturen in den Unternehmen bieten Chancen, die Wirtschaft auf eine Produktion von langlebigen Gütern umzustellen, die sparsam mit Naturressourcen umgeht und sich an sozialen Bedürfnissen großer Mehrheiten ausrichtet. Eine solche Zielsetzung erfordert, alle relevanten gesellschaftlichen Gruppen in Form von Arbeits- und Nachhaltigkeitsräten an Produktionsentscheidungen zu beteiligen. Auf diese Weise könnte ein annäherndes Kräftegleichgewicht zwischen Kapital, Staatsmacht und demokratischer Zivilgesellschaft überhaupt erst wiederhergestellt werden. Zu den Aufgaben von Transfomationsräten könnte es gehören, die Umsetzung von Nachhaltigkeitszielen zu überwachen, die Produktion langlebiger Güter einzufordern und neue Formen eines kollektiven Selbsteigentums in Genossenschaften und Sozialunternehmen zu erproben. Vom Gewinnmotiv als Hauptzweck abgekoppelt, würden solch kollektive Eigentumsformen die individuelle Verantwortung für öffentliche Güter beibehalten.

5   Wende zur Nachhaltigkeit – mit dem Staat oder gegen ihn?

Gibt es Anzeichen dafür, dass die politischen Eliten einen derartig radikalen Wandel anstreben? Ich gestehe, dass diese Frage eine rhetorische ist. Man schaue nur auf die Akademie Leopoldina, deren Expertise die deutsche Kanzlerin vertraut. Die marktwirtschaftliche Ordnung müsse erhalten bleiben, lautet die Basisprämisse aller Vorschläge zur Neuordnung der Ökonomie. Für die Bewältigung des Klimawandels sollen allein markwirtschaftliche Instrumente wie ein CO_2-Preis sorgen. Allenfalls im Gesundheitssektor seien dem Wettbewerb Grenzen zu setzen (Leopoldina 2019 u. 2020). All das klingt eher nach einem modifizierten Weiter-So als nach radikalem Wandel. Von einem neuen, demokratisch-ökologischen Sozialismus sind solche Empfehlungen jedenfalls meilenweit entfernt. Politische Gegenkräfte, die dies ändern könnten, bleiben vorerst außer Sicht.

Künftig wird sich wohl ein Staatsinterventionismus neuen Typs durchsetzen. Dazu tragen neben der Pandemie auch langfristige Herausforderungen bei, die sowohl Digitalisierung als auch Klimawandel mit sich bringen. Gleich ob Reorganisation von Wertschöpfungsketten, Sicherung systemrelevanter Produktion oder Schaffung von Infrastruktur für Elektromobilität und Digitalisierung – der Staat wird künftig mitmischen, sonst drohen Niederlagen in der neuen imperialen Rivalität. ›Wir‹ sind aber nicht der Staat. Der Staat ist ein soziales Verhältnis, das auf einer Verdichtung von Klassen- und Kräftekonstellationen beruht. Staatsintervention ist daher keineswegs per se progressiv. Entscheidend bleibt, ob und in welchem Maße staatliches Handeln an demokratische Willensbildung rückgebunden bleibt. Demokratie benötigt Gegenöffentlichkeit, Opposition, Streit, Disput, Versammlungen, Demonstrationen und Streiks. Diese Grundrechte müssen dauerhaft gesichert bleiben – trotz Krisen jeglicher Art.

Demokratie verkörpert daher das Gegenteil eines Ausnahmezustands. Dass der Ausnahmezustand, den COVID-19 ausgelöst hat, ein schwarzer Schwan, ein statistisch höchst seltenes Ereignis bleiben wird, ist unwahrscheinlich. In einer globalisierten Welt kann jede Naturkatastrophe, jede Wirtschaftskrise zu einem sozialen Desaster werden, das Notstandsmaßnahmen legitimiert. Wird die Realisierung von Nachhaltigkeitszielen blockiert, könnten sich die Anlässe für Ausnahmezustände häufen. Ungebremster Klimawandel bedeutet Zunahme von Wetterextremen, eine höhere Wahrscheinlichkeit von Naturkatastrophen und damit auch von äußeren Schocks, die zu immer neuen Notständen führen könnten. Aufstände und Riots, die mit Hilfe des Militärs niedergeschlagen werden, könnten eine ähnliche Dynamik auslösen. Moderne kapitalistische Gesellschaften würden dann, ganz so, wie Ulrich Beck es einst prognostiziert hatte, zu »Katastrophengesellschaften« (Beck 1986: 105), in denen der Ausnahmezustand den Alltag großer Mehrheiten bestimmt.

Dies vor Augen, gibt es für allzu großen Optimismus keinen Anlass. Schon werden die wirtschaftlichen Schäden des Lockdowns gegen die Zahl der Pandemie-Toten aufgerechnet. ›Durchkommen!‹ lautet die Devise, der sich viele verschreiben werden. Deshalb halte ich es für grundfalsch, dem Wünschbaren den Rang einer wahrscheinlichen Zukunft zu verleihen. Auch in Zeiten der Pandemie gibt es keine Krisenmechanik. Weder muss sich alles zwangsläufig zum Besseren wenden, noch sind gesellschaftlicher Zerfall und totales ökologisches Desaster unausweichlich vorprogrammiert. Nur Realitätssinn, gepaart mit der Skepsis des Verstandes und der solidarischen Anteilnahme am Schicksal all derer, die in große Not geraten, kann einer sozialökologischen Nachhaltigkeitskoalition zu kollektiver Handlungsfähigkeit in und nach der Krise verhelfen. Ein Verzicht auf jenes vereinnahmende ›Wir‹, das den Blick für die emanzipatorischen Kräfte der Subalternen verstellt, wäre dazu ein intellektuell großer, aber zweifellos gewinnbringender Schritt.

Anmerkungen

1   Für wichtige Anregungen danke ich Peter Reif-Spirek, Michael Brie und Benjamin Seyd.

Literatur

Beck, Ulrich (1986): Risikogesellschaft. Auf dem Weg in eine andere Moderne. Frankfurt a. M.: Suhrkamp.

Braudel, Fernand (1986): Sozialgeschichte des 15.–18. Jahrhunderts. Aufbruch zur Weltwirtschaft. München: Kindler.

Chancel, Lucas/Piketty, Thomas (2015): Carbon and Inequality: From Kyoto to Paris. Trends in the Global Inequality of Carbon Emissions (1998–2013) & Prospects for an Equitable Adaptation Fund. Paris: Paris School of Economics. http://piketty.pse.ens.fr/files/ChancelPiketty2015.pdf, letzter Zugriff am 26.06.2020.

Clacso (2020): Teoria & Cambio social. La crisis mundial del covid-19 (I, II), Mayo 2020. https://www.clacso.org/boletin-1-la-crisis-mundial-por-el-co

vid-19-del-grupo-de-trabajo-teoria-social-y-Neslwrealidad-latinoameri
cana/; https://www.clacso.org/boletin-2-la-crisis-mundial-por-el-covid-
19-ll-del-grupo-de-trabajo-teoria-social-y-realidad-latinoamericana/.

Dörre, Klaus (2019): »Risiko Kapitalismus. Landnahme, Zangenkrise, Nachhaltigkeitsrevolution«. In: Klaus Dörre/Hartmut Rosa/Karina Becker/
Sophie Bose/Benjamin Seyd (Hg.): Große Transformation? Zur Zukunft
moderner Gesellschaften. Sonderband des Berliner Journals für Soziologie. Wiesbaden: Springer VS, S. 3–34.

Fulcher, James (2007): Kapitalismus. Stuttgart: Reclam.

Gallagher, Kevin P./Kozul-Wright, Richard (2019): A New Multilateralism
for Shared Prosperity. Geneva Principles for a Global Green New Deal.
https://www.bu.edu/gdp/files/2019/04/A-New-Multilateralism-GDPC_
UNCTAD.pdf.

Harvey, David (2020): »Antikapitalistische Politik in den Zeiten von Corona«.
In: Jacobin vom 06.05.2020.

IHK et al. (2020): WIRtschaft in Thüringen. Fünf-Punkte-Programm zur Abfederung der Folgen der Corona-Pandemie. Ms, o. O.

ILO (2020): ILO Monitor 2nd edition. COVID-19 and the World of Work. Up-
dated Estimates and Analysis. 07.04.2020. https://www.ilo.org/wcmsp5/
groups/public/---dgreports/---dcomm/documents/briefingnote/wcms_
740877.pdf.

International Monetary Fund (2020): World Economic Outlook, April 2020:
The Great Lockdown. https://www.imf.org/en/Publicatios/WEO/Issues/
2020/04/14/weo/20220/April, letzter Zugriff am 02.06.2020.

Jackson, Tim (2009): Prosperity without Growth. Economics for a Finite
Planet. London: Earthscan.

Leopoldina. Nationale Akademie der Wissenschaften (2019): Klimaziele
2030. Wege zu einer nachhaltigen Reduktion der CO_2-Emissionen.

Leopoldina. Nationale Akademie der Wissenschaften (2020): Coronavirus-
Pandemie – Die Krise nachhaltig überwinden. 13.04.2020.

Moore, Jason (2015): Capitalism in the Web of Life. London/New York: Verso.

Reinhard, Wolfgang (2016): Die Unterwerfung der Welt. Globalgeschichte
der Europäischen Expansion 1415–2015. München: C. H. Beck.

Urban, Hans-Jürgen (2019): Gute Arbeit in der Transformation. Hamburg: VSA.

Victor, Peter A. (2008): Managing Without Growth – Slower by Design, Not
Disaster. Cheltenham: Edward Elgar.

Weichenstellungen
Die Versprechen der Bioökonomie oder: Fragen nach der Zukunft unserer Lebens- und Produktionsweise

Susanne Lettow

Die COVID-19-Pandemie hat wie kaum ein Ereignis zuvor Ungleichheits- und Ausbeutungsverhältnisse, die desaströsen Konsequenzen neoliberaler Austeritätspolitiken und die strukturelle Bedeutung all jener Arbeiten und Tätigkeiten, die für die soziale Reproduktion von Menschen und Gesellschaften notwendig sind und doch oft unsichtbar gemacht und wenig wertgeschätzt werden, offengelegt. Sie hat auf die Fragilität globaler Produktions- und Lieferketten und die Gefahren und Absurditäten einer sich immer weiter steigernden Mobilität ebenso aufmerksam gemacht wie auf die gesundheitlichen Risiken, die aus der zunehmenden Zerstörung ökologischer Zusammenhänge resultieren. Zugleich manifestiert sich in der Corona-Krise und der mit ihr einhergehenden Wirtschaftskrise ein ungebrochener Wille zu Wachstum und Akkumulation, der sich in den gigantischen Gewinnen der Big Player der Digitalökonomie ebenso manifestiert wie in den verzweifelten Versuchen, der Rezession entgegenzuwirken. Dies alles wirft Fragen der Bedürfnispolitik auf, die immer auch eine Politik um die Interpretation von Bedürfnissen ist, wie es die Philosophin Nancy Fraser vor Jahrzehnten mit Blick auf die feministischen Debatten um die Transformation des Sozialstaats formuliert hat. Wer spricht? Wer wird gehört? Wessen Bedürfnisse gelten als wichtig oder unwichtig? Und welche Mittel zur Befriedigung von Bedürfnissen sind angemessen, legitim oder gar wünschenswert? Diese und ähnliche Fragen hat die COVID-19-Pandemie mit großer Nachdrücklichkeit auf die gesellschaftliche Tagesordnung gesetzt. Sie könnte daher Anlass einer kritischen Überprüfung bisheriger gesellschaftlicher Entwicklungspfade und einer Debatte um zukünftige und zukunftstaugliche, also verallgemeinerbare Lebens- und Produktionsweisen sein – und ist es zum

Teil ja auch. Denn die Art und Weise, in der gegenwärtig Stoffe und Dinge global zirkulieren, in der sie extrahiert, produziert und schließlich konsumiert werden, wird von dem Wissen darüber, dass die immer weitere Ausdehnung menschlicher Handlungszonen und das Vordringen in Habitate von Wildtieren die Entstehung von zoonotischen Krankheiten begünstigt, ebenso in Frage gestellt wie von der Klimakrise, die sich – auch wenn sie derzeit aus dem Zentrum der Aufmerksamkeit gerückt ist – weiterhin zuspitzt. Die Konzepte eines *Green New Deal* und einer *Green Economy*, die im Kontext der Corona-Krise erneut diskutiert werden, tragen dem Rechnung – und sind doch mindestens ambivalent, sofern sie darauf ausgerichtet bleiben, ein Wachstums- und Akkumulationsmodell fortzuschreiben, das auf extraktivistischen Naturverhältnissen beruht.

Die Bioökonomie schickt sich an, im Zentrum einer neuen Variante dieses Modells zu stehen, das sich die Abkehr von der Vernutzung fossiler Rohstoffe auf die Fahnen schreibt und gleichzeitig eine neue Welt von Stoffen und Prozessen für die kapitalistische Verwertung erschließt. Denn von der öffentlichen Debatte weitgehend unbeachtet, erleben die Versprechen der Bioökonomie derzeit ebenfalls eine neue Konjunktur. »Die Krise als Weichenstellung für die Bioökonomie nutzen«,[1] ist zum Beispiel auf der Internetseite des Sachverständigenrats Bioökonomie Bayern zu lesen. »Pandemie als Chance für die Bioökonomie«[2], heißt es auf den Bioökonomie-Seiten des Bundesministeriums für Wissenschaft und Forschung. Das *Handelsblatt* meldete im Mai, die deutsche Biotechindustrie spüre nun endlich »Rückenwind für einen Bereich, der bislang aus politischen Gründen weitgehend blockiert worden ist, die Pflanzenbiotechnik«.[3] Und die Mitbegründerin des World BioEconomy Forum, Aida Greenbury, stellt fest: »The COVID-19 pandemic has emphasized the importance of the bioeconomy even further.«[4]

Worum geht es? ›Bioökonomie‹ ist zwar ein vieldeutiger Ausdruck, steht aber in erster Linie für eine biotechnologiebasierte Wachstumsstrategie. Gebündelt formuliert wurde diese Strategie zuerst von der OECD (Organization for Economic Development) im Jahr 2006, als sie unter dem Titel *The Bioeconomy to 2030. Designating A Policy Agenda* veröffentlicht wurde.[5] Doch die Grundidee einer »biotechnologischen Revolution« gewann bereits in den 1990ern im Kontext des Börsenbooms an politischem Zuspruch. Inzwischen hat eine ganze Reihe von Ländern nationale Programme entwickelt, mit denen die Agenda der OECD umgesetzt werden soll. Dazu gehören in Deutschland die *Nationale Forschungsstrategie Bioökonomie 2030* von 2010, die

Nationale Politikstrategie Bioökonomie (2013) und die jetzt gemeinsam vom Bundesministerium für Bildung und Forschung (BMBF) und dem Bundesministerium für Ernährung und Landwirtschaft (BMEL) präsentierte *Neue Bioökonomiestrategie.* Auch das aktuelle »Wissenschaftsjahr 2020 Bioökonomie«, das die zuständigen Ministerinnen Anja Karliczek und Julia Klöckner im Januar im Berliner *Futurium* eröffnet haben und das vor Kurzem bis Ende 2021 verlängert wurde, gehört zu den politischen Bemühungen, die Bioökonomie voranzutreiben.

Dabei besteht das Ziel in einer umfassenden Nutzung von Biotechnologien und -wissenschaften in so gut wie allen wirtschaftlichen Bereichen. Eine zentrale Rolle spielen Technowissenschaften wie die Synthetische Biologie, die an der biologischen Regenerations- und Reproduktionsfähigkeit von Lebewesen aller Art ansetzen und darauf zielen, durch die technische Modifikation dieser Prozesse neue Materialeigenschaften und Produkte herzustellen. Verfahren, die wie CRISPR-Cas9 Eingriffe in die Keimbahn vornehmen, beziehen sich dabei sowohl auf menschliche als auch auf tierische und pflanzliche Körper und Stoffe. Dies bedeutet, dass das Verhältnis der Bioökonomie zur Bio- und Fortpflanzungsmedizin auf technologischer Ebene äußerst eng ist. Die Reproduktionstechnologien tragen zur Entstehung einer Bioökonomie der Reproduktion bei, insofern sie – durch die Produktion von Stammzellen, die für die medizinisch orientierten Bereiche der Bioökonomie von Bedeutung sind – die Prozesse der menschlichen Generativität für andere Zwecke als die der Hervorbringung von Kindern zugänglich machen. Obwohl dieser Zusammenhang zwischen Forschungsinteressen und Repro-Medizin – die sich vor allem auf deren Nebenprodukte, die sogenannten ›überzähligen‹ Embryonen richten – in den politischen Auseinandersetzungen um die Zukunft der Fortpflanzungsmedizin zumindest am Rande auftaucht, finden sich in den offiziellen Strategiepapieren zur Bioökonomie keine Bezüge zur Bioökonomie der Reproduktion. Die Versprechen, die dort formuliert werden, beziehen sich auf andere Bereiche: Die Bioökonomie soll nicht nur das ökonomische Wachstum befördern, sondern zugleich sozioökonomische Probleme wie Mangelernährung und Hunger beseitigen und vor allem das fossile Energieregime durch ein Regime erneuerbarer, künstlich herstellbarer biologischer Rohstoffe ersetzen. Ein besonders zentrales Versprechen besteht darin, Lösungen für die Probleme des Klimawandels anzubieten. Die avisierten Anwendungsfelder der Bioökonomie umfassen daher in erster Linie die Agrar- und Lebensmittelproduktion, die Herstellung von industriellen Rohstoffen und Energieträgern sowie den Pharmabereich.

Auch wenn die Produkte, zu denen Autoreifen aus Löwenzahn, Turnschuhe aus Pilzen und Flugtreibstoff aus Algen gehören, teils unrealistisch, teils banal erscheinen: Das OECD-Projekt einer Bioökonomie, die statt auf Kohle und Öl auf der Transformation der biologischen Prozesse von Pflanzen und Tieren und der gezielten Nutzung von Mikroorganismen beruht, gewinnt an Relevanz, wo die Fossilökonomie in die Krise gerät bzw. sich erschöpft. Doch die neue kapitalistische Landnahme, die durch die technowissenschaftliche Durchdringung und ökonomische Inwertsetzung von biologischen Stoffen und Prozessen stattfindet, ist kaum dazu geeignet, die notwendige Abkehr von einem extraktivistischen Modell gesellschaftlicher Naturverhältnisse zu befördern. Vielmehr wird hier allein das Objekt, nicht aber der Beziehungsmodus geändert. Daher gilt: »New natures can be and are tortured in new ways«, wie die Politikwissenschaftler*innen Jesse Goldstein und Elizabeth Johnson in Anspielung auf Francis Bacon formuliert haben, der im 16. Jahrhundert – unter Rückgriff auf eine stark sexualisierte Gewaltmetaphorik – ein neues Naturverständnis formulierte, in dem die weiblich konnotierte ›Natur‹ zum Material wurde, das sich die »männliche« Erkenntnis- und Handlungsmacht gefügig macht (Goldstein/Johnson 2015).

Dieses schon lange in die Krise geratene instrumentelle Naturverständnis, das die Eigenmächtigkeit und -aktivität der zum Material degradierten »Natur« verleugnet und doch immer wieder von ihr überrascht und heimgesucht wird, prägt auch das Projekt der Bioökonomie. Deren Versprechen erscheinen daher gerade im Zusammenhang mit der Corona-Krise fragwürdig. Immerhin handelt es sich bei COVID-19 um eine Krankheit, die durch das Überspringen des SARS-CoV-2-Virus auf den Menschen entstand, welches wiederum durch menschliches Handeln begünstigt wurde. COVID-19 legt also einmal mehr und in besonders drastischer Weise offen, wie eng verflochten menschliches Handeln und menschliche Körper mit nichtmenschlichen Lebewesen und deren Aktivitäten sind und wie fragil die Wechselverhältnisse sind, die Formen der Koexistenz ermöglichen, die der menschlichen Gesundheit zuträglich sind. Die Herstellung neuartiger Kontakte zwischen Menschen und anderen Spezies durch den Einsatz von Mikroorganismen zum Zwecke der Produktion neuer Güter und Rohstoffe und die technowissenschaftliche Intervention in die regenerativen und reproduktiven Prozesse von Organismen aller Art sind daher mehr als heikel.

Denn die Aktivität und Prozessualität von nichtmenschlichen Lebewesen, Stoffen und Dingen ist allenfalls partiell kalkulierbar. Sie entzieht sich systematisch den illusionären Ansprüchen von Verfügbarkeit und Kontrolle.

Wir wären daher gut beraten, angesichts der COVID-19-Pandemie und ihrer Folgen die Versprechen der Bioökonomie kritischer als je zuvor zu betrachten. Das bedeutet nicht, Biotechnologien und entsprechende Forschung grundsätzlich abzulehnen. Dass biotechnologische Verfahren dazu führen, dass sichere und wirksame Impfstoffe und Medikamente entwickelt werden, ist schließlich ebenso möglich wie, dass in anderen Bereichen Dinge und Verfahren entwickelt werden, die nicht-extraktivistische Lebens- und Produktionsweisen befördern. Nicht alles, was unter dem Titel ›Bioökonomie‹ entdeckt, erfunden und entwickelt wird, ist immer schon negativ. Problematisch ist jedoch ein politisch-ökonomisches Projekt, dass das extraktivistische Modell der gesellschaftlichen Naturverhältnisse im Namen einer ungebrochenen Wachstums- bzw. Akkumulationslogik auf Dauer stellen will – einer Logik, die auf einer permanent gesteigerten und intensivierten Nutzung von allen als ›bloße Natur‹ klassifizierten Stoffen, Prozessen und Beziehungen basiert. Es ist ein Projekt, das sich der globalen Ungleichheits- und Ausbeutungsverhältnisse, die sich in Hungersnöten und Unterernährung in extremer Form manifestieren, nur in Form technizistischer Lösungsverschläge, die in erster Linie den eigenen Wohlstand fördern sollen, annimmt.

Die COVID-19-Pandemie hat die grundlegenden Abhängigkeitsverhältnisse, die die menschlichen Existenzbedingungen prägen, auf vielfache Art beleuchtet – inklusive der Mensch-Natur-Verhältnisse. Die Viren, Bakterien und Mikroorganismen sind immer schon da. Dessen – nämlich der Natur im Menschen – eingedenk, liegt es an uns, Formen von Lebens- und Produktionsweisen zu finden, die verhindern, dass die Eigenaktivitäten und -dynamiken von nichtmenschlichen Lebewesen und Stoffen für Menschen und Gesellschaften destruktiv wirken. In gewisser Weise steht SARS-CoV-2 also für das Nichtidentische in den Naturverhältnissen, das sich nie gänzlich beherrschen lassen wird und das sich dort, wo es durch ein technizistisches Verständnis von Handlungsfähigkeit, Technik und Gesellschaft vergessen und ausgeblendet wird, umso vehementer geltend macht. Die Weichenstellungen, die angesichts der Corona-Krise vorgenommen werden sollten, sind daher andere als die vom Sachverständigenrat Bioökonomie Bayern avisierten. Ein Weg hin zu einem sympoietischen Modell gesellschaftlicher Naturverhältnisse, wie man es in Anlehnung an die feministische Theoretikerin Donna Haraway nennen kann, scheint sinnvoller als ein Extraktivismus mit anderen Mitteln. Ein solches sympoietisches Modell gesellschaftlicher Naturverhältnisse würde darauf zielen, Formen des Zusammenwirkens von Menschen, nichtmenschlichen Lebewesen und Stoffen zu entwickeln, die die wechselseitigen Abhängigkeitsverhältnisse ernst nehmen und die Existenzbedingungen von Menschen, Tieren und Pflanzen aufrechterhalten. Haraway spricht dabei vom »Mit-Werden« und von einer »Kultivierung von Responsabilität« (Haraway 2018). Responsabilität verweist dabei sowohl auf das Antworten auf und die Interaktion mit nichtmenschlichen Lebewesen als auch auf die Verantwortung für die gesellschaftlichen Naturverhältnisse. Sie verlangt uns nicht zuletzt die Fähigkeit ab, uns andere Welten als die, die wir bisher kennen, vorzustellen – und zwar bessere. Wie werden wir in Zukunft essen und trinken, uns kleiden, wohnen, uns bewegen, kommunizieren, arbeiten und uns vergnügen? Im Berliner *Futurium*, in dem das Bioökonomiejahr in Januar eröffnet wurde, werden Besucher*innen eingeladen, sich mit solchen Fragen auseinanderzusetzen und »viele neue Zukünfte zu entdecken«[6]. Vielleicht trägt die Corona-Krise dazu bei, dass diese Fragen nach der Zukunft unserer Lebens- und Produktionsweise jenseits der Versprechen der Bioökonomie im Kontext von globalen, realdemokratischen Politiken der Bedürfnisinterpretation verhandelt werden. Das wäre eine sinnvolle Weichenstellung.

Anmerkungen

1   http://www.biooekonomierat-bayern.de/index.php/aktuelles/248-in-der-krise-langfristig-denken-und-handeln-jetzt-die-transformation-hin-zu-einer-nachhaltigen-biooekonomie-staerken, letzter Zugriff am 26.06.2020.

2   https://biooekonomie.de/nachrichten/pandemie-als-chance-fuer-die-biooeko nomie.

3   https://www.handelsblatt.com/3442020.html?share=mail, letzter Zugriff am 09.06.2020.

4   https://ilbioeconomista.com/2020/04/30/world-bioeconomy-forum-will-be-broadcast-live-from-ruka-on-september-10-because-of-covid19/, letzter Zugriff am 09.06.2020.

5   https://www.oecd.org/futures/long-termtechnologicalsocietalchallenges/the
    bioeconomyto2030designingapolicyagenda.htm.
6   https://futurium.de/, letzter Zugriff am 09.06.2020.

Literatur

Goldstein, Jesse/Johnson, Elizabeth (2015): »Biomimicry: New Natures, New
    Enclosures«. In: Theory, Culture and Society 32 (1), S. 61–81.
Haraway, Donna (2018): Unruhig bleiben. Die Verwandtschaft der Arten im
    Chthulhuzän. Frankfurt a. M./New York: Campus.

Online-Quellen

https://biooekonomie.de/nachrichten/pandemie-als-chance-fuer-die-bio
    oekonomie, letzter Zugriff am 26.6.2020.
http://www.biooekonomierat-bayern.de/index.php/aktuelles/248-in-der-
    krise-langfristig-denken-und-handeln-jetzt-die-transformation-hin-
    zu-einer-nachhaltigen-biooekonomie-staerken, letzter Zugriff am
    26.06.2020.
https://futurium.de/, letzter Zugriff am 09.06.2020.
https://www.handelsblatt.com/3442020.html?share=mail, letzter Zugriff
    am 09.06.2020.
https://ilbioeconomista.com/2020/04/30/world-bioeconomy-forum-will-
    be-broadcast-live-from-ruka-on-september-10-because-of-covid19/,
    letzter Zugriff am 09.06.2020.
https://www.oecd.org/futures/long-termtechnologicalsocietalchallenges/
    thebioeconomyto2030designingapolicyagenda.htm.

Fragile Ernährungskulturen im Spiegel der Corona-Pandemie

Lars Winterberg

»Es ist 8.10 Uhr. Ich warte vor einem Edeka-Center. Der riesige Parkplatz ist voll. Werktags, kurz nach Ladenöffnung. Blaue Rollbehälter, mit denen Angestellte sonst Waren durch den Markt schieben, liegen auf der Seite und bilden so einen Korridor für geduldiges Schlangestehen. Man kennt das von großen Freizeitparks. Ich warte aber nicht auf einen Ritt mit der Wildwasserbahn, sondern hoffe auf Mehl. Und tatsächlich: Schon 10 min später steuere ich zielstrebig auf eine Holzpalette zu, über der ein Schild ›Fairness‹ anmahnt – nur 1 kg pro Kunde. Ich muss schmunzeln und nehme das vorletzte Päckchen. Die Marke ist mir völlig unbekannt, die Aufschrift mutmaßlich türkisch. Nur ein kleiner Aufkleber informiert: ›Weizenmehl 405‹.«[1]

Das Coronavirus wird keineswegs nur auf den großen politischen Bühnen der Welt, sondern mitunter den kleinen des Alltags verhandelt: im öffentlichen Nah- und Fernverkehr, bei Kurzarbeit, Homeschooling und digital gestütztem Social Distancing – oder eben beim Spießroutenlauf durch lokale Supermärkte. Dort sind neben Toilettenpapier und Mehl zeitweise auch Waren wie Zucker, Nudeln, Hefe und Konserven rar. Vereinzelt zeigen sich erste Lücken in Gemüseabteilungen. Wo der Landwirtschaft Saisonarbeitskräfte entzogen sind, steigen zeitweise die Preise – etwa beim Spargel. Und mit der Schließung von Schlachthöfen richtet sich der Blick der Verbraucher*innen im Frühjahr 2020 bange auf die Fleisch- und Wursttheken unserer »Weltrisikogesellschaft« (Beck 2007). Die Pandemie konturiert globale Ernährungskulturen im Spannungsfeld von Fragilität und Resilienz. Sie wirft nicht nur Schlaglichter auf den Status quo unserer Produktion, Distribution und Konsumption. In den Fokus rückt vielmehr die Frage, inwieweit sich »konkrete Utopien« (Bloch 1985) künftiger Agrar- und Ernährungskulturen vor dem Hintergrund von globalen Seuchen, Ressourcenkonflikten oder Klimafolgen entwickeln lassen.

Beispiel Fleisch: Einst Kraftquelle und Symbol für Fortschritt, gilt es im frühen 21. Jahrhundert als potenziell ungesund und gefahrvoll.[2] Man fürchtet Tierleid und Umweltzerstörung, Krebs und Herz-Kreislauf-Erkrankungen, BSE und Salmonellen, Antibiotika- und Gammelfleisch. Die Versuchung ist groß, den Blick in eine verklärte Vergangenheit zu richten und Agrarkulturen als »Glück im Grünen« zu romantisieren (Grossarth 2016). Selbstversorgung gerinnt dann zur ehrlichen Handarbeit, das Vieh soll wieder zur Familie gehören. In der Praxis stehen solchen Wunschbildern jedoch Kühlschränke voller Convenience-Food entgegen. Gerade im Spiegel der Pandemie reizt ein Blick in die Küchen der Nation: Denn während seit Jahren eine Erosion des Ernährungswissens in unserer Gesellschaft beklagt wird, sehen sich zahlreiche Haushalte bei geschlossenen Kantinen, Restaurants und Imbissen plötzlich mit Wochenplanung und Vorratshaltung, der täglichen Zubereitung von Speisen und einer sinnvollen Verwertung von Resten konfrontiert. Vielfältige Küchenkenntnisse vergangener Generationen gingen verloren und gegenwärtige Multioptionsgesellschaften befördern häufig eher (digitale) Desinformation als praktische Ernährungskompetenz.

Und überhaupt, wer will Bauernhofidylle und »Tierwohl« eigentlich bezahlen? Kaum ein Reklameblättchen, das nicht mit Sonderangeboten der Fleischtheken in Supermärkte und Discounter lockt. Gewerkschaften und Sozialdienste beklagen indes, der wirkliche Preis für billiges Fleisch seien Ausbeutung und Elend vornehmlich ausländischer Schlachtarbeiter*innen (Fiedler/Hielscher 2017). Ende April 2020 wurden sie in gleich mehreren Bundesländern zu hunderten positiv auf COVID-19 getestet. Zu beengt ihre Unterkünfte, mangelhaft die Hygienebedingungen. »Die Fabrik der Infizierten« offenbare das grundlegende »Geschäftsmodell einer in Schrottimmobilien abgeschobenen Armee osteuropäischer Billigarbeiter«, so *Spiegel*-Redakteur Nils Klawitter im Mai 2020.[3] Reportagen zeichnen seit Jahren drastische Bilder – zuweilen mit ordnungspolitischen Konsequenzen. Eine vergleichbare Positivberichterstattung lässt sich indes nicht ausmachen. Skandal oder Skandalisierung? Es mangelt an belastbarem empirischem Material. Betroffene Kreise mussten den Lockdown verlängern – gewiss ein Nährboden für wachsende Ressentiments und soziale Konflikte. Ohnehin Marginalisierte gelten als gefahrvoll, weil potenziell infektiös. So wirft das Virus allerdings auch Spotlights auf die Arbeits- und Lebensbedingungen entlang einer globalisierten Produktion, die in unserer schillernden Warenwelt für gewöhnlich hinter Markenimages und Werbebotschaften verborgen bleibt.

Im Juni 2020 spitzt sich die Lage zu: Weit über 1.000 Arbeiter*innen infizieren sich im größten deutschen Schlachthof in Rheda-Wiedenbrück. 7.000 Mitarbeiter*innen müssen in Quarantäne; einzelne werden aufgegriffen, als sie versuchen in ihre Herkunftsländer zurückzukehren. Medien berichten in schneller Taktung: über Versorgungsprobleme, Stigmatisierung und Ausgrenzung, über Arbeitsrecht, Tierwohl und Fleischpreise. Kitas und Schulen schließen, Geschäfte fürchten um ihre Existenz. Wertschöpfungsketten geraten unter Druck, weil sich die Verarbeitung von Mastschweinen verlagert – dem deutschen Markt droht zeitweise ein erheblicher Produktionsverlust. Die Empörung schlägt kreisübergreifend Wellen. Politische Eliten positionieren sich, Gesetze gilt es zu novellieren und selbst die EU-Kommission schaltet sich ein. Agrarministerin Klöckner lädt schließlich öffentlichkeitswirksam zum »Branchengespräch Fleisch« – es wird ein Krisengipfel.

Im frühen 21. Jahrhundert erscheinen hegemoniale Fleisch-Regime brüchig (Winterberg/Hirschfelder 2020). Im Zeichen der Pandemie verbinden sich zudem Diskurse um Tierethik und Zoonosen im Sinne einer aktivistischen *animal liberation* (Singer 1975). Tierhaltung und Fleischkonsum werden zu globalen Risiken stilisiert. Wie zuvor schon die Coronaviren SARS (2002) und MERS (2012) hat auch SARS-CoV-2 den Artensprung geschafft. Doch weder virale noch bakteriologische (Bsp.: Salmonellen) oder parasitäre (Bsp.: Trichinen) Zoonosen sind ungewöhnlich. Die Erreger stammen häufig von Fleder- und Nagetieren, etwa von Flughunden (Bsp.: Ebola) oder Ratten (Bsp.: Pest). Die meisten Influenzaviren gehen auf Vögel zurück. Wildtiermärkte wie im chinesischen Wuhan gelten gleichwohl als Brutstätten, weil der beengte Handel mit verschiedenen Arten die Mutation und Ausbreitung von Viren begünstige. Kritiker*innen moderner Intensivtierhaltung lenken die Aufmerksamkeit aber auch auf heimische Arten. Insbesondere Schweine stehen im Ruf, als Zwischenwirte in Frage zu kommen. Man spekuliert, sowohl die verheerende *Spanische Grippe* von 1918 als auch die sogenannte *Schweinegrippe* von 2009 seien auf amerikanische Ställe zurückzuführen. Das ist zwar wissenschaftlich reichlich umstritten, solche Narrationen sind

dennoch folgenreich: Allein in Ägypten habe man den kompletten Schweine-
bestand gekeult – und somit der Minderheit koptischer Christen eine wichtige Lebensgrundlage entzogen (Witte 2010).

Die aktuelle Krise befördert vielfältige Problemlagen, die im Agrar- und
Ernährungssektor Aushandlung finden. Tierkörperbeseitigungsanstalten
müssen für Seuchenfälle zusätzliche Kapazitäten vorhalten. Schlachthöfe
erhöhen routinemäßig die Desinfektion oder führen Fieberkontrollen ein.
In den USA, Kanada und Neuseeland geraten Produktionsketten in Gefahr,
Fleisch wird knapp und auf den Höfen droht Mastschweinen die Nottötung.
In Leipzig fiel Mitte April 2020 der *European Processing Potato Index* auf einen
historischen Tiefststand; bis zu einer halben Millionen Industriekartoffeln
habe sich aufgestaut, weil Verarbeitungswaren wie Fritten keinen Absatz
finden. Im System knarzt es, entgegen fiktiver Serienformate bleiben Chaos
und zivilisatorischer Kollaps aber aus. Für Hamsterkäufe finden sich vielfältige popkulturelle Referenzen – einschließlich ironischer Brechungen à la
»Preppa Wutz«. Der reale *Prepper* dürfte vielen als Zerrbild von Risikobe-
wusstsein und *Preparedness* gelten. Die Pandemie traf die meisten Menschen
aber doch recht unvorbereitet – und dürfte die weithin diagnostizierte
Consumer Confusion auf ein neues Level heben. Doch auf leere Regale folgen
derzeit nicht Hungerunruhen, sondern neue Lebensmittellieferungen. Wir
mögen mit der Agroindustrie hadern, aber sie sichert gegenwärtig unsere
Versorgung und erweist sich in vielerlei Hinsicht als resilient. Wo die Bevölkerung hingegen auf Subsistenzwirtschaft angewiesen, der Industrialisie-
rungsgrad niedrig und die politische Lage instabil ist, drohen humanitäre
Katastrophen. Das *World Food Programm* der UNO alarmiert, dass sich allein
in Westafrika die Anzahl hungernder und von Mangelernährung bedrohter
Menschen im Sommer 2020 auf ca. 43 Millionen verdoppeln könnte.[4]

Die globale Dimension der Krise gerät zuweilen aus dem Blick. Und doch
sind Gemeinsinn und Solidarität *die* Schlagworte der Stunde. Wer Super-
marktregale einräumt oder Hochbetagten von nebenan den Einkauf ab-
nimmt, darf sich in sozialen Medien als Alltagsheld*in feiern lassen. Das
Virus schafft insofern auch Nischen, um soziales (und ökonomisches) Kapital zu akkumulieren: Eine Brauerei füllt Desinfektionsmittel ab, ein Phar-
ma-Unternehmen versorgt die Heimatgemeinde mit Alltagsmasken und ein
Veterinärlabor stellt Kapazitäten für Corona-Diagnostik bereit. Der Lebens-
mitteleinzelhandel wird digitaler, und auch junge Start-ups fassen als Liefer-
dienste mit Rad und Idealismus Fuß. Aber folgt auf das Hamstern wirklich

ein achtsamer, vielleicht sogar ernsthaft nachhaltiger Konsum? Oder kehren wir alsbald zurück zum *business as usual*? Trägt das Virus eine Signatur des Wandels? Setzt es Transformationen in Gang – etwa hinsichtlich unseres Ernährungswissens? Wollen wir künftig wieder stärker selbst in der Lage sein, Nahrungsmittel anzubauen, Vorräte haltbar zu machen und Speisen zu kochen, statt sie nur zu erwärmen? Welchen Status werden lokale Restaurants, Bäckereien oder Metzgereien genießen, sofern sie die Krise überstehen? Lassen sich Wirtschaftskreisläufe re-regionalisieren, also Kosten, Produktivität und Effizienz stärker gegen eine Sicherung des Basalen abwägen? Und sollte uns trotz offenbar recht robuster Produktions- und Lieferketten die Spezialisierung und Arbeitsteilung einer globalisierten Agroindustrie nicht doch auch Unbehagen bereiten?

Wo die Teller leer bleiben, geraten gesellschaftliche Ordnungen in Gefahr. Die Geschichtsbücher sind voll von Mangel und Hungerprotesten, die vom nahen Wandel künden (Vernon 2007; Hirschfelder 2001). So betrachtet, könnten sich Debatten um Tierwohl oder Veganismus einst als Luxusprobleme einer menschheitsgeschichtlich begrenzten Phase des Wohlstands erweisen. Das Virus führt uns gegenwärtig vor Augen, was historisch nicht der Ausnahme-, sondern Normalfall war: existenzielle Risiken und Vulnerabilitäten – in Europa, im sogenannten Globalen Norden, auf der ganzen Welt. Es zeichnet ein ambivalentes Bild zwischen Risiko und Resilienz. Manchen Unkenrufen der Social-Media-Kanäle zum Trotz erweist sich die Nahversorgung (noch) als recht sicher. Und doch mahnt das Frühjahr 2020 an, was droht, sollten Lieferketten brechen und sich die Lager der Lebensmittelwirtschaft leeren. Vielleicht müssen wir wieder lernen, mit brüchigen Sicherheiten, halbvollen Regalen und planvoller Bevorratung zu leben. Vielleicht sind alltägliches Küchenwissen und ein umsichtiger Umgang mit Resten künftig wieder mehr als ästhetisierte Medientrends à la *from nose to tail*. Apropos: Blieben die Fleischtheken überhaupt gefüllt, wenn Sojaimporte aus Amerika oder Aminosäuren aus China plötzlich versiegen? Vermutlich. Es scheint jedenfalls durchaus geboten, nicht nur mögliche Anfälligkeiten des Status quo zu beleuchten, sondern auch, sich parallel bestehender Widerstandsfähigkeiten und Anpassungsspielräume zu vergewissern. Auch daraus ließe sich lernen. Die Pandemie mag das Fundament gegenwärtiger Agrar- und Ernährungskultur mitunter fragil und brüchig erscheinen lassen. Sie verdeutlicht, wie sehr wir auf weltweite Produktionen und Mobilitäten angewiesen sind. Weder eine globalisierte Industrialisierung noch ganz grundsätzlich unser Hunger auf Fleisch begründen dabei eine »Ursünde«, welche uns Seuchen wie COVID-19 beschert. Ihre konkreten Ausprägungen haben in den letzten 150 Jahren aber nicht nur Not und Mangel in Teilen der Welt beseitigt, sondern auch (globale) soziale Ungleichheit befördert und den Planeten möglicherweise an die Grenzen der Belastbarkeit geführt. Vor dem Hintergrund der Pandemie gilt es einmal mehr, die Risiken und Nebenfolgen unseres (post-)modernen Lebens zu bedenken sowie Nachhaltigkeit und Resilienz als zentrale Fluchtpunkte gesellschaftlichen Handelns zu etablieren.

Anmerkungen

1 Feldnotizen des Autors (Bonn, Frühjahr 2020).

2 Der vorliegende Beitrag steht in Verbindung mit dem aus Mitteln des Bundesministeriums für Bildung und Forschung (BMBF) geförderten Verbundprojekt »Verdinglichung des Lebendigen: Fleisch als Kulturgut« (Förderkennzeichen 01UO1817A). Vgl. http://fleischwissen.blogspot.com/, letzter Zugriff am 27.05.2020.

3 Siehe https://www.spiegel.de/wirtschaft/unternehmen/mueller-fleisch-in-pforz heim-die-fabrik-der-corona-infizierten-a-fd3985b2-1191-479a-b2fa-063bd7192f05, letzter Zugriff am 27.05.2020.

4 Vgl. https://de.wfp.org/krisen/covid-19-pandemie, letzter Zugriff am 27.05.2020.

Literatur

Beck, Ulrich (2007): Weltrisikogesellschaft. Auf der Suche nach der verlorenen Sicherheit. Frankfurt a. M.: Suhrkamp.

Bloch, Ernst (1985): Werkausgabe. Bd. 5: Das Prinzip Hoffnung. Frankfurt a. M.: Suhrkamp.

Fiedler, Mathias/Hielscher, Lee (2017): »Aus den Kreisläufen des ›Schweinesystems‹. Die Fleischindustrie im Oldenburger Münsterland als Regime von Mobilität und Ausbeutung«. In: movements. Journal for Critical Migration and Border Regime Studies 3/1. http://movements-journal.org/issues/04.bewegungen/12.fiedler,hielscher--kreislaeufe-schweinesystem.html, letzter Zugriff am 27.05.2020.

Grossarth, Jan (2016): Vom Land in den Mund. Warum sich die Nahrungs-industrie neu erfinden muss. München: Nagel & Kimche im Carl Hanser Verlag.

Hirschfelder, Gunther (2001): Europäische Esskultur. Geschichte der Ernäh-rung von der Steinzeit bis heute. Frankfurt a. M./New York: Campus.

Singer, Peter (1975): Animal Liberation. A New Ethics for Our Treatment of Animals. New York: Random House.

Vernon, James (2007): Hunger. A Modern History. Cambridge: Harvard Uni-versity Press.

Winterberg, Lars/Hirschfelder, Gunther (2020): »Fleisch als Kulturgut: Tra-ditionen und Dynamiken«. In: Ernährung im Fokus 1, S. 28–33.

Witte, Wilfried (2010): Tollkirschen und Quarantäne: Die Geschichte der Spanischen Grippe. Berlin: Wagenbach.

Online-Quellen

https://de.wfp.org/krisen/covid-19-pandemie, letzter Zugriff am 27.05.2020.

http://fleischwissen.blogspot.com/, letzter Zugriff am 27.05.2020.

https://www.spiegel.de/wirtschaft/unternehmen/mueller-fleisch-in-pforz heim-die-fabrik-der-corona-infizierten-a-fd3985b2-1191-479a-b2fa-063b d7192f05, letzter Zugriff am 27.05.2020.

Krisenbewältigung

Hoffnung kann helfen, sich gemeinsam mit anderen zu wehren und sich für eine gerechte und nachhaltige Post-Corona-Welt einzusetzen. Nur wer hofft, kann sich der Rhetorik der Alternativlosigkeit entgegenstellen. — *Fred Luks*

An der Zeit ist eine Politik im Zeichen spezifischer Vulnerabilitäten, die uns auch für das Tragische sensibilisiert und dadurch neue Verwundungen verhindert. Die Sehhilfe des Tragischen bewahrt vor einer drohenden politischen Katastrophe. — *Jürgen Manemann*

Die kultur- und wissenshistorische Analyse des Konzepts der Ansteckung kann den Einzelnen lehren, seine persönliche Beziehung zu seiner eigenen Kontingenz und der Kontingenz anderer wiederzuentdecken. — *Antonio Lucci*

Hoffnung im Ausnahmezustand
Über Abwägung, Angstmanagement und Aktivismus

Fred Luks

> »Es ist alles lächerlich, wenn man
> an den Tod denkt.«
> *Thomas Bernhard*

Pessimismus, Optimismus und echte Hoffnung

»Souverän ist, wer über den Ausnahmezustand entscheidet.« Dieser legendäre Satz von Carl Schmitt ist im Zusammenhang mit dem politischen Management der Corona-Krise immer wieder zitiert worden. Nachdem in Deutschland im vorigen Jahr noch 70 Jahre Grundgesetz und die dort verbrieften Freiheitsrechte gefeiert wurden, konnte man jetzt staunend zusehen, wie eben diese Rechte gesundheitspolitisch suspendiert wurden. Für viele sind die Menschen, die alleine im Auto fahren und dabei eine Maske tragen, zum Symbol eines neuen gesellschaftlichen Klimas geworden.

Dieses Klima vermag ebenso zu irritieren wie die grassierenden Verschwörungstheorien, das ökonomische Desaster und die Erwartungen, die mit der Krisensituation verbunden sind. Um diese Erwartungen soll es im Folgenden gehen, genauer: um die feine Unterscheidung zwischen naivem Optimismus und echter Hoffnung. Wie bei jeder Äußerung zur Corona-Krise stellt sich auch hier die Frage nach der diskursiv-zeitlichen »Haltbarkeit«. Wo sich die Lage praktisch im Wochenrhythmus verändert und in kurzer Folge immer neue Diskurs-Säue durchs Dorf getrieben werden, ist das Risiko essayistischer Fehlgriffe besonders hoch. So mancher Denker hat sich in den letzten Wochen um Kopf und Kragen geschrieben in dem Willen, den Ernst der Lage für aufmerksamkeitsökonomische Gewinne zu nutzen.

Im vollen Bewusstsein dieses Risikos wird im Folgenden der Versuch unternommen, sich einen Reim auf die Corona-Krise zu machen und die Frage auszuleuchten, ob in der höchst verfahrenen Situation Hoffnung möglich ist. Die These: Hoffnung ist nicht nur möglich – sie ist dringend nötig, wenn aus der Lage etwas Gutes gemacht werden soll. Dass man eine gute Krise nicht verschwenden soll, kann man auch in Zeiten der Corona-Krise oft hören. Gelingen wird das nur, wenn man Hoffnung hat. Hoffen heißt, vermeintlichen Alternativlosigkeiten plausible Alternativen entgegenzusetzen.

Dunkelschwarzer Pessimismus gebiert schlechte Laune und Aussichtslosigkeit, aber keine guten Ideen. Für Pessimisten zeigt Corona je nach Geschmack das Ende der Welt, die tiefe Wahrheit von Verschwörungstheorien oder die Verlogenheit der Eliten. Über diese Haltung zur Krise lässt sich wenig sagen, außer dass man wohl nicht allzu viel Energie auf die Befassung mit dieser Weltsicht verschwenden sollte.

Höchst relevant ist dagegen die Frage, ob Optimismus angemessener und produktiver ist. Zumal Menschen, die (aus ganz unterschiedlichen Gründen) den Umbau der Gesellschaft herbeisehnen, sehen die Krise als Chance für Klimaschutz, Achtsamkeit und Entschleunigung. Auch sehr beliebt ist die Auffassung, nun seien Globalisierung und Neoliberalismus am Ende. *Diesmal wirklich!* Diese Krise, so hört man, sei eine Chance, ein Weckruf, eine Gelegenheit: Jetzt wird alles gut. Schon bald, wird uns versichert, werden Regionalisierung, Nachhaltigkeit und Resilienz um sich greifen. Dieser Optimismus ist genauso »faul« wie Pessimismus. Wo die Pessimistin passiv bleibt, weil ja ohnehin alles schlecht wird, tut der Optimist nichts, weil gewiss alles gut wird.

Wie man sehr schön in Terry Eagletons Buch *Hoffnungsvoll, aber nicht optimistisch* nachlesen kann: Auch wenn Optimismus und Hoffnung alltagssprachlich oft synonym verwendet werden, hat das eine bei genauer Betrachtung mit dem anderen nichts zu tun. Der Optimist, so formuliert es der französische Philosoph Gabriel Marcel, glaubt daran, dass »die Dinge ›sich einrichten‹ müssen«. Optimismus ist mit seiner Naivität der Treibstoff für falsche Hoffnungen. Echte Hoffnung ist etwas ganz anderes. Wer hofft, ist mit der Lage unzufrieden, will etwas ändern – und weiß, dass man mit seinen Bestrebungen scheitern kann.

Hoffnung ist also eine aktivistische Haltung. Echte Hoffnung ist nicht naiv, sondern fragend, tastend, zweifelnd und kritisch. Und Kritik ist dringend erforderlich, wenn aus dieser Krise etwas Gutes gemacht werden soll. Diese Wendung wird keinesfalls »automatisch« geschehen, sondern nur dann, wenn Menschen sich aktiv für Verbesserungen engagieren und sich kritisch mit dem Zustand der Welt befassen.

Alles neu? Wissenschaft und Politik, Fächervielfalt und Fachidiotie, Angst und Abwägung

Das schließt die Frage nach dem historischen Bruch ein, den viele diagnostizieren. »Wer von der Realität einer Epochenwende spricht«, hat Hans Blumenberg einmal geschrieben, »belastet sich mit dem Nachweis dafür, daß etwas definitiv entschieden wird«. Dieser Nachweis ist aktuell eindeutig nicht zu erbringen. Die Welt ist mitten drin im Corona-Desaster – welchen Unterschied seine Konsequenzen und die politischen Managementversuche am Ende machen werden, kann man heute nicht wissen.

Eine große Veränderung lässt sich freilich schon heute diagnostizieren: Dass Politik in einer globalisierten Welt handlungsunfähig ist, hat sich in geradezu dramatischer Weise als falsch erwiesen. Noch mehr: Es hat sich auch gezeigt, dass Politik auf Wissenschaft hören und auf dieser Basis tiefe Eingriffe in Gesellschaft und Wirtschaft vornehmen kann. Nicht zuletzt diese Beobachtung hat einen Optimismus befeuert, der hier ein zukünftiges Modell für die Nachhaltigkeits- und Klimapolitik sieht.

In der Tat kann man eine erstaunliche Ähnlichkeit zwischen den Forderungen der Klimabewegung und dem Verlauf der Corona-Krise beobachten: Dass die Politik sich an der Wissenschaft orientieren und auf dieser Grundlage endlich handeln soll, gehört zu den zentralen Forderungen nicht nur von *Fridays for Future*. Hier vom Corona-Krisenmanagement zu lernen, heißt siegen lernen – so muss man manche Wortmeldung aus dem Lager der Optimisten wohl deuten. Bei genauem Hinsehen erweist sich, dass hier in mehrfacher Hinsicht ein Denkfehler vorliegt.

Denn die Corona-Krise hat nicht nur die Chancen, sondern auch die Risiken wissenschaftsbasierter Politikinterventionen deutlich gezeigt. In frappanter Weise wurde selektiv vorgegangen – denn die politischen Akteure schienen vollkommen im Bann naturwissenschaftlicher Expertise zu stehen. Trotz massiver Auswirkungen der getroffenen Maßnahmen auf unterschiedliche gesellschaftliche Gruppen und ökonomische Funktionszusammenhänge dominierten bestimmte Virologen und Medizinerinnen das Feld, während soziologisches, pädagogisches und wirtschaftswissenschaftliches Wissen deutlich unterrepräsentiert wirkte.

Davon nicht unabhängig war und ist ein anderes Phänomen zu beobachten, das ebenfalls Parallelen zwischen Corona und Klima deutlich macht: Hier wie dort wurde und wird mit Angst Politik gemacht. Wo Greta Thunberg zur Klima-Panik aufruft, warnte der österreichische Bundeskanzler davor, irgendwann werde jeder jemanden kennen, der an COVID-19 gestorben ist. Diese Politik der Angst erwies sich in der ersten Phase der Krise als wirksam und für viele akzeptabel – nach dieser Phase freilich wurde immer deutlicher, dass Angstmachen das Abwägen unterschiedlicher Ziele und Interessen nicht ersetzen kann.

Darauf hatte der Deutsche Ethikrat schon früh hingewiesen. In seiner »Ad-hoc-Empfehlung« mit dem Titel *Solidarität und Verantwortung in der Corona-Krise* formuliert der Rat bereits im März etwas, das ein langes Zitat rechtfertigt:

> »Der ethische Grundkonflikt erfordert die Abwägung des erhofften Nutzens einer Strategie körperlicher Distanz für die dauerhaft belastbare Aufrechterhaltung des Gesundheitssystems mit den befürchteten oder unmittelbaren Schäden für die politische, soziale, wirtschaftliche und kulturelle Lebenslage derjenigen Personen oder Personengruppen, die von dieser Strategie unmittelbar oder mittelbar betroffen sind. Solche Abwägungen, die immer auch Nützlichkeitserwägungen einschließen, sind ethisch einerseits unabdingbar, andererseits nur insofern zulässig, als sie keine Grund- und Menschenrechte oder weitere fundamentale Güter auf Dauer aushöhlen oder sogar zerstören. Auch der gebotene Schutz menschlichen Lebens gilt nicht absolut. Ihm dürfen nicht alle anderen Freiheits- und Partizipationsrechte sowie Wirtschafts-, Sozial- und Kulturrechte *bedingungslos* nach- bzw. untergeordnet werden. Ein allgemeines Lebensrisiko ist von jedem zu akzeptieren.«

Der Hinweis, dass das Leben nun mal lebensgefährlich ist, wurde im Diskurs über die Krise nicht selten als krude Menschenfeindlichkeit denunziert. Angstpolitik und das Absolutsetzen des Lebensschutzes haben im Verein mit der skizzierten Monodisziplinarität zu Maßnahmen geführt, die kein Modell für die Klimapolitik oder andere zukunftsgerichtete Prozesse sein können. Bei allem Respekt vor den Schwierigkeiten eines angemessenen Corona-Krisenmanagements und im vollen Bewusstsein der Relevanz des Präventionsparadoxons darf man sagen: Die psychischen Bedürfnisse junger Menschen, die Würde alter Menschen, die sozialen Nöte von Alleinerziehenden und Arbeitslosen, die Gender-Dimension der Krise und der ökonomische Absturz von Millionen von Menschen wurden von der Politik offenbar durchaus gering geschätzt. Hoffnung für die Zukunft kann es nur geben, wenn aus diesen Mängeln gelernt wird.

Grundrechtseinschränkungen, Angstrhetorik und entschlossenes Durchregieren im Zeichen des Krisenmanagements stehen in einem durchaus irritierenden Verhältnis zum Klima- und Nachhaltigkeitsdiskurs. Auch dort werden Begriffe wie Ausnahmezustand und Notstand zitiert und demokratische Entscheidungsprozesse als zu langsam und umständlich kritisiert. In Jorgen Randers' *Bericht an den Club of Rome 2052* beispielsweise wird dem Westen vorgeschlagen, sich beim Thema Nachhaltigkeit doch an China zu orientieren. Dort könnten Entscheidungen getroffen und vorausschauend gehandelt werden. In der Tat: Bei der Umsetzung rigoroser Maßnahmen sind Diktaturen effektiver als Demokratien.

Karl Poppers Warnung, dass jeder Versuch, den Himmel auf Erden zu errichten, stets die Hölle erzeugt, scheinen viele vergessen zu haben. Wer echte Hoffnung auf eine bessere Zukunft hegen will, sollte sich dieser Warnung aber erinnern. Wie Timothy Snyder formuliert: »Wer dir versichert, Sicherheit sei nur um den Preis der Freiheit zu haben, will dir in der Regel beides verwehren.« Wer sich schon nicht von der Geschichte beeindrucken lässt, dem kann vielleicht mit einem zeitgemäßen Medium geholfen werden – mit einer TV-Serie: *The Handmaid's Tale*. Die auf dem Roman von Margaret Atwood (dt. *Der Report der Magd*) basierende Reihe zeigt uns anhand der religiös und ökologisch fundierten Diktatur »Gilead« höchst eindringlich, was Diktatur bedeutet: Unterdrückung, Menschenverachtung, Bespitzelung. In Rückschau auf die Zeit vor der Diktatur sagt die Protagonistin: »Wir glaubten, wir hätten furchtbare Probleme. Wie sollten wir wissen, dass wir glücklich waren?« Ein solches Gefühl könnte sich rasch verbreiten, wenn Corona zum Modell für Klimapolitik gemacht würde. Auf dem Weg nach Gilead, so heißt es bei Atwood, »wurde die Verfassung aufgehoben. Es hieß, das sei nur eine vorübergehende Maßnahme«.

Hoffnung auf die Nachhaltigkeitstransformation?

Die von Elisabeth Moss verkörperte Hauptfigur von *The Handmaid's Tale* hat keinerlei Gründe für Optimismus – aber sie ist beseelt von der Hoffnung, dem Horror zu entkommen. Diese Hoffnung lässt sie durchhalten und kämpfen. Dass diese Kraft nötig ist, damit die Dinge sich verbessern können, zeigen zwei Beispiele, die auch in der sozial-ökologischen Transformationsliteratur immer wieder zitiert werden: die Abschaffung der Sklaverei und die Einführung des Wahlrechts für Frauen. Diese beiden Fälle positiv gestalteten Wandels zeigen auch deutlich, dass grundlegende Verbesserungen stets mit der Abschaffung von Privilegien einhergehen und folglich mit dem Widerstand der Privilegierten zu rechnen ist.

Mit der Sklaverei wurde eine soziale Institution abgeschafft, die sehr lange Zeit für die meisten Menschen völlig selbstverständlich war und als wirtschaftliche und soziale Praxis als völlig unproblematisch angesehen wurde. Sklaverei war so »selbst-verständlich«, dass sich ihre Abschaffung wohl nur eine verschwindend geringe Menge von Menschen überhaupt vorstellen konnte. Ähnliches galt für das Wahlrecht für Frauen. Lange Zeit war es für viele Menschen völlig selbstverständlich und höchst »normal«, dass nur Männer wählen dürfen und Frauen keine Stimme in »demokratischen« Mitbestimmungsprozessen haben. Dass es hier dennoch grundlegende Veränderungen gegeben hat, war das Ergebnis der Kämpfe von Menschen, die von der Hoffnung auf bessere, gerechtere Verhältnisse beseelt waren.

Dass den allermeisten Menschen eine Praxis, die eine relevante Zeit lang ökonomisch, sozial und kulturell völlige Normalität war, heute vollkommen absurd und unakzeptabel erscheint, zeigt: Normativ motivierter und tiefgreifender gestalteter Wandel *ist* möglich. *Diese* Hoffnung kann man haben. Hoffnung basiert auf einer Unzufriedenheit mit der Lage, auf dem Wunsch nach Verbesserung – und auf dem Bewusstsein, dass es einen Raum zwischen Notwendigkeit und Unmöglichkeit gibt, den man ausfüllen kann. Diese Kontingenz, also der Bereich zwischen dem Notwendigen und dem Unmöglichen, markiert den Zukunftsraum der Hoffnung.

Mit Ernst Bloch kann man, auch wenn man nicht an ein »Prinzip« Hoffnung glaubt, etwas über die Produktivität von Unzufriedenheit und die Kraft der Sehnsucht nach einer besseren Welt lernen. Zeitgemäße Hoffnung kann sich in einer endlichen Welt aber nicht auf expansive Utopien richten, die dauerndes Wachstum voraussetzen. Plausible Hoffnung muss sich hier und heute Warnungen stellen, wie sie Hans Jonas mit seinem Buch *Das Prinzip Verantwortung* allzu forschem utopischem Denken gegenübergestellt hat. Von Jonas kann man lernen, dass die ökologische Situation zur Vorsicht mahnt – und Reduktion für die Nachhaltigkeit womöglich viel wichtiger ist als Expansion. Das sollte nicht zur Verzagtheit verleiten, sondern zur gedanklichen Klarheit. Wissen um die Vergangenheit und um die Risiken eines naiven Optimismus kann davor bewahren, zu viel zu hoffen oder auf Basis falscher Hoffnung an Utopien zu arbeiten, die katastrophal enden können.

Wobei man nicht den wichtigen Punkt vergessen sollte, dass man auch *zu wenig* hoffen kann. Völlig unvorhergesehene und überraschende Ereignisse wie das Ende der deutschen Teilung erinnern daran, dass es zwar keine physikalischen, aber sehr wohl politische »Wunder« gibt. Echte Hoffnung basiert auf fundiertem Wissen: auch auf dem Wissen, dass derlei »Wunder« möglich sind – und dass man auf die nicht warten sollte, aber für sie arbeiten kann. Wie Gesellschaften mit guten und bösen Überraschungen umgehen können, hängt wesentlich von Ressourcen ab, die in unvorhergesehenen Situationen verfügbar sind – und von der Vielfalt der Optionen, die bei Entscheidungen bereitstehen. Diese Form der Resilienz wird durch die Corona-Krise vermutlich einen erheblichen Bedeutungszuwachs erfahren.

Aber darf man wirklich darauf hoffen, dass die »Politik der Nicht-Nachhaltigkeit« (Ingolfur Blühdorn) überwunden wird und eine Transformation in Richtung echter Nachhaltigkeit gelingt? Lassen die funktionalen Zwänge des demokratischen Kapitalismus zu, dass aus der Corona-Krise etwas Gutes entsteht? Eine Haltung, die vor lauter Optimismus die sozialen, demokratiepolitischen und ökonomischen Kosten des Corona-Krisenmanagments nicht in den Blick bekommt, dürfte sich als illusorisch und kontraproduktiv erweisen. Aber die Hoffnung, dass die Gesellschaft aus dem Corona-Desaster die richtigen Lehren zieht, darf man haben.

Dabei ist eine Dimension von zentraler Bedeutung, die im Klimadiskurs gerne unter der Überschrift *just transition* diskutiert wird: Gute Politik muss Verteilungs- und Ungleichheitsaspekte im Blick haben. Hier könnte das Management der Corona-Krise als Model dafür fungieren, wie man es *nicht* machen sollte: Dass die sozialen, ökonomischen und psychologischen »Kosten« dieses Managements teilweise krass ungleich verteilt waren, gilt es bei der Aufarbeitung der Krise zu berücksichtigen. Hier darf man die Hoffnung hegen, dass für die Zukunft etwas gelernt wird.

In den historischen Momenten Ende der 1980er und Anfang der 1990er Jahre erfuhr die Welt, wie der Theologe Jürgen Moltmann es ausdrückt, auf dem Feld der Politik tatsächlich »Zeichen und Wunder«. »Die Geschichte beschämte unsere Kleingläubigkeit«, so Moltmann, als die Sowjetunion sich auflöste, die deutsche Teilung endete und in Südafrika das Apartheitsregime ohne Bürgerkrieg aus der Welt geschafft wurde: »Warum haben wir nicht größer gehofft?« Diese Frage möchte man sich nicht stellen lassen – auch nicht im Durcheinander von Corona, Klima und anderen Krisen. Das darf man als Anreiz nehmen, sich in Wissenschaft, Zivilgesellschaft, Wirtschaft oder Politik zu engagieren. Der österreichische Slogan zur Corona-Krise war, dass niemand zurückgelassen werde. Schnell wurde deutlich, dass das nur für die galt, die sich wehren konnten. Hoffnung kann helfen, sich gemeinsam mit anderen zu wehren und sich für eine gerechte und nachhaltige Post-Corona-Welt einzusetzen. Nur wer hofft, kann sich der Rhetorik der Alternativlosigkeit entgegenstellen.

Gleichheit vor dem Virus!
Verwundbarkeiten und das Tragische in der Corona-Krise

Jürgen Manemann

Das Virus als der große Gleichmacher

›Nackt in der Badewanne‹ verkündete Madonna in einem Videoclip, dass das Coronavirus »der große Gleichmacher« sei, und stellte dabei erleichtert fest: »Wenn das Schiff untergeht, gehen wir alle zusammen unter.«[1] Eine solche Aussage zeugt von Blindheit gegenüber den unterschiedlichen Verwundbarkeiten, denen unterschiedliche Menschen aufgrund unterschiedlicher Gefährdungen in der Corona-Pandemie ausgesetzt sind. Zu Recht rieben sich einige Fans die Augen; verwundert ob derlei Weltfremdheit mahnten sie: »Entschuldige, meine Königin, ich liebe dich so sehr, aber wir sind nicht gleich. Wir können durch die gleiche Krankheit sterben, aber die Armen werden am meisten leiden. Romantisiere diese Tragödie nicht«.[2]

Das Virus – ein großer Gleichmacher? Für Madonna liegt in der Vorstellung von der gleichmachenden Todeskraft des Virus ein Trost, muss sie doch nicht allein untergehen. Wenn andere mitsterben, sei das eigene Sterben nicht ganz so schwer – so ihre Annahme. Allerdings lässt sich das Sterben nicht delegieren, auch nicht teilweise. Im Blick auf das Coronavirus wäre zu formulieren: Wir gehen alle unter, aber nicht gemeinsam. »Corona« bedeutet Seuchentod – und das ist ein sehr einsamer Tod. Die Idee vom Tod als großem Gleichmacher ist nicht neu. Sie findet sich auch in den spätmittelalterlichen Totentänzen. Aber anders als bei Madonna ging der Gedanke dort auch mit einer radikalen Sozialkritik einher (vgl. Kaiser 1983: 36–51). Die Erkenntnis, dass die Pest alle Menschen in gleicher Weise mit dem Tod bedroht, gerann hier nicht zur billigen Vertröstung. Die Gleichheit im Tod offenbarte die Ungleichheit im Leben.

Ja, das Virus ist ein Gleichmacher. Es kann jeden Menschen treffen – aber es trifft nicht jeden. Wir sollten es deshalb auch nicht mit Lothar Wieler (Präsident des Robert Koch-Instituts) als »demokratisch« bezeichnen (Wieler 2020)[3]. Das Virus entfaltet keine freiheitlich-egalisierende Wirkung. Im Gegenteil, es geht mit der Einschränkung von Grundrechten einher. Nun könnte natürlich eingewandt werden, dass die rhetorische Absicht einer solchen Rede in eine andere Richtung ziele: Wir Bürger*innen müssen zusammenhalten und gemeinsam handeln, weil diese Gefahr uns alle bedroht. Intendiert wäre also die Evozierung von Solidarität, genauer von Zwangssolidarität. Eine solche Rhetorik hat jedoch Nebenwirkungen. Sie vernebelt die asymmetrische Gemengelage, die Faktizität unterschiedlicher Gefährdungen. Statt vom Gleichsein zu reden, wäre stattdessen Gleichbehandlung einzufordern. Analog zur Forderung der Gleichheit vor dem Recht wäre die Forderung nach Gleichheit vor dem Virus zu stellen. Gleichheit wäre in diesem Zusammenhang als eine interpersonale Relation zu verstehen, die durch Anerkennung gestiftet wird (vgl. Schnell 2017). Dabei wäre so von Gleichheit zu sprechen, dass die Forderung zur Gleichbehandlung die spezifische Benachteiligung von bestimmten Menschen in der Corona-Krise nicht zudeckt, sondern offenlegt und anerkennt. Gleichheit vor dem Virus – das hieße mit den spezifischen Eigenperspektiven dieser Menschen auf ihre Verwundbarkeit zu beginnen. Die Aufgabe bestünde also darin, unsere Rede von Gleichheit im Blick auf konkrete Menschen mit ihrer spezifischen Verwundbarkeit angesichts sozio-politischer und kultureller Hegemonien zu befragen (vgl. Menke 2004: 38). Eine solche Rede von Gleichheit besäße das Potenzial, ein gesellschaftskritisches Solidaritätsempfinden hervorzurufen.

Differenzsensibilität

Wenn Judith Butler lakonisch registriert: »das Virus diskriminiert nicht« (Butler 2020), dann zielt sie mit dieser Feststellung darauf ab, uns für die unterschiedlichen Verwundbarkeiten zu sensibilisieren, die aus politisch hergestellten Diskriminierungen resultieren. Menschen sind nicht gleich verwundbar. Wir wissen das, aber wir wissen das scheinbar nur im medizinischen, nicht im dezidiert politischen Sinn. So sprechen wir von »vulnerablen Personen«, den »Risikogruppen«. Interessant ist, dass dabei häufig unausgesprochen ein Appell an das Solidaritätsgefühl der weniger vulnerablen Personen mitschwingt: Seid achtsam und vorsichtig im alltäglichen Umgang mit Personen, die verwundbarer sind als ihr. Das ist im öffentlichen Diskurs nicht selbstverständlich, denn für gewöhnlich bedeutet Solidarität hier entweder Zwangssolidarität (s. o.) oder Zwecksolidarität, das heißt, ich bin mit anderen solidarisch, weil es für mich von Vorteil ist. Beide Solidaritäten sind wichtig. Sie sind Ausdruck einer Bündnissolidarität: Ich unterstütze dich, damit du mich unterstützt. Beide Solidaritäten laufen jedoch immer auch Gefahr, zum bloßen Abbild einer Tauschgesellschaft zu verkommen. Die appellative Verwendung des Adjektivs »vulnerabel« in der Corona-Krise zielt hingegen auf eine Solidarität, die eine auf Tausch angelegte Beidseitigkeit durchbricht. Sie verlangt von uns ein solidarisches Handeln, das in der differenzsensiblen Wahrnehmung von Verwundbarkeiten gründet. Diese Solidarität bleibt angesichts des Coronavirus nicht bei der Erinnerung daran stehen, dass wir alle verletzbar sind. Sie zwingt uns genauer hinzusehen und zu erkennen, dass es, wie Butler herausgearbeitet hat, neben dem allgemeinen Gefährdetsein des Lebens durch Tod, Krankheit, Verwundbarkeit, Unfälle, Unsicherheiten und Gewalt auch Gefährdungen gibt, denen nicht alle Körper gleich ausgesetzt sind. Es gibt Körper, die sind besser geschützt als andere (vgl. Butler 2010: 36; Lorey 2015: 24). Diese Erkenntnis benötigen wir heute dringender denn je. In der gegenwärtigen Krise könnte eine differenzsensible Wahrnehmung von Verwundbarkeit ein Solidaritätsempfinden mit *den* Menschen hervorrufen, die aufgrund spezifischer Verwundbarkeiten und Verwundungen stärker gefährdet sind.

Aber die Wahrnehmung von Verwundbarkeit führt nicht zwangsläufig zu Solidarität. Sie birgt auch Risiken in sich. So besteht etwa die Gefahr, dass gerade die Wahrnehmung der spezifischen Verwundbarkeit anderer eine Erinnerung an die eigene Verletzlichkeit generiert, die *kein* Solidaritätsempfinden auslöst, sondern Furcht, und zu neuen Herrschaftsformen führt. Potenzielle Verwundbarkeit geht immer auch mit der Gefahr des Missbrauchs einher. Des Weiteren ist zu bedenken, dass die Kennzeichnung »vulnerabel« eine Markierung nach sich ziehen kann, die zu einer Stigmatisierung der vulnerablen Person führt und deren Ausgesetztheit zur Folge hat. Zudem geht die Wahrnehmung einer größeren Verwundbarkeit nicht automatisch mit mehr Schutz einher, wie gerade ein Blick auf die Debatte über die intensivmedizinische Behandlung in Corona-Zeiten zeigt.

Triage und das Tragische

In der Individualmedizin gilt das Behandlungsprinzip: Wer Hilfe am nötigsten hat, bekommt sie zuerst. In der Kriegs- und Katastrophenmedizin findet das Prinzip Triage Anwendung. Der Grad einer konkreten Verwundung entscheidet hier über den Schutz: Verringert die Verwundung die Überlebenswahrscheinlichkeit, so bedeutet das weniger Schutz. Eine solche Sortierung kann schnell in Selektion umkippen. Damit die Wahrnehmung von starker Verwundbarkeit angesichts des Coronavirus nicht zur Schutzlosigkeit führt, sondern zum Auslöser eines Solidaritätsempfindens wird, das insbesondere denjenigen, die am meisten der Gefahr ausgesetzt sind, Schutz bietet, ist das Prinzip der Triage mit dem Gedanken des Tragischen zu verbinden. Sehr früh in der Debatte hat darauf der Journalist Rainer Erlinger in der *Süddeutschen Zeitung* hingewiesen (vgl. Erlinger 2020). Es ist diese Verbindung zwischen der Triage und dem Tragischen, die Selektion aufgrund unterschiedlicher Verwundungen verhindert, ist doch die Wahrnehmung einer Situation als tragisch eben keine kalte quantifizierende Registrierung, die uns von ethischen Werten abkoppelt. Im Gegenteil! In der Situation des Tragischen würden sich Ärzt*innen als solche erfahren, die in einer »Sphäre von Werten und Wertverhältnissen« eingebettet sind (Scheler 1972: 153): »Im wertfreien Universum [...] gibt es keine Tragödien.« (Ebd.) Werte sind sozial integrierend. Sie verbinden Menschen. Wer das Tragische wahrnimmt, befindet sich deshalb jenseits inhumaner Wertungen von lebenswert und lebensunwert. Der Horizont des Tragischen würde Ärzt*innen davor bewahren, in einer Situation, in der die Rettung eines Lebens die gleichzeitige Preisgabe eines anderen Lebens, die Rettung eines positiven Wertes die gleichzeitige Vernichtung eines anderen positiven Wertes erfordern würde, von Werten suspendiert, im Modus der Kälte zu triagieren. Die Wahrnehmung der Situation als tragisch hätte darüber hinaus eine entlastende Wirkung, denn die tragische Sortierung ginge mit dem Leiden an einer »schuldlosen Schuld« (ebd.: 67) einher. Kennzeichen dieser Schuld, die Ärzt*innen beim Triagieren in der Corona-Krise auf sich laden, ist, dass sie die Tat nicht verschuldet haben. Sie sind der Tat ausgesetzt, in sie verstrickt, ohne je die Möglichkeit gehabt zu haben, sich ihr zu entziehen (ebd.: 168).

Das Tragische und die Politik

Lässt sich die Perspektive des Tragischen auch auf das politische Handeln in der Corona-Krise übertragen? Oder kommt dadurch ein Schicksalston in die politische Auseinandersetzung, der einer Entpolitisierung Vorschub leistet – schließlich gehört es zum Kennzeichen des Tragischen, »ein wesentliches Moment im Universum selbst« (ebd.: 151) zu sein? Die Idee des Tragischen geht zunächst einmal mit dem Gedanken einer Unabwendbarkeit einher. Ist das Tragische doch wesentlich Teil einer »bestimmte(n) Beschaffenheit der Welt« (ebd.). Als solches löst es Trauer aus. Diese tragische Trauer kennt weder den Gedanken, es hätte doch anders sein können, noch den Wunsch, es hätte doch anders sein sollen (ebd.: 158). Es ist nicht zuletzt diese wunschlose Trauer, die die Gefahr einer Entpolitisierung offensichtlich werden lässt, die mit der Markierung eines Zustandes als tragisch einhergeht. Das Tragische kann sehr schnell für allerlei Exkulpationsversuche missbraucht werden. Im Feld des Politischen wäre deshalb darauf zu achten, dass die Rede vom Tragischen mit dem Bewusstsein einhergeht, dass die gegenwärtige tragische Situation nie nur Ausdruck einer »bestimmte(n) Beschaffenheit der Welt« (ebd.: 151) ist, sondern immer auch Ausdruck einer bestimmten, politisch inszenierten Weltbeschaffenheit. Ansonsten würde das Tragische zur bloßen Rechtfertigungsideologie verkommen. Diese Erkenntnis zwingt zu der Einsicht, dass der politisch inszenierte Teil von Welt durchaus anders hätte sein können. Aus diesem Grund sollte die Corona-Pandemie auch nicht auf eine »Naturkatastrophe, die in Zeitlupe abläuft« (Drosten 2020), reduziert werden. Das Tragische, mit dem wir konfrontiert werden, wäre vielleicht abwendbar gewesen, wenn die Beschaffenheit der Welt nicht maßgeblich durch eine eskalierende Hominisierung geprägt wäre, die darauf ausgerichtet ist, immer mehr Naturräume zu besetzen und alle Natur zu beherrschen.

Das Potenzial des Tragischen im Feld des Politischen zeigt sich im Gedanken der »innere(n) Notwendigkeit«, der mit ihm einhergeht (Scheler 1972: 161). Es ist dieser Gedanke, der einerseits die Möglichkeit freier Akte in der Situation des Tragischen hervortreten lässt, gleichzeitig aber darauf verweist, dass diese es nicht vermögen, den Lauf einer Katastrophe zu verhindern:

> »Erst da, wo wir der Katastrophe mit allen freien Kräften widerstehen und sie mit allen zu Gebote stehenden Mitteln bekämpft sehen, und wir *gleichwohl* ihr Hereinbrechen noch als ›notwendig‹ verspüren, ja eben an der Wucht und

Gewalt dieses aufgebotenen Kampfes gegen sie und seinem Nachleben sie
als eine besondere Art von *erhabener* Notwendigkeit verspüren, da ist die im
Tragischen liegende ›Notwendigkeit‹ vorhanden.« (Ebd.)

Zudem ist eine tragische Katastrophe durch Unberechenbarkeit gekennzeichnet, und zwar in ihrem Beginn und in ihrem Ende (ebd.: 164). Deshalb
ist das Tragische als Tat eine, »vor der alle *mögliche* moralische und rechtliche
Beurteilung *verstummt*; und umgekehrt ist jeder moralisch und juridisch noch
durchschaubare und schlichtbare Konflikt seinem *Wesen* nach untragisch«
(ebd.).

Es ist diese Überlegung, die die Vergeblichkeit der Suche »nach einem
Subjekt der Verschuldung einer ›Schuld‹« offenbart (ebd.: 165). An dieser Stelle wird deutlich, dass der Gedanke des Tragischen neue Verwundungen in
der Corona-Krise zu verhindern vermag, die als Reaktion auf die tragische
Erfahrung verursacht werden könnten. Er sensibilisiert gewissermaßen für
die Fallstricke, die in dem Drang liegen, Schuldige zu finden. Es ist dieser
Drang, der dazu verleitet, sowohl Ärzt*innen für ihr medizinisches Handeln
als auch Politiker*innen für ihr politisches Handeln persönlich verantwortlich zu machen.

Auf den ersten Blick gründet die politische Entscheidung für *Kontaktbeschränkungen* und *Shutdown* in einem moralischen Konflikt und nicht in
einem tragischen Dilemma. Die massiven Einschränkungen wurden von
den Entscheidungsträger*innen als die besseren der schlechten Lösungen
verkündet. Je mehr jedoch auch die subjektive Wahrnehmung und Erfahrung der damals Handelnden in die gegenwärtigen Debatten Eingang finden, umso deutlicher wird, wie stark die Situationsvergewisserung, die zu
dieser Entscheidung geführt hat, von Überraschungen, Nichtwissen und
Unsicherheiten geprägt war (dazu Ramelow 2020). Und genau hier kommt
der Gedanke des Tragischen als ein heuristisches Mittel in den Blick. Es geht
dabei jedoch immer um ein analoges Verständnis des Tragischen. Das heißt:
Es gibt Ähnlichkeiten zwischen dieser politischen Entscheidungssituation
und dem Tragischen bei gleichzeitigem Wissen um die noch größere Un-
ähnlichkeit. Die Idee des Tragischen dient hier als Sehhilfe, um das Über-
fordernde der Situation schärfer in den Blick treten zu lassen. Es ist dieser
Blick, der es verhindert, die Schuld für die Krise und deren Auswirkungen zu
personalisieren, und der darauf verpflichtet, stattdessen die systemischen
Zusammenhänge der Corona-Krise zu analysieren. Es wäre diese Perspek-

tive, »die gerade mit der Endlichkeit der Taten der Vorgänge, mit den daran beteiligten einzelnen Menschen und Willen *versöhnt*« (Scheler 1972: 165). Sie versöhnt allerdings nur mit den Menschen, nicht mit den systemischen Machtzusammenhängen, die die Krise (mit-)verursacht haben.

Politik im Zeichen der Vulnerabilität

Gleichheit vor dem Virus! – Das bedeutet, Verhältnisse zu etablieren, die unsere Empfindsamkeit für die spezifische Verwundbarkeit anderer fördern. Diese Empfindsamkeit ist die Voraussetzung dafür, die Menschenwürde des Einzelnen zu erfahren und anzuerkennen. Es ist unsere Würde, die sich allen Versuchen, unser Leben zu bepreisen, widersetzt. Wer Gleichheit vor dem Virus fordert, muss kritisch fragen: Wer spricht wie, wo, wann und mit welcher Absicht von Verwundbarkeit? Mit der Forderung nach Gleichheit vor dem Virus geht der Aufruf einher, die unterschiedlichen Verwundbarkeiten als politisch inszenierte Gefährdungen wahrzunehmen und sich für deren Abschaffung einzusetzen. An der Zeit ist eine Politik im Zeichen spezifischer Vulnerabilitäten, die uns auch für das Tragische sensibilisiert und dadurch neue Verwundungen verhindert. Insbesondere Ärzt*innen, aber auch politische Entscheidungsträger*innen erscheinen somit als Akteur*innen, die in »tragischen« Zusammenhängen zu beurteilen sind. Es ist gerade diese Erkenntnis, die vor neuen politischen Verwundungen schützt, auf welche es vor allem Verschwörungsideologen (Männer) und Rechtspopulist*innen abgesehen haben, und die zu einer politischen Fehleranalyse ermutigt. Die Sehhilfe des Tragischen bewahrt so vor einer drohenden politischen Katastrophe.

Anmerkungen

1   https://www.spiegel.de/panorama/leute/madonna-ueber-coronavirus-wenn-das-schiff-untergeht-gehen-wir-alle-zusammen-a-53909c44-35ea-4f73-9fca-6de1acaff191, letzter Zugriff am 09.04.2020.
2   Ebd.
3   So Lothar Wieler auf einer Kabinettssitzung der Bundesregierung am 04.03.2020.

Literatur

Butler, Judith (2010): Raster des Krieges. Warum wir nicht jedes Leid beklagen. Frankfurt a. M./New York: Campus.

Butler, Judith (2020): »Capitalism Has Its Limits«. In: Verso vom 30.03.20. https://www.versobooks.com/blogs/4603-capitalism-has-its-limits; letzter Zugriff am 17.05.2020.

Drosten, Christian (2020): Wir müssen jetzt gezielt handeln. https://www.ndr.de/nachrichten/info/11-Wir-muessen-jetzt-gezielt-handeln,audio651406.html, letzter Zugriff am 16.05.2020.

Erlinger, Rainer (2020): »Krankheit und Moral. Wer zu retten ist«. In: SZ vom 19.03.2020.

Kaiser, Gert (Hg.) (1983): Der tanzende Tod. Mittelalterliche Totentänze. Frankfurt: Insel.

Lorey, Isabell (2015): Die Regierung des Prekären. Wien/Berlin: Turia + Kant.

Menke, Christoph (2004): Spiegelungen der Gleichheit. Politische Philosophie nach Adorno und Derrida. Frankfurt a. M.: Suhrkamp.

Ramelow, Bodo (2020): »Wir haben die Menschen alleine sterben lassen«. In: Christ und Welt vom 18.05.2020.

Scheler, Max (1972): »Zum Phänomen des Tragischen«. In: Ders., Vom Umsturz der Werte. Abhandlungen und Aufsätze. Gesammelte Werke, Bd. 3. Bern: A. Francke, S. 149–170.

Schnell, Martin W. (2017): Ethik im Zeichen vulnerabler Personen. Leiblichkeit – Endlichkeit – Nichtexklusivität. Weilerswist: Velbrück.

Wieler, Lothar (2020): »Corona. Schwerer Verlauf«. In: SZ vom 25.04.2020.

Online-Quellen

https://www.spiegel.de/panorama/leute/madonna-ueber-coronavirus-wenn-das-schiff-untergeht-gehen-wir-alle-zusammen-a-53909c44-35ea-4f73-9fca-6de1acaff191, letzter Zugriff am 09.04.2020.

Ansteckung
Plädoyer für eine Ethik der Kontingenz

Antonio Lucci

In dem ganz besonderen historischen Moment, den wir erleben und der un-auslöschlich von der COVID-19-Pandemie geprägt ist, wenn es einerseits offensichtlich ist, dass die Fachgebiete, die den öffentlichen Diskurs dominieren, diejenigen der Virologie und Epidemiologie sind, ist andererseits die Suche nach Antworten, die über die Offenlegung von Daten, Sicherheitsmaßnahmen und statistischen Prognosen hinausgehen, der zu leistende Beitrag, der die Sozial- und Kulturwissenschaftler*innen sowie Philosoph*innen fordert. In diesem Sinne beruht der vorliegende Beitrag auf einer einfachen Grundannahme: Um ein Phänomen besser verstehen zu können, ist es oft konstruktiv, zu seiner etymologischen Bedeutung zurückzukehren, d. h. zum Ursprung des Wortes, das zu seinem Ausdruck führt. Die etymologische Rekonstruktion darf dabei selbstverständlich nicht als kausal angenommen werden: Es ist offensichtlich, dass das Wort den Begriff nicht *macht* (sondern ihn nur zu seinem Ausdruck führt). In einer begriffsgeschichtlichen Analyse geht es vielmehr darum, einen semantischen Rahmen zu zeichnen, von dem aus Kategorien und Begriffsstrukturen verstanden werden können, die gerade wegen ihrer alltäglichen Verwendung oft Gefahr laufen, an Schärfe zu verlieren.

Eine wissens- und kulturgeschichtliche Analyse des Begriffs der ›Ansteckung‹ stellt sich in diesem Sinne als Plädoyer für die Kontingenz dar: d. h. als Aufforderung, durch die Einbeziehung der Dimension der *longue durée* sowohl die Singularität als auch die Irreduzibilität des historischen Ereignisses zu berücksichtigen, auf das die Reaktionen der Individuen (insbesondere aus ethischer Sicht) in ihrer irreduziblen Singularität vielmehr betrachtet und respektiert als nur gelenkt und normativ beurteilt werden sollten.

*

Der Begriff von ›contagio‹, der mit minimalen Variationen von den meisten romanischen Sprachen und dem Englischen verwendet wird, basiert auf der indoeuropäischen Wurzel »*teh₂g-«, die sowohl auf die Idee des Reibens als auch die des Greifens hinweist (Rix 2001: 616). Diese Wurzel wurde dann auf das Lateinische ›tango‹ und ›tangere‹ übertragen (Ernout/Meillet 2001: 676), aus denen noch heute gebräuchliche Wörter wie ›Takt‹, ›touch‹, ›toucher‹, ›toccare‹ stammen. Interessant ist, dass das lateinische Wort ›contagio‹ (also cum+tango) bei seiner Verwendung als eigenständiges Substantiv die beiden ursprünglichen Bedeutungen von ›Kontakt‹ und ›Ansteckung‹ beibehält, die die deutsche Sprache dann unterscheiden wird.

Im Vergleich zu den Sprachen, die diese Ableitung vom Lateinischen beibehalten, stellt die ursprüngliche Bedeutung des deutschen ›Anstecken‹ Konvergenzpunkte, aber auch Unterschiede dar. Wie zum Beispiel im *Deutschen Wörterbuch* der Brüder Grimm beschrieben wird (Grimm/Grimm 1854– 1961, Bd. 1: 479), ist der Begriff der ›Ansteckung‹ mit der Metapher des Feuers verbunden, das sich von einem zentralen Punkt aus auf die Umgebung ausdehnt: eine konkrete, materielle Bedeutung, aus der sich dann der medizinische Begriff der Ansteckung ableiten ließe: »wahrscheinlich übertragung des vorigen, da das contagium die entzündung verbreitet« (ebd.).

Man kann also sehen, wie der Begriff im Lateinischen sowie im Deutschen sowohl materielle, konkrete als auch immaterielle, symbolische Bedeutungen annimmt: Als wolle man damit andeuten, dass, genau wie für die Moderne auch für die Antike, die Vorstellung, man könne von etwas ›berührt‹ oder sogar ›entzündet‹ werden, nicht fremd war, sowohl in einem physischen als auch in einem moralischen Sinne. Genauso wie ein Körper, der sich im Raum bewegt, uns physisch berühren kann, können wir uns von einem Ereignis, einer Empfindung, von etwas Immateriellem ›berührt‹ fühlen. Und wie der umgebende Raum bei einem Feuer – ob es vorsätzlich oder fahrlässig entstanden ist, ist kontingent (aber natürlich nicht irrelevant) – allmählich angezündet wird, wird sich die Ansteckung bei einer Epidemie von einem zentralen Punkt nach außen verbreiten: Es ist kein Zufall, dass in diesem Zusammenhang das Wort ›(Seuchen-)Herd‹ verwendet wird, um diesen zentralen Aspekt zu bezeichnen.

Darüber hinaus bezeichnet nach dem *Thesaurus Linguae Latinae* das Wort ›contagio‹ sowohl eine allgemeine ›Korruption‹ durch den physischen Kontakt, der eine Krankheit überträgt, als auch eine Korruption, die mit Moral sowie mit Sitten, Gebräuchen und Verhaltensmodi zu tun hat (TLL IV: 625).

Dieser Gedanke wird auch durch das Bild des Feuers vermittelt, das ursprünglich den deutschen Begriff der ›Ansteckung‹ prägt: Verhaltensweisen und Handlungen können genauso wie ein Krankheitserreger wirken und sich von einem Individuum auf die Menschen in seiner Umgebung ausbreiten.

Diese ursprüngliche, sowohl in der lateinischen als auch in der deutschen Sprache vorhandene Ununterscheidbarkeit von physischen und moralischen Bedeutungen – kurzum: von Pathologie und Psychologie – ist auch heute immer noch im modernen Sprachgebrauch spürbar: Der Begriff ›contagio‹ scheint nämlich, wenn man ihn nicht nur als ein medizinisch-pathologisches Ereignis, sondern auch in seiner soziokulturellen Dimension betrachtet, schwer von der Vorstellung einer böswilligen Aktivität – eines gewissen ›Ansteckend-Seins‹ bzw. ›Anstecken-Wollens‹ – zu trennen zu sein, die der ursprünglichen Passivität des ›Angesteckt-Seins‹ widerspricht. Das Opfer der Ansteckung ist weit davon entfernt, ein bloßes Opfer zu sein und trägt gleichzeitig oft auch das Merkmal einer Schuld, die darin besteht, die Ansteckung weiter zu verbreiten (vgl. Douglas 1985). Es ist in diesem Sinne kein Zufall, dass im Lateinischen die grammatikalische Form des Verbes ›contagiare‹ in aktiver Form (TLL IV: 625) erst viel später (6. Jh. n. Chr.) verwendet wird und auf die Regel des heiligen Benedikt zurückgeht, die sicherlich die wichtigste unter den westlichen Klosterregeln ist. In der Tat lesen wir in Kapitel 28 der Regel mit dem Titel »Von denen, die trotz öfterer Bestrafung sich nicht bessern wollen«:

»Wenn ein Bruder wegen irgendeines Fehlers wiederholt zurechtgewiesen wurde, aber sogar trotz der Ausschließung sich nicht bessert, so werde eine schärfere Strafe gegen ihn in Anwendung gebracht, das heißt, man schreite zu körperlicher Züchtigung. Wenn er sich auch jetzt noch nicht bessert, oder etwa, was nie geschehen möge, im Hochmut seine Handlungsweise sogar noch rechtfertigen wollte, so verfahre der Abt wie ein verständiger Arzt: [...] er bete für ihn und lasse alle Brüder für ihn beten, auf daß der Herr, der alles vermag, dem kranken Bruder die Gesundheit schenke. Bewirkt auch dieses Mittel nicht seine Heilung, dann erst gebrauche der Abt das Messer zum Lostrennen nach dem Worte des Apostels: ›Schaffet den Bösen fort aus eurer Mitte‹, [...] *damit nicht das eine räudige Schaf die ganze Herde anstecke [ne una ovis morbida omnem gregem contagiet]*.« (Des heiligen Bendiktus Mönchsregel 1914: Kap. XXVIII, kursiv AL)

Diese Verwendung von ›contagiare‹, um die Ansteckung einer moralischen, emotionalen oder verhaltensbezogenen (meist negativ konnotierten) Eigenschaft von einem Subjekt zum anderen aufzuzeigen, wird dank christlicher Autoren großen Erfolg haben und die moralische Rezeption dessen, was heutzutage als ein hauptsächlich medizinisches Konzept gilt, entscheidend prägen.

Wie sich vielleicht schon aus den vorhergehenden Überlegungen abzeichnet, ist der Begriff ›Ansteckung‹ weit davon entfernt, sich unmittelbar und ausschließlich auf den Bereich der Pathologie zu beziehen: Er ist vielmehr ein komplexer Begriff mit multipler Genealogie, der in die aufeinanderfolgenden historischen Schichtungen, die er angenommen hat, einen Bedeutungshorizont und ein sehr breites und facettenreiches Spektrum von Wissensgebieten miteinbezieht: Medizin, Psychologie, Literatur, zu denen seit dem zwanzigsten Jahrhundert die Informatik und die Wirtschaft hinzugekommen sind – Disziplinen, in denen der Begriff ›Ansteckung‹, in metaphorischem Sinne, große Bedeutung erlangt hat. Insbesondere aus der medizinisch-psychologisch-moralischen Verzahnung, die ursprünglich im Konzept der ›Ansteckung‹ enthalten war, leiten sich alle nachfolgenden Bedeutungen ab, weshalb im Folgenden die literarischen, informatischen und wirtschaftlichen Implikationen des Begriffs ausgelassen werden, um die Aufmerksamkeit auf diejenigen zu lenken, die mit Medizin und Psychologie zu tun haben.

Im Bereich der Medizin ist eine genealogische Rekonstruktion des Konzepts besonders komplex, da sie sowohl die nicht-physikalischen Interpretationen der Krankheit in der Antike als auch die historische (nicht nur wissenschaftliche, sondern auch soziokulturelle) Entwicklung der Disziplin mitberücksichtigen muss (Snowden 2019: 37). Obwohl Epidemien – offensichtlich – seit der Antike bekannt waren und sich verbreitet haben, wurden sie in erster Linie als eine Strafe Gottes und nicht als direkte Folge einer Ansteckung interpretiert: Zum Beispiel wird der hebräische Begriff für ›Krankheit/Pestilenz/Epidemie‹ (דבר dævær), der im Alten Testament in mehr als fünfzig Fällen vorkommt, ausschließlich im Zusammenhang mit der Vorstellung einer von Gott gesandten Plage verwendet und ist auch nicht von anderen verwandten Plagen wie Hungersnot und Krieg zu trennen (Frey-Anthes 2007: 9). Die gleiche Idee drückt Thukydides in einer berühmten Passage seines *Der peloponnesische Krieg* (II: 54, I) aus, die der Geschichte der Pest in Athen gewidmet ist:

»Ein so furchtbares Unglück hatte die Athener betroffen. Und während in der Stadt die Menschen starben, wurde draußen ihr Land verwüstet. In dieser Not gedachte man, wie begreiflich, auch jenes Verses, der, wie die Älteren sagten, seit alten Zeiten als Weissagung bekannt war: / Kommen wird einst der dorische Krieg und die Pest als Gefährtin. / Und man stritt sich darüber, ob die alten Propheten in dem Verse von der Pest [λοιμός] (Loimos), und nicht vielmehr vom Hunger [λιμός] (Limos) gesprochen hätten.«

Diese ›transzendenten‹ Interpretationen des Ursprungs der Epidemien wurden von solchen flankiert, die sich eher an einer naturalistischen Analyse des Phänomens orientierten, wie zum Beispiel die des Lukrez (De Rerum Natura VI: 1090–1137):

»Jetzt nun will ich zum Schluß von der Krankheit Ursachen reden / Und dir erklären, woher so plötzlich die Krankheitskeime / Kommen, die Tod und Vernichtung dem Tier- und Menschengeschlechte / Bringen. Zuerst, wie ich oben gelehrt, gibt's viele Atome, / Die uns zu gelten haben als lebenerhaltende Keime; / Aber es schwirren auch viele umher, die Tod und Erkrankung / Schaffen. Sobald nun diese der Zufall rottet zusammen / Und sie den Himmel verpesten, entsteht ein krankhafter Lufthauch. / [...] Plötzlich senkt sich nun diese uns neue, verheerende Pestluft / Nieder aufs Wasser hin oder sie nistet sich ein in die Feldfrucht / Oder in andere Nahrung der Menschen und Futter der Tiere, / Oder der Krankheitsstoff harrt schwebend in luftiger Höhe; / Und so müssen wir, wenn wir von dort die giftige Pestluft / Atmen, zugleich mit dem Odem die Krankheitskeime verschlucken.«

Die soeben berichtete ›miasmatische‹ Interpretation der Epidemien hat, in Verbindung mit der von Hippokrates und Galen entwickelten ›humoralen‹ Medizintheorie (Snowden 2019: 16–22), die Umweltfaktoren mit endogenen Ursachen als mögliche Gründe der Krankheiten vereint (Pelling 2001) und hat dabei ein sehr langes Erbe hinterlassen, das bis zur Geburt der modernen Disziplin der Hygiene andauerte, die erst ab dem 18. Jahrhundert im öffentlichen Diskurs (Macho 2013: 40) und sogar erst ab dem Ende des 19. Jahrhunderts im medizinischen Kontext eine Resonanz erreicht hat.

Wie aus der tragischen Geschichte des österreichischen Arztes Ignaz Semmelweis (1818–1865) hervorgeht – der zunächst von seinen eigenen Kollegen geächtet wurde, weil er im Krankenhaus in Wien, in dem er arbeitete, hygienische Maßnahmen durchsetzen wollte, bis sie ihn schließlich in die psychiatrische Klinik in Wien-Döblin einweisen ließen –, ist die Vorstellung in der Geschichte der Medizin, dass Krankheiten und Epidemien durch Kontakt (Ansteckung) zwischen Menschen verbreitet werden können, auf eine Reihe von Widerständen gestoßen, die aus heutiger Sicht schwer zu begreifen sind.

Es ist vielmehr die Idee der emotionalen Ansteckung und die Übertragung von Verhalten durch ansteckende Medien, die – ausgehend von den bereits erwähnten christlichen Anfängen – auf der Ebene der Wissensgeschichte am wichtigsten sind. Es ist in diesem Sinne kein Zufall, dass sowohl James George Frazer (1854–1941) als auch Émile Durkheim (1858–1917), also zwei ›Gründungsväter‹ der Anthropologie und Soziologie, die Konzepte der »Contagious Magic« [dt. »Übertragungsmagie«] (vgl. Frazer 1991: 53–65) und der »contagiosité du caractère sacré« [dt. »Übertragung des Heiligen«] (Durkheim 2020: 476) in den Mittelpunkt ihrer Untersuchungen stellen. Frazer behauptet in seiner evolutionären Theorie der Rituale und des magisch-religiösen Denkens, dass gerade für diejenigen, die er abwertend »die Primitiven« nennt, die Vorstellung typisch sei, dass sich magische Eigenschaften zunächst in Objekten verbreiten, die von einer gewissen ›sakralen‹ Qualität ›infiziert‹ sind (wie es im christlichen Reliquienkult offensichtlich ist), und dann auf einer physischen Ebene sogar auf Menschen übertragen werden, die mit ihnen in Kontakt kommen, was ihre Psychologie und ihr Verhalten beeinflusst (Frazer 1991: 53 f.). Diese Theorie wird auch von Durkheim aufgegriffen, der sie einerseits mit dem Totemismus in Verbindung bringt und sie dann auf jene ansteckende »Erregung« (Durkheim 2020: 321) anwendet, die für das Gefühl des Heiligen typisch ist: »Sind die Individuen einmal versammelt, so entlädt sich auf Grund dieses Tatbestands eine Art Elektrizität, die sie rasch in einen Zustand außerordentlicher Erregung versetzt.« (Ebd.: 320)

Die Durkheim'schen Reflexionen von 1912 über die emotionale Ansteckungsgefahr in rituellen Kontexten, in denen Menschenmassen, die von gemeinsamen Gefühlen bewegt werden, aufeinander treffen, werden auch die späte französische Anthropologie prägen, zumindest bis zum Werk von René Girard (1923–2015) über das »mimetische Begehren« und über die ›ansteckende‹ Übertragung mimetischer Gewalt:

»Zwei Männer kämpfen gegeneinander; vielleicht wird Blut fließen; diese beiden Männer sind bereits *unrein*. Ihre Unreinheit ist ansteckend; wer an ihrer Seite verbleibt, läuft Gefahr, in ihren Streit verwickelt zu werden. Es gibt nur ein sicheres Mittel, die *Unreinheit* – d. h. die Berührung mit der Gewalt, die Ansteckung mit dieser Gewalt – zu vermeiden, nämlich, sich ihr fernzuhalten.« (Girard 2012: 46)

Gleichzeitig entwickelt sich in denselben Jahren in Europa (zwischen Ende des 19. und der ersten Hälfte des 20. Jahrhunderts), in denen Frazer und Durkheim über die anthropologischen und soziologischen Dimensionen von emotionaler Ansteckung und Verhaltensmimese nachdenken, die Debatte über das Konzept der Masse.

Der Soziologe Gabriel Tarde (1843–1904) hatte bereits 1890 in gewisser Weise die Debatte über die mimetische Ansteckung bei den Menschenmengen in seinem Buch *Die Gesetze der Nachahmung* eingeführt, in dem er die These verteidigte, dass die grundlegende Dynamik des sozialen Zusammenhalts nichts anderes als eine Verhaltensimitation sei, die genauso wie eine physiologische Ansteckung funktionieren würde. Ein Jahr später, 1891, veröffentlichte der in Vergessenheit geratene italienische Gelehrte Scipio Sighele (1868–1913) ein Werk, das zu Recht als ›Massenpsychologie‹ *ante litteram* bezeichnet werden kann: das Buch *La folla delinquente* [Die delinquente Masse], das stark von der Kriminologie Cesare Lombrosos beeinflusst ist. Sighele antizipierte um einige Jahre den wahren Begründer der Disziplin der Massenpsychologie, den Franzosen Gustave Le Bon (1841–1931), Autor des sehr erfolgreichen Werkes *Die Psychologie der Massen* von 1894, in dem das Konzept der Ansteckung eine zentrale Rolle spielt, um die Art und Weise zu erklären, wie Gefühle und Verhaltensweisen in der Masse übertragen werden: »Unter den Massen übertragen sich Ideen, Gefühle, Erregungen, Glaubenslehren mit ebenso starker Ansteckungskraft wie Mikroben.« (Le Bon 1982: 89) Immer mehr namhafte Exponenten äußern sich zu verschiedenen Aspekten innerhalb der Debatte: Sigmund Freud (1856–1939) zum Beispiel vertieft sich 1921 durch eine eingehende Lektüre von Le Bon (aber auch ausgehend von den Thesen sowohl von Sighele als auch von Tarde) in eine komplexe Anwendung der psychoanalytischen Theorie auf die Analyse von Massenphänomenen in seiner *Massenpsychologie und Ich-Analyse*. Hier werden die sozialen Dynamiken, die Tarde und Le Bon beschrieben hatten, in psychoenergetische Begriffe übersetzt: ›Ansteckung‹ und ›Nachahmung‹ werden als Begriffe verwendet, um jenen Impuls zu beschreiben, der in Wirklichkeit ein Trieb doppelter Natur ist, der einerseits die Individuen dazu bewegt, sich zu sammeln, sie andererseits aber mit einem äußeren Referenten in Beziehung setzt, einem charismatischen Führer, der die Merkmale des *Urvaters* der Urhorde in sich trägt.

Die starke Verbindung, die zwischen Berühren und Berührtsein, zwischen Kontakt und Ansteckung besteht, findet eine ihrer vollständigsten Ausdrucksformen im wahrscheinlich letzten großen Werk zum Thema ›Masse‹ des zwanzigsten Jahrhunderts: *Masse und Macht* (1960) von Elias Canetti (1905–1994). Hier kehrt der Autor bereits auf den allerersten Seiten des Textes das Verhältnis zwischen Kontakt und Ansteckung um und führt die Geburt der Masse gerade auf die Berührungsangst (und die daraus resultierende Notwendigkeit, sie zu exorzieren) zurück:

> »Alle Abstände, die die Menschen um sich geschaffen haben, sind von dieser Berührungsfurcht diktiert. [...] Es ist die *Masse* allein, in der der Mensch von dieser Berührungsfurcht erlöst werden kann. Sie ist die einzige Situation, in der diese Furcht in ihr Gegenteil umschlägt. Es ist die *dichte* Masse, die man dazu braucht, in der Körper an Körper drängt, dicht auch in ihrer seelischen Verfassung, nämlich so, daß man nicht darauf achtet, wer es ist, der einen ›bedrängt‹.« (Canetti 1995: 13–14)

Bei Autoren wie Heiner Mühlmann (1938*) und Peter Sloterdijk (1947*) hat das Echo dieser Theorien in den letzten zwanzig Jahren eine neue Resonanz erfahren: Mühlmann entwickelt in *Die Natur der Kulturen* (1996) ein Gesellschaftsmodell – definiert durch das Akronym ›MSC‹, Maximal Stress Cooperation – nach dem menschliche Gruppen, die normalerweise als ›Gesellschaften‹ definiert werden, nichts anderes sind als das Ergebnis ansteckender ›Stressinfektionen‹, die durch die Medien verbreitet werden. Dieses Modell, nach dem eine Gesellschaft auf den Zusammenschluss einer Reihe von Individuen zu reduzieren ist, die aus den gleichen Gründen gestresst sind und die sich zusammenfinden, um auf gewöhnlich polemogene Weise mit diesem Stress und seinen Folgen umzugehen, taucht Sloterdijk in zwei Werken in eine historische und sogar normative Dimension und erhebt die ›Stressansteckung‹ zum Hauptmotor der historischen und sozialen Entwicklung: *Zorn und Zeit* (2006) und *Stress und Freiheit* (2011).

Die sozio-psychologische und die medizinische Dimension bei der Interpretation des Begriffs der ›Ansteckung‹ stellen, wie man sieht, nur zwei der vielen Möglichkeiten dar, sich einem Thema zu nähern, das historisch, epistemologisch und kulturell so vielfältig ist, dass es viele andere Deutungen zulässt, vor allem in Bezug auf die metaphorische Verwendung des Begriffs, die heute sowohl in den Massenmedien (man denke an die wiederkehrenden Erzählungen in Film und Videospielen, in deren Mittelpunkt die Figur des Zombies oder die des *Outbreak* der Pandemie steht) als auch in den bereits erwähnten Bereichen der Informatik und der Wirtschaft etabliert ist.

*

Was die vorliegende, kursorische Untersuchung des Themas ›Ansteckung‹ anbelangt, ist es jedoch vielleicht nützlich, mit derselben methodischen Geste zu schließen, mit der sie eröffnet wurde: der Analyse eines letzten etymologischen Aspekts des Wortes ›Ansteckung‹.

Die etymologischen Wörterbücher (Ernout/Meillet 2001: 676) stellen – neben den schon erwähnten Bedeutungen – eine zusätzliche und interessante verbale Verwendung des aus ›cum‹ und ›tango‹ gebildeten Konstrukts fest: das unpersönliche ›contingit‹. Diese verbale Form weist in der lateinischen Sprache auf etwas hin, das einfach geschieht: auf etwas, das ›kontingent‹ ist.

Das, was das unpersönliche Verb ›contingit‹ uns lehren kann und sich somit von einer vormodernen ›moralisierenden‹ Interpretation der Ansteckung distanziert, ist die ursprüngliche Passivität, die diesem Verb inne ist: Wenn es in der Tat wahr ist, dass Ansteckung immer etwas ist, das über eine körperliche oder auch moralische Berührung stattfindet, dann ist sie auch immer – gleichzeitig – etwas, das einfach geschieht, ein unpersönliches Ereignis, für dessen Ursache man nicht nach einem verantwortlichen Patienten 0 suchen kann (und sollte).

Der Begriff der ›Kontingenz‹ ist auch derjenige, der sich am ehesten als *trait d'union* zwischen dem lateinischen ›contagiare‹ und dem deutschen ›anstecken‹ eignet: Beide beziehen sich in der Tat auf ein Ereignis, d. h. auf etwas, das – *per definitionem* – anders hätte verlaufen können, aus dem sich jedoch eine Reihe von Konsequenzen fast *more geometrico* ableiten lassen.

Wenn eine kultur- und wissenshistorische Analyse der moralisch-medizinischen Zusammenhänge, die dem Konzept der Ansteckung zugrunde liegen, uns etwas lehren kann, so kann dieses Etwas nur unter dem Aspekt der Kontingenz gedacht werden: Und zwar als eine sehr singuläre Reaktion auf das – kontingente – Ereignis der Epidemie, die wiederum jeden Einzelnen lehrt, seine persönliche Beziehung zu seiner eigenen Kontingenz und

der Kontingenz anderer (schlicht: die eigene Sterblichkeit und die Sterblichkeit anderer) wiederzuentdecken. Nur damit können neue »Verhältnisse«
etabliert werden, »die unsere Empfindsamkeit für die spezifische Verwundbarkeit Anderer fördern« (Manemann 2020).

Literatur

Canetti, Elias (1995): Masse und Macht. Frankfurt a. M.: Fischer.
Des Sulpicius Severus Schriften über den hl. Martinus. Des heiligen Vin-
zenz von Lerin Commonitorium. Des heiligen Benediktus Mönchsregel
(1914) (Bibliothek der Kirchenväter, 1. Reihe, Band 20). Kempten/Mün-
chen: J. Kösel. www.unifr.ch/bkv/kapitel2032-28.htm, letzter Zugriff am
27.05.2020.
Douglas, Mary (1985): Reinheit und Gefährdung. Eine Studie zu Vorstellungen von Verunreinigung und Tabu. Berlin: Dietrich Reimer.
Durkheim, Émile (2020): Die elementaren Formen des religiösen Lebens.
Berlin: Insel.
Ernout, Alfred/Meillet, Antoine (éds.) (2001): Dictionnaire Étymologique de
la Langue Latine. Histoire des Mots. Paris: Klincksieck.
Frazer, James George (1991): Der goldene Zweig. Das Geheimnis von Glauben
und Sitten der Völker. Reinbek bei Hamburg: Rowohlt.
Frey-Anthes, Henrike (2007): »Krankheit und Heilung«. In: Wissenschaft-
liches Bibellexikon. www.bibelwissenschaft.de/stichwort/24036/, letzter
Zugriff am 27.05.2020.
Freud, Sigmund (1974): »Massenpsychologie und Ich-Analyse«. In: Ders.,
Studienausgabe, Bd. 9. Frankfurt a. M.: Fischer, S. 61–134.
Girard, René (2012): Das Heilige und die Gewalt. Ostfildern: Patmos.
Grimm, Jacob/Grimm, Wilhelm (1854–1961): Deutsches Wörterbuch. 16 Bde.
in 32 Teilbänden. Leipzig: Hirzel. www.woerterbuchnetz.de/DWB?lem
ma=anstecken, letzter Zugriff am 27.05.2020.
Le Bon, Gustave (1982): Psychologie der Massen. Stuttgart: Kröner.
Lemma »Contagio«. In: Thesaurus Linguae Latinae (TLL), IV, S. 625–626.
http://publikationen.badw.de/de/thesaurus/lemmata#29712, letzter Zu-
griff am 27.05.2020 aufgerufen.
Lukrez (1957): Über die Natur der Dinge. Berlin: Aufbau.
Macho, Thomas (2013): Keimfrei. Zürich: Vontobel-Stiftung Schriftenreihe.

Manemann, Jürgen (2020): »Gleichheit vor dem Virus! – Verwundbarkeiten in der Corona-Krise«. In: Philosophie InDebate. https://philosophie-in debate.de/3640/indebate-gleichheit-vor-dem-virus-verwundbarkeiten-in-der-corona-krise1/, letzter Zugriff am 27.05.2020.

Mühlmann, Heiner (1996): Die Natur der Kulturen. Entwurf einer kulturgenetischen Theorie. New York/Wien: Springer.

Pelling, Margaret (2001): »The Meaning of Contagion. Reproduction, Medicine and Metaphor«. In: Alison Bashford/Claire Hooker (eds.): Contagion. Historical and Cultural Studies. London/New York: Routledge, S. 15–38.

Rix, Helmut (2001): Lexikon der indogermanischen Verben (LIV). Wiesbaden: Reichert.

Sighele, Scipio (2015): La folla delinquente. Mailand: La Vita Felice.

Sloterdijk, Peter (2006): Zorn und Zeit. Frankfurt a. M.: Suhrkamp.

Sloterdijk, Peter (2011): Stress und Freiheit. Frankfurt a. M.: Suhrkamp.

Snowden, Frank M. (2019): Epidemics and Society. From the Black Death to the Present. New Haven/London: Yale University Press.

Tarde, Gabriel (2003): Die Gesetze der Nachahmung. Frankfurt a. M.: Suhrkamp.

Thukydides (1912): Der peloponnesische Krieg. Leipzig: Klinkhardt.

Konkrete Utopien

Wer stellt den Impfstoff als Gemeingut bereit? Die WHO könnte
Wegbegleiter für innovative Forschungs- und Finanzierungsmodelle sein,
über die zivilgesellschaftliche Organisationen und private Unternehmen
kooperieren. — *Silke Helfrich*

Zukünftige Politik müsste sich stärker öffnen für die Gestaltungskraft der in
der dezentralen DIY-Community miteinander vernetzten und die infizierte
Welt »reparieren« wollenden Menschen. — *Andrea Baier/Christa Müller*

Selbst in einer Pandemie, in der die Rettung menschlichen Lebens
im Vordergrund steht, führen große Teile der Care-Arbeit weiter ein
Schattendasein. Im Zentrum stehen stattdessen Unternehmen, die
profitorientiert für den Markt produzieren. — *Gabriele Winker*

COVID-19-Feminismus ist Care-Feminismus. In-Sorge-Bleiben bedeutet,
aus dem Bewusstsein zu handeln, dass die Krisenreaktion immer nur so gut
ist wie die schlechteste Antwort für die Allerschwächsten. — *Elke Krasny*

Keine andere Naturkatastrophe bedroht uns Einzelne so direkt wie COVID-19.
Dadurch stiftet uns das Virus eine Ethik der Gemeinsamkeit. Und diese
Gemeinschaft ist größer als das menschliche Kollektiv allein. Sie umfasst
die ganze Erde. — *Andreas Weber*

Commons statt MarktStaat
Mit der Pandemie alte Denkmuster überwinden

Silke Helfrich

Wäre dieser Beitrag eine Sonate, dann mit folgendem Grundton: aus Unterscheidung und Verbindung entsteht ein gutes Stück, aus Trennung und Isolation wird Katzenmusik.

In Corona-Zeiten wird das am vielzitierten Social Distancing deutlich. Wir sollen ›sozialen Abstand nehmen‹, heißt es. Dabei brauchen wir während einer Pandemie körperlichen Abstand & soziale Nähe, um physisch und mental gesund zu bleiben. Wenn das Augenmerk nur auf dem Abstand und nicht *zugleich* auf der Nähe liegt – auf der Pflege der vielfältigen Beziehungen, die uns tragen – geraten nicht nur wichtige Handlungsoptionen, sondern auch entscheidende Akteure aus dem Blick. Philosophisch gesehen zeigt sich im Trennen und isolierten Betrachten von Phänomenen – als Modus des Verstehens und Seins –, dass etwas Elementares nicht verstanden wurde: In realweltlichen sozialen Prozessen geschieht alles aus Beziehungen heraus und durch Beziehungen hindurch, meist aus gegenseitigen Abhängigkeitsbeziehungen, den Interdependenzen. Natürlich können wir das eine vom anderen, das Ich vom Du unterscheiden, und doch ist es irreführend, das Ich ohne das Du zu denken, so als sei beides voneinander getrennt. Es ist irreführend, weil wir voneinander abhängig sind, weil wir an-einander und durch-einander zu dem werden, was wir als *Ich* erleben und verstehen. Uns Menschen entspricht es nicht, ›vereinzelte Einzelne‹ zu sein. Dies gilt für unser Selbstverständnis genauso wie für unsere Beziehungen zur belebten und unbelebten Welt.

MarktStaat by design

Dass Unterscheidung wichtig ist, Trennung jedoch naiv, zeigt sich auch an der allgegenwärtigen Denkfigur von Markt *versus* Staat. Sie werden als zwei verschiedene Entitäten angesehen, die miteinander ringen und bestenfalls – wie auf einer Wippe – ein ›Gleichgewicht‹ suchen. Dabei wiegt je nach politischem System, Wirtschaftsmodell oder augenblicklicher Lage mal ›der Staat‹ schwerer und mal ›der Markt‹. Während der Corona-Krise hat der Staat in fast allen Ländern der Erde schlagartig und mächtig an Gewicht zugelegt. Diese Krise zeige, wie viele Krisen zuvor, dass »jede Gesellschaft einen handlungsfähigen und kompetenten Staat braucht«, schreibt der keynesianische Ökonom und ehemalige Chef-Volkswirt der UNO-Organisation für Welthandel und Entwicklung (UNCTAD), Heiner Flassbeck (2020). Tatsächlich wird es nach den wirtschaftspolitischen Maßnahmen des Jahres 2020 schwieriger sein, dieser Erkenntnis entgegenzutreten, doch auch in diesem Statement gelingt kein Absprung von der Fixierung auf zwei mächtige Institutionen: Markt und Staat. Im Frühjahr 2020 ließ der (deutsche) Staat ›den Markt‹ einen als überdehnt empfundenen Moment am oberen Ende der Wippe in der Schwebe, was sogleich zu großer Nervosität führte, obwohl der Schwebezustand nur kurz anhielt. Bereits eine Woche nach dem Lockdown, am 24. März 2020, äußerte sich Bundeswirtschaftsminister Peter Altmaier zu den historisch beispiellosen Hilfspaketen von fast eineinhalb Billionen Euro zur Abfederung der wirtschaftlichen Folgen. Er begründete die eilige Verabschiedung unter anderem damit, dass »viele Unternehmen schon nächste Woche Löhne zahlen müssen«. Daher »drängt die Zeit«, so Altmaier in der Pressekonferenz dieses Tages. Die Inhaberin eines kleinen Ladens für allerlei Nützliches in meiner Heimatstadt meinte indes zum selben Zeitpunkt, dass das Geld in einem Unternehmen doch zwei Monate reichen müsse, sonst sei das Problem vielleicht nicht nur Folge der Krise. Ein Grund für Altmaiers Eile liegt in der engen Verknüpfung zwischen Staat und Markt. Sie ist der Schlüssel zum Verständnis vieler Phänomene, die wir mit und ohne Corona-Krise erleben: Unser Staatswesen und die Staatsmacht sind nicht nur vom Wohl und Wehe der Marktwirtschaft abhängig. Sie sind ihr ausgeliefert.

Dabei geht die allgegenwärtige Rahmung der Diskussion als ›Markt *oder* Staat‹ (die einen plädieren gebetsmühlenartig für mehr Markt, die anderen routiniert für mehr Staat) an der Tatsache vorbei, dass es sich um einen *MarktStaat by design* handelt. Nicht nur der Staat ist vom Markt, auch der Markt[1] ist existentiell vom Staat abhängig. Die Krise trifft daher sowohl das ökonomische als auch das politische System ins Mark. Dieser Umstand macht es so schwer, über Markt und Staat hinauszudenken, obwohl gerade das in der Krise beider Systeme Not tut. Natürlich sind Markt und Staat nicht einfach über einen Kamm zu scheren. So haben staatliche Institutionen die Möglichkeit, sich über Konkurrenz- und Gewinnmaximierungsprinzipien hinwegzusetzen. Auch das zeigt die Krise. Doch die Grundmuster (national-)staatlichen Handelns sind seit Jahrzehnten beinahe weltweit unschwer als marktbasiert und marktdominant identifizierbar, ganz gleich, ob Anreize für das Verhalten von Bürger*innen gesetzt oder Institutionen aufgebaut, ausgestattet und verwaltet werden. In Krisenzeiten tritt dies nur deutlicher ins öffentliche Bewusstsein. Beispielsweise erwiesen sich die Gesundheitssysteme in Ländern, wo sie marktwirtschaftlich funktionierten (USA) oder in diese Richtung umgebaut wurden (Italien) als geradezu tödlich krisenuntauglich. Der Corona-Krisenalltag führte uns im Zeitraffer vor, in welches Dilemma das Markt-Staats-Denken führt: Die Wirtschaft wird ›heruntergefahren‹ (die Natur bekommt eine Atempause). Wir brauchen weniger Geld (worüber bemerkenswerterweise keine öffentliche Diskussion stattfindet), wir fliegen weniger, wir brauchen weniger Benzin und kaufen weniger ein. Und eben dieses Kein-Geld-Brauchen, nicht mehr fliegen und weniger einkaufen, tritt uns umgehend als Katastrophe gegenüber, die es zu bekämpfen, zu überbrücken, zu vermeiden gilt. Erneut hat man über Abwrackprämien für noch funktionstüchtige Autos nachgedacht. Alles wird darauf ausgerichtet, den Konsum – respektive die Konjunktur – anzukurbeln. Kaum fragen wir uns im heruntergefahrenen Modus »Brauch ich das wirklich?«[2], erweist sich die Überlegung als »systemgefährdend«.[3] Selbst Bündnis90/Die Grünen forderte 250-Euro-Einkaufsgutscheine für alle.

Das Problem ist also ein Doppeltes: Zum einen ist unser Wirtschaftssystem so beschaffen, dass trotz üppiger gesamtwirtschaftlicher Ausstattung Katastrophe und Kollaps imaginiert werden, sobald wir nur zwei bis drei Monate die Energie drosseln, ausruhen, Pause machen, durchatmen, nichts tun, von Vorräten leben, teilen und abspecken; und das in einer der reichsten Industrienationen der Welt, in der die Bedürfnisse der meisten Menschen erfüllt sind oder durch Umverteilung rasch erfüllt werden können. Nach wenigen Monaten Corona-Krise ist vom Wiederaufbau die Rede, als hätten wir gerade einen Krieg überlebt. Zum anderen ist unser Staatswesen so aufgebaut, dass alles, was wir als Staatsaufgabe betrachten, davon abhängt – Gehälter, Steuereinnahmen, Sozialkassen –, dass gerade in der Güterproduktion niemand ausruht, Pause macht, durchatmet und für eine Weile nichts tut, selbst wenn Verstand und Zustand der Umwelt dies gebieten.

Daher gerät zur Staatsaufgabe, entweder den Konsum anzukurbeln, damit die Konjunktur wieder anspringt, oder die Konjunktur anzukurbeln, damit der Konsum wieder anspringt. Dreht sich das Rad nicht weiter, droht Systemkollaps. Ein mehr als kurzfristiges Runterregeln scheint undenkbar und genau da liegt ein Fehler im Design. Neu ist er nicht, nur offensichtlicher angesichts der Tatsache, dass die nächste Pandemie ganz sicher kommt. Ähnlich wie in der Geschichte vom Ulmer Spatz, in der die Ulmer von einem Vogel lernen müssen, den Balken längs statt quer durchs Stadttor zu tragen, ist diesem Designfehler nur durch *Outside-the-box*-Denken zu begegnen, jenseits von Markt und Staat, jenseits eingeschliffener Konzepte klassischer und neoklassischer Ökonomie sowie jenseits »imperialer Lebensweisen« (Brand/Wissen 2017). Hier kommen Commons ins Spiel, also das, was Menschen miteinander selbstbestimmt, selbstorganisiert, bedürfnisorientiert und ohne Vermarktungsinteresse tun und zu tun in der Lage sind.

Von Commons zu Commoning

Wer Commons mit Caritas verwechselt, auf reinen Altruismus, sporadische Nachbarschaftshilfe oder bedingungsloses Geben verkürzt, übersieht die in ihnen steckende transformatorische Kraft. Wer sie vorwiegend oder fast ausschließlich als historische Rechtsform, als Projekt, Initiative oder Gemeinschaft denkt, wird kaum erfassen, dass in diesem Konzept ein Schlüssel zum Umgang mit Krisen und den Designfehlern des Markt-Staats-Denkens liegt.

In der jüngeren Commons-Literatur wird der dem US-amerikanischen Historiker Peter Linebaugh zugeschriebene Satz »*There is no commons without commoning*«[4] häufig zitiert. Er drückt aus, dass es nicht um Commons (ein Substantiv) geht, sondern um ein Tun, *commoning* (ein Verb). Es geht demnach um Praktiken, die das Gemeinsame herstellen und deren Handlungsmuster sich von jenen unterscheiden, die wir im MarktStaat für selbstverständlich halten. Praktiken des Gemeinsamen sind fast überall auf der Welt lebens- und in Krisenzeiten sogar überlebenswichtig, wie die Kulturhistorikerin Rebecca Solnit in *A Paradise Built in Hell* (2009) eindrücklich beschreibt. Sie sind nicht nur älter als die kapitalistische Marktwirtschaft, sie werden auch die moderne Nationalstaatlichkeit überdauern. Trotzdem finden diese

Praktiken des Gemeinsamen weder Eingang in die mediale Berichterstattung – wenn doch, dann im Ton der Barmherzigkeit, im Modus der Nachbarschaftshilfe oder als nette Story am Rande – noch erkennen Entscheidungsträger*innen, dass sich damit eine Tür öffnet, die es erlaubt, aus der Umklammerung des MarktStaats herauszutreten. Es ist eine Art Lockdown des Denkens, der Commons samt der Akteure, die sie ins Werk setzen, aus der Wahrnehmung schiebt. Infolgedessen wird die Kraft der Selbstorganisation weder thematisiert noch systematisch gefördert. Das zeigt sich beim Blick auf die globale Wissensallmende.

Wissen ist Macht, Freies Wissen ist mächtiger

Freies Wissen ist im Sinne des Gemeinwohls mächtiger als jenes Wissen, das zur Ware gemacht wird. Nur wenn Wissen großzügig weitergegeben wird, lässt sich das Beste für alle zu den bestmöglichen Bedingungen schöpfen. Wissen weiterzugeben oder ›intellektuelle Eigentumsrechte‹ (wie bei freier Software oder in der Wikipedia) so auszurichten, dass die Wissensallmende geschützt bleibt, gehört zu den wiederkehrenden Motiven in vielen Bereichen. Auch quelloffene Hardware löst Probleme, die die Logik des Marktes erst schafft. Sie könnte die Last der COVID-19-Pandemie auf das globale Gesundheitswesen lindern, argumentieren Forscher*innen eines internationalen Projekts, das von der University of Sussex koordiniert wird (Chagas et al. 2020). In Kombination mit 3D-Druck könne frei verfügbares Design, etwa für Mikroskope und Beatmungsgeräte, der flächendeckenden Gesundheitsversorgung unmittelbar zu Gute kommen. »*Gemeinproduktion statt Massenproduktion*« sei »das Gebot der Stunde«, so Tom Baden, Professor für Neurowissenschaften.[5] Neben dem weltweit nutzbaren Design gäbe es »geringere Umsetzungskosten als bei Massenfertigung und es kann leicht für örtliche Ressourcen adaptiert werden.« Die an diesem Forschungsprojekt beteiligten Wissenschaftler*innen kennen nicht nur die online verfügbaren, quelloffenen Blaupausen für passende Schutzausrüstungen, sie wissen auch, welche dieser Lösungen in ihrer Funktionalität bereits von Expert*innen geprüft sind. Die Zulassung quelloffener Hardwaredesigns ist allerdings langwierig, weshalb es »auch unglaublich nützlich« wäre, wenn Regierungen die »Testung und Zulassung sinnvoll [zu] beschleunigen« würden, findet Baden. Noch augenfälliger ist die Relevanz des Umgangs mit Wissen im Bereich der

Medikamenten- und Impfstoffproduktion. Hier könnte die Corona-Krise
gar ein Wendepunkt sein. Viele Wissenschaftsverlage, die normalerweise
sehr restriktiv agieren, haben coronarelevante Forschungsergebnisse umgehend frei verfügbar gemacht. Auch die Diskussion zur Frage, wem der Impfstoff gehören soll, hat an Fahrt aufgenommen. Das ruft eines der wichtigsten Commons-Themen – die Eigentumsfrage – auf den Plan.

Commoners kritisieren die Überzeugung, dass es klug sei, mit Wissen
genauso umzugehen wie mit einem Stuhl oder einem Fahrrad. Denn Wissen wird mehr, wenn wir es teilen, also weitergeben. Zwar können wir auch
den Stuhl und das Fahrrad teilen, indem wir sie abwechselnd oder gemeinsam
nutzen, das schmälert jedoch unsere eigenen unmittelbaren, momentanen
Nutzungsmöglichkeiten. Auf diesen Unterschied weisen auch neoklassische
Ökonom*innen hin. Und eigentlich zeigt er, wie unlogisch es ist, das, was
durch das Weitergeben mehr wird, genauso zu behandeln, wie etwas, das
durch das Teilen tendenziell schwindet. Die Geschichte belegt, wie entscheidend diese Erkenntnis für die Diskussion um einen COVID-19-Impfstoff ist.
Nachdem Jonas Salk 1955 den Impfstoff gegen die Kinderlähmung entwickelt
hatte, wurde er von Journalisten befragt, wem das Patent auf den Impfstoff
gehöre. Salk antwortete mit den vielzitierten Worten: »Nun, den Menschen,
würde ich sagen. Es gibt kein Patent. Könnte man die Sonne patentieren?«[6]
Der Mediziner Salk, der in den USA zum Volkshelden avancierte, fand die
Vorstellung unpassend, einen lebensrettenden Impfstoff mit Gewinnmaxi-
mierungsabsicht herzustellen, über »die unsichtbare Hand des Marktes« zu
verteilen und so für viele Menschen unerschwinglich zu machen. Er übertrug
daher Ende der 1950er Jahre die Verantwortung für den Impfstoff gegen die
Kinderlähmung der Weltgesundheitsorganisation (WHO). In den darauffolgenden Jahrzehnten hat sich jedoch eine andere Idee durchgesetzt, der zufolge
Nationalstaaten den produzierenden Unternehmen Patente für Medikamente gewähren und in besonderen Fällen Ausnahmen zur Generikaproduktion
für den je einheimischen Markt ermöglichen. Im Kontext von COVID-19 wird
nun ein anderer Ton angeschlagen. Anlässlich der sogenannten »Corona-Ge-
berkonferenz« formulierten EU-Ratspräsidentin Ursula von der Leyen sowie
einige Staats- und Regierungschefs, dass er als »einzigartiges globales öffentliches Gut« zu verstehen sei, welches »von der ganzen Welt für die ganze Welt
produziert werden« soll.[7] Bundeskanzlerin Angela Merkel äußerte sich im Mai
2020 ähnlich. Die Pharmaindustrie reagierte prompt: »Es muss dabei bleiben, dass die Unternehmen Eigentümer ihrer Entwicklungen bleiben.«[8] Sie

übersehen dabei systematisch, wie sehr sie von öffentlich finanzierter Grund-
lagenforschung profitieren. Ihr Argument wird dennoch Widerhall finden,
weil es dem Sound entspricht, an den wir seit Jahrzehnten gewöhnt wurden.
Kaum zur Kenntnis genommen wird indes, dass gemeinschaftliche, solidarische Forschungs- und Entwicklungsprozesse für Medikamente sowie innovative eigentumsrechtliche Konstruktionen zur Handhabung derselben bereits
existieren, wie das Beispiel DNDI (s. u.) zeigt. Wer also sollte einen Impfstoff
als ›öffentliches Gut‹ bereitstellen und auf Dauer dafür Sorge tragen?

Selbstorganisation fördern, statt auf den Staat setzen

Wer für alles Öffentliche den Staat in der Bringschuld und in der alleinigen
Entscheidungsmacht sieht, wird auf diesen setzen. Doch das ist in doppelter
Hinsicht problematisch. Einerseits ist das Verhältnis zwischen Öffentlichem
und Staat komplexer; denn das Öffentliche wird nicht durch staatliche Macht,
sondern durch alle Bürger*innen hervorgebracht. Der Begriff taugt daher
weniger als Beschreibung eines staatlichen Aufgabenbereichs, sondern ist als
Begrenzung staatlicher Macht zu verstehen, was in der Entscheidungsmacht
und in den Entscheidungsprozessen seinen Niederschlag finden sollte. Andererseits übersieht der direkte Nexus ›öffentlich-Staat‹, dass Markt und Staat
zwar verschieden, aber nicht voneinander getrennt sind. Die mit Blick auf die
USA geäußerte Sorge von EU-Politiker*innen, es könne sich im Gesundheitswesen ein »brutaler Nationalismus« zeigen,[9] entbehrt nicht einer gewissen
Ironie, denn der Hase liegt bereits im weniger brutalen Konzept der nationalen Souveränität im Pfeffer (siehe hierzu Dardot/Laval 2020). Die Idee nationalstaatlicher Souveränität wird, verbunden mit dem Prinzip Marktwirtschaft, die Beteiligten früher oder später daran hindern, globalsolidarisch
zu denken und zu handeln.[10] Die systemische Verknüpfung von Markt und
Staat resultiert in nationalstaatsmarktlichen Interessen, die nicht nur den
Streit um die Frage befeuern, wem der Impfstoff gehört, sondern auch zum
Unterlaufen des 1,5-Grad-Klimaziels drängen. Den Herausforderungen einer
interdependenten Welt, die sich in Klimakrise, Migrationsbewegungen oder
Pandemie verdeutlichen, ist mit diesen Konzepten nicht zu begegnen. Wir
brauchen daher Organisations-, Produktions- und Eigentumsformen, die
dem Anspruch des Öffentlichen genügen, die die Bedürfnisse aller im Blick
behalten, unabhängig von ihrer Staatsangehörigkeit, und die reale Mitent-

scheidungsmöglichkeiten bieten. Wir brauchen Commons-Governance *by design*. Sie kann anders als ein nationalsouveräner MarktStaat[11] nicht nur punktuell, sondern prinzipiell und langfristig Interdependenzen anerkennen und solidarisch wirken. Sie kann zur Selbstorganisation anstiften, ihr gute Bedingungen bereiten und dafür sorgen, dass es einfacher wird, die Dinge in die eigenen Hände zu nehmen. Wer aus dieser Perspektive die Nachrichten durchforstet, muss leider sehr gründlich suchen.[12] Die Bundesregierung ging mit dem Hackathon *#WirVsVirus* einen Schritt in diese Richtung.[13] Auch die Stadtregierung von Istanbul bietet Inspiration. Sie schuf eine digitale Plattform, um das, was unter Bekannten ›ganz normal ist‹, auch zwischen Unbekannten zu ermöglichen. In der Türkei wird in Restaurants gewöhnlich die Rechnung Anderer mitübernommen. Die Regierung der Stadt hat diese Praxis im April 2020 aufgegriffen, um Menschen zu unterstützen, die infolge der Corona-Krise in Zahlungsschwierigkeiten geraten waren und ihre Gas- oder Wasserrechnung nicht mehr begleichen konnten. Die Rechnungen der – offiziell bestätigt – bedürftigen Familien konnten fortan auf einer Webseite angeboten und anonym von anderen übernommen werden. Nur wenige Tage nach Programmstart waren knapp 100.000 Rechnungen im Wert von rund zehn Millionen Lira (knapp 2,5 Millionen Euro) beglichen, weitere gut 120.000 Rechnungen warteten noch auf Spender*innen.[14] Statt rein karitativ zu agieren, wurden hier schlicht bessere Bedingungen für Selbstorganisation geschaffen, um selbst im großen Maßstab solidarisch zu sein und weiterlaufende Verbrauchskosten auch bei plötzlich fallenden Einkommen decken zu können. Hier zeigt sich in Grundzügen, wie eine Public-Commons-Partnership statt einer Public-Private-Partnership entstehen kann.

Was heißt das nun für die Frage, wer den Impfstoff als öffentliches Gut oder als Gemeingut bereitstellt und dafür Sorge trägt?[15] Es heißt, dem Beispiel Jonas Salks zu folgen und sich nicht ausschließlich auf nationalstaatliche Politiken zu verlassen. Die WHO oder eine andere gemeinschaffende globale Organisation könnte die treuhänderische Verwaltung übernehmen. Sie würde Wegbegleiter für innovative Forschungs- und Finanzierungsmodelle sein, über die zivilgesellschaftliche Organisationen und private Unternehmen kooperieren. Anknüpfend an das Motiv des Freien Wissens könnten Patente für Medikamente und Impfstoffe nicht nur in Krisenzeiten ausgesetzt werden, es wäre gänzlich darauf zu verzichten. Dies ist keine Ideologie, sondern gelingende Praxis, wie die Drug for Neglected Diseases Initiative (DNDI) seit Jahrzehnten beweist. DNDI erforscht, entwickelt, testet und ver-

teilt Medikamente – gemeinsam mit staatlichen, multilateralen und priva-
ten Partnern – insbesondere für jene Krankheiten, die sich für Unternehmen
›nicht rechnen‹, zu denen also nicht geforscht wird, obwohl sie eine hohe
Mortalitätsrate haben und Millionen von Menschen betroffen sind. Wo kein
Gewinn zu erwarten ist, da gibt es nach der Logik des Marktes auch keine
Forschungsinvestitionen (mehr zu DNDI in Helfrich/Bollier 2019: 312–314).[16]
Und wo nichts investiert wurde, kann auch kein Gewinn einbrechen, keine
Produktion ›heruntergefahren‹ werden, kein Verlust von Arbeitsplätzen dro-
hen. Das Feld bleibt aus marktwirtschaftlicher Perspektive irrelevant, egal
wieviele Menschen leiden und was sie konkret brauchen. Gerade das ist in
Commons Anders. Dort stehen Bedürfnisse im Mittelpunkt und das Produzieren wird gemeinsam verantwortet. Und diese Art des Wirtschaftens
bricht auch in Pandemiezeiten nicht zusammen.

Schluss

Ich würde gern mit dem Gedanken schließen, dass jetzt die Stunde der Commons schlägt, denn das schafft Resilienz, reduziert Abhängigkeiten und damit
Machtungleichgewichte. Mit Commons ist es möglich, was im dominieren-
den Wirtschaftssystem undenkbar scheint: ›runterfahren‹ ohne abzustürzen.
Dinge einfach sein lassen, weil wir sie gerade nicht brauchen. Entspannt im
Sparmodus laufen, solange wir genug zum Leben haben. Verzichtbare Dinge
nicht nur deswegen herstellen, weil Arbeitsplätze erhalten werden und Menschen ihre Existenz sichern müssen. Vielen sinnvollen Tätigkeiten nachge-
hen, die nichts mit Geschäftsmodellen zu tun haben. Ich glaube aber nicht,
dass die Stunde der Commons schlägt, denn die Beharrungskräfte des alten
Denkens, überkommene Ideen vom Wirtschaften und Politikkonzepte des
19. Jahrhunderts stehen dem entgegen. Ich glaube aber, dass diese Krise bessere Bedingungen dafür geschaffen hat, dass wir lernen wie Commoners zu denken, denn wir teilen nicht nur diese gemeinsame Erfahrung, wir konnten auch
beobachten, wie schnell *alles* veränderbar ist. Fortan ist nicht mehr begrün-
dungspflichtig, warum eine Umstellung der Wirtschaft auf »weniger Produktion und nähere, synergetische Produktionsweisen, z. B. Quartierwerkstätten,
Re-use, Repair und Recyclingzentren […] ökologisch erforderlich und sogar
›seuchentauglicher«‹ ist (Widmer 2020). Es wird einsichtig sein, warum wir
›systemrelevante‹ von ›lebensrelevanten‹ Tätigkeiten unterscheiden und Letz-

tere als tatsächliche Grundlage allen Wirtschaftens anerkennen müssen. Es wird klar sein, dass die Motive des Commoning nicht in die Schublade ›kleine Gemeinschaften‹ gehören, sondern auf leistungsfähigen Kommunikationsplattformen beruhende Prozesse des selbstorganisierten, gemeinschaffenden, einbeziehenden Versorgens beschreiben. Es wird unabweisbar sein, dass wir die Eigentumsfrage neu beantworten müssen. Vor allem aber haben alle verinnerlicht, was Interdependenz bedeutet. Deine Gesundheit hängt von meiner ab und umgekehrt. Deine Maske schützt mich und meine Maske schützt dich. Die Konsequenz kann nur sein: Commons ausweiten. NOW![17]

Anmerkungen

1   Aus Platzgründen übernehme ich dieses abstrakte Konzept ohne es zu problematisieren.

2   Die Frage wirft ein Licht darauf, dass Wirtschaft im Grunde der Befriedigung unserer Bedürfnisse dienen sollte.

3   Wörtlich verstanden ist das korrekt.

4   Mitunter ins Deutsche als *gemeinschaffen* übersetzt.

5   https://www.pressetext.com/news/20200429007?fbclid=IwAR0qcnFUdcshA3-aVJHrm-8jg6zVfzuEcFEXFOKuq_LuRJOQ8vmyBNkCeBU, letzter Zugriff am 22.05.2020.

6   https://www.youtube.com/watch?v=erHXKP386Nk.

7   https://www.faz.net/aktuell/politik/ausland/eu-initiative-fuer-impfstoff-nur-die-globale-antwort-wirkt-gegen-das-virus-16750330.html, letzter Zugriff am 05.05.2020.

8   https://www.oldenburger-onlinezeitung.de/nachrichten/pharmaindustrie-will-corona-impfstoff-nicht-als-oeffentliches-gut-freigeben-42087.html, letzter Zugriff am 20.05.2020.

9   https://www.faz.net/aktuell/politik/ausland/corona-impfstoff-konferenz-zeichen-gegen-brutalen-nationalismus-16753639-p2.html, letzter Zugriff am 05.05.2020.

10 Der denkwürdige Auftritt des italienischen Ministerpräsidenten Giuseppe Conte während der Corona-Krise im deutschen Fernsehen (31.03.2020) zeigt, dass diese Diagnose auch innerhalb von Nationalstaatsbünden zutrifft.

11 Die hier beschriebene Spannung zeigt sich auch in den Ausnahmen, wenn etwa Regierungen in Zeiten der Krise anders handeln als gewöhnlich. So beschloss die

portugiesische Regierung, für die Zeit der Corona-Krise das Kranken- und Sozial-
system für jeden und jede in Portugal zu öffnen – unabhängig vom Aufenthaltsstatus. Diese Maßnahmen sind die »Pflicht« einer »Solidargesellschaft in Krisenzeiten«, so Innenminister Eduardo Cabrita. https://oglobo.globo.com/mun
do/portugal-regulariza-imigrantes-para-dar-acesso-ao-sistema-de-saude-
durante-pandemia-de-coronavirus-24335450, letzter Zugriff am 20.05.2020.

12 Die Autorin analysiert mit Studierenden der Cusanus Hochschule die 20-Uhr-
Nachrichten der Tagesschau zwischen dem 01. März und 31. Mai 2020 mit Blick
auf das gesellschaftliche Gespräch über den Umgang mit den wirtschaftlichen
Folgen der Pandemie. Dort wird der Begriff »Gemeinschaft« v. a. im Zusammenhang mit »Schulden« verwendet wird und der Begriff Selbstorganisation bleibt
ausgespart.

13 https://wirvsvirushackathon.org/, letzter Zugriff am 17.05.2020.

14 https://ansteckendsolidarisch.de/de/blog/rechnungen sowie Website der Stadtregierung: https://askidafatura.ibb.gov.tr/, letzter Zugriff am 17.05.2020.

15 Die Politik verwendet beide Begriffe als würden sie dasselbe bezeichnen.

16 DNDI ist nicht von *einer* Finanzierungsquelle und schon gar nicht von *einem*
Nationalstaat abhängig. Die Organisation gehört aktuell zum WHO COVID-19
Technology Pool. https://dndi.org/events/2020/online-webinar-the-who-covid-
19-technology-pool/, letzter Zugriff am 21.05.2020.

17 Dies entspricht den drei konvergenten Strategien, die das Netzwerk Ökonomischer Wandel (NOW) identifiziert hat. Siehe hierfür https://www.netzwerk-oe
konomischer-wandel.org/, letzter Zugriff am 13.05.2020.

Literatur

Brand, Ulrich/Wissen, Markus (2017): Imperiale Lebensweise. Zur Ausbeutung von Mensch und Natur in Zeiten des globalen Kapitalismus. München: oekom.

Chagas, Andre Maia et al. (2020): Leveraging Open Hardware to Alleviate
the Burden of COVID-19 on Global Health Systems. https://journals.plos.
org/plosbiology/article/authors?id=10.1371/journal.pbio.3000730, letzter
Zugriff am 20.05.2020.

Dardot, Pierre/Laval, Christian (2020): The Pandemic as Political Trial: The
Case for a Global Commons. https://roarmag.org/essays/dardot-laval-co
rona-pandemic/, letzter Zugriff am 20.05.2020.

Flassbeck, Heiner (2020): Vollbremsung, die Wirtschaft in den Zeiten des Coronavirus, 15.03.2020. https://www.flassbeck-economics.com/?s=Voll bremsung, letzter Zugriff am 15.05.2020.

Helfrich, Silke/Bollier, David (2019): Frei, Fair und Lebendig. Die Macht der Commons, Bielefeld: transcript.

Solnit, Rebecca (2009): A Paradise Built in Hell: The Extraordinary Communities That Arise in Disaster. New York: Viking.

Widmer, Hans (2020): »Die Coronakrise hat viele Fehlfunktionen unseres Systems offengelegt«. In: Telepolis vom 28.03.2020. https://www.heise.de/tp/features/Die-Corona-Krise-hat-viele-Fehlfunktionen-unseres-Sys tems-offengelegt-4688595.html, letzter Zugriff am 13.05.2020.

Online-Quellen

https://ansteckendsolidarisch.de/de/blog/rechnungen.

https://askidafatura.ibb.gov.tr/, letzter Zugriff am 17.05.2020.

https://www.dndi.org/2020/media-centre/events/online-webinar-who-co vid-19-technology-pool/, letzter Zugriff am 21.05.2020.

https://www.faz.net/aktuell/politik/ausland/corona-impfstoff-konferenz-zei chen-gegen-brutalen-nationalismus-16753639-p2.html, letzter Zugriff am 05.05.2020.

https://www.faz.net/aktuell/politik/ausland/eu-initiative-fuer-impfstoff-nur-die-globale-antwort-wirkt-gegen-das-virus-16750330.html, letzter Zugriff am 05.05.2020.

https://www.netzwerk-oekonomischer-wandel.org/, letzter Zugriff am 13.05.2020.

https://oglobo.globo.com/mundo/portugal-regulariza-imigrantes-para-dar-acesso-ao-sistema-de-saude-durante-pandemia-de-coronavirus-24335450, letzter Zugriff am 20.05.2020.

https://www.oldenburger-onlinezeitung.de/nachrichten/pharmaindustrie-will-corona-impfstoff-nicht-als-oeffentliches-gut-freigeben-42087.html, letzter Zugriff am 20.05.2020.

https://www.pressetext.com/news/20200429007?fbclid=IwAR0qcnFUdcs hA3-aVJHrm-8jg6zVfzuEcFEXFOKuq_LuRJOQ8vmyBNkCeBU, letzter Zugriff am 22.05.2020.

https://wirvsvirushackathon.org/, letzter Zugriff am 17.05.2020.

https://www.youtube.com/watch?v=erHXKP386Nk.

Die Do-it-Yourself (DIY)-Community in Zeiten von Corona
Plädoyer für eine demokratisierte Daseinsvorsorge

Andrea Baier/Christa Müller

»Wir arbeiten normalerweise, um Geld zu verdienen. Jetzt ging es darum, Leben zu retten«, spricht ein italienischer Ingenieur ins Mikrophon des Journalisten. Leben retten mit einem fehlenden Ventil, das er eigeninitiativ auf dem 3D-Drucker seiner Firma im lombardischen Brescia ausdruckte. Die Ärzte probten die Tauglichkeit des Ventils für ihre fehlerhaften Beatmungsgeräte – und waren begeistert. Es funktionierte. Die Ingenieure druckten sogleich hundert Ventile – und retteten Leben.

Ein Musterbeispiel für gebrauchswertorientiertes Produzieren, Arbeiten, Entscheiden. Der Fall hat aber noch eine weitere Dimension: Das fehlende Ventil, das der Ingenieur »in seiner Freizeit« ausdruckte, war patentrechtlich verschlossen – und damit legal nicht zugänglich. Die Herstellerfirma hatte ihm keine Blaupause für das Ventil überlassen. Ergo fehlte ihm die Lizenz zum Drucken. Er setzte sich über die Lizensierung, die exklusiven Zugang nur gegen Geld erlaubt, hinweg – und verstieß bewusst gegen das Patentrecht. Über einfache Empathie gelangte er zu dieser Entscheidung: Er versetzte sich in die Lage des Patienten – und fand über diese Perspektivverschiebung zu einer Handlungsorientierung.[1]

Auch hierzulande entwickeln Aktivist*innen »im eigenen Auftrag« kreative Lösungen, um akute Bedarfe zu decken. In zivilgesellschaftlich organisierten Labs, in denen bewusst offen zugängliche und modifizierbare Designs verwendet werden, beteiligt man sich am multidisziplinären Großprojekt des »Kurveflachhaltens« und demonstriert, wie umsichtig Freiwillige zu konkreten Problemlösungen beitragen – ohne Entlohnung und oft sogar unter Einsatz von eigenen Geldmitteln.

Der Verbund offener Werkstätten, ein Zusammenschluss von Fab Labs, Werkstatthäusern und Makerspaces, die bereits seit Jahren mit nicht-marktförmigen bzw. selbst herstellbaren Gütern und Hacks »für alle« experimentieren, dokumentiert eine beeindruckende Liste von Open-Source-Hardware-Lösungen aus dem medizinischen Bereich.[2]

Auffallend ist, wie lapidar die Mitarbeit an dem regional wie international vernetzten Engagement begründet wird: Sie konnten wegen der Kontaktbeschränkungen ohnehin nicht viel tun und haben sich dann eben an der Weiterentwicklung und an der Produktion von in den umliegenden Krankenhäusern benötigten Gesichtsvisieren beteiligt, erzählt z. B. Netzaktivist Daniel Domscheit-Berg, einer der Gründer des gemeinnützigen Makerspaces »Verstehbahnhof« im brandenburgischen Fürstenwalde.[3]

Und weil sie also »nichts Besseres« zu tun haben, kommunizieren, forschen und experimentieren sie über offene Plattformen im Sinne einer großzügigen Gabe, die nicht auf eine unmittelbar reziprok angelegte Gegengabe hofft, sondern in den freien Raum entlassen wird und dort wirken soll. So entstehen Dinge und Verbindungen, die nicht absehbar waren – und die womöglich bei der nächsten Krise wieder abgerufen werden können. Wenn der Markt versagt, zeigen lokale, versorgungsorientierte, solidarische und empathisch agierende Netzwerke gemeinwohlorientierte Wege auf. Dies könnte, so unsere Annahme, das Verhältnis von Zivilgesellschaft und Staat auf unerwartete Weise transformieren und auch z. B. bei der Klimakrisenbewältigung zum Zuge kommen.

Corona-Gesellschaft ist Gesellschaft im Experimentiermodus

Die weltweit agierende Do-it-Yourself (DIY)-Community ist schon länger dabei, im Modus der Problembewältigung zu laborieren. Insofern stellte sie sich schnell und souverän auf die ungewohnte Situation ein. Naheliegenderweise sind diejenigen zivilgesellschaftlichen Kräfte, die bereits auf eine bestehende räumliche oder organisatorische Infrastruktur zurückgreifen können, der Herausforderung besonders gut gewachsen.

Seit einigen Jahren hat sich in vielen Städten in offenen Werkstätten, in Gemeinschaftsgärten und Reparatur-Initiativen eine DIY-Kultur herausgebildet, die Selbstorganisation, Peer-to-Peer-Wissensaustausch und Selbstversorgung mit einer gesellschaftlichen Utopie verbindet. Erklärtermaßen wollen ihre Protagonist*innen »die Welt reparieren«. Sie experimentieren mit kleinteiligen Lösungen für Nahrungsmittel- oder Energieproduktion, proben das kollaborative Fabrizieren, Reparieren, Upcyclen. Sie holen die Produktion notwendiger Dinge in die Innenstädte zurück, aus denen sie im Zuge der Globalisierung zunehmend verdrängt worden sind. Sie retten Bienen, kooperieren mit Kleinbauernbewegungen weltweit, sorgen sich um die Artenvielfalt und um giftigen Elektroschrott auf den Deponien im Globalen Süden. Sie tauschen und teilen auf nichtkommerziellen Wegen. Ihre Praxen beruhen zum Teil auf agrarkulturellen Interventionen, zum Teil auf digitalen Hightech-Anwendungen, zum Teil auf der Wiederentdeckung des Handwerks, aber sie sind unterschiedslos versorgungsorientiert und als Commons organisiert (vgl. Baier et al. 2016).

Es ist nicht zufällig, dass es genau diese Akteure sind, die in der Zeit des eklatanten Marktversagens ihr Wissen und ihre Fabrikationskapazitäten aktuellen Bedürfnissen widmen.

Care-Aktivismus

Ihre Aktivitäten können mit einiger Berechtigung als »Care-Aktivismus« bezeichnet werden, auch wenn sie sich nicht primär darum sorgen, wie Care – Kochen, Putzen, Pflegen, Erziehen – kollektiv zu organisieren wäre, sondern sich ihre Sorge eher auf die »Natur«, die Nachbarschaft, die Stadtplanung bezieht.

In ihrem Handeln kommt deutlich die typischerweise mit Care, mit Sorgearbeit verbundene Haltung zum Ausdruck. Auch für die neue DIY-Bewegung gilt, dass die Kollektivierung von Sorge nicht nur Notlösungen in der Krise bereitstellt, sondern dass sie sich, wie Mike Laufenberg (2014) eindrücklich am Beispiel der AIDS-Bewegung aufgezeigt hat, als »Transformationsmedium« erweisen kann.

Die Anerkennung von Verwundbarkeit und gegenseitiger Abhängigkeit – z. B. im Hinblick auf ökologische und soziale, aber selbstredend auch gesundheitliche Risiken – kann kollektive politische Kraft entfalten und »Fluchtlinien aus der Gesellschaft der Vereinzelung und Individualisierung sozialer und gesundheitlicher Risiken« aufzeigen, so Laufenberg (2020).

Die Protagonist*innen der DIY-Bewegung erheben nicht den Anspruch, in autonomen Sphären – unabhängig von Markt und Staat – zu existieren und autochthone Selbstversorgungsbereiche aufzubauen. Sie betonen vielmehr, dass sie auf einen unterstützenden staatlichen Rahmen angewiesen sind, um noch mehr Wirksamkeit zu entfalten, um gebrauchswertorientierte Produkte herzustellen und um eine infrastrukturelle Umgebung, die der Daseinsvorsorge verschrieben ist, aufzubauen. Ihre Beiträge sollten in die Debatten um neue Formen einer erweiterten und demokratisierten Daseinsvorsorge, die im Zuge der Corona-Krise (hoffentlich) geführt werden, einbezogen werden. Hierzu bedarf es unübersehbar eines viel stärkeren Engagements z. B. von Kommunen – man könnte hier auch – in Anlehnung an Heinz Budes Überlegungen (2020) – von der »Staatsbedürftigkeit« eines engagierten zivilgesellschaftlichen Milieus sprechen.

Die Krise war vorher schon da

Krisen machen sichtbar, was vorher schon im Argen lag. Plötzlich fällt ein Schlaglicht auf ehemals Verdrängtes. Sie wirft z. B. die Frage auf, wie es mit der gerechten Bezahlung sogenannter systemrelevanter Arbeit steht. Nicht, dass man es nicht vorher schon gewusst hätte, aber plötzlich erscheint die schlechte Bezahlung von Pflegekräften und Verkaufspersonal, von Spargelstecher*innen und Logistikarbeitskräften als skandalös. Es offenbart sich der Untergrund einer Ökonomie, die nur an der Oberfläche, wenn man nicht so genau hinschaut, glänzt.

Die Krise verrät also einige unbequeme Wahrheiten über die spätmodernen Verhältnisse. Zu diesen Wahrheiten gehört, dass nicht nur geschlossene Produktions- und Lieferketten vulnerabel sind und damit essenzielle Versorgungsgüter im Falle des Falles womöglich nicht zur Verfügung stehen, sondern auch, dass unsere Versorgung (jedenfalls im Krankenhaus, im Pflegeheim) in einen bedrohten Zustand gerät, wenn sie dem Markt überlassen wird, wenn die Betreiber*innen eines Krankenhauses ihren Auftrag nicht in der Bereitstellung von Daseinsvorsorge, sondern in der Profiterwirtschaftung sehen.

Die Frage wäre nun, ob die Krise genutzt wird, um gesellschaftliche Missstände und problematische Fehlentwicklungen zu bearbeiten. Ob sie z. B. dazu genutzt wird, das gesellschaftliche Naturverhältnis zu überdenken. Im Moment ist angesichts der (welt-)wirtschaftlichen Verwerfungen zu befürchten, dass es nach einer nur kurzen Atempause für die Natur zu umso heftigeren Wachstumsschüben kommen wird.

Sowohl die Krise von Care, auf die jetzt gerade ein Schlaglicht fällt, als auch die ökologische Krise sind Krisen der Reproduktion und insofern systemisch bedingte Dauerkrisen. »Reproduktion« ist unter den Bedingungen kapitalistischer Produktion immer krisenhaft, da sie auf die Ausbeutung von Natur und unbezahlter Arbeit (Hausarbeit und Sorgearbeit) angewiesen ist. Längst wäre eine Revision des gesellschaftlichen Verhältnisses von Marktwirtschaft und Subsistenz angezeigt, um soziale und ökologische Krisen zu bewältigen (vgl. Scherhorn 1999).[4]

Zu fragen wäre also: Wenn vorher schon Krise war, was wird nach der Krise sein? Wird es eine Zäsur geben? Und wenn ja, welche Zäsur? Könnte die Corona-Krise ein Anlass dafür sein, die Art des Wirtschaftens grundlegend infrage zu stellen? Könnte womöglich das Diktum »Leben geht vor Wirtschaftsinteressen« auch nach der Krise gelten?

Noch ist unklar, wie sich die Welt verändert haben wird, wenn Shutdown und Lockdown der Vergangenheit angehören: Gelten noch die Handelsabkommen, die vorher galten? Werden die sozialen Bewegungen zurückkehren oder wird der Klimastreik in Vergessenheit geraten? Wird die offene Gesellschaft Schließungen vornehmen? Wird Solidarität zukünftig inklusiv oder exklusiv gedacht werden?

Aladin El-Mafaalani (2020) befürchtet, dass (ökonomische) Schließungstendenzen nach außen – Restriktion von Handel, Geldströmen, Arbeitskraft – (sozio-kulturelle) Schließungen nach innen – weniger Rechte für gesellschaftliche Minderheiten – nach sich ziehen. Rudolf Stichweh (2020) rechnet mit Strukturbrüchen: »Wenn die Funktionssysteme wieder in die Dynamik zurückkehren, ist dies nicht nur ein Wiederanlassen von etwas, das, wie eine temporär ausgeschaltete Maschine, seine Normaloperationen wiederaufnimmt. Es ist immer auch ein Neubeginn.«

Mit der Krise der (Welt-)Wirtschaft werden womöglich auch viele Menschen im Globalen Norden keine Lohnarbeit mehr finden und damit weniger Geld zur Verfügung haben. Wird sich die soziale Krise dann weiter verschärfen? Werden die Individuen die Krise zum Anlass nehmen, gemeinschaftliche Sicherungssysteme aufzubauen? Wird dabei Wirtschaften jenseits des Marktes – Open-Source-Hard- und Software, Reparieren, Leihen, Gemeinschaftsgärtnern etc. – eine wichtigere Rolle spielen? Wäre das ein Schreckensszenario, das an Nachkriegsnotproduktion erinnert? Oder könnte das Teil einer positiven Utopie von postmateriellen Wohlstandsmodellen sein?

»Politiken der Reproduktion«, sagt Mike Laufenberg, können eine zentrale Rolle beim Ausbau nichtkapitalistischer Versorgungs- und Sozialstrukturen spielen. Gerade angesichts einer Tendenz der Kommodifizierung und Re-Privatisierung der Reproduktionsarbeit »bedarf es einer Politik kollektiver Reproduktion, die die Absicherung unserer Lebensbedingungen durch solidarische Strukturen und soziale Kooperation ermöglicht« (Laufenberg 2012, o. S.).

Das Gesundheitssystem als Seismograph für die Krise

Die Daseinsvorsorge als gesellschaftliche Gemeinschaftsaufgabe zu betrachten und zu organisieren ist dabei das eine, aber noch nicht alles. Sie bliebe unter den jetzigen Bedingungen abhängig von den Beiträgen der Versicherten und dem Steueraufkommen und damit von der kapitalistischen Wachstumswirtschaft. Die Wachstumswirtschaft versorgt die Gesellschaft bis dato zweifellos mit lebensnotwendigen Dingen (wenn auch nicht mit allem, was Menschen brauchen), sie finanziert (mehr oder minder schlecht) den Sozialstaat, sie sorgt auch dafür, dass die Menschen ein Einkommen haben. Allerdings zu einem hohen Preis.

Wenn die Gesellschaft diesen Preis – globale soziale Ungleichheit, ökologische Zerstörung, Kriege um Ressourcen – nicht mehr zahlen will, bräuchte es nicht nur eine neue Kombination von Wirtschafts- und Sozialpolitik, wie sie z. B. Heinz Bude (2020) diskutiert, sondern auch und vor allem ein neu austariertes Verhältnis von Subsistenz-[5] und Warenproduktion, bzw. von Marktwirtschaft und Versorgungswirtschaft jenseits des Marktes, wie es Veronika Bennholdt-Thomsen (2010) fordert – und wie es DIY- und Urban-Gardening-Aktivitäten auf lokaler Ebene längst erproben.

Auch jenseits des Marktes werden lebenswichtige Dinge (materieller wie immaterieller Art) produziert. Aber es erscheint stets so, als sei es vor allem »die Wirtschaft«, die Gesellschaft am Leben erhält. Entsprechend wenig wertgeschätzt ist die Kehrseite der Marktökonomie, die unbezahlte Arbeit, sie gilt als privat, findet auch meist im Privaten, im Haushalt statt. Auf sie richtet sich kein Augenmerk, sie zählt nicht zum Bruttosozialprodukt und somit nicht als wohlstandsrelevant. Nur wo Geld fließt, ist Wirtschaft. Dabei ist gerade wieder deutlich zu sehen, dass das nicht stimmt.

Die ganze Wirtschaft steht still – die ganze?

Die »andere« Ökonomie – die unbezahlte (Care-)Arbeit – ist in der Krise gerade nicht stillgestellt, sie vermehrt sich vielmehr. So viel unbezahlte (Care-)Arbeit war lange nicht mehr: alle Eltern auf sich allein gestellt bei der Versorgung der Kinder, zuständig für Bespaßung und Beschulung;[6] Töchter und Söhne, die bei der Pflege einspringen müssen, weil die ambulanten Hilfsdienste, die Putzhilfen, die ausländischen Pflegekräfte nicht mehr kommen; Nachbar*innen und Freund*innen, die für gefährdete Personen das Einkaufen oder sonstige Botengänge übernehmen.

Es ist nicht nur die (schlecht) bezahlte Care-Arbeit im Krankenhaus und in der Pflege, plötzlich allen als »systemrelevant« vor Augen geführt, und nicht nur die Arbeit der Verkäuferin im Supermarkt, die sich als für unser aller Versorgung überaus wichtig offenbart, sondern auch – wieder einmal – die unbezahlte Arbeit, mit der die Wirtschaft am Laufen gehalten wird, die insbesondere auch die Kollateralschäden in Grenzen hält, die mit den Kontaktverboten einhergehen.

Ließe sich die Krise auch produktiv nutzen?

Will die Gesellschaft, was die Sorgearbeit betrifft, nicht zum Zustand vor der Corona-Krise zurückkehren, weil das auch schon ein sozial-ökologischer Krisenzustand war, dann gilt es, die spätmoderne Ökonomie noch sehr viel grundsätzlicher infrage zu stellen, als dies im Moment geschieht, wenn höhere Löhne für Krankenschwestern und Verkäuferinnen oder auch temporäres Elterngeld[7] gefordert werden. Selbstredend sind das trotzdem richtige Forderungen (die weibliche Form nutzen wir hier absichtsvoll; es ist jetzt schon abzusehen, dass die gegenwärtige Krise vor allem langfristig mehr zulasten von Frauen als von Männern gehen wird – vgl. Bünning/Hipp (2020) – auch wenn das nicht die einzige soziale Spaltung ist, die sich gerade auftut).[8]

Perspektivisch ginge es darum, anzuerkennen, dass ein kapitalistischer Markt generell kein taugliches Mittel ist, wenn Gesundheits- und Pflegeleistungen auf einem hohen Niveau gewährleistet sein sollen; so wie es sich generell nicht empfiehlt, sozialstaatliche Maßnahmen zugunsten einer Privatisierung und Kommodifizierung von Reproduktions- und Sorgearbeit abzubauen. Gut wäre auch anzuerkennen, dass es, mehr noch als profitorientiertes Wirtschaften, das nichtkommerziell orientierte Wirtschaften in Familien und Projekten braucht, um die Reproduktion des Lebens zu garantieren.

Erweiterte Daseinsvorsorge

Um sowohl zivilgesellschaftliche Initiativen und Interventionen zu stärken als auch weitere nichtkommerzielle Formen der Daseinsvorsorge auszubauen, bräuchte es einen Staat bzw. Kommunen, die sich als Anwältinnen von (Sorge-)Arbeit und Engagement jenseits des Marktes verstehen und die die Zusammenarbeit mit zivilgesellschaftlichen Akteur*innen viel stärker als bislang suchen. Hilfreich wäre die entschlossene Förderung von Infrastrukturen des Selbermachens und des gegenseitigen Lernens, um die gesellschaftliche Produktivität jenseits des Marktes zu unterstützen. Vielleicht könnte es neben dem »staatlichen Sozialstaat«, den Bude und andere im Visier haben, auch einen »Sozialstaat im Quartier« geben, in Anlehnung an den »Sozialstaat hinter dem Haus«, der zur sozialen Absicherung der Lohnabhängigen in der Bundesrepublik bis in die 1960er Jahre ernsthaft diskutiert wurde (vgl. Prinz 2012).

Damals hatten die Überlegungen eine strukturkonservative Note, es ging auch darum, die (männlich gedachten) Lohnarbeiter an die Scholle zu binden. Aber inzwischen werden Subsistenzaktivitäten von einer agilen DIY- und Urban-Gardening-Bewegung subversiv gewendet, sodass einem »Sozialstaat im Quartier« – basierend auf der kommunalen Bereitstellung einer Infrastruktur, die es ermöglicht, sich um die wesentlichen Dinge im Leben gemeinschaftlich zu kümmern – nichts entgegenstünde. Zur Ausstattung könnten offene Eco Labs, ausgewiesene Flächen für urbane Gemeinschaftsgärten, ökologische Experimentierräume für interkulturelle Formen des Wissenstausches und der kollaborativen Nahrungsmittelproduktion und vieles mehr gehören. Eine Infrastruktur, die eine Kommune nicht deshalb zur Verfügung stellt, weil sie die Verantwortung abgeben will, sondern weil sie im Gegenteil die gigantische Aufgabe des Klimawandels und der Renaturierung urbaner Lebensräume kollaborativ und demokratisch anzugehen beabsichtigt.

Diese selbstorganisierten, kollektiven Infrastrukturen könnten ebenso finanziert werden wie Schwimmbäder, öffentliche Krankenhäuser und Bibliotheken – als Bestandteile einer erweiterten und demokratisierten Daseinsvorsorge, die keine paternalistische, sondern eine bewusst gemeinnützige Agenda verfolgt.

Eine Erkenntnis aus der Beobachtung der DIY-Szene in der Corona-Krise könnte sein: Zukünftige Politik müsste sich erheblich stärker öffnen für die Gestaltungskraft der dezentralen, miteinander vernetzten, gut ausgebildeten und bereitwillig die infizierte Welt »reparieren« wollenden Menschen und diesen mehr Möglichkeiten geben, die Dinge selbst in die Hand zu nehmen und dezentrale, produktive Lösungen zu finden. Gemeinsam mit anderen, als gemeinsame Plattform verschiedener sozialer Schichten und Gruppen und jenseits eines »Konsumbürgertums«, vor dessen »externen Effekten« des Konsumierens niemand mehr die Augen verschließen kann. Das wäre nicht nur in Bezug auf die zentralen ökologischen Überlebensfragen angezeigt, sondern auch im Hinblick auf eine generalisierte Maxime der »Lebensdienlichkeit« von Wirtschaften und Handeln, die sich auf alle lebendigen Entitäten bezieht und ihr Verhältnis immer wieder neu aushandelt.

Anmerkungen

1   https://www.deutschlandfunk.de/kreative-loesungen-in-zeiten-von-corona-lebensretter-aus.676.de.html?dram:article_id=472978&utm_source=pocket-newtab.

2   https://www.offene-werkstaetten.org/post/covid-19-das-koennen-offene-werkstaetten-tun.

3   https://www.spiegel.de/netzwelt/gadgets/corona-krise-daniel-domscheit-berg-produziert-gesichtsvisiere-im-3d-drucker-a-725cfb15-34ba-4682-a0ce-3dc9f8a2c689.

4   Der Ökonom Gerhard Scherhorn verwies darauf, dass die unbezahlte Arbeit (bzw. die »Subsistenzwirtschaft«) für die Gesamtwirtschaft mindestens so wichtig ist wie die Erwerbsarbeit und als ein Wirtschaftssystem eigener Art zu betrachten ist: »Denn dieses Prinzip funktioniert nach so radikal anderen Prinzipien, daß [sic!] seine Aufgaben von den beiden anderen Systemen nicht erfüllt werden können [...]. Das marktwirtschaftliche System beruht auf Erwerbsstreben und Wettbewerb, das staatswirtschaftliche auf Planung und Unterordnung, das subsistenzwirtschaftliche auf intrinsischer Motivation und Fürsorge. Jedes der drei Systeme braucht seine spezifischen Rahmenbedingungen, um funktionieren zu können. Und alle drei müssen in komplementären Beziehungen zueinander stehen und sich entwickeln, damit das Ganze funktionieren kann.« (Scherhorn 1999: 5)

5   Scherhorn versteht unter *Subsistenzwirtschaft* »das Hervorbringen von Gütern und Diensten, das unmittelbar von den Bedürfnissen der zu versorgenden Menschen gesteuert wird, nicht vom Machbaren, nicht vom Tauschwert, nicht von der Nachfrage, nicht von den Erwerbschancen, nicht von den Wählerstimmen und nicht vom Staatshaushalt. In Marktwirtschaft und Staatswirtschaft geht es um die Vermehrung oder Erhaltung von Geld oder Kontrolle, die Subsistenzarbeit dagegen wird nicht für monetäres Entgelt und nicht für politischen Einfluß [sic!] getan, sondern für Menschen.« (Scherhorn 1999: 6)

6   Bei entweder gleichzeitig stattfindendem Homeoffice und/oder mit der Sorge, was aus dem Erwerbsarbeitsplatz wird, ob man mit dem Kurzarbeitergeld über die Runden kommt, ob der Arbeitgeber Abwesenheitszeiten akzeptiert, weil man nicht zur Lohnarbeit erscheinen kann, oder die Firma gleich ganz schließt; oder mit der Sorge, dass einem als (Solo-)Selbstständigem die Aufträge wegbrechen.

7   https://www.jetzt.de/politik/coronaelterngeld-eltern-fordern-in-der-corona krise-unterstuetzung-von-der-politik?fbclid=IwAR1gQfmsVrKc2oRQdTyvKwtc GpS2Gb819rfN8aaG8SrUezOVjJ_MoKhYkWY.

8   https://www.diw.de/de/diw_01.c.743872.de/publikationen/diw_aktuell/20 20_0028/systemrelevant_und_dennoch_kaum_anerkannt__das_lohn-_und_ prestigeniveau_unverzichtbarer_berufe_in_zeiten_von_corona.html?fbclid= IwAR058p0kPwT-XVE3jF-HqVovb3Gd34M1svgOVtilMKIDCUK8x5N_xKtb1so.

Literatur

Baier, Andrea/Hansing, Tom/Müller, Christa/Werner, Karin (Hg.) (2016): Die Welt reparieren. Bielefeld: transcript.

Bennholdt-Thomsen, Veronika (2010): Geld oder Leben. München: oekom.

Bünning, Mareike/Hipp, Lena (2020): Leben in der Lage. Wie wirkt sich Corona auf Arbeit, Familie und Wohlbefinden aus? WZB-Podcast Soziologische Perspektiven auf die Corona-Krise, 15.04.2020. https://coronaso ziologie.blog.wzb.eu/.

Bude, Heinz (2020): Legitimationsglaube, Folgebereitschaft und Verhaltensorientierung. WZB-Podcast Soziologische Perspektiven auf die Corona-Krise, 22.04.2020.

El-Mafaalani, Aladin (2020): Shutdown der offenen Gesellschaft. WZB-Podcast Soziologische Perspektiven auf die Corona-Krise, 22.04.2020.

Laufenberg, Mike (2012): »Communities of Care. Queere Politiken der Reproduktion«. In: Zeitschrift LuXemburg – Gesellschaftsanalyse und linke Praxis 4/12, S. 96–101.
Laufenberg, Mike (2014): Sexualität und Biomacht. Vom Sicherheitsdispositiv zur Politik der Sorge. Bielefeld: transcript.
Laufenberg, Mike (2020): Care. Video-Beitrag in der Reihe »Kritische Theorien in der Pandemie. Ein Glossar zur Corona-Krise«, Frankfurter Arbeitskreis. https://www.youtube.com/watch?v=mfF1IUvccBc.
Prinz, Michael (2012): Der Sozialstaat hinter dem Haus. Wirtschaftliche Zukunftserwartungen, Selbstversorgung und regionale Vorbilder: Westfalen und Südwestdeutschland 1920–1960. Paderborn: Schöningh.
Scherhorn, Gerhard (unter Mitarbeit von Patrizia Dahm) (1999): Die andere Arbeit. Untersuchungen über Eigenarbeit und Subsistenz. Unveröff. Manuskript, Wuppertal.
Stichweh, Rudolf (2020): »Simplifikation des Sozialen«. In: FAZ vom 07.04.2020, S. 9.

Online-Quellen

https://www.deutschlandfunk.de/kreative-loesungen-in-zeiten-von-corona-lebensretter-aus.676.de.html?dram:article_id=472978&utm_source=pocket-newtab.
https://www.diw.de/de/diw_01.c.743872.de/publikationen/diw_aktuell/2020_0028/systemrelevant_und_dennoch_kaum_anerkannt__das_lohn-_und_prestigeniveau_unverzichtbarer_berufe_in_zeiten_von_corona.html?fbclid=IwAR058p0kPwT-XVE3jF-HqVovb3Gd34M1svgOVtilMK IDCUK8x5N_xKtb1s0.
https://www.jetzt.de/politik/coronaelterngeld-eltern-fordern-in-der-coronakrise-unterstuetzung-von-der-politik?fbclid=IwAR1gQfmsVrKc2 oRQdTyvKwtcGpS2Gb819rfN8aaG8SrUezOVjJ_M0KhYkWY.
https://www.offene-werkstaetten.org/post/covid-19-das-koennen-offene-werkstaetten-tun.
https://www.spiegel.de/netzwelt/gadgets/corona-krise-daniel-domscheitberg-produziert-gesichtsvisiere-im-3d-drucker-a-725cfb15-34ba-4682-a0ce-3dc9f8a2c689.

Aufbau einer solidarischen und nachhaltigen Care-Ökonomie
Ein Plädoyer in Zeiten von Corona

Gabriele Winker

Schon vor dem neuartigen Coronavirus bildete Care-Arbeit bzw. Sorgearbeit, diese Begriffe werden im deutschsprachigen Raum synonym gebraucht, ein lebensnotwendiges Fundament der Gesellschaft. Ohne die vielen Menschen, die tagtäglich Kinder erziehen, unterstützungsbedürftige Angehörige pflegen oder Menschen in Not helfen, würde diese sofort zusammenbrechen. Denn im Zentrum aller Care-Arbeit stehen das Leben und seine Erhaltung. Vom Augenblick ihrer Geburt an können Menschen ohne die Sorge anderer nicht überleben. Und auch jenseits des Kindes- und Jugendalters und jenseits von Zeiten der Krankheit und Gebrechlichkeit sind Menschen alltäglich auf andere Menschen angewiesen.

Sorgearbeit wird sowohl alltäglich unentlohnt in Familien als auch in Care-Berufen, etwa durch Pflegekräfte oder Erzieher*innen, geleistet und primär von Frauen ausgeführt. Bei der unentlohnten Sorgearbeit in Familien und im Ehrenamt leisten Frauen über 60 % der anfallenden Arbeitsstunden, im beruflichen Bereich der Care-Arbeit sind über 80 % der Erwerbstätigen Frauen.

Nach wie vor werden Umfang und Bedeutung dieser Care-Bereiche massiv unterschätzt, auch wenn sich zeigen lässt, dass knapp zwei Drittel aller Arbeitsstunden in der BRD entlohnte und unentlohnte Care-Arbeit sind.[1] Dieser Prozentsatz wird weiter zunehmen, da es zwar möglich ist, immer schneller Autos zu produzieren, nicht aber immer schneller Menschen zu beraten, zu heilen oder zu versorgen, ohne dass es zu großen Qualitätsverlusten kommt. Dennoch wird die Care-Arbeit in Wirtschaft und Politik kaum wahrgenommen.

In Zeiten von Corona ändert sich dies allerdings teilweise. Insbesondere Pflegekräfte und Ärzt*innen erhalten große Aufmerksamkeit, da beinahe alle Menschen die Abhängigkeit von diesen Berufsgruppen unmittelbar spüren. Aber selbst in dieser zugespitzten Situation, in der von Seiten des Staates viel Geld in die Hand genommen wird, um den Virus zu bekämpfen, erfährt die familiäre Sorgearbeit kaum Unterstützung. Mit der Ausnahme von Beschäftigten in systemrelevanten Bereichen müssen viele Eltern zu Beginn der Pandemie über Wochen je individuell eine Ganztagesbetreuung ihrer Kinder realisieren und zusätzlich im Homeoffice berufstätig sein. Sie sollen dabei gleichzeitig eine gute Lehrerin, Hauswirtschafterin und Trösterin sein. Erst nachdem Eltern und Beratungsstellen auf untragbare Zustände in Familien hinweisen, kommt es sehr verspätet, zwei Monate nach dem Shutdown, zu ersten Öffnungen von Kitas und Grundschulklassen. Entsprechend fühlen sich primär Mütter, insbesondere alleinerziehende, in Zeiten von Corona noch mehr alleine gelassen, als dies in normalen Zeiten der Fall ist.

Es lässt sich also festhalten, dass selbst in einer Pandemie, in der die Rettung menschlichen Lebens im Vordergrund steht, große Teile der Care-Arbeit weiter ein Schattendasein führen. Im Zentrum stehen stattdessen Unternehmen, die profitorientiert für den Markt produzieren.

1   Erschöpfung menschlicher und ökologischer Ressourcen

1.1   Krise sozialer Reproduktion

Gleichzeitig sind allerdings auch Unternehmen auf Sorgearbeit angewiesen. Für die Verwertung des im Produktionsprozess eingesetzten Kapitals muss Arbeitskraft in hinreichender Quantität und Qualität zur Verfügung stehen. Dies wird in einer kapitalistischen Gesellschaft primär unentlohnt durch die Sorgearbeit in Familien gewährleistet. Hier wird die zukünftige Generation der Erwerbstätigen geboren, erzogen und betreut, und hier wird auch die Arbeitskraft der derzeitigen Erwerbstätigen wiederhergestellt. Seit im neoliberalen Kapitalismus tendenziell alle erwerbsfähigen Personen – unabhängig von der Anzahl der zu betreuenden Kinder und der unterstützungsbedürftigen Angehörigen – durch Erwerbsarbeit eigenständig für ihren Lebensunterhalt aufkommen müssen, fehlt jedoch für diese familiäre Sorgearbeit die Zeit. Dieses Problem wird noch verstärkt durch eine staatliche Austeritätspolitik, die an der sozialen Infrastruktur spart.

Begründet wird diese Austeritätspolitik, die auch auf eine möglichst niedrige Sozialleistungsquote abzielt, damit, dass die Wettbewerbsfähigkeit des von Deutschland aus operierenden Kapitals aufrechterhalten werden muss. Dieses recht einseitig an kurzfristig erzielbaren Renditen ausgerichtete Handeln hat allerdings inzwischen dazu geführt, dass die Folgen einer umfassenden Kostensenkungspolitik nicht nur die Care-Arbeit erschweren, sondern auch auf Unternehmen zurückschlagen.

So fehlt es an qualifizierten Fachkräften, beispielsweise in (informations-)technischen oder Care-Berufen, da sich insbesondere Frauen der doppelten Anforderung einer möglichst umfassenden Erwerbsarbeit und hohen familiären Sorgeaufgaben durch Teilzeitarbeit entziehen. Gleichzeitig sind Fachkräfte nicht umfassend qualifiziert, nicht zuletzt aufgrund der Verkürzung der Bildungszeiten an Gymnasien und Hochschulen. Zusätzlich wird gerade in Zeiten von Corona deutlich, dass bei erhöhten Anforderungen Care-Institutionen, seien es Krankenhäuser, Arztpraxen, Gesundheitsämter, Seniorenheime oder auch Schulen und Kitas, schnell an die Grenzen ihrer Leistungsfähigkeit kommen. Es fehlt nicht nur an Medikamenten, Testkapazitäten und Schutzausrüstung, sondern es wird auch die Personalnot in vielen Care-Bereichen deutlich sichtbar.

So werden im neoliberalen Kapitalismus die Reproduktionskosten der Arbeitskraft in einem Maß nach unten gedrückt, dass die benötigten qualifizierten, körperlich fitten und motivierten Arbeitskräfte kaum mehr im ausreichenden Umfang zur Verfügung stehen. Insofern spitzt sich der in einer kapitalistischen Gesellschaft permanent vorhandene Widerspruch zwischen Profitmaximierung einerseits und Aufrechterhaltung der Reproduktion der Arbeitskraft andererseits zu. Da die quantitative und qualitative Verfügbarkeit der Arbeitskräfte so beeinträchtigt wird, dass dies perspektivisch eine deutliche Verschlechterung der Bedingungen der Kapitalverwertung nach sich zieht, spreche ich von einer Krise sozialer Reproduktion, unter der viele Sorgearbeitende leiden (vgl. umfassender Winker 2015).

1.2 Krise ökologischer Reproduktion

Eine ähnliche Konstellation liegt der Krise ökologischer Reproduktion zugrunde. Hier führt der Zweck einer kapitalistischen Gesellschaft, nämlich die Verwertung des eingesetzten Kapitals, zu ökologischen Schäden durch Raubbau an Rohstoffen und zum Klimawandel durch die Verbrennung

fossiler Energieträger. Dies verschlechtert nicht nur menschliche Lebensbedingungen, sondern Rohstoffknappheit, Dürren oder Überschwemmungen schlagen auch auf die Produktionsbedingungen zurück. Zwar gelingt
es derzeit noch, diese ökologischen Folgen zum größten Teil zu externali-
sieren, sodass primär im Globalen Süden viele Menschen auf verseuchten
Böden, Müllhalden oder in einem veränderten Klima leben müssen. Diese
Situation ist nicht nur ethisch nicht akzeptabel, sondern bereits heute ist
sichtbar, dass weltweites Wachstum wegen des Klimawandels und der Rohstoffknappheit dauerhaft nicht möglich ist. Derzeit gelingen dort, wo aus
ökologischen Gründen grundlegend veränderte Güter produziert werden
müssen, entsprechende Umstellungen auch nur, wenn dieser Umbau staatlich subventioniert wird. So hatte beispielsweise die bundesdeutsche Autoindustrie mit ihrer im doppelten Wortsinn fossilen Unternehmenspolitik
schon vor Corona massive Absatzprobleme. Jetzt in Zeiten von Corona rettet
sie das milliardenschwere Hilfspaket der Bundesregierung, und dennoch
fordert die Autoindustrie inzwischen bereits Kaufprämien für Neuwagen.

So zeigt sich, dass die kapitalistische Produktionsweise auf die aus ökologischen Veränderungen sich ergebenden Produktionsanforderungen nicht
angemessen reagieren kann. Es kann die ökologische Zerstörung selbst dort
nicht stoppen, wo sie mittelfristig die Grundlagen der Güterproduktion im
umfassenden Sinne in Frage stellt.

2   Care Revolution als Transformationsstrategie

Es lässt sich also festhalten, dass die Rahmenbedingungen für gelingende
Sorgebeziehungen ebenso ungenügend sind wie die Bedingungen für eine
nachhaltige wirtschaftliche Entwicklung. Dennoch halten Wirtschaft und
Politik an dem eingeschlagenen Weg fest. Dies zeigt sich auch in Zeiten von
Corona bereits in den ersten Wochen des Shutdowns an den wirtschafts-
politischen Aussagen der Regierung, möglichst alle Unternehmen erhalten
zu wollen. Diese Gesellschaftsanalyse macht zunächst wenig Hoffnung auf
Veränderung.

Ich sehe allerdings gleichzeitig viele Menschen, die in der Corona-Pandemie bewusster erfahren, wie stark alle von der Sorgearbeit von Pflegekräften und Ärzt*innen abhängen. Ferner wird breit geteilt, dass Gesundheit
keine Ware sein soll und die Fallkostenpauschalen eine Fehlallokation her-

vorrufen, da über diese weder genügend Pflegepersonal noch die Notfallvorhaltung etwa von Krankenhausbetten finanziert werden können. Auch wird deutlich, dass das gesamte System der Kontakteinschränkung ohne die Eltern gar nicht aufrechtzuerhalten wäre. Dabei wird auch öffentlich die Frage gestellt, wie durch entsprechende Bildungsangebote der sozialen Kluft begegnet werden kann, die durch unterschiedliche Möglichkeiten familiärer Unterstützung bei den Hausaufgaben derzeit zunimmt. So gewinnen Erfahrungen, die auch vor Corona bereits viele Menschen teilten, an Relevanz im öffentlichen Diskurs.

Ich sehe gleichzeitig, wie viele Menschen aufatmen, dass derzeit wenigstens etwas weniger Treibhausgase in die Luft geblasen werden. Sie spüren gerade in der Verlangsamung ihres Lebens, dass ein gutes Leben nicht von privaten Autos und von Flugreisen abhängt und auch nicht vom Übermaß an Konsumgütern, die weltweit produziert werden, um insbesondere im Globalen Norden genutzt zu werden. Und sie hoffen, dass die Rezession jetzt auch eine Chance für ein ökologisches Umsteuern darstellt.

Diese Entwicklungen machen Mut. Und doch wird auch nach der Corona-Pandemie jeder Schritt hart umkämpft sein, der darauf abzielt, tatsächlich solidarische und nachhaltige Care-Arbeit in das Zentrum von Politik und Wirtschaft zu stellen.

Notwendig ist deswegen eine Transformationsstrategie, in deren Zentrum der Aufbau einer solidarischen und nachhaltigen Care-Ökonomie steht. Dabei verstehe ich unter Care-Ökonomie erstens die Orte, an denen entlohnte und unentlohnte Sorgearbeit ausgeführt wird, also Institutionen wie Krankenhäuser, Pflegeheime, Schulen, Kindertagesstätten, aber auch Familien. Zur Care-Ökonomie gehört jedoch zweitens auch der Blick auf grundlegende menschliche Bedürfnisse in Verbindung mit nachhaltigem Wirtschaften. Mit der Konzentration auf Sorge als Prinzip des gesellschaftlichen Handelns können somit weitere lebensnotwendige Bereiche wie Mobilität, Landwirtschaft oder Wohnungsbau achtsam gestaltet werden, sodass die ökologische Zerstörung gebremst werden kann.

In diesem Sinn plädiert das Netzwerk Care Revolution (www.care-revo lution.org), das seit sechs Jahren bundesweit und regional politisch aktiv ist und das ich mitgegründet habe, mit seiner Transformationsstrategie für einen grundlegenden Perspektivenwechsel. Wir setzen uns für ein gutes Leben ein, in dem alle Menschen ihre Bedürfnisse befriedigen können – und zwar umfassend, ohne jemanden auszuschließen und nicht auf dem Rücken anderer.

Für eine solche transformative Politik sehe ich vier Ansatzpunkte: Zunächst ist eine drastische Verkürzung der allgemeinen Erwerbsarbeitszeit erforderlich; gleichzeitig ist der Ausbau des Sozialstaats mit auf unterschiedliche Bedürfnisse zugeschnittenen Angeboten wichtig, die Menschen mit Sorgebedarf oder auch hohen Sorgeaufgaben unterstützen; dafür wiederum sind drittens demokratische Strukturen vor Ort notwendig, sodass die Bedürfnisse tatsächlich *aller* Menschen wahrgenommen werden. Und viertens zeigen von unten aufgebaute Gemeinschaftsprojekte oder Commons bereits heute, dass ein anderes Leben möglich ist.

2.1 Verkürzung der Erwerbsarbeitszeit

Menschen benötigen deutlich mehr verfügbare Zeit, als gegenwärtig beispielsweise vollzeit-berufstätigen Eltern mit Kindern zur Verfügung steht. Deswegen ist eine deutliche Reduktion der Vollzeiterwerbsarbeit für alle unabdingbar, damit sich auch alle an der unentlohnten Sorgearbeit beteiligen können. In einem ersten Schritt ist die Erwerbsarbeitszeit auf maximal 30 Stunden pro Woche zu reduzieren. Alle erwerbsfähigen Personen haben dann höchstens eine kurze Vollzeiterwerbsarbeit mit aus Sicht der Beschäftigten steuerbaren flexiblen Langzeitkonten. Wichtig ist, dass diese Verkürzung der Erwerbsarbeitszeit mit einem Lohnausgleich für schlechter verdienende Beschäftigtengruppen einhergeht sowie ohne Erhöhung der Arbeitsintensität verwirklicht wird. Damit verringert sich das gesamte Volumen der Erwerbsarbeit und die Gesellschaft ist gezwungen, eine Debatte über den Stellenwert einzelner Wirtschaftsbereiche zu führen: Die Produktion welcher Güter soll abgebaut werden und in welchem Umfang sollen gleichzeitig beispielsweise das Gesundheits- und Bildungswesen ausgebaut werden? Eine solche Reflexion ökonomischer Schwerpunktsetzungen kann einen großen Beitrag dazu leisten, die Erderwärmung tatsächlich auf 1,5 Grad zu begrenzen.

Ferner ist es wichtig, schrittweise die Löhne und Gehälter anzugleichen, um auch bei Verringerung des Erwerbsarbeitsvolumens Armut zu verhindern. Dies geht über eine flächendeckende Einführung von Tarifverträgen, die im Zeitverlauf einer Erhöhung von Sockelbeträgen deutlichen Vorrang geben vor proportionalen Lohnerhöhungen, oder über Lohnobergrenzen für Besserverdienende. Ziel ist eine möglichst weitgehende Nivellierung der Einkommensdifferenzen, sodass zukünftig die Forderung nach einem gleichen

Verdienst pro Erwerbsarbeitsstunde für alle nicht mehr so utopisch klingt, wie es heute noch der Fall ist. Die logische Fortsetzung einer solchen Entwicklung ist ein gleiches Einkommen für alle, unabhängig vom Umfang der geleisteten Erwerbsarbeit. Damit wird das Konzept einer besonderen entlohnten Sphäre der Arbeit grundlegend in Frage gestellt. Das ist nur konsequent, denn schließlich arbeiten viele Menschen heute bereits im großen Umfang unentlohnt.

2.2 Aufbau einer solidarischen Unterstützungsstruktur

Schon parallel zu diesem Zurückdrängen der Erwerbsarbeit ist es wichtig, eine existenzielle Absicherung durchzusetzen, die für gelingende Sorgebeziehungen eine Grundvoraussetzung darstellt. Eine Möglichkeit, diese grundlegende Absicherung zu realisieren, ist das bedingungslose Grundeinkommen, das schon lange diskutiert wird und noch während der Pandemie Wirkung zeigen könnte.

Da gerade Menschen mit umfassenden Sorgeaufgaben Unterstützung in den Bereichen von Bildung und Erziehung, von Gesundheit und Pflege benötigen, gilt es, die öffentliche soziale Infrastruktur auszubauen, sie gebührenfrei zu gestalten und ihre Qualität zu steigern. Selbstverständlich sind im Rahmen einer deutlich ausgebauten öffentlichen Daseinsvorsorge auch die Arbeitsbedingungen und die Verdienstmöglichkeiten der meist weiblichen Care-Beschäftigten zu verbessern.

Mit dem Ausbau der sozialen Infrastruktur lässt sich der Care-Bereich gegenüber der Sphäre der Güterproduktion sowie der produktionsnahen Dienstleistungen und Finanzdienstleistungen deutlich stärken. Dies unterstützt nicht nur Menschen in ihren Sorgebeziehungen, sondern kann auch einen großen Beitrag zur Eindämmung der rasch voranschreitenden Erderwärmung leisten, da im Bereich personennaher Dienstleistungen Treibhausgas-Emissionen eine deutlich geringere Rolle spielen als im Bereich der Güterproduktion.

2.3 Entwicklung demokratischer Beteiligungsformen

Den erforderlichen Ausbau der öffentlichen Infrastruktur gilt es demokratisch zu gestalten, indem sowohl Beschäftigten als auch Menschen mit Sorgebedarf oder Menschen mit hohen Sorgeaufgaben umfassende Mitbestimmungsrechte eingeräumt werden. Erforderlich sind Runde Tische oder Care-Räte sowie Volksbegehren oder Abstimmungen. In der gesellschaftlichen Realität sind allerdings Wohlfahrtsverbände und Privatunternehmen, die Pflegeheime, Krankenhäuser, Schulen oder Kitas betreiben, den Sorgebedürftigen wie auch deren Angehörigen keinerlei Rechenschaft schuldig. Voraussetzung einer solchen Demokratisierung ist es deswegen, den bisher noch vorherrschenden Trend zu Privatisierungen im Care-Bereich zu stoppen und gleichzeitig die Vergesellschaftung all derjenigen Care-Institutionen voranzutreiben, die keine umfassende Mitsprache der Sorgebedürftigen und Beschäftigten erlauben. Diese Institutionen könnten als kommunale Einrichtungen in die Hände der Allgemeinheit zurückgeführt werden in Form von Genossenschaften oder anderen demokratischen Strukturen, die finanziell im Bedarfsfall aus Steuergeldern unterstützt und von Räten geführt werden, die allen Beteiligten offen stehen.

Solche demokratischen Strukturen sollten dezentral organisiert werden, da Sorgebeziehungen kleinräumig gestaltet werden. Vor Ort können sich solche Prozesse im Zusammenwirken aller Beteiligten entwickeln, indem möglichst viele Menschen ihre – sich auch widersprechenden – Wünsche einbringen. In diesem Prozess lässt sich eine Kultur des Zuhörens und der Empathie entwickeln, die unter Bedingungen kapitalistischer Konkurrenz kaum entstehen kann.

2.4 Unterstützung vielfältiger Lebensentwürfe

Für den Aufbau einer Care-Ökonomie sind darüber hinaus Gemeinschaftsprojekte im Stadtteil oder im Dorf, die heute bereits neue Wege ausprobieren, enorm wichtig und deswegen auch aus Steuermitteln zu unterstützen. Ich denke dabei an Nachbarschaftszentren, Mehrgenerationenhäuser, Kommunen, Gemeinschaftsgärten. Ich denke aber auch an Betriebe wie Polikliniken oder Landwirtschaftsgenossenschaften, die ihr Eigentum vergemeinschaftet haben und sich mit kollektiven Entscheidungsprozessen selbst organisieren. Häufig nutzen diese Projekte Gebrauchsgegenstände wie Werkzeuge oder Waschmaschinen gemeinsam, wodurch sich die Treibhausgasemissionen reduzieren lassen. Teilweise wird auch das Einkommen zu gleichen Teilen oder nach Bedarf aufgeteilt, sodass für alle gesorgt ist. Dies sind Leuchttürme, die schon ein wenig auf die Zukunft hinweisen.

3 Ausblick in eine solidarische Gesellschaft

Mit diesen hier umrissenen Schritten einer Care Revolution lässt sich zunächst eine solidarische und nachhaltige Care-Ökonomie auch innerhalb noch bestehender kapitalistischer Strukturen aufbauen. Langfristig erlaubt diese Transformationsstrategie den Weg in eine solidarische Gesellschaft, in der die Sphärentrennung zwischen entlohnter und nicht entlohnter Arbeit aufgehoben ist. In einer solchen solidarischen Gesellschaft haben alle Menschen freien Zugang zu dem, was in arbeitsteiliger Praxis geschaffen wird, und alle tragen gemäß ihren Bedürfnissen zur notwendigen Arbeit bei. Das bedeutet, dass sie selbst über ihren Beitrag entscheiden. Dabei werden über Gespräche, Hinweisgebung oder auch Vorschläge zur Aufteilung anstehender Arbeitsaufgaben die Beiträge und die Bedarfe koordiniert. Gesellschaftspolitische Entscheidungen, dazu gehören auch ökologische und ökonomische Entscheidungen, werden über Räte vor Ort oder Debatten in überregionalen Kontexten abgestimmt (vgl. Neumann/Winker 2018). In einer solchen Gesellschaft steht nicht mehr Konkurrenz im Fokus, sondern das zentrale Gestaltungsprinzip ist Solidarität.

Anmerkungen

1   Auf die unentlohnte Sorgearbeit entfallen in der BRD ca. 56 % aller Arbeitsstunden, dagegen nur ca. 44 % auf die gesamte Erwerbsarbeit. Innerhalb der Erwerbsarbeit liegt der Anteil der entlohnten Arbeitsstunden von Care-Beschäftigten bei ca. 18 %, bezogen auf die Gesamtarbeitsstunden sind es ca. 8 % (Statistisches Bundesamt 2015: 11 ff.; 2019: 362 sowie eigene Berechnungen).

Literatur

Neumann, Matthias/Winker, Gabriele (2018): »Solidarische Gesellschaft als Ziel – Care Revolution als Strategie«. In: Alexander Neupert-Doppler (Hg.): Konkrete Utopien. Stuttgart: Schmetterling, S. 112–129.

Statistisches Bundesamt (Hg.) (2015): Zeitverwendungserhebung. Aktivitäten in Stunden und Minuten für ausgewählte Personengruppen 2012/2013. Online verfügbar.

Statistisches Bundesamt (Hg.) (2019): Statistisches Jahrbuch 2019. Online
    verfügbar.
Winker, Gabriele (2015): Care Revolution. Schritte in eine solidarische Ge-
    sellschaft. Bielefeld: transcript.

Online-Quellen

www.care-revolution.org.

In-Sorge-Bleiben
Care-Feminismus für einen infizierten Planeten

Elke Krasny

Am 30. Januar hat die Weltgesundheitsorganisation auf Grund des Ausbruchs des neuen Coronavirus den internationalen Gesundheitsnotstand ausgerufen (WHO 2020). Am 11. Februar hat die Weltgesundheitsorganisation dann einen neuen Namen für die Krankheit eingeführt: COVID-19 (ebd.). Seit Jahresanfang lebt die Weltbevölkerung auf einem infizierten Planeten. Akut entwickelt sich ein pandemisches Bewusstsein für Leben, Überleben und Voneinanderabhängigkeit in Verletzlichkeit. Ausgangspunkt für die nachfolgenden Überlegungen ist der für das Verständnis von Krisen zentrale Begriff der Krisenreaktion, der *crisis response*. In den realen Lebenszusammenhängen ist die Krisenreaktion überlebensentscheidend. An den als Krisenreaktion bezeichneten Maßnahmen wird in historisch-materialistischer Hinsicht die Krisenvorsorge, das Vorbereitet-Sein auf Krisen erforschbar und damit die Formen von systemischer Diskriminierung und Ungerechtigkeit, die durch das Ausgeschlossensein vom Vorbereitet-Sein bedingt sind. Ebenso wird an der Krisenreaktion untersuchbar, welche Begriffe den Krisendiskurs bestimmen und aus welchem Krisenvokabular politisches Kapital geschlagen wird. Als die Leitbegriffe der pandemischen Krise sind Krieg und Sorge anzusehen mit dem Virus als Feind und den systemerhaltenden Sorgearbeiter*innen als Frontarbeiter*innen.

Diese Leitbegriffe produzieren durch ihre ideologischen Orientierungen das pandemische Imaginäre und sind bestimmend für die ethischen Dimensionen der globalen pandemischen Gegenwart.

Meine primären Untersuchungsmaterialien für Realmacht und Diskursmacht pandemischer Krisenreaktion und die sie leitenden Begriffe sind das öffentliche Sprechen und Schreiben während der Pandemie. COVID-19 bringt eine große Zahl von ständig wachsenden Sprechweisen und Textsorten hervor. Diese reichen von öffentlichen Ansprachen von Staatsoberhäuptern und Kanzler*innen über Notverordnungen und Gesetzestexte bis hin zu öffentlich angeschlagenen Verhaltensregeln. Diese umfassen die tägliche Berichterstattung in Printmedien, Funk und Fernsehen, Online-Redaktionen, Twitter, COVID-Blogs, kritische Essays, Ratgeber, Romane, aktivistische Lyrik, öffentliche Deklarationen bis hin zu Statements und Manifesten von transnationalen aktivistischen Bewegungen, insbesondere des sich akut formierenden COVID-19-Feminismus.[1] Dieser Essay entwickelt diagnostisch-analytische Perspektiven auf Krieg und Sorge als entscheidende pandemische Begriffe. Als zentraler Begriff für postpandemische Orientierungen erweist sich zum Zeitpunkt des Verfassens des vorliegenden Textes (Anfang Juni 2020) die Rückkehr zur Normalität.

Die Haltung, die das Schreiben bestimmt, wiewohl der Unsicherheit Rechnung tragend als auch dem Zweifel Raum gebend, behauptet hoffendes Beharrungsvermögen für prospektives Weiterdenken. Die Haltung beruht darauf, dass es keine Option sein kann, sein darf, das Weiterdenken für Sorge tragende, heilende und reparierende Prozesse des Lebens wegen eines infizierten Planeten aufzugeben. Im Bemühen darum, mit dem Schreiben eine immer noch mehr zu schärfende Realbewusstseinslage zu entwickeln, sind die Ausgangspunkte, die Eckpfeiler dieses Textes radikale Verzweiflung und radikale Hoffnung. Verzweiflung und Hoffnung sind keine wissenschaftlichen Methoden. Aber es ist wesentlich, Verzweiflung und Hoffnung zum Ausdruck bringen lernen, ihnen Stimmen verleihen. Dies sind die pandemischen Realgefühle, die in ihrer Koexistenz mitkonstitutiv werden für die diagnostisch-analytische Annäherung an pandemische Begriffe und für auf Prozesse der Heilungsarbeit setzendes Weiterdenken. Die überzeugendsten Ansätze für das In-Sorge-Bleiben, das dieser Text für das Leben mit einem infizierten Planeten entwickelt, sehe ich im politischen, ökonomischen, sozialen, ökologischen und kulturellen Potenzial des emergenten COVID-Feminismus, bei dem es sich grundlegend um Care-Feminismus handelt. Aufbauend auf feministisch-marxistischen Traditionen der sozialen Reproduktionstheorie, der feministischen politischen Theorie der Sorgeethik, den Ansätzen der mehr-als-menschlichen (feministischen) Ökologie sowie denen von feministischen Ökonomiekonzeptionen, insbesondere den diversen Ökonomien, setzt Care-Feminismus in der Viruskrise auf pandemische Solidarität (Sitrin/Sembrar 2020). Radikale Verzweiflung und radikale Hoffnung verbinden sich in diesem Text, der sich als Aufforderung zum Denken und Handeln versteht gegen die systemische Gewalt jener andauernden und unaufhörlichen Katastrophe, die unter dem Namen Normalität bekannt ist.

Krieg und Sorge

Das Vokabular der Pandemie leistet Krisenarbeit. Es ist im Einsatz. Es definiert die Regeln und Maßnahmen der auf die Viruskrise antwortenden Reaktion. Krieg und Sorge sind zentrale Begriffe im Akut-Vokabular der Pandemie. Das Virus wird zum Feind erklärt. In der allgemeinen Mobilmachung werden die Pflegearbeiter*innen zu Frontarbeiter*innen. Mitte März 2020 wandten sich der französische Präsident Emmanuel Macron und die deutsche Kanzlerin Angela Merkel an ihre jeweiligen Nationen. Am 16. März erklärte Macron in seiner Fernsehansprache das Virus zum Feind, sprach eine Kriegserklärung aus und rief zur allgemeinen Mobilmachung auf. »Nous sommes en guerre«, so Macron (Pietralunga/Lemarié 2020). Angela Merkel hielt ihre Fernsehansprache zwei Tage später. Die Kanzlerin sprach von »gemeinsamem solidarischem Handeln«, von »Rücksicht«, von »Nachbarschaftshilfe«. Prinzipien der Sorgeethik charakterisierten ihre Ansprache: »Das ist, was eine Epidemie uns zeigt: wie verwundbar wir alle sind, wie abhängig von dem rücksichtsvollen Verhalten anderer, aber damit eben auch: wie wir durch gemeinsames Handeln uns schützen und gegenseitig stärken können.« (Merkel 2020) Dennoch wurde auch in ihrer Ansprache auf unheimliche Weise der Krieg als Referenzsystem mobilisiert. Sie sagte: »Seit dem Zweiten Weltkrieg gab es keine Herausforderung an unser Land mehr, bei der es so sehr auf unser gemeinsames solidarisches Handeln ankommt.« (Ebd.) Das ist in mehrfacher Hinsicht problematisch. Die Nachkriegssolidarität beruhte auf einer Solidarität der Verdrängung der Kriegsereignisse, auf einer Stunde-Null-Ideologie, auf die ich noch zu sprechen kommen werde. Der Wiederaufbau nach dem Zweiten Weltkrieg suggeriert sowohl das Versprechen von Rückkehr zur Normalität als auch das von einer besseren Zukunft. Zugleich ist die Nachkriegswachstumsideologie zutiefst in das Regime des Klimawandels verstrickt.

Macron war nicht der einzige Politiker, der den Krieg mobilisierte. Der US-amerikanische Präsident Donald Trump sprach von »our war against the Chinese virus« (Bennett/Berenson 2020). Der britische Premierminister Boris Johnson sagte: »We must act like any wartime government.« (Johnson

2020) Krieg ist eine Form der organisierten Gewalt, die auf der Legitimierung des Tötens beruht. Krieg ist das Gegenteil von Genesung und Heilung. Die kriegerische Sprache ist verknüpft mit der Ideologie der Gewalt und der rechtsphilosophischen Argumentation des Ausnahmezustands, die der italienische Philosoph Giorgio Agamben, im Rückgriff auf Carl Schmitt, in einer der frühen Stellungnahmen eines öffentlichen Intellektuellen zu COVID-19 verfolgte (Agamben 2020). Hass, Verhetzung, steigende sexuelle Gewalt, steigende Xenophobie, steigender Rassismus zählen zu den akuten Pandemieeffekten. Die internationale Rechtsexpertin Christine Schwobel-Patel formulierte dies wie folgt: »With their war-talk, (neo-)imperial nation-states are expanding their powers while thriving on latent ethno-nationalism, patriarchy and class stratification.« (Schwobel-Patel 2020) Krieg legitimiert Gewalt. Gewalt erzeugt Gewalt. Gewalt ist keine Grundlage für die reparierende Sorgearbeit. Sorgearbeit wird als Arbeit an Heilung und Genesung des infizierten Planeten begriffen.

Krisenreaktion

Am 28. Januar 2020 hat der kroatische EU-Vorsitzende den Krisenreaktionsmechanismus im Informations-Austausch-Modus aktiviert. Am 2. März 2020 erfolgte die vollständige Aktivierung des Krisenreaktionsmechanismus, der dazu dient, Lücken zu ermitteln und Maßnahmen auszuarbeiten.

In der offiziellen Sprache der politischen Maßnahmen in Zeiten der Pandemie wird von Krisenreaktion *(crisis response)* gesprochen. Im medizinischen Zusammenhang wird die Krisenreaktion als Hilfsfrist bezeichnet. Die Hilfsfrist ist jene Zeit, die die Gesundheitsinfrastruktur braucht, um mithilfe von Ambulanzfahrzeugen an Ort und Stelle zu sein. Medizinisch bezeichnet die Krise den Wendepunkt des Krankheitsverlaufs, die Wendung zum Besseren oder zum Schlechteren. Im Extremfall entscheidet die Krise über Leben und Tod. In der Krise drängt die Zeit. In der Krise läuft die Zeit davon. In der Krise wird die Zukunft beschworen.

Die feministische Theoretikerin und Multispezies-Wissenschaftshistorikerin Donna Haraway hat in *Staying with the Trouble (Unruhig Bleiben)* den Neologismus »response-ability« eingeführt (Haraway 2016: 104). In der Übersetzung ins Deutsche von Karin Harrasser wird dies durch den Begriff »Responsabilität« wiedergegeben (Haraway 2018: 143). Ich möchte hier für die zu eröffnende Frage nach der *crisis response-ability* das Augenmerk auf das englische Original lenken. Haraway setzt darauf, dass *responsibility* und *response-ability* nahe, lautlich voneinander kaum zu unterscheidende Verwandte sind. In der Verantwortung steckt die Antwort. Antwort trägt Verantwortung. Auch die etymologische Ontologie von Antwort und Verantwortung im Deutschen legt diese ethische Dimension, die Sprache mitzuteilen vermag, nahe. Schwieriger wird es mit der zweiten Worthälfte, mit *ability*, Fähigkeit und Befähigung. Eine sich den Dimensionen des Politischen dieses Begriffs nuancierter und komplexer annähernde Übersetzung ist die folgende: Fähig sein, durch Antworten Verantwortung zu übernehmen. *Response-ability* als das In-die-Lage-versetzt-Sein, verantwortliche Antworten geben zu können. Hierbei handelt es sich nicht um die Fortsetzung des modernen »menschlichen Exzeptionalismus«, die den weißen Mann der Aufklärung als unabhängig, frei und rational entscheidend entworfen hat, von allen anderen nicht-menschlichen Lebewesen getrennt und über sie souverän entscheidend (Danowski/Viveiros de Castro 2019: 39). Ein solches In-die-Lage-versetzt-Sein wird historisch-materialistisch und politisch begriffen. Es geht um die materiellen und infrastrukturellen Bedingtheiten, verantwortlich antworten zu können.

Deshalb ist es wesentlich, das In-die-Lage-Versetztsein, mit den notwendigen Maßnahmen in der Corona-Krise antworten zu können, in Verbindung zu bringen mit der unterbliebenen Krisenreaktion auf jene Krise, von der als jener unaufhörlichen Katastrophe, die Normalität genannt wird, bereits die Rede war. Das unmittelbare Antworten-Können oder Nicht-antworten-Können auf die Krisensituation ist abhängig von all jenen in der Vergangenheit gegebenen oder unterbliebenen Antworten. Die Krise, von der im 21. Jahrhundert unter den Bezeichnungen Anthropozän, Kapitalozän, Plantagozän und Klimakrise gesprochen wird, ist die unaufhörliche Katastrophe, die Jahrhunderte währender kolonialer Kapitalismus und rassistisches Patriarchat verursacht haben. Systemische Unmöglichkeit der adäquaten Krisenreaktion ist durch das fehlende In-die-Lage-versetzt-Sein bedingt. Die Verantwortung dafür ist systemisch. Die Vorbereitung auf die nächste Krise in der unaufhörlichen Katastrophe müsste darin bestehen, an den systemischen Ursachen dieser Verunmöglichung zu arbeiten. Rassismus, Klassismus und Genderdiskriminierung verschärfen die höchst ungleiche Verteilung der Krisenauswirkungen. Antworten auf die Krise im Alltag, die pandemischen Regeln einzuhalten, wie Abstand halten oder Händewaschen, ist an vielen

Orten der Welt für eine Vielzahl von Menschen unmöglich. Wenn es kein Wasser gibt, können die pandemischen Hygieneregeln nicht eingehalten werden. Wenn es keine ökonomische Einnahmequelle gibt außer der informellen Ökonomie im öffentlichen Raum, kann der Abstand nicht eingehalten werden. Wenn die Gesundheitsinfrastruktur nicht vorhanden ist, kann auf Notfälle nicht reagiert werden. Deshalb muss eine effektive Krisenreaktion in der Gegenwart ihren Anfang darin nehmen, verantwortliche Antworten auf die unaufhörliche Katastrophe, die Normalität genannt wird, zu geben.

In-Sorge-Bleiben: COVID-Feminismus ist Care-Feminismus

Der Virus versetzt die Welt in Sorge. Wenn die Sorge überwunden werden soll, indem es schnellstmöglich eine Rückkehr zur Normalität gibt, dann ist es um die Sorgearbeit für den infizierten Planeten schlecht bestellt. Haraway schreibt, dass viele der Unruhe zu begegnen versuchen, indem sie Gegenwart und Vergangenheit beiseiteräumen, um den Weg in die Zukunft freizumachen (Haraway 2016: 9). Haraway fordert, in der Gegenwart zu bleiben. Folglich gilt es, in Sorge zu bleiben, das In-Sorge-Bleiben zu erlernen. Dies hängt eng zusammen mit dem oben erläuterten Aspekt der Verantwortung. Das Virus kennt keine Grenzen. In der Krisenreaktion trifft das Virus auf Nationalstaaten. Diese tragen die Verantwortung für die Organisation der Reaktion, der Antworten, die gegeben werden. Das Virus diskriminiert nicht. In der Krisenreaktion trifft das Virus auf Systeme, die auf Diskriminierung und Unterdrückung, auf struktureller Ungleichheit und Ausbeutung beruhen. Diese Systeme tragen Verantwortung.

Auf der Ebene der gelebten Systemrealitäten sind es die Frauen, die das System in der Krise aufrechterhalten, in der pandemischen Krise, aber auch in jener Krise der unaufhörlichen Katastrophe, die als Normalität bezeichnet wird. Am 22. April fasste die deutsche Wochenzeitung *Die Zeit* dies folgendermaßen zusammen: »Coronavirus. Die Krise der Frauen« (Raether/ Böhm/Mayr/Endres/Topçu/Joeres 2020). Die *New York Times* diagnostiziert die dramatische Rezession in den USA als eine »Shecession« (Gupta 2020). Der sich zeitgleich mit der Corona-Krise weltweit organisierende COVID-19-Feminismus erwächst aus den neuen feministischen Bewegungen des 21. Jahrhunderts, wie dem *International Women's March*, dem *Global Women's Strike*, *NiUnaMenos* oder *Coordinadora Feminista 8M*.[2] Aber auch neue Organisationen wie z. B. die *Feminist response to COVID-19* entstehen.[3] Ein wesentliches Dokument des COVID-19-Feminismus, das Forderungen zu Gesundheit, Nahrung, Gewaltmissbrauch und ökonomischer Ungleichheit enthält, ist das *Statement of Feminists and Women's Rights Organizations from the Global South and marginalized communities in the Global North.*[4]

COVID-19-Feminismus ist Care-Feminismus. Stränge von Care-Ethik und feministisch-marxistischer Analyse von sozialer Reproduktion verbinden sich mit dem Wissen, dass die Rückkehr zur Normalität für viele eine Bedrohung darstellt. Care-Feminismus ist ein transformatives politisches Projekt, das In-Sorge-Bleiben als Perspektive auf Gegenwart erkennt, die von Zukunft und Vergangenheit weder epistemisch noch politisch oder ökonomisch getrennt werden kann. Die größte Gefahr, die größte Lüge wäre, das Virus als eine Art Stunde Null zu begreifen. Die Stunde Null, die die genozidalen Gesellschaften in Deutschland und Österreich nach dem Zweiten Weltkrieg als ein auf Verdrängung beruhendes verbindendes Geschichtsnarrativ zu etablieren suchten, ist eng verwandt mit den kolonial-imperialen Konzeptionen von *terra nullius* und *tabula rasa*. In-Sorge-Bleiben fordert das Gegenteil. Das, was schon war, kann nicht geleugnet werden. Das, was schon war, muss in den Prozess der Heilung, des Reparierens integriert werden. Es gibt immer etwas, das schon davor da war, es gibt immer etwas, das noch nicht beendet worden ist. Wie die feministische Politologin und Care-Ethikerin Joan Tronto feststellt, beginnt die Sorge immer mittendrin (Tronto 2015). Für etwas Sorge tragen ist ein Prozess, der immer schon am Laufen war, sagt Tronto (ebd.). Die historischen Bedingungen dieses Sorge-Tragens sind immer schon am Laufen. Sie sind am Laufen, sie sind historisch bedingt, und genau deshalb sind sie veränderbar.

In-Sorge-Bleiben bedeutet, sich Sorgen zu machen um den Zustand des infizierten Planeten, der an rassistischem Patriarchat und kolonialem Kapitalismus leidet. In-Sorge-Bleiben bedeutet, intensivst dafür zu sorgen, dass gegen die herrschende Ungleichheit des In-die-Lage-versetzt-Seins, auf Sorgen, auf Krisen antworten zu können, gearbeitet wird. In-Sorge-Bleiben bedeutet, in dem Bewusstsein, dass die Krisenreaktion, die Antwort auf die Krise, immer nur so gut ist wie die schlechteste Antwort für die, die die allerschwächsten sind, für die, die am allerwenigsten in die Lage versetzt sind, antworten zu können, an transformativer Veränderung durch das politische Projekt des Care-Feminismus zu arbeiten. In radikaler Verzweiflung und radikaler Hoffnung kann Schreiben einen Beitrag dazu leisten, dass nach der Pandemie keine Stunde Null deklariert wird, dass kein Schlussstrich gezogen wird, dass am In-Sorge-Bleiben weiter gearbeitet wird.

Anmerkungen

1 Für eine umfassende zukünftige, über diesen Beitrag hinausgehende Forschung zu den leitenden Begriffen der Pandemie hinsichtlich ihrer Realmacht und ihrer Diskursmacht denke ich in methodischer Hinsicht an die Zusammenführung von kritischer Epistemologie, feministischer Standpunkttheorie, sozialer Ontologie, sozialer Reproduktionstheorie, politischer Ökonomie und Diskursanalyse.

2 Siehe dazu UNESCO, Mapping of Online Articles on COVID-19 and Gender, https://en.unesco.org/news/mapping-online-articles-covid-19-and-gender; WAVE Network, Women against Violence; https://dawnnet.org; http://feministallianceforrights.org; https://womensglobalstrike.com/photo-gallery-2020-strike-events/; https://womensmarch.com/womens-response-to-the-coronavirus; https://feminisminindia.com/2020/05/05/covid-19-women-vulnerable-mental-health-issues/; https://femrev.wordpress.com.

3 https://www.feministcovidresponse.com.

4 https://www.cejil.org/en/statement-feminists-and-womens-rights-organizations-global-south-and-marginalized-communities-global.

Literatur

Agamben, Giorgio (2020): »L'invenzione di un'epidemia«. In: Quodlibet vom 26.02.2020. https://www.quodlibet.it/giorgio-agamben-l-invenzione-di-un-epidemia, letzter Zugriff am 02.03.2020.

Bennett, Brian/Berenson, Tessa (2020): »›Our Big War.‹ As Coronavirus Spreads, Trump Refashions Himself as a Wartime President«. In: Time vom 19.03.2020. https://time.com/5806657/donald-trump-coronavirus-war-china/, letzter Zugriff am 20.05.2020.

Danowski, Deborah/Viveiros de Castro, Eduardo (2019): In welcher Welt leben? Berlin: Matthes & Seitz.

Gupta, Alisha Haridasani (2020): Why Some Women Call This Recession a ›Shecession‹, 09.05.2020. https://www.nytimes.com/2020/05/09/us/unem ployment-coronavirus-women.html, letzter Zugriff am 04.06.2020.

Haraway, Donna (2016): Staying with the Trouble. Making Kin in the Chthulucene. Durham/London: Duke University Press.

Haraway, Donna (2018): Unruhig Bleiben. Die Verwandtschaft der Arten im Chthuluzän. Frankfurt a. M./New York: Campus.

Johnson, Boris (2020): Coronavirus: We Must Act Like Any Wartime Government, BBC News vom 17.03.2020. https://www.bbc.com/news/video_ and_audio/headlines/51936760/coronavirus-we-must-act-like-any-war time-government, letzter Zugriff am 20.05.2020.

Merkel, Angela (2020): Coronavirus: Die historische Rede von Bundeskanzlerin Angela Merkel im Wortlaut, 18.03.2020. https://www.derwesten. de/panorama/vermischtes/coronavirus-die-historische-rede-von-kanz lerin-angela-merkel-im-wortlaut-id228725853.html, letzter Zugriff am 20.03.2020.

Pietralunga, Cédric/Lemarié, Alexandre (2020): »Nous sommes en guerre«: face au coronavirus, Emmanuel Macron sonne la »mobilisation générale«, 17.03.2020. https://www.lemonde.fr/politique/article/2020/03/17/ nous-sommes-en-guerre-face-au-coronavirus-emmanuel-macron-sonne-la-mobilisation-generale_6033338_823448.html, letzter Zugriff am 04.06.2020.

Raether, Elisabeth/Böhm, Andrea/Mayr, Anna/Endres, Alexandra/Topçu, Özlem/Joeres, Annika (2020): Coronavirus. Die Krise der Frauen, 22.04.2020. https://www.zeit.de/2020/18/coronavirus-pandemie-arbeit-frauen-bezahlung-ungleichheit, letzter Zugriff am 24.04.2020.

Schwobel-Patel, Christine (2020): We Don't Need a ›War‹ Against Coronavirus. We Need Solidarity, 06.04.2020. https://www.aljazeera.com/in depth/opinion/don-war-coronavirus-solidarity-200402080332560.html, letzter Zugriff am 02.05.2020.

Sitrin, Martina/Sembrar, Colectiva (2020): Pandemic Solidarity. Mutual Aid During the COVID-19 Crisis. London: Pluto Press.

Tronto, Joan (2015): Who Cares? Ithaca/London: Cornell University Press.

WHO (2020): Rolling Updates on Coronavirus Disease (COVID-19). https:// www.who.int/emergencies/diseases/novel-coronavirus-2019/events-as-they-happen, letzter Zugriff: Mai 2020.

Online-Quellen

https://www.cejil.org/en/statement-feminists-and-womens-rights-organi
    zations-global-south-and-marginalized-communities-global.
https://dawnnet.org.
https://en.unesco.org/news/mapping-online-articles-covid-19-and-gender.
https://feminisminindia.com/2020/05/05/covid-19-women-vulnerable-mental-
    health-issues/.
http://feministallianceforrights.org.
https://www.feministcovidresponse.com.
https://femrev.wordpress.com.
https://womensglobalstrike.com/photo-gallery-2020-strike-events/.
https://womensmarch.com/womens-response-to-the-coronavirus.

Die Botschaft der intimen Distanz
Animismus als ökologische Utopie[1]

Andreas Weber

> »Animisten erfassen, dass die Welt voller
> Personen ist, von denen nur manche Men-
> schen sind, und dass Leben immer in Be-
> ziehung mit anderen gelebt wird.«
> *Graham Harvey* (2017: 13; Übersetzung von
> mir, A. W.)

1. Pandemie und Gemeinschaft

Gegen Abend, wenn die Sonne schräg über den Bäumen steht und die Insek-
ten als silbernes Konfetti im Gegenlicht kristallisieren, öffne ich jetzt häufig das Fenster. Von draußen dringt nicht wie sonst das Rauschen der Metropole herein, das Brausen der nahen Ausfallstraße. Stattdessen füllt den
Raum eine samtige Stille, in der sich die Konturen der Vogelrufe abzeichnen.
Nur ab und zu rattert eine fast leere S-Bahn vorbei. Jedes Mal, wenn ich die
Vogelstimmen höre, spüre ich Rührung – und Erleichterung. Diesmal seid
nicht ihr die Bedrohten, denke ich. Diesmal sind es wir.

In den Frühlingswochen der globalen Pandemie 2020 haben die Menschen auf der ganzen Welt ihre Bewegungen eingestellt. Die geschäftige globale Wirtschaft ist weitgehend zum Stillstand gekommen – mit Folgen, die
wir noch nicht absehen können. Was vorläufig aufhört, sind vor allem die
rastlose Umtriebigkeit des westlichen Lebensstils und die westliche Art, die
Welt zu behandeln: unablässiges Reisen, weltweiter Flugverkehr, unausge-
setztes Verkaufen und Konsumieren, das Streben nach sofortiger Bedürfnis-
befriedigung. Fast keine Flugzeuge am Himmel über den Industriezentren,
wenig Autos auf den Straßen, Stille und ungewöhnlich saubere Luft, in der

Stadtbewohner zum ersten Mal seit Jahren die Stimmen wildlebender Tiere hören, mit denen sie den urbanen Raum teilen.

Die Menschen sind angehalten, ihre Aktivitäten für etwas zu unterbrechen, was in den letzten Jahrzehnten kaum im Blickfeld westlicher – und globaler – Politik stand: für die Gemeinschaft. Lockdowns wurden nicht verordnet, um die Wirtschaft durch individuellen Wettbewerb voranzupushen, sondern um andere zu schützen. Und in der plötzlich eintretenden Stille lässt sich die Gemeinschaft erspüren, mit der wir das Leben teilen: die Stille der Sterne, in der klaren Atmosphäre sichtbar, die summenden Hummeln, die abendlichen Rufe der Amseln.

Gleichwohl ist dies kein romantischer Moment. Millionen Menschen in ärmeren Ländern sind durch die Aufforderung, die Wohnung nicht zu verlassen, von finanziellem Ruin und Hunger bedroht. Viele dieser Bedürftigen, vor allem die Wanderarbeiter und -arbeiterinnen, haben nicht einmal ein Zuhause, in dem sie sich verschanzen können. Die Menschen, gezwungen mit anderen in geschlossenen Räumen zu sitzen und zu warten, leiden unter Depressionen und Lagerkoller. Die Gewalt in Familien steigt sprunghaft an. Dies ändert jedoch nichts an der Beobachtung, dass die Menschen während des Corona-Lockdowns nicht von einem rein egozentrischen Standpunkt aus handeln. Sie handeln aus der Erfahrung der Verbundenheit heraus, aus der Erfahrung, dass alle einzelnen Menschen – und alle Wesen – ein Kollektiv verkörpern, und dass diese Gemeinsamkeit Leben ermöglicht.

Das Virus hat die menschliche Ökologie verändert. Anstatt alles, was sich nur bewegt, zu verbrauchen, sind wir gebremst; wir gewähren anderen Raum (ganz wörtlich in sicherer Entfernung voneinander in der Schlange vor einem Supermarkt), wir sind still und hören hin. Die Mehrheit der Weltbevölkerung gibt damit eine Antwort auf das wichtigste, wenn auch oft unausgesprochene Problem globaler westlicher Gesellschaften: Welche Beziehung räumen wir denen ein, die schwächer und verletzlicher sind als wir, auch von einem ökologischen Gesichtspunkt? Wie verbinden wir uns mit denen, die keine Menschen sind, sondern andere lebende Wesen – also mit Pflanzen und Tieren, Bächen und Wäldern, Felsen und Bergen?

Innerhalb kürzester Zeit wurde der zentrale Pfeiler unserer neoliberalen Weltgesellschaft umgestürzt. Und es zeigt sich: Unter einer existentiellen Bedrohung tritt etwas Tieferes hervor, eine Art Übereinkunft darüber, wie wir uns verhalten müssen, um Leben zu bewahren. Wir schützen nicht nur uns selbst, sondern auch das Geflecht der lebendigen Beziehungen, in die wir verwoben sind. Das ist eine weitreichende Geste. Es ist die Antwort auf das Problem, wie wir den verletzlichen Anderen behandeln sollen – eine Antwort, die wir aus einer rein wirtschaftlichen Perspektive heraus nicht finden konnten.

Aber nun, unter den Bedingungen von COVID-19, ist die Antwort ohne große Überlegungen einfach aufgetaucht. Sie folgt keinem technischen Plan, sie ergibt sich nicht aus einer langen Debatte, sondern findet vor unseren Augen statt. Wir selbst geben diese Antwort mit unseren eigenen verletzlichen und ansteckenden Körpern, ohne dass wir große Gelegenheit haben, zuzustimmen oder zu widersprechen. Unsere Körper atmen, sie stoßen unsichtbare Viruspartikel aus oder inhalieren sie.

Der Lockdown ist also keine politische, sondern vielmehr eine ökologische Antwort. Die Ökologie hat den konzeptuellen Raum besetzt. Es stellt sich heraus, dass wir unwiderruflich in eine lebende Gemeinschaft eingebunden sind. Und diese Gemeinschaft ist größer als das menschliche Kollektiv allein. Sie umfasst die ganze Erde.

2. Gegenseitigkeit ist die Basis der Ökologie

Es ist uns bislang noch nicht genügend aufgefallen, dass die globale menschliche Reaktion auf das Coronavirus ein ganz und gar ökologisches Geschehen ist. Doch nicht nur ist die Pandemie ein ökologisches Ereignis, auch hat das Überspringen des Virus auf einen neuen Wirt, den Menschen, ökologische Ursachen. Die Pandemie muss folglich als eine ökologische Katastrophe verstanden werden – nicht als unvorhersehbare Naturkatastrophe wie ein Erdbeben oder ein Wirbelsturm. Die Tatsache, dass jeder Mensch persönlich von dieser Katastrophe bedroht ist, sollte uns zudem nicht zur Annahme verleiten, dass wir es mit einem Desaster der öffentlichen Gesundheitsvorsorge zu tun haben, das ein reines Menschenproblem ist. Ganz im Gegenteil.

Es gibt wenig Zweifel daran, dass es sich bei SARS-CoV-2 um ein tierisches Virus handelt, das auf den Menschen übergesprungen ist. Übertragungen dieser Art finden dort statt, wo Menschen in zu engem Kontakt zu meist seltenen wildlebenden Tieren stehen, die gejagt, auf engstem Raum gehalten und als ›Bushmeat‹ verkauft werden. Eine andere Brutstätte für neuartige Viren ist die Massentierhaltung. Auch Ebola, das Marburg-, das Hendra-Virus und natürlich SARS sind bereits von Tieren auf den Menschen aus ökologischen Gründen übergesprungen. Der Ausbruch des Coronavirus ist eine Konsequenz der Zerstörung von Lebensräumen, des massenhaften Konsums von Tieren seltener Arten, der menschlichen Übergriffe auf das, was nichtmenschlich ist.

Die Corona-Pandemie ist das erste globale ökologische Desaster des 21. Jahrhunderts. Es bedroht Menschen, aber es wurde auch durch Menschen hervorgerufen, indem sie ökologische Zerstörung verursachen. Eine Folge davon ist, dass die Pandemie einen unmittelbaren Wandel unserer eigenen, menschlichen Ökologie hervorgerufen hat, einen Wandel der Art, wie wir miteinander, aber auch mit der nichtmenschlichen Welt umgehen. Die Veränderung, zumindest im Moment, besteht darin, dass wir anderen – Menschen und Nichtmenschen – Raum geben.

Ökologische Zerstörung ist das Gegenteil davon, anderen Lebewesen und Arten Raum zu geben. Was diese Zerstörung vorantreibt, ist unser brachiales Ausgreifen auf Lebensräume, insbesondere durch die industrielle Landwirtschaft. Ökologische Zerstörung ist die Antithese der Gegenseitigkeit. Sie ist darum auch die Antithese dessen, was die menschliche Gesellschaft gerade jetzt in der Corona-Pandemie zu tun gezwungen ist: Einen Schritt zurücktreten und für die anderen sorgen.

Der Coronavirus-Ausbruch kann als Folge der Weigerung unserer globalen Gesellschaft angesehen werden, anderen (Menschen und Nichtmenschen) Gegenseitigkeit und damit Raum zu gewähren. Er ist damit Symptom einer Haltung, die in die objektivierenden, globalisierten Denkweisen eingebaut ist: Dass die Gewährung von Raum nicht notwendig ist, da andere letztlich nur Dinge sind und Dinge am effizientesten durch die Kräfte des Marktes arrangiert werden können.

Die Pandemie beweist, dass diese Sicht falsch ist. Sie zeigt, dass Gegenseitigkeit eine zentrale ökologische, ja, existentielle Qualität hat. Und sie zeigt, dass Gegenseitigkeit – den anderen Raum zum Leben zu geben, um meinen eigenen Raum zu erhalten – von uns als ein zentraler ökologischer Beitrag gefragt ist.

3. Mikrobielle Dekonstruktion des kognitiven Imperiums

Anderen Leben zu gewähren, dieses zentrale Gebot, seine eigene Existenz zu organisieren und eine Gesellschaft aufzubauen, hat das Marktdenken nie interessiert. Im Gegenteil: Es erschien ihm immer als Behinderung. Realität wird hier als eine ›Friss-oder-stirb‹-Welt verstanden (entsprechend dem ›Naturzustand‹, den Thomas Hobbes in seinem Buch *Leviathan* beschreibt). Wechselseitige Verbundenheit mit der lebenden Welt denunziert solches Denken als einen naiven Traum.

In der dominanten Tradition des sozioökonomischen Denkens im Gefolge von Hobbes musste ein »Gesellschaftsvertrag« den Einzelnen ihre Existenz sichern, indem sie ihre Macht an den Staat abgaben, der sie schützt und entmachtet. Stabilität wird in diesem – bis heute den Mainstream bildenden – Konzept also nicht dadurch erreicht, dass wir Menschen die intrinsische Kompetenz haben, anderen Leben zu gewähren. Sondern durch Zwang. Der Gesellschaftsvertrag verwirklicht sich in einer kleinen Gruppe von Machthabern, die den materiellen Austausch durch ungehinderten Wettbewerb um persönlichen Profit überwacht.

In diesem Bild der Wirklichkeit gibt es zwei strikt getrennte Bereiche: eine Welt – die ›Natur‹ –, die aus toten Dingen besteht, und eine menschliche Gesellschaft, die auf einem Abkommen zum Kampf gegen diese Natur aufbaut. Durch diesen Kampf können wir individuelle Bedürfnisse befriedigen und so das menschliche Leben von der materiellen Wirklichkeit lösen. Dieses Bild ist geprägt von der klassischen dualistischen Spaltung, die das westliche Denken bis heute prägt: die Trennung von Kultur und Natur und eine Umdefinition der nicht-menschlichen Wesen zu ›Dingen‹.

Der portugiesische Soziologe Boaventura de Sousa Santos hat diese Ordnung als das »kognitive Imperium des Westens« bezeichnet (de Sousa Santos 2018). Der französische Soziologe Bruno Latour beschreibt die Aktivität dieses Imperiums als die Erschaffung von »Monstern« (Latour 1995). Monster werden geboren, wenn wir die lebendige Welt (die aus sich selbst heraus Leben schafft, wenn ihr Gegenseitigkeit geschenkt wird) in zwei unvereinbare und feindliche Bereiche spalten – in Natur und Gesellschaft. Trotz des Anspruchs auf eine saubere Ablösung des einen vom anderen können diese Bereiche gleichwohl nie wirklich auseinandergehalten werden.

Ironischerweise demonstriert die Corona-Pandemie diese Unmöglichkeit, das Menschliche vom Natürlichen zu trennen. Während der Verbreitung des Virus verändern die materiellen Prozesse (die Vermehrung des Virus, die Infektion von Körpern) Kultur und Gesellschaft – und deren Aktivitäten wirken wiederum auf den Verlauf der Pandemie und somit die Population des Virus zurück. Die Natur – ein Virus von wilden Tieren – diktiert das Verhalten der

Gesellschaft. Die Gesellschaft stellt der Natur – dem Virus – das Spielfeld zur Verfügung.

Das Coronavirus negiert den Anspruch der Moderne, dass die Gesellschaft ›die Dinge da draußen‹ so behandeln kann, wie sie will. Das Virus zerstört sogar die Idee, dass wir durch nachhaltiges Handeln, durch die Schaffung von größeren Schutzgebieten und Pufferzonen zwischen Gesellschaft und ›Natur‹ die von der Menschheit geschaffenen Probleme bewältigen können. Immer noch fasst nachhaltiges Handeln die nicht-menschlichen Elemente der Wirklichkeit – die anderen Wesen und die aus sich selbst fruchtbaren Elemente des Erdsystems – als Dinge und nicht als handlungsfähige Akteure auf. Jetzt lernen wir, dass die Welt, die wir teilen, nicht aus Objekten besteht, sondern aus Akteuren, die wir mit dem richtigen Maß an Gegenseitigkeit behandeln müssen.[2]

Das kognitive Imperium des Westens fußt auf der unsichtbaren Demarkationslinie zwischen ›Objekten‹ (einschließlich aller nichtmenschlichen Wesen und immer noch häufig auch einiger Menschen) und den Mitgliedern der Gesellschaft, die untereinander den Gesellschaftsvertrag vereinbart haben und dafür auf ihre Verbindung mit dem alle nährenden Leben verzichten mussten. Die kognitive Hegemonie dieses Denkens hat bis heute die Zerstörung der nichtmenschlichen Anderen (der ›Natur‹) und die Vernichtung der menschlichen Anderen in den ›Kolonien‹ und dem, was diesen nachkam, zur Folge.

Das kognitive Imperium ist *a priori* kolonialistisch. Es tendiert dazu, alle und jedes, die nicht die Mitgliedschaft in einer Gesellschaft per Unterordnungsvertrag unterschreiben, als tot zu behandeln, als Teil einer toten Natur, die aus Objekten gemacht ist. Der Kernantrieb des Kolonialismus liegt in dieser Spaltung, und diese Spaltung führt unvermeidlich zu einem kolonialen und damit gewalttätigen Umgang mit den außerhalb der Gesellschaft stehenden Anderen (Menschen, die sich nicht an gesellschaftliche Normen halten, andere Völker, andere Wesen, andere Akteure des Erdsystems).

Die Corona-Pandemie zeigt uns mit unverhohlener Härte, dass dieses Denken falsch ist. Der Kolonialismus des kognitiven Imperiums ist nicht nur zerstörerisch, sondern auch selbstzerstörend. Damit ist das Aufkommen von COVID-19 der Inbegriff eines Ereignisses aus dem Anthropozän. Denn wir haben ja das Anthropozän, unsere gegenwärtige Epoche, als eine Vermischung menschlicher und nicht-menschlicher Handlungen definiert. Wir finden diese Vermischung in Form von anthropogenen radioaktiven Spuren tief unter dem arktischen Eis. Oder in einem Virus (einem Virus!), das die technische Zivilisation zum Stillstand bringt und sie den von der Pest gepeinigten Städten des Mittelalters mit ihren drakonischen Quarantäneregelungen ähneln lässt, und das wir selbst geschaffen haben, durch Waldvernichtung und Handel mit aussterbenden Tieren zum Fleischkonsum.

4. Von ›Ich bin, weil Du nicht bist‹ zu ›Durch dich kann ich sein‹

Das Anthropozän ist, anders als viele erwartet haben, nicht die Ausdehnung des westlichen rationalen Regimes über die gesamte ›Natur‹. Vielmehr markiert das Aufkommen des Anthropozäns das Ende dieser kognitiven Herrschaft. Das Anthropozän ist das Zeitalter, in dem Gesellschaften erfahren, dass sie nicht über der Natur stehen, und dass, vielleicht noch wichtiger, innerhalb der Natur zu stehen (also Teil des Lebens zu sein) eine Anzahl von Regeln mit sich bringt, die, wenn die Gesellschaft sich nicht an sie hält, unsere Teilnahme an eben diesem Leben beenden werden. Der RNA-basierte Vektor Coronavirus ist der paradigmatische anthropozänische Akteur.

Eine wachsende Zahl von Naturkatastrophen lässt uns begreifen, dass wir Teil eines zusammenhängenden Ganzen sind (man denke an Buschfeuer in Australien oder gestörte Monsunmuster, Zyklone, Dürren in vielen Teilen der Welt). Aber keine dieser Katastrophen bedroht uns Einzelne so direkt wie COVID-19. Dadurch stiftet uns das Virus eine Ethik der Gemeinsamkeit. Die Pandemie zeigt uns, was die richtige Weise ist, uns zu verhalten. Diese richtige Weise – dem anderen den Raum des Lebens zu gewähren – ist in dem berühmten Kisuaheli-Begriff ›Ubuntu‹ auf den Punkt gebracht, der ›Du bist, darum kann ich sein‹ bedeutet. Das ist das Denken der Gegenseitigkeit, das Denken, dass wir an einem Kollektiv teilhaben, das Leben hervorbringt, dass wir kollektiv für das Leben verantwortlich sind, nicht nur für das eigene, sondern auch für das der anderen, und für die Fruchtbarkeit des Lebens überhaupt.

Das Denken, das Ubuntu zugrundeliegt, wird als Animismus bezeichnet. Animismus ist die Idee, dass die übrige Welt nicht aus stummen Objekten besteht, sondern aus Personen. Personen haben Interessen und Bedürfnisse. Sie sind Akteurinnen und Akteure. Ein animistischer Ansatz setzt voraus, dass wir mit diesen anderen, nichtmenschlichen Personen ebenso Gegenseitigkeit herstellen müssen wie mit anderen Menschen. Wir müssen mit ihnen teilen, um ein Anrecht auf unseren Platz zu erhalten, und, noch wichtiger, um zu ermöglichen, dass dieser geteilte Platz fortgesetzt Leben hervorbringen kann. Während der Pandemie regt sich die Welt, und wir halten still, und was durch unseren unbeweglichen Zustand vor unseren Augen auftaucht, ist die Notwendigkeit, die Lebendigkeit dieser Welt mit allen anderen Wesen zu teilen, mit den menschlichen und den nichtmenschlichen, aus denen sie besteht.

In einem Kosmos der Beziehungen ist Gegenseitigkeit für das Gedeihen nicht nur nötig, sie ist von allen Seiten verlangt. In einer Welt der Beziehungen sind wir nicht atomistische Individuen, die gegeneinander aufgestellt sind, sondern bringen gemeinsam einen kohärenten Lebensprozess hervor. Das Kollektiv ist so wichtig wie das Individuum. Dieses Kollektiv ist nicht nur aus Menschen, sondern aus jedem Wesen und jeder Kraft der Realität zusammengesetzt.

Es existiert folglich eine Sichtweise, die das bröckelnde Imperium des Westens zu ersetzen vermag. Diese Sichtweise ist die Etikette der Gegenseitigkeit, die auf unbewusste Weise in Ökosystemen wirksam ist – und für die jene indigenen Gesellschaften kulturelle Institutionen erschaffen haben, die es vermochten, über lange Zeiten mit diesen Ökosystemen in Gegenseitigkeit zu leben. Die animistische Haltung, die versucht, die Fruchtbarkeit des Kosmos mit allen seinen Angehörigen (Menschen und Nichtmenschen) zu teilen, steht freilich im Gegensatz zu den Grundprinzipien westlicher Denkmodelle (siehe Tabelle). Im Animismus geht es um den Aufbau von Kulturen, die Gegenseitigkeit ermöglichen, und von Kosmologien, die die Erfahrung, Teil eines fruchtbaren Kollektivs zu sein, integrieren.

Zentrale Glaubensvorstellungen westlichen Denkens	Zentrale Glaubensvorstellungen indigenen Denkens
1. Ich bin, weil du nicht bist.	1. Ich bin, weil du bist.
2. Egoismus ist der Kern unseres Wesens.	2. Gegenseitigkeit macht das Sein möglich.
3. Die Realität besteht aus toter Materie.	3. Alles ist lebendig.
4. Wir können die Realität allein durch Messen und Analyse verstehen.	4. Wir können die Realität durch fühlende Teilnahme verstehen.
5. Wir müssen unseren individuellen Tod vermeiden.	5. Wir müssen die Welt fruchtbar halten.

Diese Prinzipien wirken sich in verschiedenen Kernbereichen aus, die alle jeweils entscheidende Konfliktfelder im Anthropozän eröffnen. Es stellt sich so heraus, dass die meisten Konflikte des Anthropozäns auf Schwierigkeiten beruhen, gute Beziehungen durch die gemeinsame Nutzung des Kosmos aufrechtzuerhalten.

Eine animistische Antwort auf das Problem, wie sich gute Beziehungen führen lassen, besteht darin, unsere Mitgliedschaft im lebenden Kosmos so zu begreifen, dass wir Teil einer übergreifenden Gemeinschaft der Wesen sind. Mit unserem Verhalten sind wir in der Lage, gute Beziehungen zu ermöglichen – Beziehungen, die andere und uns selbst gedeihen lassen. Weil diese Beziehungen in konkreten Wesen verkörpert sind, können wir im Einklang mit einer animistischen Sichtweise sogar noch radikaler sagen: In diesem Kosmos sind alle beteiligten Personen, inklusive der nichtmenschlichen Personen, unsere Angehörigen, im dem Sinne, wie alle Mitglieder einer Familie einander verwandt sind. Diese Angehörigkeit ist radikal: Sie erstreckt sich auf alles Leben und schließt keines der Wesen aus. Als Angehörige helfen sie uns, sie geben uns die Versicherung, dass wir freundlich empfangen sind, aber sie verlangen auch, dass wir sie so behandeln, dass sie blühen können.

Anmerkungen

1   Die ursprüngliche Fassung dieses Essays ist im Mai 2020 auf der Website der Heinrich-Böll-Stiftung in deutscher Übersetzung unter dem Titel *Leben stiften in pandemischen Zeiten* erschienen.

2   Zur Idee von »Gaia« als politischer Akteurin s. Latour (2018).

Literatur

Harvey, Graham (2017): Animism. Respecting the Living World. London: Hurst.

Latour, Bruno (1995): Wir sind nie modern gewesen. Berlin: Akademie.

Latour, Bruno (2018): Das terrestrische Manifest. Frankfurt a. M.: Suhrkamp.

de Sousa Santos, Boaventura (2018): The End of the Cognitive Empire. Durham: Duke University Press.

Autor*innen

Frank Adloff ist Professor für Soziologie, insbesondere Dynamiken und Regulierung von Wirtschaft und Gesellschaft an der Uni Hamburg. Er leitet die DFG-Kollegforschergruppe »Zukünfte der Nachhaltigkeit«.

Thomas Alkemeyer ist Professor für Soziologie und Sportsoziologie an der Carl von Ossietzky Universität Oldenburg.

Andrea Baier ist Soziologin und wissenschaftliche Mitarbeiterin der anstiftung in München.

Katharina Block ist Juniorprofessorin für Sozialtheorie an der Carl von Ossietzky Universität Oldenburg und assoziierte Forscherin am HIIG in Berlin.

Ingolfur Blühdorn ist Professor für soziale Nachhaltigkeit und Leiter des Instituts für Gesellschaftswandel und Nachhaltigkeit an der Wirtschaftsuniversität Wien.

Bernd Bröskamp ist wissenschaftlicher Angestellter und Geschäftsführer der Gesellschaft für internationale Kultur- und Bildungsarbeit in Berlin.

Sascha Dickel ist Juniorprofessor für Mediensoziologie an der Johannes Gutenberg-Universität Mainz.

Klaus Dörre ist Professor für Arbeits-, Industrie- und Wirtschaftssoziologie an der Friedrich-Schiller-Universität Jena. Er ist Sprecher der DFG-Kollegforschergruppe »Postwachstumsgesellschaften«.

Frank Eckardt ist Professor für sozialwissenschaftliche Stadtforschung an der Bauhaus-Universität Weimar.

Angelika Epple ist Professorin für Neuere Geschichte an der Universität Bielefeld und Sprecherin des DFG-Sonderforschungsbereichs 1288 »Praktiken des Vergleichens. Die Welt ordnen und verändern«.

Petra Gehring ist Professorin für Theoretische Philosophie an der TU Darmstadt.

Ulrike Guérot ist Professorin und Leiterin am Department für Europapolitik und Demokratieforschung an der Donau-Universität Krems und Gründerin des European Democracy Labs in Berlin.

Silke Helfrich ist Pädagogin und Sozialwissenschaftlerin, freie Autorin und Forscherin. Sie ist Mitbegründerin des Commons-Instituts und des Netzwerks Ökonomischer Wandel.

Anna Henkel ist Professorin für Soziologie mit Schwerpunkt Techniksoziologie und nachhaltige Entwicklung an der Universität Passau.

Christine Hentschel ist Professorin für Kriminologie am Fachbereich Sozialwissenschaften der Universität Hamburg.

Stefan Hirschauer ist Professor für Soziologische Theorie und Gender Studies an der Johannes Gutenberg-Universität Mainz, Fellow des Gutenberg-Forschungskollegs und Sprecher des »Forum Humandifferenzierung«.

Gabriele Klein ist Professorin für Soziologie von Bewegung, Sport und Tanz und Performance Studies an der Universität Hamburg und PI des Exzellenzclusters »Understanding Written Artefacts«.

Hubert Knoblauch ist Professor für Allgemeine Soziologie und Theorie moderner Gesellschaften an der TU Berlin und Sprecher des DFG-Sonderforschungsbereichs 1265 »Re-Figuration von Räumen«.

Elke Krasny ist Professorin für Kunst und Bildung an der Akademie der bildenden Künste Wien.

Stephan Lessenich ist Professor für soziale Entwicklungen und Strukturen an der Ludwig-Maximilians-Universität München. Von 2013 bis 2017 war er Vorsitzender der Deutschen Gesellschaft für Soziologie.

Susanne Lettow ist wissenschaftliche Mitarbeiterin am Margherita-von-Brentano-Zentrum für Geschlechterforschung an der FU Berlin.

Katharina Liebsch ist Professorin für Soziologie unter besonderer Berücksichtigung der Mikrosoziologie an der Helmut Schmidt Universität/Universität der Bundeswehr Hamburg.

Gesa Lindemann ist Professorin für Soziologie an der Universität Oldenburg.

Martina Löw ist Professorin für Architektur- und Planungssoziologie an der TU Berlin und Sprecherin des DFG-Sonderforschungsbereichs 1265 »Re-Figuration von Räumen«.

Antonio Lucci ist Philosoph, Religions- und Kulturwissenschaftler. Er hat zahlreiche Fellowships und Gastprofessuren in Italien, Österreich und Deutschland innegehabt.

Fred Luks ist Ökonom und beschäftigt sich seit langem in Forschung, Lehre und Management mit Nachhaltigkeit und Transformation.

Katharina Manderscheid ist Professorin für Soziologie, insbesondere Nachhaltigkeit und Lebensführung an der Universität Hamburg.

Jürgen Manemann ist Professor und Direktor am Forschungsinstitut für Philosophie Hannover.

Jürgen Martschukat ist Professor für Nordamerikanische Geschichte an der Universität Erfurt.

Franz Mauelshagen ist Historiker und Senior Scientist im Vienna Anthropocene Network an der Universität Wien.

Christa Müller ist Soziologin und leitet die anstiftung in München.

Herfried Münkler war Professor für Theorie der Politik an der HU Berlin. Er ist Mitglied der Berlin-Brandenburgischen Akademie der Wissenschaften. 2009 erhielt er den Preis der Leipziger Buchmesse.

Sven Opitz ist Professor für Politische Soziologie an der Philipps-Universität Marburg.

Andreas Reckwitz ist Professor für Allgemeine Soziologie und Kultursoziologie an der HU Berlin. 2019 wurde ihm der Leibniz-Preis verliehen.

Eleonora Rohland ist Professorin für Verflechtungsgeschichte der Amerikas in der Vormoderne und Direktorin des Center for InterAmerican Studies an der Universität Bielefeld.

Simon Scharf ist Germanist und Philosoph und aktuell als Lektor im Psychosozial-Verlag Gießen tätig.

Frank Schulz-Nieswandt ist Professor für Sozialpolitik, qualitative Sozialforschung und Genossenschaftswesen an der Universität Köln. Er ist Vorsitzender des Kuratoriums Deutsche Altershilfe.

Sarah Speck ist Professorin für Soziologie mit dem Schwerpunkt Frauen- und Geschlechterforschung an der Goethe-Universität in Frankfurt a. M.

Cornelia Springer ist Geistes- und Sozialwissenschaftlerin und wissenschaftliche Koordinatorin des Projekts »Engagementförderung durch universitäre Lehre« an der Universität Hamburg.

Rudolf Stichweh ist Senior Professor für Soziologie und Direktor der Abteilung »Comparative Research on Democracies« am »Forum Internationale Wissenschaft« der Universität Bonn.

Andreas Weber ist Biologe, Philosoph und Autor. Sein Denken und Schreiben dreht sich um die Beziehung zwischen menschlichem Selbstverständnis und der Natur.

Gabriele Winker ist Sozialwissenschaftlerin und Mitbegründerin des Netzwerks Care Revolution. Sie war Professorin an der TU Hamburg für Arbeitswissenschaft und Gender Studies.

Lars Winterberg ist Kulturwissenschaftler und koordiniert an der Universität Regensburg das BMBF-Verbundforschungsprojekt »Verdinglichung des Lebendigen: Fleisch als Kulturgut«.

Die konvivialistische Internationale
Das zweite konvivialistische Manifest
Für eine post-neoliberale Welt

Oktober 2020, ca. 120 Seiten, kart., ca. 10,00 €,
ISBN 978-3-8376-5365-6,
Open Access

■ In der gegenwärtigen gesellschaftlichen und ökologischen Krisensituation ist nichts dringender gefragt als eine Vorstellung davon, wie eine Zeit nach dem Neoliberalismus aussehen kann. Das zweitekonvivialistische Manifest stellt eine politische Philosophie vor, die konsequent relational und pluriversal angelegt ist, die das Zusammenleben der Menschen untereinander und das Verhältnis zur Natur auf neue, glaubwürdige und überzeugende Grundlagen stellt. Ein zentraler Aspekt ist dabei die Überwindung aller Formen menschlicher Hybris. Nach einer intensiven Diskussion haben fast 300 Wissenschaftler*innen, Intellektuelle und Aktivist*innen aus 33 Ländern dieses Manifest unterzeichnet.

Bernd Kortmann, Günther Schulze (Hg.)
Jenseits von Corona
Unsere Welt nach der Pandemie –
Perspektiven aus der Wissenschaft

September 2020, ca. 200 Seiten, kart., ca. 19,50 €,
ISBN 978-3-8376-5517-9, E-Book/EPUB: ca. 17,99 €

■ Die Corona-Pandemie hat unser aller Leben einschneidend verändert. Wir sind Zeugen eines multiplen Systemschocks – Schwächen und Verwundbarkeiten wurden auf vielen Ebenen bloßgelegt.

Was bleibt von der Krise und ihren tiefgreifenden Veränderungen? Stellt sie eine Zeitenwende dar oder ist sie nur eine Delle in langfristigen Trendlinien? Wie wird Corona unsere Lebenswelten in Familie, Arbeit, Schule, Wirtschaft, Politik, Kultur und Wissenschaft dauerhaft verändern?

Auf diese Fragen geben 30 exzellente Wissenschaftler*innen aus allen Bereichen Antworten, pointiert und kenntnisreich. Diese schlaglichtartigen Kurzanalysen fügen sich zu einem Kaleidoskop und geben den Blick frei auf die Welt nach Corona.

Detlef Pollack

Das unzufriedene Volk
Protest und Ressentiment in Ostdeutschland
von der friedlichen Revolution bis heute

September 2020, ca. 200 Seiten, kart., ca. 20,00 Euro,
ISBN 978-3-8376-5238-3, E-Book/EPUB: ca. 17,99 €

■ Ostdeutsche stilisieren sich im öffentlichen Diskurs gern als Opfer der deutschen Einheit. Tatsächlich haben sie sich aber von der friedlichen Revolution bis heute als mächtiger politischer Akteur erwiesen. So ging im revolutionären Umbruch von 1989 die Dynamik nicht von der kleinen Schar der Bürgerrechtler und Bürgerrechtlerinnen aus, sondern von der Bevölkerung. Und heute beherrscht die ostdeutsche Bevölkerung durch ihr Wahlverhalten und nicht zuletzt durch ihren Opferdiskurs die öffentlichen Debatten. Am ostdeutschen Protestverhalten lässt sich begreifen, wie sich eine Bevölkerung zum Volk konstituiert unter den Bedingungen einer Diktatur und wie in der Demokratie die kollektive Selbstermächtigung zum Ressentiment verkommt.